仿制药的真相

[美] 凯瑟琳·埃班 (Katherine Eban) / 著

高天羽 / 译

BOTTLE
OF
LIES

民主与建设出版社　博集天卷 CS-BOOKY

·北京·

ⓒ 民主与建设出版社，2022

图书在版编目（CIP）数据

仿制药的真相 /（美）凯瑟琳·埃班著；高天羽译
. -- 北京：民主与建设出版社，2020.8（2022.1 重印）
书名原文：Bottle of Lies: The Inside Story of
the Generic Drug Boom
ISBN 978-7-5139-3122-9

Ⅰ. ①仿… Ⅱ. ①凯… ②高… Ⅲ. ①纪实文学 – 美
国 – 现代 Ⅳ. ① I712.55

中国版本图书馆 CIP 数据核字（2020）第 131188 号

著作权合同登记号：图字 01–2020–3726

Bottle of Lies. Copyright © 2019 by Katherine Eban.
This edition arranged with William Morris Endeavor Entertainment, LLC.,
through Andrew Nurnberg Associates International Limited.
Simplified Chinese edition copyright:
2020 China South Booky Culture Media Co., Ltd.
All rights reserved.

上架建议：医药健康·社科纪实

仿制药的真相
FANGZHIYAO DE ZHENXIANG

著　　者	［美］凯瑟琳·埃班（Katherine Eban）	
译　　者	高天羽	
责任编辑	程　旭	
监　　制	吴文娟	
策划编辑	黄　琰	
特约编辑	刘　君	
版权支持	姚珊珊	
营销编辑	闵　婕　秦　声	
版式设计	李　洁	
封面设计	潘雪琴	
出　　版	民主与建设出版社有限责任公司	
社　　址	北京市海淀区西三环中路 10 号望海楼 E 座 7 层	
电　　话	（010）59419778　59417747	
邮　　编	100142	
印　　刷	三河市鑫金马印装有限公司	
字　　数	343 千字	
版　　次	2020 年 9 月第 1 版	
印　　次	2022 年 1 月第 2 次印刷	
经　　销	新华书店	
开　　本	700mm×995mm 1/16	
印　　张	25	
书　　号	ISBN 978-7-5139-3122-9	
定　　价	58.00 元	

注：如有印、装质量问题，请与出版社联系。

本书献给我母亲埃莉诺 · 富克斯（Elinor Fuchs）和我父亲迈克尔 · 芬克尔斯坦（Michael Finkelstein），他们是我生命中最初也是最好的作者和编辑。

目 录
Contents

前言

本书源于我无法解答的一个困惑。

2008年春天，国家公共广播电台《人民药房》（*The People's Pharmacy*）节目的主持人乔·格莱登（Joe Graedon）联系了我。我在报道制药业的10年里，曾多次到他的节目做客。但这一次，他是来求我帮忙的。他说不断有患者给他的节目打电话或写信，对仿制药提出强烈的投诉，他们说这些药要么没用，要么会引起极严重的不良反应。这些药物由不同的厂家生产，治疗从抑郁症到心脏病的各种疾病，共同之处在于它们都是仿制药，也就是在品牌药的专利过期之后，合法仿制出来的廉价版本。

格莱登将这些患者的投诉信转发给了美国食品药品管理局（U.S. Food and Drug Administration，缩写FDA，以下简称为美国药监局）的高层官员。但那些官员坚称仿制药和品牌药的效果完全相同，患者的反应太主观了。在格莱登看来，他们更像是在辩解，没有拿出实事求是的科学态度。在美国，仿制药在平衡预算方面功不可没。如果没有它们，任何一个大规模的政府卫生项目，比如平价医疗法案、联邦医疗保险处方药计划、退伍军人健康管理局以及各种援助非洲和发展中国家的慈善项目，都将变得难以负担。格莱登本人一直在提倡扩大仿制药的适用范围，但是这些投诉不容忽视，而且性质都相似。他感觉这些药物出现了什么重大问题，但他也不知道问题是什么。他希望找一个拥有调研实力的人去查一查那些患者的投诉。

多年来，我一直在对药物和公共卫生问题进行调查报道。我曾揭露过品牌制药公司的不良行径，比如生产阿片类药物的厂家为了增加销量而隐瞒成瘾的风险。在我的第一本书《危险剂量》（*Dangerous Doses*）中，我揭露了在隐藏的灰市上，药物批发商们如何对我们的药物一再转售，以此隐藏药物的源头，为假药制造者敞开了方便之门。说起仿制药，我只知道它们在我们的药物供应中占比超过六成（现在已占到九成），对价格不断上涨的品牌药起到了必不可少的平衡作用。

我顺着格莱登指示的方向开始了调查：患者。2009 年 6 月，我在《自我》杂志上发表了一篇文章，记录了一些患者使用品牌药时情况稳定，却在改用某些仿制药后病情复发的情况。他们的医生没有掌握多少数据，也缺乏有效的比较研究，因此无法解释这些反应。虽然美国药监局审核了那些仿制药公司提供的数据，也视察了他们的生产工厂，但是并没有系统性地检测那些药物。就像芝加哥的精神病医生、时任美国精神病学会主席的纳达·斯多特兰（Nada Stotland）对我说的那样："美国药监局对结果很满意，觉得仿制药没问题。但问题是，我们觉得满意吗？"

我还在撰写那篇文章时，就已经认识到了这些审查的局限性。证明患者受到了危害或许能说明那些药物有问题，但那到底是什么问题呢？还有，即使我能证明那些药真有问题，又是什么原因造成的？这些问题的答案十有八九要到实验室、生产工厂和制药公司的会议室里去找，而其中许多都在海外运营。我们的仿制药，有大约 40% 在印度生产。无论是品牌药还是仿制药，我们所有的药物中足有 80% 的有效成分是在印度等国生产的。正如一个药品原料进口商告诉我的那样："没有了这些海外产品，我们一种药都做不出来。"

我努力弄清一个问题的答案：我们的药出了什么问题？这最终使我踏上了一次为期 10 年的报道远征，我走访了四个大洲，去探访全球化如何影响了我们赖以生存的药物。在印度，我找到了几位不愿露面的举报人，参观了若干生产厂家，并采访了多名政府官员。在墨西哥城的一家酒吧，一位举报人偷偷递给我几沓纸，那都是一家仿制药公司厂房里的内部通讯录。在加纳，医生和科学家与我在医院和实验室会面。在爱尔兰科克郡的一家工厂里，我目睹了在美国极受欢迎的一种药物——立普妥的生产过程。

我追踪了几种药物在全世界的踪迹，尝试从证据中理出头绪。患者投诉了什么？美国药监局的调查员又找到了什么？监管者采取了什么行动？制药公司又是怎么说的？公司的高管们做了什么决策？刑事调查员们又查出了什么？我在几千份公司内部文件、执法记录、美国药监局视察记录和内部通讯录中发掘，这些文档堆满了我的办公室。

这次报道过程领着我走进一场错综复杂的全球性骗局。2013 年，我在《财富》杂志的美国网站上发表了一篇万字长文，揭露印度最大的仿制药公司的欺骗行为。文中详述了这家公司是如何欺骗全世界监管者的：提交虚假数据，谎称其药物与品牌药具有生物等效性。然而这篇文章并没有完全解答我的疑惑：这家公司究竟是个例外，抑或只是冰山一角？其行径是一桩偶然的丑闻，还是已经成了行业的常态？

报道期间，一些重要的线人帮助我回答了这些问题。一位仿制药公司的高管化名"四美元加满"主动联系了我。他告诉我，监管机构对仿制药公司的要求和这些企业的实际行为之间隔着一道深渊。为了将成本降至最低、利润增至最大，这些企业会规避监管，诉诸诈骗：它们操纵检测以取得正面结果，隐瞒、篡改数据以掩盖形迹。这些企业在没有必要的安全保障的情况下生产低成本的药物，然后将这些药物销售到监管严格、价格较高的西方市场，他们宣称自己遵守了所有必要的规章，由此获得巨额利润。

还有一位曾在海外工厂待过很长时间的美国药监局顾问也联系了我。她的专长是研究文化性的"数据点",或者说情境性的力量,正是这些力量驱动着企业的行为。其中一个要素是公司文化,包括高管设定的基调、悬挂在办公室或工厂墙壁上的警示语或者口号以及工人所受的培训。如果一家公司的文化容许轻度违反安全规章的行为存在,它就特别容易发生灾难性事故。正如一位在药厂负责生产的高管所说:"当我登上一架飞机,发现小餐桌板上有咖啡渍,我就会怀疑他们没有保养过引擎。"

不过,公司文化也受到国家文化的影响,那位美国药监局顾问做了解释:某个社会是层级性的还是合作性的,是鼓励异见还是要求服从权威,这些因素表面上和制药无关,其实可能会影响生产品质,并造成某些仿制药和品牌药之间的差异以及本可以互换的不同仿制药之间的差异,那位顾问如此猜想。

在我开始这次报道之前,我一直以为药就是药,像立普妥这样的药物,无论是不是仿制的,在全世界的任何一个市场都应该是一样的。既然按要求仿制药应该和品牌药具有生物等效性并且在人体内产生相似的作用,我想当然地认为不同版本的仿制药之间不该有任何差别。但是我错了。廉价生产的药物,在品质上并不比那些在海外的血汗工厂里赶制出来的便宜衣服或电子产品更可靠。那位美国药监局的顾问表示,药物卖到消费者手上确实"只要很少的几美元",然而"其代价或许是其他一些难以估价的原则的沦丧"。

那位顾问说,消费者知道切达干酪不只是切达干酪,其中还有"工艺性切达、卡博特切达、加工奶酪,或者涂成了奶酪样子的塑料块"。但患者们不知道的是,每次他们走进一家药店,也在面临相似的选择。但因为他们不知道有这样的差别,所以无法选购一种品质较好的药物。患者打心底里相信美国药监局会确保药物的品质。就这样,大多数患者在更换手机服务商或购买汽车时还会细心调查一番,可是当他们走进药店时,"他们完全想不到自己塞进嘴里的东西可能致命",一位代理药物举报人的律师这样对我说道。

　　我们的健康依赖于远方的制药厂，但我们很少知道他们的生产方式。我在报道中走访的那些工厂，美国药监局的调查员很少到访，盈利的压力异常强大。结果就是，在遵守规范的表面之下，还隐藏着一个黑暗的世界。荷兰的一位药企主管告诉我说："就像是 20 世纪初的情况。"他曾在一家制药厂里见过一大群青蛙。"如同《屠宰场》（*The Jungle*）中所写的。"他指的是厄普顿·辛克莱（Upton Sinclair）揭露美国肉类加工厂可怕环境的名著。

　　那些优质仿制药带来的好处是谁也无法否认的。当仿制药具有理想的疗效（许多仿制药也确实如此），结果就如同奇迹。曾在无国界医生组织担任基本药物推广运动美国区主任的艾米·麦克莱恩（Emi MacLean）指出："印度和其他国家生产的仿制药成本只有专利药的一个零头，这拯救了发展中国家数百万人的生命。"这种价格的落差也使几百万美国人买得起药，看得起病，由于美国对品牌药缺乏有效的价格管制，他们除了选择仿制药别无他法。

　　仿制药对于我们的医疗体系不可或缺，它们的品质对我们所有人都至关重要。然而，当我尝试回答乔·格莱登 10 年前提出的那个问题，即"我们的药出了什么问题"时，我揭示的却是一个错综复杂的故事，它讲述了这项世界最伟大的公共卫生创举是如何演变成一场举世少有的骗局的。

凯瑟琳·埃班

纽约布鲁克林

2019 年 3 月

关于这次报道

本书，包括书中的所有场景、对话和结论，都是基于大量采访、第一手报道和文献查阅的。我采访过 240 多人，对其中好几个人都采访了多次。他们当中有监管者、药物研究者、刑事调查员、外交官、检察官、科学家、律师、公共卫生专家、医生、患者、公司高管、顾问和举报人。本书所涵盖的主要报道发生在 2014 年 1 月至 2018 年 11 月之间，其间我到印度、中国、加纳、英国、爱尔兰和墨西哥实地考察，也走访了整个美国。书中还包含了我在 2008 年至 2013 年间收集的材料，那几年我为《自我》和《财富》杂志撰写过一系列关于仿制药的报道文章。

在每一个对话场景中，我都重新组织了语句，所根据的是参与者的回忆和相关资料，包括会议纪要、手写注释以及刑事调查员的问话备忘录。我对电子邮件和其他文件的引用都是原文照录，其中的拼写错误也都保留了原样。人物姓名均未做修改。

在报道过程中，我获得了大量的机密文件。其中包括约 2 万份美国药监局的内部文件，有电子邮件、备忘录、会议纪要、报告和数据，等等；还有数千份政府内部记录，都与对仿制药公司兰伯西的调查有关；另有几千份来自数家仿制药公司的企业内部记录，包括电子邮件、报告、战略文件、通信以及密封的法庭记录。

也有的资料来自我根据《信息自由法》对美国药监局提出的 16 次申请以及我为了获得一名美国药监局官员的日程和会议记录而提起的一项诉讼。我还查阅了美国药监局对外公布的为期几年的视察记录。

只要受访的个人或公司对我的提问或指控做出过回应，我都把他们声明中的有关内容放在了本书的尾注或正文中。尾注的功能是引导读者查询公开的信源和资料，或者就特定主题提供更多细节。但其中不包含非公开资料的引文，如私人电子邮件、密封的法庭记录或者其他机密文件。

本书的经费全部来自中立机构，书中描述的事件结果对它们不构成影响。这些机构包括哈珀·柯林斯出版社的一笔预付金以及卡内基基金会、阿尔弗雷德·P. 斯隆基金会、克雷格·纽马克新闻研究生院麦格劳商业新闻中心和乔治·波尔克基金会的拨款。

重要人物及地点

制药公司

兰伯西

历任总经理

阿伦·索内，CEO 兼总经理，2010—2015

阿图尔·索布提，CEO 兼总经理，2009—2010

马尔文德·辛格，CEO 兼总经理，2006—2009

　　其弟为施文德

布赖恩·坦皮斯特，CEO 兼总经理，2004—2005

达温德·辛格·布拉尔，简称"D. S."，CEO 兼总经理，1999—2004

帕温德·辛格，董事长兼总经理，1992—1998；

　　与其父巴伊·莫汉·辛格同任联合总经理，1976—1991

巴伊·莫汉·辛格，董事长兼联合总经理，1976—1991；

　　董事长兼总经理，1961—1975

研究与开发部

拉金德尔·库马尔，简称"拉金"，研发主任，2004—2005

拉希米·巴布海亚，研发主任，2002—2004

　　拉吉夫·马立克，配方开发及法规事务主任

　　阿伦·库马尔，法规事务副主任

　　迪内希·萨库尔，研究信息与组合管理全球主任

　　　　其妻苏娜尔·萨库尔

　　　　安德鲁·贝亚托，斯坦因/米歇尔/缪斯/西波隆律师事务所律师

美国分部

杰伊·德希穆克，全球知识产权高级副总裁

艾卜哈·潘特，法规事务副总裁

外部律师及顾问

凯特·比尔兹利，布克和比尔兹利事务所合伙人

克里斯托弗·米德，伦敦和米德事务所合伙人

沃伦·哈梅尔，维纳布尔事务所合伙人

阿格尼丝·瓦里斯，顾问

西普拉有限公司

优素福·赫瓦贾·哈米耶德，董事长兼总经理

赫瓦贾·阿卜杜勒·哈米耶德，公司创始人

第一三共公司

采孟，全球战略总管

迈兰公司

高管

希瑟·布雷施，CEO

拉吉夫·马立克，总裁

德博拉·奥托，高级副总裁，全球战略品质总管

印度政府

中央药品标准控制组织

贾南德拉·纳特·辛格，药物控制总管

卫生和家庭福利部

哈什·瓦尔登，部长

美国政府

国会

大卫·尼尔森，能源和商务委员会高级调查员

食品药品管理局

局长办公室

司各特·戈特利布，局长，2017—2019

玛格丽特·汉堡，局长，2009—2015

首席律师办公室

玛西·诺顿，高级律师

斯蒂芬·塔夫，副首席执行律师

药物评估和研究中心

珍妮特·伍德科克，中心主任

罗伯特·坦普尔，临床科学副主任

合规办公室

德博拉·奥托，主任

托马斯·科斯格罗夫，生产品质办公室主任

卡梅罗·罗萨，国际药物品质部部长

埃德温·里韦拉－马丁内斯，国际合规部主任

道格拉斯·坎贝尔，合规官员

凯伦·高桥，合规官员

药物科学办公室

仿制药办公室

加里·比勒，主任

全球监管行动与政策办公室

国际项目办公室

美国药监局印度办公室

阿尔塔夫·拉尔，主任

阿图尔·阿格拉沃尔，消费者安全监督官员

穆拉里达拉·伽维尼博士，被称为"边克"，高级助理国别主任

彼得·贝克，助理国别主任

雷吉娜·布朗，药物国际项目和政策分析师

监管事务办公室

专门药物团队

何塞·埃尔南德斯，调查员

刑事调查办公室

黛比·罗伯逊，特别调查员

司法部

消费者诉讼办公室

琳达·马克斯，高级诉讼律师

联邦检察官办公室，马里兰地区

斯图尔特·贝尔曼，联邦助理检察官

医生及患者权益组织

乔·格莱登，国家公共广播电台《人民药房》节目主持人
威廉·F.哈达德，仿制药宣传者
哈利·利弗，克利夫兰诊所肥厚型心肌病中心主任
兰道尔·斯塔林，克利夫兰诊所心脏病与心脏移植医学部部长

生产厂家

费森尤斯卡比

卡利亚尼工厂，印度东部西孟加拉邦纳迪亚区

迈兰

摩根敦工厂，美国东南部西弗吉尼亚州
纳西克工厂，印度西部马哈拉施特拉邦纳西克区

辉瑞

灵厄斯基迪工厂，爱尔兰南部科克郡

兰伯西

德瓦斯工厂，印度中部中央邦德瓦斯区
莫哈里工厂，印度北部旁遮普邦萨斯纳加尔区
欧姆实验室，美国东北部新泽西州新不伦瑞克市
帕奥恩塔萨希布工厂，印度北部喜马偕尔邦锡尔毛尔区
托安萨工厂，印度北部旁遮普邦那万沙尔县

沃克哈特

奇卡特哈纳工厂，印度西部马哈拉施特拉邦奥兰加巴德区
瓦鲁吉工厂，印度西部马哈拉施特拉邦奥兰加巴德区

序

2013 年 3 月 18 日

瓦鲁吉

奥兰加巴德，印度

彼得·贝克（Peter Baker）是美国药监局的一名药物调查员，他从孟买出发向东行200英里[①]，先是经过一条挤满卡车的高速公路，再经过一条有奶牛漫步的小路，才到达他的任务地点。他的目的地位于一道金属栅栏后面，那里有一片巨大的生物科技园区，经营它的是印度仿制药公司沃克哈特有限公司。在那几十座建筑中间，贝克的工作是检查一个专门的工厂区域——H–14/2 地块，以确保它能安全地生产一种无菌注射剂，供美国的癌症患者使用。

贝克今年 33 岁，到这里时一身轻装。他的背包里只有几件装备：一部相机、一支中性墨水笔、一本美国政府发的绿色笔记本，还有他的美国药监局证件。他拥有分析化学硕士学位，精通专门规范药物生产的美国《联邦法

[①] 1 英里约合 1.609 公里。——如无特别说明，本书脚注均为编者注。

规汇编》第 21 篇（以下简称"CFR 21"）。但是最重要的是，他带上了他的直觉：他在美国药监局工作了四年半，共完成了 81 次视察[1]，对于该查什么、去哪里查，他已经有了灵敏的直觉。

早上 9 点已经赤日炎炎，贝克和他的同事——一位美国药监局的微生物学家，在园区门口向保安亮明了身份，随即被领进工厂。在那里，负责生产的副总裁和其他公司干部正焦急地准备迎接他们。在一个审计员吭哧吭哧地核对清单的乏味世界里，贝克显得卓尔不群。他相貌俊朗，精力充沛，泛褐色的金发剪成寸头，还在一侧二头肌上用大大的字刺着他那个摩托车俱乐部的首字母。当公司的干部们开始介绍时，他不时迸出一串问题打断对方。他反复问道，除了 H–14/2 地块，这里还有没有别的区域在为美国市场生产无菌药？没有了，干部们向他保证。

贝克的工作是科研和侦探的结合，这已经为全球化的力量所改变。从 2001 年到 2008 年，进口到美国的药物制品翻了一番。到 2005 年，美国药监局在海外视察的药厂数量已经超过美国境内[2]。贝克会被派到位于奥兰加巴德工业区的沃克哈特公司，是因为过去 10 多年中形成的一项全球协议。根据那项协议，印度和其他国家的制药公司得以进入美国药品市场，也就是全世界规模最大、利润最高的药品市场。而美国民众则获得了负担得起的救命药。但这项福利也附带了一项限制条件：国外制药公司必须遵循美国制定的名为"现行良好生产规范"（current Good Manufacturing Practices，缩写 cGMP）的严格规范，并且定期接受视察。如果一切按照计划进行，那就会形成外国药企和美国消费者双赢的局面。

虽然"沃克哈特"这个名字很少有美国人知道，但许多人都用过它的药。这家公司为美国市场生产大约 110 种不同的仿制药物，包括一种治疗高血压的 β 受体阻滞剂——琥珀酸美托洛尔（metoprolol succinate）。在使用这种药物的仿制版的美国患者中，有大约四分之一用的是沃克哈特的产品[3]。奥兰加巴德的这家药厂生产的是无菌注射剂，因此它必须遵守特别严格的规章。

在这里，每一个细节都很要紧。每一项数据都必须用原来的格式保存。走入厂房的无菌核心区，越接近那个摆放着敞口药剂瓶的区域，规章也变得越严格。员工们必须缓慢移动，小心翼翼，以免扰动单向的气流。就连记笔记时，美国药监局的调查员也必须使用无菌且不起毛的纸张。制定这些规章是有充分理由的：在这个地方只要稍有闪失，比如没能正确地过滤空气，读错了细菌样本，或是技术员露出了手腕，都可能造成污染，使原来救人的产品变成杀人的产品。

因为极高的风险（一边是生命，一边是利润），这次视察的各方都被恐惧所笼罩。贝克害怕会看漏什么，由此危害美国患者的性命。沃克哈特的干部们害怕他会发现什么，由此限制公司进入美国市场。他们需要充分的优势，才能过这次美国药监局视察的关。但是沃克哈特已经具备了几项优势：他们的工厂够大，规模接近一座小城，而贝克和同事的视察时间只有一周。短短五个工作日内，谅他们能发现多少问题？

沃克哈特还有一项更大的优势：早在几周之前，公司的高管们就知道贝克要来视察工厂了。在美国，美国药监局的调查员可以不打招呼就到工厂视察，需要待多久就待多久。然而海外视察不同，因为申请签证和联系进入厂区都要经过复杂的环节，美国药监采取了另一种做法：提前宣布。根据常规程序，沃克哈特公司先"邀请"美国药监局前去视察，美国药监局再接受邀请。工厂的干部们是主人，而贝克是宾客——虽说这位宾客的光临很令他们害怕。

在之前的几周里，这些干部加倍努力地为贝克的到来做准备。他们擦亮地板，清洁设备，梳理文件，排查反常的地方。他们提醒员工要保持礼貌而沉默的态度，把问题交给主管来回答。在调查员可能查看的地方，他们把一切都安排妥当了，这都是他们在 15 个月前练出来的本事，当时曾有另一支美国药监局队伍来厂里视察。

在那次视察中，调查员们发现了几个令人担忧的问题：一个储水罐里有活虫，地板破损失修，清洁程序也失效。但调查员们没有强下命令，只是建议工厂改进。在美国药监局的编码系统中，他们给工厂打了一个及格分，即"自主行动指示"（Voluntary Action Indicated，缩写 VAI）。也就是说，沃克哈特公司的运营通过了视察，其最赚钱的业务——向美国出售药品，不会受到限制了。

虽然这一次干部们也为视察做了准备，但他们没有料到来的是彼得·贝克。不像别的许多美国药监局调查员，贝克这个人很难防备，也很难对付。他不会容忍工厂一上来就给他放幻灯片，或是带着他参观一圈，而那都是工厂干部们拖延时间的典型做法。他在工厂里显得神出鬼没。他会反复盘问员工，同时在他们的言行中寻找闪避的迹象。公司干部们很快就认定他的到来会造成严重威胁，要想保全工厂，就得用激烈的手段应对。

视察第二天，贝克和同事走进一条远离工厂敏感区域的过道。在这个地方他可以暂时放松警惕了。可是当他顺着长长的、锃亮的走廊望过去时，却发现彼端有个男人正朝这个方向走来，脚步似乎有些匆忙[4]。那个男人是工厂的一名员工，一副鬼鬼祟祟的样子。他的一只手里提着一个透明垃圾袋，里面塞满纸张和各种废弃物，这使他匆忙的脚步显得更可疑了。男子抬头望向这边，一看到贝克就立刻僵住了。两人的眼神交会在了一起。

突然，男人转身沿着来路走去。贝克加快脚步跟了上去。那名员工也加快了速度。荧光灯下，两个男人展开了一场竞走比赛。

"站住！"贝克的同事——那位微生物学家喊了一声。男子撒腿就跑。两名调查员也奔跑着追了上去。男子猛地推开一扇侧门，冲到走廊外面，把垃圾袋往楼梯井下一扔，它掉在了一个昏暗的储藏区里的一堆垃圾上。然后男子手脚并用爬上一段楼梯，消失在了建筑物的混凝土迷宫里。

紧跟在后面的贝克寻回了袋子。他从中发现了公司大约 75 页的胰岛素产品生产记录。它们都被匆忙撕成了两半，但还是可以拼成原样。拼着拼着，贝克的担忧越来越重了。这些记录显示，许多药瓶里面都出现了黑色颗粒 [5]，是可能致命的污染物，它们没有通过目视检测。

按照良好生产规范，工厂做的每一页记录都要交给监管者过目。但眼前的这批文件却标着"仅供内部使用"。贝克猜想，对这些记录保密是有原因的。它们说明药物的检测结果极其糟糕，一旦被披露，工厂就必须开展一次昂贵的内部调查，可能还要将所有批次都列为次品。

接下来的三天，贝克行使了自己的权威，他要求沃克哈特的干部们打开各自的电脑，让他搜查其中的记录。一个接着一个，他发现了公司的骗局。正如他所怀疑的那样，那个垃圾袋里的记录没有录入公司的正式系统。而记录中标记的药物已经卖给了印度和中东的患者。贝克发现这些药物是在一个隐秘的配方区生产的，美国药监局根本不知道有这么个地方，也从来没有视察过。贝克去了那里，发现沃克哈特公司曾经在同样的秘密区域、用同样残破的设备为美国市场生产药物，包括治疗心律不齐的注射药物——腺苷（adenosine）。

这次视察使沃克哈特公司倒了大霉。两个月后，美国药监局宣布限制从瓦鲁吉工厂进口药物 [6]，这对公司的销售额造成了 1 亿美元的潜在损失。第二天，沃克哈特的 CEO 就召开了一场紧急电话会议，他向焦虑的投资者们保证，公司会在"一个月、最多两个月后"使工厂符合美国药监局的规章 [7]。

表面上看，这家工厂运营完善，设备崭新发亮，流程一丝不苟，符合章程。但是贝克发现的那些被撕碎的记录，却领着他潜入工厂无可挑剔的表象之下，进入了一座谎言的迷宫，在这里，一切都不是表面看到的样子。记录是假的。药物是在秘密区域生产的。有的药物包含肉眼可见的污染物，会威胁患者的生命。贝克用了五天时间，费尽心力调查出这一切。这个结果让他不禁疑惑：如果这家工厂里有这么多东西是假的，那什么又是真的？还有真的吗？

第一部

形势转变

第一章　眼光长远的男人

2001 年晚秋
新泽西州霍普韦尔

　　迪内希·萨库尔（Dinesh S. Thakur）是个一丝不苟的人。他下身穿着一条熨得整整齐齐的卡其裤，上身是一件系着领扣的衬衫，外面罩着一件深色运动上衣，脚上是擦得锃亮的休闲皮鞋。他身高中等，人很结实，一张圆脸，长着浓密的深色头发，他的眼窝很深，给人一种忧郁的感觉。这是一个寒冷的下午，树叶刚刚泛出金色和深红。这位 33 岁的信息科学家沿着长满青草的斜坡，向一片人工湖走去。在整个百时美施贵宝公司（以下简称 BMS）园区里，这是人们最爱流连的地方，员工们到这里来清醒头脑，或者逃避严密管束的企业文化，虽然只有午餐时间的那一个小时。

　　但是今天萨库尔来，却是奉了一位年龄较大、职位较高的同事的命令。那人请他到湖边散步，讨论一个工作机会，具体内容他没有明说。

　　BMS 的研发中心[1] 坐落于一块修剪整齐的园区，它的边上是一片长满树木的居民区和壮观的石头住宅。进入保安守卫的大门，只见山坡上缀满低矮的混凝土建筑，窗户都是黑色的。寥寥几棵树木以固定的间距种植。环湖的绿色草坪修剪得十分精致，看起来像一块带条纹的地毯。每隔 100 英尺 ①

---

① 1 英尺约合 0.3048 米。

竖立着一根紧急援助杆，需要时可以呼叫援助。汽车的速度限制在每小时 15 英里。就连湖里的乌龟也有专门划出的过街道路。

整齐的场地对应的是这里细致的研究。由这个园区的科学家开发的药物已经进入全世界的语汇库，从治疗高胆固醇的普拉固（Pravachol），到防止血液凝结的波立维（Plavix）。几十年前，当时的施贵宝公司开发了一种抗生素用于治疗肺结核，为此，公司的科学家获得了声望卓著的拉斯克奖。当时的百时美公司也在癌症研究方面开辟了新领域。1989 年，两家公司合并。又过了九年，BMS 在白宫的一场典礼上被授予了国家技术与创新奖章。

萨库尔在公司的事业中扮演一个微小但前沿的角色。他管理的部门专门制造机器人，这种自动化实验室帮手能使药物检测变得更加高效可靠。萨库尔的实验室里充满创意。他领导着十几位科学家。滑轮、马达、铃铛和杠杆散放在各处。眼神明亮的大学生来来往往，有需要时就会过来帮忙。萨库尔自己安排作息，他会连续工作很久，有时还会通宵监测机器人。它们必须精确无误地重复同样的工作，为的是消除实验室中人类的差错。

但工作结果往往不尽如人意，这在生产规模的升级中也是常有的事。每当这时，萨库尔和他的团队就只能尽弃前功，从头再来。但是他们确信，公司会把这些错误视作科研过程中的正常现象。就萨库尔在实验室的工作而言，施贵宝的那句旧广告词仍可以成为他的座右铭："生产者的荣誉和正直，在每件产品中是无价的。"

这份工作需要对细节一丝不苟的专注，这很符合萨库尔的性情。他在公司稳步升迁，绩效考核优异，其中一条说他对待同事和上级"逻辑清晰，严守伦理，忠于公司"。六年中，他通过努力不断升职，最终赢得了今天的头衔：发现信息学部主任。

萨库尔和往常一样准时，来到了绕湖一周的步道，他的老同事拉希米·巴布海亚（Rashmi Barbhaiya）已经在那里等候了。巴布海亚身材魁梧，一头白发，眼睛下面挂着两轮黑眼圈，他在 BMS 做药物开发已经 21 年了。

他的身上散发着高级主管的威严气度，举止优雅。与他相比，萨库尔就显得沉默了，甚至还有些笨拙，不太擅长与人寒暄。但这一点并没有妨碍他在BMS 的事业，同事们很少理解他的机器人研究，也不会找他讨论。

两个人都来自印度。两年前，萨库尔为巴布海亚的团队编写了一个自动计算机程序。后来巴布海亚在负责公司对一家小型药企的收购时，也曾借调萨库尔去帮忙转移和整合数据。今天，巴布海亚将给出一个萨库尔不曾预料的机会。

当两人沿着步道行走时，巴布海亚告诉萨库尔，他即将离开 BMS、离开美国，他要到印度最大的制药公司兰伯西实验室去做研发主管，而那家公司是专做仿制药的。萨库尔听了很吃惊。巴布海亚整个职业生涯都致力于在这家世界顶尖的药物研究企业中向上攀升。在 BMS，他因开发新分子而备受尊敬。他已经被公认为提高新药研发成功率的专家，而任何制药商在开发新药时，都不得不面对成功率低下的问题。

然而，巴布海亚打算抛下这一切。他要离开美国的品牌药产业，转投印度的仿制药产业。从名义上说，还是同样的工作——药学研究，但实际上，这却是一次剧烈的身份转变：BMS 的世界是创造的世界，兰伯西的世界是复制的世界。BMS 做创新科研，兰伯西只会拙劣地模仿。不过，随着巴布海亚对自己的决定做了更多的说明，萨库尔的怀疑渐渐消除了。

在印度，兰伯西是一家传奇企业，它的创立者辛格家族也被誉为企业界的皇室。作为印度历史最悠久也最成功的跨国企业之一，兰伯西使外界对印度企业的实力刮目相看。2001 年，它的全球销售额即将达到计划的 10 亿美元 [2]，此时它进入美国市场不过三年，在美国的销售额已经达到 1 亿美元了。美国药监局也已经批准了其十几项药物申请 [3]。兰伯西在世界各地都设立了办事处和工厂，包括美国在内，但总部仍在印度。展望未来，兰伯西将会大力投资创新研究，目标是开发新的分子。巴布海亚将去打造公司的研发能力，几乎是从零开始。"跟我一起去怎么样？"他向萨库尔提议，"那样你可以回到父母身边，也能为自己的国家做一点事。"

从表面上看，这个提议一点都不合情理。BMS 为萨库尔的教育出了钱，资助他取得了计算机工程的硕士学位。他还接受了几年的内部培训，掌握了最佳的生产和实验环节的操作方法。但是和巴布海亚一样，他也感到了形势正在发生转变。仿制药产业在全世界正欣欣向荣。所谓仿制药就是依法生产的品牌药的复制品，当时它们已经占美国药物供应量的一半 [4]，而且这个比例还在稳步增加。再过不到 10 年，为几十种畅销药（包括立普妥和波立维）提供保护的专利就将过期，也就是说，只要得到美国药监局的批准，仿制药公司就可以生产并销售这些药物的复制版。随着仿制药需求的日渐增长，所有的工作岗位都将很快重组。而这个转变的主要推手之一就是印度，它正迅速成为全球制药业的一位主要参与者。

当萨库尔对巴布海亚的建议权衡利弊时，他产生了一个更长远的想法。品牌药世界的目标是做出最好的药，卖出最高的价格。当时仍是品牌药产业的全盛时期，靠着那些著名药物的成功，制药企业赚到了数十亿美元的利润。BMS 的慷慨就体现了这一点：办公室的圣诞联欢会上有鱼子酱和香槟酒。公司的直升机载着高管们在新泽西州普林斯顿总部和康涅狄格州沃灵福德分部之间穿梭，偶尔萨库尔也能在上面坐到一个空位，并惊叹那些收入级别更高的员工竟能如此方便地通勤。

而那个仿制药的世界将是另一种不同的文化，因为它有着另外的目标：同样是最好的药，它要让所有患者都看得起、看得上病。但那意味着他要离开美国，过去几十年他一直待在这个国家，一心追求他能得到的最好生活。

萨库尔最初了解美国是通过电影。在海得拉巴念大学工科时，他看了《公民凯恩》(*Citizen Kane*) 和《乱世佳人》(*Gone With the Wind*) 这样的经典影片。

在大学里，他报考了 GRE，申请了美国的研究生项目，并得到了新罕布什尔大学的奖学金。到了美国，他住在研究生宿舍里，周围只有寥寥几个少数族裔学生。他之前从未离开过印度，也从没看到过雪。在这个新的家园，他惊叹怀特山的壮美、新英格兰老镇的静谧以及每个镇子都有自己的教堂和广场。他一有机会就开车去阿卡迪亚国家公园，他很喜欢在公园中布满岩石的海岸线上骑自行车。旅行之外，他几乎一刻不停地学习，写出了厚厚的一沓硕士论文 [5]，后来文章在一份期刊上发表，题目是《可溶及固定的过氧化氢酶：压力和抑制对其动力学及钝化作用的影响》。

毕业之后不久，他被一家小型生物技术公司雇用，负责实验室的自动化工作。虽然他和他那些机器人的一张合照登上了公司年报，但是老板对他并不支持，还说他缺乏这份工作所需的才能。于是他跳到了 BMS，在那里顺利开展了同样的工作。

正当他在公司一路晋升时，他的母亲却担忧起了他的终身大事。通过家里一个熟人的介绍，他的父母拜访了另一对父母，他们有一个年轻的女儿名叫苏娜尔·卡尔楚利（Sonal Kalchuri），她性格活泼，教养良好，有着长长的黑色秀发和一双杏眼。有一次，萨库尔去孟买出差时和她见了面，在之后的八个月里，两人通过电话和书信开始了交往。

在大多数方面，这两个人都正好相反。他极有条理，几乎像强迫症，而她随意放松。他是个工作狂，用她的话来说"从来不知道松弛享乐"。而她善于社交，热爱聚会。然而两人对科学有着共同的兴趣，苏娜尔刚刚念完工程本科。他们都很喜欢唱歌。他小的时候家里就处处洋溢着音乐，父母都会用经典的印度斯坦曲调歌唱。长年熏陶之下，萨库尔也练出了一副动听的歌喉，并爱上了这类音乐婉转曲折的即兴哼唱方式。他后来和苏娜尔一同加入传统的印度斯坦乐队表演。

他们在 1995 年结婚，传统的婚礼延续数天，两人身上戴满了花朵。萨库尔按照习俗戴上新郎头巾。苏娜尔周身挂满金饰，手掌上还画了精细的曼海蒂图案。她很喜欢这个仪式，但萨库尔觉得招呼客人很累人。婚后小夫妻在锡拉丘兹安家，萨库尔重新上班去了。对于苏娜尔，这个转变是痛苦的。这个 23 岁的姑娘以前从没离开过家乡，现在却要独自守在异国的一座房子里。

不过她很快报名了雪城大学的一个计算机工程的硕士项目，并拿到了硕士学位。她在开利公司找到了一份软件工程师的好工作。萨库尔则在 BMS 稳步上升。1999 年，他被提升为副主任。这需要他从锡拉丘兹办公室搬到新泽西州霍普韦尔的研究所，办公地点离公司的普林斯顿办公室仅几英里之遥。夫妇俩找了一个宽敞的住处，起居室有高高的天花板，苏娜尔特别喜欢。现在他们准备孕育下一代了。

他们的儿子伊斯汗（Ishan）于"9·11"袭击后一周诞生。当时普林斯顿地区遭到了毁灭性的打击。以前，普林斯顿火车枢纽站的停车场里总是停满汽车，每个工作日，汽车的主人都要花一个小时赶去曼哈顿上班，到了夜里，停车场又会变得空荡荡。然而"9·11"之后，许多汽车都留在了那里，等候着始终不曾归来的上班族。

伊斯汗虽然在悲剧中出生，却给萨库尔夫妇的生活带来了纯粹的快乐。苏娜尔的母亲过来住了八个月。萨库尔的父母也来探望他们，自从萨库尔 11 年前离开家乡去美国念研究生，他的父母还是第一次来美国。正是在那段紧张而忙碌的日子里，巴布海亚向他提出了回到印度的建议。

萨库尔没有马上把这个消息告诉苏娜尔。他一边继续在 BMS 的工作，一边不动声色地思索着。他们再次搬家，搬到了新泽西州的贝尔米德，那里的学校更好，离苏娜尔工作的地方也比较近。萨库尔接着念他的计算机工程硕士，学费由 BMS 支付。在生产和实验室最佳操作方法方面的内部培训也在继续。要抛下这一切去一家印度的仿制药公司，似乎是职业生涯的一大倒退。

但是，萨库尔渐渐在 BMS 感到不满足了，他知道自己多半已经升到顶了，前面已经没有多少机会可以让他更上一层楼——至少短期看是这样的。2002 年夏天，他趁休假的机会去了一次印度，并参观了兰伯西在古尔冈的研发中心。这家公司的繁忙和潜力使他印象深刻。在这里，他的自由和权力都将大大提升。公司开出的条件很好。令他意外的是，苏娜尔也显得很感兴趣。她想念家人，也想回家。夫妇俩决定试一试。

萨库尔开始在他的 BMS 团队里招人。他的同事、软件工程师文卡特·斯瓦米纳坦（Venkat Swaminathan）觉得这是一次激动人心的机会。兰伯西没有 BMS 那种处处受限的官僚风气，如果它真想开发新药，这将是一次令人愉快的转变。迪内希·卡斯胡里尔（Dinesh Kasthuril）也很感兴趣。虽然他很喜欢手头的工作，并在 BMS 的资助下学完了沃顿商学院一半的课程，但是他对兰伯西开发新药的计划感到十分佩服。三个人虽然都在印度出生，但谁也没有在那里工作过。祖国将要崛起于世界舞台，他们都想贡献一分力量。"许多东西都是发自内心的。"卡斯胡里尔回忆说。

这些相似的观点让苏娜尔对搬回印度更有信心。她觉得他们这个年轻的家庭能在祖国找到友情和支持。在萨库尔和两位同事看来，自己踏上的是一段意义重大的冒险之旅：他们将要建设一家致力于研究的印度公司、一家 21 世纪的辉瑞。卡斯胡里尔在 BMS 的上级劝他不要离开，但他也承认迪内希·萨库尔能比大多数人"看得更远"。

就在几个人动身返回印度的三个月前，萨库尔达成了一个他期盼已久的里程碑式的目标：他成为美国公民了。他自豪地把这一点写到了简历的最上方。不过这时，他和同事们已经确定好航向，准备驶离美国了。

第二章 药海淘金

2002 年 8 月 17 日
印度新德里

就在迪内希·萨库尔到兰伯西任职的前一年，在一个潮湿的日子里，一名公司高管在英迪拉·甘地国际机场登上了一架飞机，准备飞往美国新泽西州的纽瓦克。一名员工回忆说，他是在"狂热而匆忙"间离开办公室，去搭那班近 16 个小时的航班的。

他的任务是最高机密。在他的行李箱里装了 5 个文件夹，每个约 3 英寸①厚，包含上千页数据。这些文件中包含了将要提交给美国药监局的"简化新药申请"（Abbreviated New Drug Application，缩写 ANDA）的关键部分。[1]申请一旦完成，就会变成行业术语中所谓的"封套"。

但这可不是什么普通的封套。这名高管携带的是仿制药领域有史以来最具利润潜力的文件：公司将用这些数据申请史上最畅销药物立普妥在美国的第一版仿制药。这款辉瑞公司引以为豪的胆固醇斗士，被华尔街的分析师称为"他汀类药物中的权威"。其中包含的分子阿托伐他汀钙（atorvastatin calcium）本身就是一项赢得诺贝尔奖的科学发现。再加上辉瑞的营销力量，它成为世界上第一款每年销售百亿美元的药物 [2]。

---

① 1 英寸约 2.54 厘米。

要是将这名兰伯西高管的任务公之于众，许多美国人都会对他表示欢迎，其中包括患者代理人、国会议员以及 1100 万靠立普妥降低胆固醇的美国患者。每一个美国人似乎都希望能用上廉价的等效药。州和联邦预算已经在药物的天价成本面前不堪重负了。品牌立普妥虽然比它的竞争者便宜，但是对许多没买保险却靠它治病的美国人来说，每年也要花掉近 800 美元。即使对一些买了保险的人来说，自己也还是有一笔不菲的自付费用要出。

从理论上说，兰伯西那 5 个文件夹里的内容可以解决这个问题。数据显示，兰伯西的仿制版达到了和辉瑞的原版几乎相同的血液吸收率，使用的也是相同的有效成分——阿托伐他汀钙分子。如果申请书中的所有陈述都真实可靠，那么兰伯西的仿制版药物就会成为美国患者的天赐礼物。

纽瓦克机场的太阳刚刚升起，一辆等候已久的汽车载上男人，一路飞驰，将他送往新泽西州普林斯顿市大学东路 600 号，那是兰伯西美国总部的所在地。在那里，法规事务团队［领头的是艾卜哈·潘特（Abha Pant），唯一跻身兰伯西高管行列的女性，也是公司的一名忠诚卫士］立刻开始工作，将 5 个文件夹内的核心文件和其他必要的文书组合在一起。

当天夜里，最后的提交工作准备就绪 [3]。它包含了 17 大卷共 7500 多页的文件。这个封套涵盖了四种剂量强度的药物信息，兰伯西公司计划在印度北部喜马偕尔邦的帕奥恩塔萨希布工厂中进行生产和包装。公司连夜叫了一个快递员，第二天早晨就把包裹送到了位于马里兰州罗克维尔的美国药监局园区，它被盖上了 "2002 年 8 月 19 日收讫" [4] 的章。

然而潘特和她的同事们并不满足，因为他们不知道自己是不是第一个提交申请的，那才是最重要的事。第一家提交申请的公司，一旦获得批准，就取得了在六个月内独家销售仿制药的权利，在那之后其他公司才可以加入生产行列。有传闻说，另一家仿制药公司梯瓦已经抢先提交了申请。还有传闻说，仿制药公司山德士、迈兰和巴尔也一直在开展临床试验。在一阵令人不安的沉默中，日子一天天、一周周地过去了。

兰伯西的计划是到 2015 年在美国的销售额达到 10 亿美元，而这份申请就是整个计划的基石，在美国药监局，它被标记为"简化新药申请 76-477 号"[5]。与此同时，兰伯西的高管们继续等待着。

有一家仿制药公司提交了仿制立普妥的申请。听说这个消息时，辉瑞的高级专利律师杰弗里·迈尔斯（Jeffrey Myers）正在曼哈顿中城东 42 街公司总部的办公室。这份申请是对立普妥专利的全面挑战，即所谓的"第四项认证"。迈尔斯在椅子上坐直了身子。这时立普妥上市才五年，其专利要到 2011 年才会到期。

迈尔斯常常会听到专利受到挑战的消息，对这一次他格外关注。"我们事先没得到任何预警。"他回忆说。他当然知道这一天迟早是要来的，但他本以为挑战会来自一家名声在外的仿制药公司，比如迈兰或山德士，他平时会定期和这些公司的同行一起吃午餐。这还是他第一次受到一家印度公司的挑战，而且连名字他都没怎么听说过。在他看来，这简直像一条海盗船蹭了他的远洋轮。

当他审视兰伯西挑战文件中的细则时，他意识到辉瑞有麻烦了。要构成侵权，仿制药就必须和品牌药有相同的剂型。然而立普妥是以药片形式出售的，兰伯西申请的却是胶囊，就好像他们的药剂师从来没见过原版的立普妥似的。另外，它申请的分子形式也和原版不同，不是晶体，而是无定型。据迈尔斯所知，这是非常困难的，因为许多年来，辉瑞的科学家一直想做出无定型的版本，但始终没有成功，因为无定型的药物会变得极不稳定。

立普妥绝不是轻易就能复制的药物。当年是一支科学家团队研发出配方的，再由业内最好的营销专家把它推向市场，生产团队也深知其中的复杂和困难。从 1998 年起，在全世界销售的立普妥的有效成分都在爱尔兰的科克郡生产，辉瑞在那里拥有三家巨型工厂。公司原来预计每年需要的有效成分最多

50吨。但是药物上市短短五年后，这个数字就翻了两番，达到了每年200吨。

位于灵厄斯基迪的那家工厂坐落在一片200英亩①的园区内部，每天24小时运营，信奉一种"品质文化"，目标是使次品数量接近于零。工人们时常接受培训，学习"保持辉瑞品质"，公司的一家工厂在墙上张贴的标语也时刻这样告诫他们。

立普妥性质不稳定，就像灵厄斯基迪那青灰色的地貌[6]，好在工厂开发了一套万无一失的生产系统。"这种药很娇气，但我们知道怎么生产它。"在辉瑞负责生物制药生产的副总裁保罗·达菲（Paul Duffy）博士说道，"在你和一种药物打了20年的交道后，它就成了你的孩子，它的脾气你都了解了。"

在纽约，拥有康奈尔大学化学博士学位的律师迈尔斯怀疑，兰伯西的化学家们根本够不上立普妥的档次，这种药他们谈不上理解，也多半做不出来。想到这里，他对前方的战斗隐隐感到一丝兴奋[7]。"我活着就是为了消灭这些人。"他后来这样描述他的仿制药对手，"我的工作就是阻止他们。"

你对兰伯西的看法取决于你的立场。迈尔斯身居辉瑞位于曼哈顿中城的总部，他的看法是："你一旦开始对付兰伯西，你就堕落到业界底层的水平了。"但是在许多方面，仿制药又是一个暴发户的市场。仿制药拥有公众和政界两方面的支持，它的蓬勃发展正从底部一点点侵蚀品牌药产业的必胜信念。兰伯西申请仿制立普妥的消息甫一传出，美国有线电视新闻网（CNN）的一名商业记者就将其比作[8]"典型的大卫对战歌利亚的局面——辉瑞的营收大约是这个弱小挑战者的50倍"。

在1984年之前，全世界类似兰伯西的公司根本无法挑战辉瑞这样的巨头。当时，仿制药在美国还没有清晰的批准路径。按照美国药监局的规定，

---

① 1英亩约为 0.4 公顷。

就算一种药物的专利已经过期，仿制药公司也需要重复其大规模、高成本的临床试验，虽然品牌药企早已证明了这种药物的安全性和功效。

后来一个名叫威廉·F. 哈达德（William F. Haddad）的记者决定改变这个局面，他是一个富有使命感的人，也很享受以弱斗强的感觉。据他一个同事的说法，哈达德"长了一个额外的器官，它不是用来分泌汗水，而是用来吸引注意的"[9]。精通媒体之道的他开始鼓吹仿制药。哈达德最初是田纳西州民主党参议员埃斯蒂斯·基福弗（Estes Kefauver）的助手，基福弗是参议院反托拉斯和反垄断小组委员会的会长，他一直为保护消费者权益而斗争，并与制药产业对抗。他曾对哈达德说，他怀疑辉瑞正领导着一个垄断联盟，专门控制四环素这种抗生素在拉丁美洲的价格。1963 年基福弗去世之后，哈达德在《纽约先驱论坛报》上发表了一系列颇受关注的文章，揭露这个抬高药价的垄断联盟。

哈达德后来离开新闻界，成了不起眼的仿制药产业联合会会长。在少数同情者的支持下，他开始游说国会设立一套专门供美国药监局批准仿制药的特别程序。他回忆说，当时的政坛，那些品牌药公司"控制着了每一条通道"。于是他和团队在国会大厦的走廊里来回游走，努力对少数愿意倾听他们的人表达主张。

转机出现在 20 世纪 80 年代初，哈达德得到了与保守的犹他州共和党参议员欧林·哈奇（Orrin Hatch）会面的机会。他本来以为参议员哈奇会站在大型药企那边。出乎意料的是，哈奇在聆听他的陈述时十分专注，兴趣盎然。在两小时的会面中，哈达德阐明了 150 多种品牌药的专利已经过期，但是谁也无法与它们竞争，因为仿制药根本无法获得美国药监局的批准。结果就是美国人民被迫在药物上花了太多钱。"当时他像个地方检察官似的向我发问。"哈达德回忆道。

令他吃惊的是，在这次对话的短短几天之后，哈奇就打来电话说："我觉得你可能是对的。"这位参议员找到加州的民主党众议员亨利·韦克斯曼

（Henry Waxman）。两人联手迫使大型药企的 CEO 达成协议，他们还起草了一项法案，为美国药监局批准仿制药辟出了一条科学通道。这就是"简化新药申请"的由来。从此，仿制药公司不必再从零开始证明自家产品的安全性和功效了，因为品牌药公司早已开展过昂贵的长期临床试验。它们只要开展有限的检测，证明自家的药物和品牌药具有生物等效性，并且能在人体内起到相似的作用，美国药监局就会批准它们。

但前方还有一个大障碍。在一次审议中，一名仿制药高管把哈达德拉到一个角落问他："你说，我要是起诉并且赢了官司，我能得到什么呢？"开发一种药物的仿制版需要投入前期成本，也许还要和志在保护专利的品牌药公司发生诉讼，仿制药公司既可能让投入的钱打水漂又有可能输掉官司，那还有什么能吸引他们开展这项业务呢？

办法就是所谓的"先到先得"的奖励政策。这项政策彻底改变了仿制药产业。它允许第一个向美国药监局提交仿制药申请的公司获得巨额利润：在申请获批后的六个月里，这家公司有权以接近品牌药的价格独家销售仿制药，六个月后，其他竞争者才可以进入市场，促使药价大跌。抢到第一名就能发财，抢不到的就只能混口饭吃了。

1984 年，众议院以 362 票赞成、0 票反对的比例一致通过了《药价竞争与专利期限恢复法》，后来又被称作《哈奇－韦克斯曼法》。这虽然是仿制药生产者的巨大胜利，但它也将品牌药公司的专利期限稍稍延长了几年。当年9 月，里根总统在白宫玫瑰园的一场纪念仪式上签署了法案。他称赞了低价药品的好处 [10]，并对听众说道："在我们这个社会，老年公民比任何群体都更需要药物。对这个问题我还是有点发言权的。"听众中一片笑声。

哈达德表示，《哈奇－韦克斯曼法》"使仿制药产业真正迈开了步子。它使这个产业有了根据，有了基础，仿制药公司得以成长，药价也大大降低了"。

还有一件事是一开始就摆明了的：仿制药公司能赚到大钱。据美国药监局的一名前任官员回忆，法案生效的当天，各家仿制药公司就派出"装满简化新药申请的拖车"向美国药监局驶来。"在第一个月里，我们就收到了1000 份申请。"申请的文件之多，加上首先申请能够获得的利益之巨，都突显出仿制药厂是这样一个地方——美国药监局最早的仿制药事务部门主管之一马尔文·塞费（Marvin Seife）博士曾这样说："只要把原料放进混料桶里[11]，再打开龙头，流出来的就是黄金了。"

在仿制药公司内部，先到先得的激励政策掀起了一股狂潮。曾在兰伯西担任高级副总裁、专司全球知识产权事务的杰伊·德希穆克（Jay Deshmukh）回忆说："抢先比什么都重要。"此事的关键不是申请文件在哪一天被送到马里兰州罗克维尔市的美国药监局仿制药事务总部，而是文件送达的顺序。"就算领先一分钟也是领先。"德希穆克说。

随着竞争的加剧，等待的时间也在延长。当一种药物的专利即将过期时，人们常常能看到，仿制药公司的高管们在美国药监局停车场上的车子里过夜，以便第二天上班时第一个冲进美国药监局大门。每隔一段时间，那块停车场上就会支起一大片帐篷，那些高管会一连几周驻扎在那里。关于如何等候、如何抢先，每家公司都有自己的策略。有的出钱雇人在停车场等候。梯瓦公司在附近酒店订了房间，每晚派员工轮流守夜。

2002 年 12 月 23 日，夜空明朗清澈[12]，两天后就是圣诞节了，美国药监局的停车场上仍挤满了人。美国药监局在几小时前就关门下班了。但是来自四家仿制药公司（兰伯西、梯瓦、迈兰和巴尔）的代表仍在排队等候，他们一边踩脚，一边拍打戴着手套的双手，以此取暖。兰伯西派出了两名最可靠的员工，并配了一辆加长豪华汽车，让他们可以轮流睡觉等候。

这些人都有同一个目标：美国药监局第二天一开门就第一个冲进去。他们都是要仿制一种名为莫达非尼（Provigil）的药物，它原本由瑟法隆公司生产，作用是防止日间嗜睡。对于首先提交申请的仿制药公司，这绝对是一脉富矿。

当天空出现晨光，兰伯西的一名高管踌躇满志地以为领头的位置非自己莫属。然而当大门打开时，迈兰公司的一个年轻娇小的女子却一把将他推开，冲进大门，盖上那个众人垂涎的时间戳，抢到了第一名。

在后方的兰伯西总部，负责美国法规事务的艾卜哈·潘特只能安慰自己接受第二名了。他们还没有彻底输掉，因为排名第一并不是胜利的保证。美国药监局只考虑它认为"实质性完整"的申请。这是为了防止仿制药公司用不完善的申请材料占位、在抢到第一之后再认真考虑如何制药的情况。因此潘特绝没有放弃希望。排第二名也很关键。她会等待第一名失足跌倒的。

美国药监局也正努力解决外面的露营问题。它在 2003 年 7 月修改了政策，规定任何仿制药公司只要在特定日期提交申请，都有可能共享六个月的独家生产权。在给仿制药产业的书面指南中 [13]，美国药监局这样写道：

> 在最近发生的几起事件中，有多名简化新药申请者或其代理人为率先提交专利申请，而在美国药监局外排队，甚至在旁边露营，时间从一天到三周以上不等。出于责任与安全上的考虑，本物业业主决定禁止申请者在提交日之前排队。

虽然共享的独家生产权没有原来那么诱人，但首先提交申请仍是仿制药公司获得最大利润的机会。

对兰伯西来说，这类申请依然对公司的战略计划至关重要，这个计划被称作"迦楼罗愿景"，迦楼罗是印度教中一只翱翔的神鹰①。为防止任何员工忘记公司的目标，公司在新泽西办公室的墙上挂了一张镶有镜框的海报，上

---

① 即金翅大鹏鸟。

面用大字写着"2015 战略"。海报的标题是"美国：到 2015 年实现 10 亿美元可持续盈利模式"，下面的第一条要点用粗体写着："每年都有重大的首次提交申请项目"。公司的前任 CEO 之一达温德·辛格·布拉尔（Davinder Singh Brar）在公司赞助的一本书中表示 [14]，这个 10 亿美元的理想"镌刻在每一位员工的内心"。

在兰伯西内部，监督首次提交申请的任务落在了杰伊·德希穆克的肩上。他是一名身材精瘦、讲话尖刻的律师，专攻知识产权。1998 年时，他还是一名在辛辛那提混日子的年轻律师。一天，他意外地在《专利与商标局协会杂志》上看到了一则广告，是兰伯西在招聘一名专利律师。他回忆说："我还从来没见过有印度公司招聘专利律师的。"一时兴起，他递了简历。

德希穆克出生于印度，大学学的是化学工程，他对在兰伯西工作的前景很感兴趣，尤其在见过那位目光远大的总经理帕温德·辛格（Parvinder Singh）博士之后，他觉得此人"非常聪明，又和蔼可亲"。德希穆克接下了这份工作，薪水翻了一番。他带着年轻的家人搬到了新泽西州的普林斯顿居住。虽然这看起来是一次很好的职业转变，但更重要的是，他把这份工作看成"相当于回国为印度服务"的机会。

德希穆克对印度的企业文化并不了解，他很快发现自己置身于一个"家长制气息浓厚"的环境中，在这里"上司就是你的父亲，他永远正确"。德希穆克立刻和上司产生了冲突。加入公司不到一年，他就要求和帕温德开会，在会上他申请直接向 CEO 布拉尔汇报，帕温德同意了。如此一来，德希穆克就巩固了他在公司未来的地位，因为一年之后，布拉尔就成为公司的总经理。也正是他鼓励了德希穆克瞄准立普妥仿制药的。

在兰伯西内部，对立普妥的仿制绝非一般的商业项目。"这种药的利润太诱人了，就好比一个不是你妻子的美女在你面前脱光了衣服，作为男人是很难拒绝的。这怎么能拒绝呢？"德希穆克说。

2002 年 10 月 9 日，在兰伯西提交简化新药申请 76-477 近两个月后，美国药监局打破了沉默，他们先是打来电话，接着又发了正式信函：美国药监局已确认兰伯西为第一个提交申请的公司，并将对公司的立普妥仿制版——阿托伐他汀展开评估。

消息传来，兰伯西内部一片欢腾。当时提交申请，美国药监局的停车场还空荡荡的，因为兰伯西远远抢在了竞争对手的前面。现在兰伯西的面前出现了一条通往史上最大的仿制药大奖的道路。但巨大的障碍依然存在。首先，美国药监局的监管者们要判断申请文档中的科研是否有价值。兰伯西的检测数据必须证明，他们的仿制版立普妥能在患者的血液中释放和原版等量的有效成分，那样才能达到美国药监局的要求。在那之后，兰伯西还要挺过辉瑞派出的专利律师大军的攻击，他们已守护这种药物多年。兰伯西必须小心行事，经受住这个全世界最强势的药物市场的审查。

理论上说，所有公司都必须严格遵守良好生产规范。但是对那些重效益轻品质的公司来说，还是有许多即兴发挥的途径以及投机取巧的办法。德希穆克坦言，"先到先得"的诱惑创造了"狂野的西部"，在这里制药公司不仅要抢先提交申请，还要不计代价地维护这些申请。为了争夺第一，保住第一，兰伯西公司做出了一个艰难的选择，那是在迪内希·萨库尔来公司报到仅几个月之前的事。

2003 年 5 月，兰伯西的高管们聚集在佛罗里达州博卡拉顿一家酒店的会议室里 [15]，参加一场关于基本运营的会议。主持会议的是公司的 CEO 布拉尔，他戴了一条一丝不乱的头巾。拉希米·巴布海亚，也就是那位将萨库尔招进公司的研发主管，也在会上。同样出席的还有公司总裁布赖恩·坦皮斯特（Brian Tempest）。讨论很快转向一个他们在电子邮件中反复讨论过的话题，为此还起草了一份严格保密的报告，报告的内容只有与会的人有权知道。

三个月前，公司在美国市场推出一款名为 Sotret 的药物，那是罗氏公司生产的抗痤疮药 Accutane 的仿制版。Sotret 是第一款面向美国患者的低价仿制药，它甫一推出就占领市场，并成为兰伯西争取 10 年内全球销售额达到 50 亿美元的一个重要步骤。

然而就在这次会议的前几天，兰伯西的高管们暂停了这种高利润药物的发售。他们告诉美国的监管机构，这种 40 毫克胶囊的溶解速度出现了"下降趋势"，并表示在调查出原因之前，将从市场上召回三个批次的药物。但他们说了谎。对 Sotret 的随机检测显示，配方已经失效了。根据美国药监局的规章，他们现在只有一个选择：向监管机构交代全部情况，并将 Sotret 从市场上召回，然后返回实验室重新设计药物，直到它生效。

或者还有一个办法。"去把马立克给我找来！"布拉尔怒视着一众副手吼道，其中一个手忙脚乱地跑出会议室去找马立克。拉吉夫·马立克（Rajiv Malik）是一个头脑精明又充满热情的有机合成研究员，他在兰伯西主管配方开发和法规事务，被同事们看作仿制药世界的大魔术师胡迪尼[1]。他的逆向工程技术无人可及，仿佛能将任何物质转变成别的物质。如果说这个难题还有规避的可能，那他就是不二人选。

但是那一天，平日里兴高采烈的马立克却神情不安地走进了会议室——他在公司断断续续工作了 18 年。开发 Sotret 的实验室工作正是马立克领导的。现在同事们都希望他赶紧解决问题。他感觉到他们都不耐烦了。

"这不是一个可以马上解决的问题。"他告诉大伙，"我的手上没有魔杖。"

---

[1] Houdini，被称为史上最伟大的魔术师、遁术师。

面对神情沮丧的同事，马立克接着回顾了他领导下的 Sotret 开发的艰辛历史。虽然开展了五年多高成本的实验室研究，兰伯西的化学家们依然无法使药物恰当地溶解。作为一种悬浮状态的软凝胶产品，其粒径太难控制。

他们检测出来交给美国药监局审核的几个批次都是在受控环境中生产的，这些批次最后都产生了良好的功效，与原版药物相当。可是当他们扩大产量，准备以商业规模生产时，杂质的含量却陡然上升，药物的溶解也出了问题。马立克做了这样的猜想：软凝胶接触空气中的氧气，产生了一种影响溶解的反应。想出对策需要时间。而与此同时，他们必须停止出售药物。

"我也不知道还要多久才能让 Sotret 重新上市。"他告诉一众高管。

他并没有重申房间里的每一个人已经知道的事实：就算完全按照配方生产，这种药物仍具有独特的危险性。美国药监局要求在这种药物的标签上写上"黑箱"警告，提醒患者在孕期服用可能导致出生缺陷或流产，或者使服用者产生自杀倾向，而许多服用者都是青少年。国会曾就这种药物的品牌版召开过一次听证会，起因是一名众议员的儿子在服药期间自杀了 [16]。为了对其进行限制，监管机构要求生产者将所有销售、过期或销毁的情况上报。它很危险，所以需要保持谨慎和信息透明。

鉴于这些情况，美国药监局的规章要求兰伯西的管理层从市场上召回药物并暂停生产，直到失效的问题得到解决。然而在兰伯西内部，激烈的讨论一次次回到商业压力的问题上：如果公司在这件事上处理不当，就马上会有等在后面的竞争对手发布自己的版本。不继续销售就是损害利益。

马立克环顾会议桌，据他后来的说法，他看到了这些同事"不理性"的思维方式。这些围坐成一圈的高管只有两个选择：要么停止发售，这意味着放弃公司的盈利目标；要么继续发售，且不再向监管机构透露信息，这意味着危害患者并违反美国药监局的规章。

对利润的追求最终胜出。他们决定继续发售，并对监管者隐瞒问题，同时也回到实验室寻求解决方案。多年以后回顾时，布拉尔说他已经不记得这次博卡拉顿会议的细节了，但他这样评论了自己在兰伯西的任期："我在任何时候、任何场合都从未听到任何一位管理人员说过要省略开发步骤和流程，以此缩短上市时间。"他说情况正相反，"我们总是提心吊胆，生怕在美国做错任何事情。我们在公司内部就谨慎到了这种程度。"

然而就在这次 Sotret 会议后不久，高管们就把这款痤疮药的品质缺陷写成了文档，标题为《Sotret 调查报告》。负责法规事务的副总裁艾卜哈·潘特将这份报告保存在了她位于新泽西总部的办公室里。报告的封面页上用加粗字体写着：不要交给美国药监局。

第三章　富人的贫民窟

2003 年 8 月
印度古尔冈市

　　如果说全球化有一个总部的话，它很有可能就在古尔冈。古尔冈是一座完全靠世界 500 强企业的外包业务建立起来的城市。它位于新德里西南仅 18 英里处。20 年前，它还是一个沉睡的农业城镇，四周围绕着森林，依偎在壮丽的阿拉瓦利山脉之下。当跨国公司设法将后台功能转移到印度时，房产开发商们嗅到了商机。一座座办公楼从古尔冈的田野上拔地而起，取名"网络城"和"高尔夫球场"的道路纷纷建成。没过多久，古尔冈就成了所谓的"千禧城"。

　　古尔冈的天际线也打上了全球资本主义的烙印：埃森哲、摩托罗拉、IBM、惠普等多家公司将各自的商标加到了新购入的大楼上。随之而来的是成千上万的人和汽车，许多家商场也建了起来[1]，这一切都得到了哈里亚纳邦城市开发局的鼓励，但这个开发局似乎并没有什么城市规划，只是一味地迎接开发商而已。兰伯西也把研究总部设在了这里，并建了一块环境幽雅、防守严密的园区。

　　古尔冈的建城热潮没有受到多少限制，基础设施的建设也没有遇到多少阻力。事后胡乱追建的净水厂、下水道、地铁站和电力线无法跟上需求。入驻的企业和那些富裕的员工只能为了日益紧张的水源和电力而奔波。他们的大部分电力都是私下购买的，出了很高的价钱，柴油发电机使本已受污染的空气更加肮脏。

坑坑洼洼的拥挤路面上，驴子和猪在由专职司机驾驶的汽车中间悠闲散步[2]。据政府官员估计，部分由于私人住宅主人和企业为获得水源打出的泵压水井，地下水位不断下降，水源将在 20 年内完全枯竭。印度打算用古尔冈来展现本国在 21 世纪的世界经济中占据的中心位置。然而 BBC 却指出，古尔冈不过是一片"富人的贫民窟"[3]。

不过，对那些公司及其员工来说，这仍不失为一个理想的办公地点。2003 年夏天，萨库尔一家住进了一座带大门的独栋别墅，房子外面设了一座岗亭，雇了一名保安负责晚上看守。他家的地址恰好体现了古尔冈的迅猛发展：他们住的是"一期"楼房，也就是古尔冈第一批建成的区域。别墅带一块草坪，里面铺白色地板，有几间雅致的房间用来招待客人。每当古尔冈不堪重负的电网停止工作时，他们就会启动自家的柴油发电机。萨库尔在地下室设了一间家庭办公室，边上就是儿子伊斯汗的游戏区。周末儿子会在那里看《巴尼与朋友》（*Barney & Friends*）① 的录像，萨库尔就在一旁工作。

身为印度裔的外国公民，萨库尔一到印度就应该去当地警局登记。于是他来到了破旧的古尔冈警局。听到他是应签证要求而来，几名警员一脸茫然。萨库尔打定主意要让他们领会应该执行的政策，便回家把相关的表格打印了出来，然后回到警局向他们做了深入解释。他的守法做法几乎花掉了一天时间。

离开警局时他带走了一张新表格，手工填写，在几个地方签了名。他将表格塑封，以免今后还要回来。在印度，文书手续似乎是避免混乱的保障，又似乎是引起混乱的原因。萨库尔后来反思说："我们创造了堆积如山的文件，以确保如果明天发生意外，一切都有档案可查。这是一套了不起的体制，能为你做出的任何行为提供借口。反正它就记在放在某个地方的档案里。"

---

① 一个美国独立儿童电视节目。

萨库尔不是那么天真，他对在印度生活的困难早有准备。但是他也下定了决心，不会在道德标准上做妥协。在这个地下协议支配大量交易且常常伴随现金支付的国家，他决定继续做一个守规矩的人。当他在兰伯西专心工作时，他仍相信印度的私营企业不会像公共部门那样腐败臃肿。他也相信，企业的效率能将印度带入 21 世纪。

在古尔冈的主干道梅劳里－古尔冈路上，摩托车、卡车、出租车和电动三轮车来回奔驰。路边不时出现装着水果的驴车，还有流浪的山羊和水牛。还常有数以百计的人露宿在破旧的油布下。

拐进一条小巷，在一个岗亭和一道滑动门后面，坐落着兰伯西实验室的主要研发中心。入口的通道两旁装点着无可挑剔的灌木和盆栽。进入正门，锃亮的瓷砖地板上方悬挂着公司前任总经理帕温德·辛格的一幅肖像，他四年前死于癌症，终年 56 岁。肖像上的帕温德胡须雪白，双手合拢，坐在一块华丽的红色帷幕之下，头上戴一块白色的锡克教头巾，和头巾配套的一块手帕插在深色外套的胸袋里，他脸上的笑容安详，仿佛在审视一切，也在祝福一切。帕德温是公司创始人之子，印度媒体曾将他誉为"预见未来的炼金术士"[4]。在他的领导下，兰伯西成为一家全球性公司，这一转变也创造了萨库尔的这个新职位。

萨库尔的头衔是"研究信息与组合管理主任"，他的任务是让快速发展的全球信息输送线有序而透明地运行。他是一名信息架构师，职责包括为公司的数据建立架构。这个新创造的职位使他成为少数能明确掌握公司广泛的全球市场信息的高管之一。他一头扎进工作。他雇了六个人，教会了他们组合管理，并开发了一张复杂的 Excel 数据表，以记录公司在世界各地的制药进程。

萨库尔经常在同事离开后加班很久。有时到了傍晚，家里的司机维贾伊·库马尔（Vijay Kumar）会载着苏娜尔和小伊斯汗来接他回家。还在学步的伊斯汗会在父亲办公室的白色写字板上潦草地写下字母，或者在空无一人的走廊里欢快地奔来跑去。等到父亲收工，一家人就一起回家过夜。

维贾伊每天必经梅劳里－古尔冈路，他总是一有机会就快速驶离。因为这条路上车辆堵得越来越长，车流停滞不动。即使动起来了，也显得混乱不堪，红绿灯只有几盏，交通规则明白地贴着却没人遵守，划好的车道也很少有人在意。到了夜里，路上的坑洼、暗淡的路灯和徘徊的水牛更会平添危险。

维贾伊是在前一年的夏天认识萨库尔的，当时这位高管正到兰伯西来面试。维贾伊20岁出头，在一家出租车公司工作，上级派他去给萨库尔开车。萨库尔对他安静认真的工作态度以及他在古尔冈的街道上穿梭于可怕危险中的技术印象很深。当萨库尔搬回印度，他雇维贾伊做他的私人司机，这对一个农民家庭出身、工作仅能糊口的青年来说是一大进步。

一天晚上，上岗才几个月的维贾伊从兰伯西公司接了萨库尔，重新驶上了梅劳里－古尔冈路。昏暗的主干道上，摩托车和卡车在他们周围疾驰而过。忽然，前方的车辆绕开了一堆看着像垃圾的东西。当维贾伊越驶越近时，他们看出那是一个一动不动的人。

像大多数司机一样，维贾伊认为最聪明最安全的做法是无视此人。但是当其他车辆绕开这个男人时，萨库尔却命令他把车停下。维贾伊恳求他让自己继续行驶，但萨库尔拒绝了。他让维贾伊停到路肩上，跟他一起下车。昏暗道路上的车流被截断了，他们走到那个男人身边，他还活着，但喝醉了酒，头上正流着血。两人把他拖到了安全的地方。这次救人的举动非常疯狂，违背了安全驾驶的所有法则——还有多数印度人都知道的谨慎生存的法则：别管闲事，专心驾驶，不要主动帮陌生人。那样做没有好处。像他们这样的救人举动，更可能会招来种种麻烦。

但是对萨库尔来说，把男人拖离路面还不够。他虽然大体上是一个谨慎而消极的观察者，却也有一种相反的倾向：对于任何已经开始的项目他都会认真对待，无论结果可能是什么。他坚持要维贾伊和他一起将男子送到离这儿一个半街区远的一家医院。

对维贾伊来说，拖着一个男人走在街上是他做过的最奇怪的工作之一。男人是死是活，又不影响他们，为什么还要这么做呢？到了医院，吃惊的医务人员似乎也同意维贾伊的看法，他们拒绝为男人治疗，除非萨库尔先付钱。萨库尔掏出 7000 卢比（当时约 140 美元，一笔巨款，相当于维贾伊两周的薪水），还留下了名片。他甚至没有想到隐瞒自己的身份。在维贾伊看来，这位新老板对于救人有着奇怪的美国式观念。这个年轻的司机预料得不错：这确实招来了麻烦。

第二天，一个警察出现在兰伯西公司，指控萨库尔撞倒了那名男子：要不是他先伤害了那名男子，又为什么要为对方付那么多钱呢？萨库尔打电话给人力资源部，叫他们处理此事。那个警察终于走了，萨库尔觉得肯定是公司给了他一笔钱，叫他不要再追究了。

在印度，受到"体制"的关照简直没有任何好处。帮助他人常常会招来怀疑。要不是萨库尔的公司财大气粗、能付钱摆平指控的事情，谁知道和警察纠缠会有什么后果？在印度，企业就像国王，而人更可能被看作可有可无。虽然这件事让萨库尔对自己返回印度的决定产生了一丝不安，但是他残存的疑虑很快就被兰伯西的一次特别活动打消了。

2003 年 11 月 21 日，兰伯西的通信部主管帕雷什·乔杜里（Paresh Chaudhry）惊讶地看着美国特勤局的官员搜查兰伯西总部的办公室，并在楼顶布置狙击手。那一天，美国前总统比尔·克林顿莅临公开感谢兰伯西和另外两家印度仿制药公司答应生产价格低廉的抗艾滋病药物。在非洲和加勒比海沿岸的国家，这些药一天的用量只卖大约 38 美分。而与它们等效的品牌药，即使最便宜的也比这个价格高出了 75% 左右。虽然这笔费用将由美国纳税人承担，但谈成协议的却是威廉·杰斐逊·克林顿基金会。

乔杜里是一个勤奋而有创意的人，但他做梦都没想过自己会给一场有美国前总统参加的活动做后勤保障，更别提那是印度人民特别爱戴的比尔·克林顿了。当克林顿于 2000 年 3 月下旬访问印度时，他成为超过 22 年以来第一位访问印度的美国总统。那一次，他强调了两国需要相互合作，共同对抗艾滋病这样的疾病。

克林顿对印度的喜爱不仅是表面功夫。他在 2001 年 4 月再度造访，这时古吉拉特邦在三个月前刚刚发生过一次毁灭性的地震，造成了 2 万人死亡。通过他担任主席的美国印度基金会，克林顿募集了数百万美元以重建地震中被毁的村庄。他还面对一群仰慕他的群众宣布 [5]："只要我还活着，就会再来印度的。"

现在他果然又来了，这已是四年中的第三次，这一次是为了兑现印度和美国联手对付艾滋病的承诺。在接近两周的时间里，乔杜里始终全身心地为此做着准备，工作千头万绪：特勤局特工、宾客名单、将会到场的员工的名牌、到时候供应什么食物、克林顿会走什么路线、由谁来接待他，都要他来操心。这次访问是一个绝好的营销机会。乔杜里心里清楚：在他的职业生涯中再也不可能出现这样的机会了。

多年来，他一直在邀请外国记者访问兰伯西。他向他们展示了公司的研究设施和现代化生产工厂，还向他们解说了公司为开发新型化学物质下了怎样稳健的功夫。但对方的反应总是大同小异："非常感谢。我们感兴趣的话会联系你的。"然后就没了下文。

乔杜里知道，他要扭转的是一种广为流传的成见，那就是低成本等于低品质。大体上说，印度的仿制药厂家很少发明什么，只是重新制造已有的品牌药物，因此被全世界看作造假者和剽窃者。即使是在非洲，他们的药物也名声不佳 [6]。在喀麦隆，医生将他们的产品称为 "pipi de chats"，意思是 "猫尿"。2001 年，他们的形象才开始好转，当时美国正陷于 "9·11" 恐怖袭击之后的炭疽杆菌恐慌。拜耳建议美国政府购买他们的环丙沙星，那是少数几种能治疗炭疽杆菌中毒的抗生素之一，但拜耳的售价每片将近 2 美元 [7]。兰伯西的报价只有这个价格的五分之一 [8]。乔杜里回忆说："拜耳和美国及华盛顿的游说家想尽了办法要证明我们是一家做假药的公司。"最后是专利权阻止了美国政府购买兰伯西的仿制药。而乔杜里希望，今天的活动最终能为公司扭转局面。

当身穿黑色西装、戴深红色领带的克林顿从滑动门走进来时，乔杜里是第一个伸出手去迎接他的人之一。其他在门廊恭候的人都穿上了自己最好的西装，身子向前倾着，当他们站在那里等待前总统的祝福时，每个人的脸上都透着紧张和兴奋。

热切的员工们聚集在礼堂聆听演讲，和他们一起的还有乔杜里期待已久的媒体从业者。萨库尔得到了一个前排的座位。克林顿和公司 CEO 布拉尔并肩站立，布拉尔戴着黑色头巾，穿深色西装，雪白的衬衫配一条花纹领带。自从帕温德·辛格去世，他就受命出任公司的 CEO，大家都称赞他是一位职业经理人，并将他的任命看作这个家族企业发展史上的一座里程碑。

克林顿表示，他这次来是为了感谢印度的几家公司，包括兰伯西、西普拉和矩阵实验室，谢谢他们愿意生产成本如此低廉的药物。他告诉底下聚集的人群："我们必须给这些公司表表功 [9]，因为他们对我们的信任。"他还补充说，这些公司的努力确保了"我们能与其他国家开展合作，并说服他们治疗是一个可行的、负担得起的选择"。

接着轮到布拉尔发言。"要降低这些药物的价格，就必须大量出售，而要做到这一点，那些艾滋病感染大国就必须主动提出大量购买。这一点始终没有实现，直到克林顿基金会参与进来，将需要药物的国家和生产药物的人联结起来。"

演讲结束后，克林顿挤进人群招呼大家，萨库尔与他握了手。

这次访问完全符合乔杜里的期望，甚至比他期望的还要好。从那一刻起，公司的销售额节节增长，声誉也有了改善。"我们公司终于成功了。"乔杜里回忆当时的情况说道。兰伯西已经做好了在西方市场崛起的准备。"就凭我们这些产品，准能把美国的那些大家伙打得落花流水。"他这样总结了当时的感想，"这件事对人类有益，对政府有益，对人民也有益。为什么会有人阻挠我们呢，老天！"

克林顿的访问振奋了整个行业。在这之前，世界各国政府已经面临一系列问题：人口老龄化，艾滋病蔓延，药价居高不下。它们哪里有钱给那些患者治病呢？克林顿给他们指了一条路。看来，印度的制药公司是站在天使那边的。就像兰伯西的下一任总经理布赖恩·坦皮斯特博士后来对《卫报》所说的那样[10]："我们廉价出售抗艾滋病药物赚不了多少钱……这真的是出于社会责任感，因为我们就在发展中国家，一打开门就能看见这些发展中国家的问题。"

这些公司能否靠打折出售抗艾滋病药物盈利，我们暂且不论，反正克林顿已经为印度的仿制药公司做了担保。他的这次访问在全世界创造了新的机会和潜在的利润。之后访问印度时，克林顿又去果阿参观了西普拉的工厂，并在工厂的院子里种下一棵松树，这是公司的传奇董事长优素福·哈米耶德（Yusuf Hamied）为重要访客莅临定下的传统。对这些无法在华盛顿进行天花乱坠的游说的公司来说，这样的访问的价值无可估量。"我们向来把人道主义工作当作公关手段[11]。"哈米耶德后来表示，"现在所有的门户都打开了。"

在兰伯西逗留之后，克林顿又利用这次访问的机会去阿格拉参观了泰姬陵，这座白色大理石陵墓是17世纪莫卧儿帝国的一位皇帝为他的妻子建造。克林顿遵照参观守则，为了保护这处世界遗产免受空气污染，从陵墓外围坐电车来到门口。但是在返回酒店的路上，电车突然抛锚了[12]，前总统只得徒步走完剩下的路程。对一个自豪于盛大典礼和待客之道的国家来说，这次意外有可能成为一次国际性的尴尬事件——这说明在熠熠生辉的表象之下，仍隐藏着老旧残破的基础设施。

第四章 品质的语言

2000 年 2 月 25 日
路易斯安那州新伊比利亚市

何塞·埃尔南德斯（Jose Hernandez）闻了闻空气的味道。这个 43 岁的美国药监局调查员又往 K&K 海鲜公司的蟹肉加工厂里面走了几步，这家工厂看起来叫人完全没有食欲。他的脑海中闪现出《联邦食品、药品及化妆品法》中奉为圭臬的那几条法规。他凝视工厂内部，几乎都能看见相关的页码：那是《联邦法规汇编》（Code of Federal Regulations，缩写 CFR）第 21 篇第 123 部分，第 6 条第（b）款，鱼类及水产品"风险分析关键控制点"[1] 计划。

但最大的麻烦还是他的嗅觉发现的。那是什么气味？那气味使他想起自己的拉布拉多犬"李维"洗澡后的味道，那是狗浑身湿透的毛发所散发的体味。本该遵守良好生产规范的海鲜工厂里却弥漫着那样的气味，这不是一个好兆头。他怀疑这家工厂对于消费者已经不再安全。

埃尔南德斯留着深色小胡子，头有点秃，戴着一副眼镜，有着跑步者的体格，他是美国药监局路易斯安那州拉法叶办公室的常驻主管。那是美国药监局的一处派出机构，有四名员工。埃尔南德斯是一名持徽章的美国药监局调查员，他的工作是视察本辖区内的海鲜生产厂和小型医疗中心。他的年薪是 45 000 美元，他靠这些钱养活妻子和四个孩子。美国药监局不会配备手提电脑，埃尔南德斯在视察中用纸笔记录，然后预约办公室里唯一的一部台式电脑，到时候再把记录输入。视察海鲜工厂时他穿着一条工装裤和一双塑料靴子。

这不是一般人的理想职业，但埃尔南德斯干得有声有色，他的名声渐渐传开了，人家都说他是美国药监局脑袋最聪明、直觉最准、精力最充沛的调查员之一。他居住在一座 5000 平方英尺^①的大房子里，这阵子正在辛苦地重新装修。他从祖父那里学到了专业的木工手艺，小时候在波多黎各就是祖父把他带大的。埃尔南德斯毕业于圣胡安的美联大学，1987 年加入美国药监局做了全科调查员。他虽然没有炫目的研究生学历，却拥有一个精通机械的大脑。他知道东西应该怎么装配在一起，也能在装配不当时看出问题所在。他的头脑能够迅速将事实组织起来并且记住。他还有一种神秘的直觉，能感应到事情出了岔子。

埃尔南德斯下了班就装修房子，平时一有机会就带孩子去露营。但他的脑筋从来不会休息。他的思绪总在《联邦食品、药品及化妆品法》中的 21 CFR 上徘徊。这些法规他几乎都能背诵，但他还是会带上纸质版，以便随时查阅。它们对于他就像《圣经》。他说："讲了 30 年道的人，也总是得参照《圣经》。我从来不根据记忆回答问题，从来不依靠猜测。如果没有实实在在的法规，你就无法指控任何人。"

他会思索各种模式：工厂中可见的工作流程的背后还隐藏着什么诡计？他看见的东西和法规之间有什么关联？在日常活动中，他也会暗自背诵法规，比如用塑料瓶子喝水时，他就会想到装在瓶子里的水由 21 CFR 的第 165.110 条规定，而盛水的容器适用的却是和水不同的法规（21 CFR 的第 1250.40 条）。对他来说，视察就像在玩拼图，每次都要努力找出不见的那一块。

---

① 1 平方英尺约合 0.0929 平方米。

按照美国药监局的法规，他只要亮出徽章，任何受美国药监局监管的生产场地就必须让他到任何一个角落视察。他事先从不通知对方——法规也没有这样的要求。厂家如果拒绝调查员进入，就有被查封的可能。只要是为了彻底检查，他在工厂里想待多久就待多久，短则一天，长则两周。每次视察，他总是先在目标周围驱车巡视一圈，看看大体情况。在他看来，这好比拍照前先用相机的广角镜头观察对象。接着他再拉近镜头，聚焦到重要的项目上。对于 K&K 海鲜工厂，他完全知道应该怎样视察。他要在最出其不意、可能也是最不受欢迎的时候去杀个回马枪。比如工厂煮食蟹肉的夜间。"如果你想找到证据，就必须抓现行。"他说。

那天他回家吃了晚饭。等孩子们睡着之后，他在夜里 9 点返回了工厂。一名员工老大不情愿地把他放了进去。这时湿狗的气味更浓烈了。循着气味，埃尔南德斯深入工厂。他发现了一间小厨房，一个平底锅放在炉子上，锅里有几块碎肉——狗肉 [2]。他又来到了生产车间，一个男人一边煮着活蟹，一边在嚼着什么。他逮了个正着，不过相对于男人的行为，他所违反的 21 CFR 第 110.10 条第（b）款（8）目倒是有些轻描淡写了：在加工食品的区域不许吃东西。

美国药监局的法规定得狭窄而具体。它只说了不准吃东西，不管你吃的是一块饼干还是一块狗腰肉。埃尔南德斯对这件事的看法不会影响他的执法：他不能因为自己特别厌恶就加重对对方的处罚。

从表面上看，连普通人也会对 K&K 蟹肉工厂散发出的恶臭起疑。但埃尔南德斯还有一种天赋：他不仅会积极跟踪明显的线索，还能透过工厂纤尘不染的表面，看到后面隐藏的东西。有一次他在路易斯安那州阿比塔斯普林斯的谢尔曼制药公司视察时证明了这一点 [3]，那家公司生产的是隐形眼镜润眼液和处方眼药水。1994 年，他就带着两名实习生来了，而七个月前工厂刚刚安然无恙地通过了一次视察。

埃尔南德斯的辖区是工厂和场地。于是他和往常一样，从场地开始检查，先看厂房外面，接着再看里面。他信步走入厂房周围的树林，发现远处有一个闷燃的火堆，像是烧烤用的。他吩咐一名实习生找来一根树枝，在余烬里拨弄起来。他们翻出了一堆焦黑的药物，谢尔曼制药公司意图烧掉它们。可为什么呢？三名调查员在烧了一半的包装盒上发现了批号，上面显示这批药还没有过期。埃尔南德斯不禁怀疑起来："如果产品合格，一般是不会销毁的，那么那些还没有被销毁的呢？"经过调查，他们发现谢尔曼制药公司烧的是因为受到污染而被退货的药物。公司没有调查受污染的原因，也没有按要求上报给美国药监局，而是企图毁灭证据。埃尔南德斯将他的发现详细记录在了一张名为"483"的视察表格里。

美国药监局的调查员会用三种代号标记视察结果：一种是"无行动指示"（No Action Indicated，缩写 NAI），意思是公司达标了；一种是"自主行动指示"，意思是公司必须补正不足；还有一种是"官方行动指示"（Official Action Indicated，缩写 OAI），这是三种代号中情况最严重的，意思是公司有重大违规行为，必须马上整改或者接受处罚。在埃尔南德斯的审视下，K&K和谢尔曼制药公司都收到了一张"官方行动指示"，即有可能面临更严厉的处罚。

1995 年，美国药监局对谢尔曼制药公司施加了最严厉的处罚，即"申请诚信政策"（Application Integrity Policy，缩写 AIP），这种程度的限制美国药监局大约只实施过十几项。它将谢尔曼制药公司置于美国药监局的严格监管之下，并要求其自证没有欺诈行为。没过多久，谢尔曼制药公司就倒闭了。埃尔南德斯对这家公司毫不同情，他对任何因此倒闭的公司都不同情。他的工作不是大事化小或者视而不见。

美国药监局发挥的是任何政府部门最重要的功能之一。它的任务是确保我们的食品、药品、医疗设备、宠物食品和兽医物品能够安全使用，从而保障公众健康。由此，美国药监局规范着大约五分之一的美国经济行为——说到底，美国人接触和使用的大多数产品都归它管辖。美国药监局的总部设在马里兰州银泉市的一座庞大建筑物内，总员工数超过 17 000 人，它还在全国设有 20 个卫星办公室，在海外也有 7 个办事处。

你无论是将这些监管者看作英勇的公仆，还是捧着写字板记录工人洗手次数的讨厌鬼，都无法否认一个事实：在全世界人民的眼中，美国药监局都代表着最高标准。如果将美国药监局的监管者和大多数其他国家的监管者对比，结果就会像是比较"最先进的波音飞机和一辆旧自行车"——世界银行的一位高级卫生专家这样说道。

美国药监局那备受夸赞的声誉源自其监管方法。它不是只拿着一张清单对照，或者只检查最终产品。它采用的是一套基于风险的复杂体系，审查的是整个生产过程。根据美国药监局的标准，只要生产过程出现了纰漏，就可以认为最终的产品也有纰漏。

美国药监局要求企业在一套名为"矫正与预防措施"的体系下开展自我检查。制药公司默克就以自我检查闻名，只要对某些药物批次的质量稍有怀疑，就会将它们全部废弃。一名美国药监局的前调查员解释说："要经过调查才能发现真相，还要有一批知道怎么调查的人。如果监管机构不做调查，那些企业就不会自查。"

调查员埃尔南德斯的方法或许显得简单：闻一闻，看一看，再用树枝拨一拨。但是他的脑中还装着概念和规范，它们都是在过去 100 多年中不断完善得来的，这些概念及规范与药物及食品安全都有关系，因为两者是同步发展的。今天的生产厂家必须公开并调查品质问题，而不是把坏掉的药物拿到树林里一烧了之。工人在把蟹肉装罐时不能吃狗肉（吃什么都不行），因为生产厂家必须控制环境中的污染物。"控制""透明"和"一致"的概念都是现行良好生产规范的组成部分，那是一套精细的法规架构，制约着食品加工和药品生产的过程。

20 世纪初这些法规还不存在。目前全世界的厂家广泛奉行的"良好生产规范"于 1962 年首次出现在《联邦食品、药品及化妆品法》的修正案中 [4]。今天的制药厂家都明白，现行良好生产规范是生产者必须遵循的最低要求，只有这样才能保证每一剂药都是完全一致、安全和有效的，并且含有包装上注明的成分。关于如何最大限度地确保食品和药品的安全，人们已经争论了数百年，这些要求就是在这漫长的争论中不断完善的。

中世纪的医务人员最早提出了药物品质取决于制作方法的观念。1025 年，波斯哲学家伊本·西那（Ibn Sina）写了一本名为《医典》（*Canon of Medicine*）的百科全书，书中提出了验证新型药剂的七条准则 [5]。他警告实验者，只要改变一种物质的状况，比如将蜂蜜加热或者将金丝桃草贮存在毒鼠药附近，就会改变治疗的功效。

中世纪的统治者认识到了食品和药品的销售者会受利益诱惑欺骗消费者，将具有食用或药用价值的成分换成劣质替代品，也了解这种成分不一致会造成的危害。13 世纪中叶，英国颁布了一部《面包法令》[6]，禁止面包师在面包中加入不可食用的物品，如锯屑和大麻。到了 16 世纪，全欧洲的城市都开始颁布药物的标准成分表，称为药典 [7]。1820 年，11 位美国医生在首都华盛顿会面，撰写了第一部国家药典，其前言声明，这部药典的目的是"消除本国药物制备中的不规范和不确定的问题" [8]。

同年，一位名叫弗里德里克·阿库姆（Frederick Accum）的德国化学家出版了一部颇有争议的著作 [9]，书名很长，叫《论食品掺假和烹饪毒素：揭露面包、啤酒、葡萄酒、烈酒、茶、咖啡、奶油、糖果、醋、芥末、胡椒粉、奶酪、橄榄油、泡菜及其他家用物品中的掺假现象以及辨别方法》。阿库姆抨击了工厂在包装类食品中使用防腐剂和其他添加剂的做法，比如在橄榄油中加铅、在啤酒中加鸦片。阿库姆的这部著作在欧洲和美国拥有大量读者，它将食品安全问题以及监管的必要性带入了公众视野。美国一直到 1862

年才成立了一个名叫"化学部"的小型政府机构，负责调查食品掺假现象，员工在农业部大楼的地下室办公——这个势单力薄的部门就是后来美国药监局的前身。

1883 年，来自印第安纳州边境的一位下巴方正、一丝不苟的医生 [10] 哈维·威利（Harvey Wiley）接管了这个部门。时年 37 岁的威利一心致力于保障食品安全，被称作"化学家中的战士"。从 19 世纪 80 年代到 90 年代，他数次在国会上呼吁制定一系列反掺假法律，但均未成功。到 1902 年，他的耐心耗尽了，他直接招募了 12 个健康的小伙子，让他们吃下硼砂、甲醛、水杨酸、亚硫酸和苯甲酸这些常用防腐剂。结果小伙子们捂着胃，在椅子上直犯恶心。这个离奇的试验引起全国震动。威利把它称为"卫生餐桌试验" [11]，而媒体给它取名叫"试毒小队"。民众的愤慨激起了改善食品品质的运动。

同一时间，美国海事医务署（国立卫生研究院的前身）卫生实验室的官员们也在和另一场公共卫生危机搏斗。1901 年，一场白喉感染 [12]（一种有时会致命的细菌性疾病）在圣路易斯市暴发。这种疾病的疗法是给患者注射抗毒素血清，而这些血清取自马的血液。当年 10 月，一名 5 岁幼童在注射血清后出现了奇怪的症状：她的面部和喉咙疼到发生痉挛 [13]，不到几周就死了。本来应该治好她白喉的血清反而使她染上了破伤风。官员们将污染源追查到一匹拉牛奶车的马"吉姆"身上，它在几周之前刚刚得过破伤风。

虽然圣路易斯市卫生局已在 10 月初得知这匹马的病情，之后才射杀了它，但卫生局的官员曾在吉姆死前给它放了两次血，一次是 8 月，一次是 9 月底。8 月的那批血液是干净的，但血量不够，装不满所有的瓶子。于是官员们又在瓶子里加入 9 月的那批血液，但没有更换标签。于是，有几个标着"8 月"的瓶子里，就混进了含有破伤风病菌的 9 月的血，13 名儿童因此身亡。

为回应此事，国会于 1902 年通过了《生物制品管制法》，又称为《病毒毒素法》。它要求制药者必须遵守严格的标签标准，并雇科学家监督生产。它还授权卫生实验室通过视察监管生物制品行业。

到这时，记者也开始调查食品和药品产业堪忧的做法了。1905 年，《科利尔周刊》刊登了 11 篇系列报道——《美国大骗局》，揭露了无效并且致命[14]的"咳嗽药"、"镇静糖浆"和"卡他性炎粉"，震惊了美国公众。1906 年 6 月，美国国会终于通过了化学家哈维·威利游说了几十年的法律。这部《食品药品法》也叫《威利法》，它禁用了危险的食品添加剂，禁止生产者做出"错误或误导性"的声明，还禁止销售标签错误及掺假的药品。此外，凡是按《美国药典》中列出的名称出售的药物，都必须符合效力、品质和纯度的公开标准。这部法律在当时虽然可圈可点，但其中也有不少漏洞。比如它允许产品中含有吗啡之类的有害物质，只要在标签上注明了。虽然法律可以将欺骗性的陈述定为犯罪，但证明推销员意图欺骗消费者就落到了政府的肩上。骗子们能轻易逃脱检举，只要一口咬定他们自己也信赖那些假药就行了。

1930 年，美国药监局正式成立。1933 年，其官员搜集了一批有害的食品和医药产品[15]，并在国会和公众活动上展出。这些物品包括一种会令妇女失明的睫毛膏，一种含有毒鼠药、会造成瘫痪的局部毛发清除剂，还有一种富含镭元素的名叫"镭补"的补品，它号称能使人恢复性欲，但其实会引起致命的镭中毒。媒体称这场展览为"美国恐怖屋"。

几年后，国会又提出了一部新的食品药品法的法案，但是要等另一场悲剧的推动，法案才变成了法律。1937 年，共 107 人因服用一种名叫"磺胺酏剂"的液态抗生素而死亡，其中许多都是儿童[16]。死者情状痛苦。一位悲痛的母亲致信罗斯福总统述说了她女儿临终时的惨状："我们看着她小小的身子来回扭动，听着她发出微弱而痛苦的尖叫。我恳求您采取措施，禁止此类药物的销售，它们会夺走幼小的生命，造成巨大的痛苦，使人彻底丧失对未来的希望，就像今晚的我一样。"

磺胺能有效治疗链球菌感染。自 1932 年问世以来，医生一直给患者服用含有这种成分的药片和药粉。但是到 1937 年，马森吉尔公司的一位总药剂师却发明了一张儿童糖浆配方，要求将药物溶解在二乙二醇中——一种带有甜味的液体，后来被证明是一种致命的毒物，几十年后它成为防冻剂的一种成分。当美国药监局调查员去马森吉尔的药厂调查时，他们惊讶地发现，"所谓的'对照实验室'只检查'酏剂'的外观、味道和香气，根本不检查它的毒性"。一名美国药监局调查员在报告中写道："看来他们只是将不同的药物混在一起，只要不爆炸就拿出去卖钱了。"国会被这次灾难吓坏了，终于在 1938 年通过了《联邦食品、药品及化妆品法》，它授权农业部部长在新药上市之前先对它们开展审批。任何公司想要销售药剂，都必须先提交一份申请，写明药物的成分和生产过程，还必须提交安全研究，让部长相信其生产方法、生产设施和管控手段都是充分的。

问题是，怎样才算是"充分"的呢？这个问题在 1940 年 12 月至 1941 年 3 月之间凸显出来，那段时间有近 300 人在服用抗生素磺胺噻唑片后陷入昏迷或死亡 [17]，这些药片都是纽约的温思罗普化学公司生产的。在它提交给美国药监局的申请中，公司宣称自己具有"充分"的管控手段。但实际上，他们有一个批次的抗生素被鲁米那污染了，其中的鲁米那含量达到了标准剂量的三倍之多。鲁米那是一种抗癫痫的巴比妥类药物。患者在吞下受到污染的抗生素时，其实也在不经意间服用了过量的巴比妥。在调查中，美国药监局得知这家公司是在同一个房间里组装抗生素和巴比妥类药物的，还常常混用两种药片的压片机。公司自己也不知道那些压片机里出来的是什么，因为它根本搞不清进去的是什么。

这次危机之后，美国药监局的官员们会见了一名行业顾问，该顾问告诉他们，大多数美国制药企业都缺乏充分管控，部分原因是对于什么是良好的管控体系，并没有一个统一的说法 [18]。美国药监局的药物主管给部门写了一份备忘录，认为将来"药厂只是敷衍地表示有充分管控是不够的"。

不过，造成最深刻影响的还是一场幸好没有发生的悲剧。1960 年，辛辛那提的制药公司威廉·梅里尔（William S. Merrell）向美国药监局申请出售一种名为"Kevadon"的药物[19]，也就是大众所知的"沙利度胺"（thalidomide）。沙利度胺于 1956 年在德国问世，营销对象是整个欧洲、加拿大和南美洲的孕妇。这是一种安眠药，还能治疗晨吐。1960 年在美国，梅里尔公司已经开始向医生发放样品，但是还没有对外发售。美国药监局的一名干事弗朗西丝·凯尔西（Frances Kelsey）受命审核这次申请。她原本可以直接盖上橡皮图章了事，但是当她看到这家公司有限的安全研究时，她犹豫了。她询问公司的干部这种药物在人体内如何作用，他们非但不肯回答，还向她的上级投诉，想迫使她批准新药。凯尔西拒绝了。

到 1961 年冬天，事实证明她的决定是正确的。这时已经有越来越多的国外医生发现沙利度胺和婴儿先天性四肢严重畸形之间的关联性，比如萎缩的腿部和鳍状的手臂。1 万多位母亲服药后生下了有残疾的孩子。这下凯尔西被奉为英雄。正因为她拒绝屈服，美国人才逃过了最坏的情况，与那些样品有关的畸形只有 17 例。这次涉险过关再度刺激了美国国会，使它在 1962 年对《联邦食品、药品及化妆品法》做了一次增补，称为《基福弗－哈里斯修正案》[20]。根据它的要求，申请者如果要证明自家的药物安全而且有效，不仅要在包装上注明可能的副作用，还要向美国药监局报告不良反应事件。最重要的是，修正案重新界定了何谓药物掺假[21]：工厂里的产品，只要其生产过程不符合"现行良好生产规范"，就会被认定为受到了污染。

这是一个巨大的变化。从那以后，生产过程成了决定品质的关键，这个标准一直沿用至今。这个新定义也赋予了美国药监局执行良好生产规范的权力。但我们接着又要问了：这种规范应该有哪些呢？

1962 年年底，一组美国药监局调查员开会讨论出了这些规范的初稿。新法规在次年公布，它们确立了"药物加工、包装和储存"环节的几项新标准。生产过程的每个"关键步骤"都必须由一名"专业且负责的人士执行"。工人们必须为每个药物批次写下详细的"批次生产记录"，其中要包括一份总配方的拷贝文件以及每个生产步骤的资料 [22]。新规实施以后，生产商们勉力奉行。更多的药物被召回了。

1966 年，美国药监局对美国市场上最重要且使用最普遍的临床药物做了一次重要调查 [23]。在他们检测的 4600 份样品中，8% 的药物药效过强或过弱。美国药监局认定，要让生产商跟上新要求，最好的办法就是进行严格视察。1968 年，美国药监局发动了为期三年的密集闪电战。调查员不打招呼就出现在许多公司门口，并在那里驻扎办公，有时长达一年。他们或纠缠，或说教，或配合，或霸道。哪家生产商要是不能或不愿遵照调查员的要求行事，就勒令其停业。这次行动实际上开启了美国药监局的当代视察项目。

在这几十年追求品质的漫长征途中，最关键的转变就是从监管产品变为监管生产过程。制药商再也不能等到药物被制造出来之后再做检测了，因为那是典型的不合格生产过程。也许最后你可以检测一个批次里的几片药片，但如果共有 100 万片呢？你是不可能一片片检测的。必须对所有生产环节都进行记录和检测，将品质内化于过程之中。

这种做法被称为"过程验证"，在 20 世纪 80 年代末流传开来。每个步骤产生的数据都成为关键的指导方针。这些数据必须"可追溯、易辨认、同时记录、是原始或原样复制的以及准确"，按首字母缩写为"ALCOA"①。

就像迈兰公司负责技术支持的副总裁凯文·科拉尔（Kevin Kolar）解释的那样，一种药物的成品与生产过程中的数据是密不可分的："两样中少了

---

① 这五个标准的英文分别为 attributable、legible、contemporaneously recorded、original or a true copy 和 accurate。

一样，它就不是一件产品……没有记录的事就等于没发生过。对细节要一丝不苟地关注，那是你的事业，你的使命。"

随着时间的推移，日益明了的是：路易斯安那州的何塞·埃尔南德斯注定要去做一些比检查狗肉更复杂的工作。到 2000 年，制药业务开始向海外转移。在接下来的八年里，海外工厂为美国市场生产的药物产品数量翻了一番。到 2005 年，美国药监局监管的国外厂家数第一次超过了美国本土的 [24]。

美国药监局越来越迫切地需要自愿到国外出差的调查员。埃尔南德斯主动报名，开始到日本、澳大利亚、德国、印度和中国视察，一个国家接着一个国家地跑。2003 年，他加入美国药监局海外视察团，这个团队人员很少，总部仍设在美国，但专门视察国外工厂。这是一项艰难的工作，极费心力。埃尔南德斯始终把政府发的那本绿色笔记本放在床头，就连半睡半醒之间产生的想法也要匆匆记录下来。他对自己的上司毫无敬意，他觉得那些人关心的是办公室里的人事纠葛，而不是公共卫生。保护美国消费者的责任感使他充满干劲。

美国药监局知道，要想让药厂遵守规章，最好的办法就是派调查员在他们最意想不到也最不情愿的时候，直接上门检查。只要药厂对这样的突击检查还心怀畏惧，他们就更可能遵守良好生产规范。然而在国际范围内，视察中的攻守就完全是另一回事了。埃尔南德斯再也无法直接走进工厂，亮出徽章并开始视察了。相反，美国药监局会提前几个月通知外国工厂。接下来由外国工厂出具正式邀请函，供美国药监局调查员申请旅行签证。法律并没有要求提前通知，它也不是开展视察的最佳方法。但美国药监局着急处理不断积压的国外视察任务，提前通知自然成了解决许多难题的一个临时方案 [25]。它能确保对方工厂的相关员工视察时在场，也是对于外国政府的一种外交表态。只是在这套体系下，海外视察不再能对一家工厂的真实情况进行如实评估，而更像是一次排练好的表演。

工厂会安排调查员的行程及其在当地的活动。"突击是不可能做到了。"埃尔南德斯说。这也使他更加依赖自己的直觉以及多年来积累的经验。当他身处遥远的国度，听到的尽是陌生的语言，他总是一次次回到"工厂和场地"这一理念。这简直成了一句口号。对他来说，这意味着要"开阔思维"。

在这个过程中，他也确立了一种信念：即使语言、文化、时区不同，品质永远是一门自成一体的语言。而他显然是能流利运用这门语言的。无论一家工厂是否会进行操控，他都可以通过观察、闻味或翻弄找到答案。比如，他常常看不懂记录里写的是什么，但他会审视其外观：上面有没有污渍？复印机上有没有指纹？相对应的两个批次，一份的体量是否小于另一份？记录本上有没有折痕或者磨损？如果没有，为什么没有？凭着这份细心，他常能发现一些同事看漏的东西。有一次，一家海外药企把记录打印在一种厚纤维纸上。他发现质检主任叫属下篡改数据、用锋利的刀片刮掉纸上的文字。这些线索都是一幅巨大拼图上的碎片，它们共同拼出了一家生产工厂的面貌。只是现在这幅拼图还跨越了不同的大洲。

全球化在一道要求透明的流程上投下了阴影，距离成为美国药监局过去 170 年积累的每一条安全经验的最大挑战。帕特里克·卢克莱（Patrick Lukulay）博士是美国药典全球健康影响项目的前任副总裁，他对此做了解释："全球化的问题，就在于你不在那些国家生活……所以你简直要踮着脚尖走路，开展突击检查，听人举报揭发。"他还宣称："监管，是一件猫捉老鼠的活计。"

第五章　警灯亮起

2004 年
印度哈里亚纳邦古尔冈市

BMS 是一家遵守法律的古板企业。在那里，所有层级的员工都要参加各种学习班，主题从维护正确的审计记录到具有性别敏感性的事务都有。

而在兰伯西，萨库尔面临的却是一片混乱。这家公司野心勃勃，很有想法，但又笼罩着一股凭感觉办事的氛围。负责临床研究的副总裁一根接一根地吸烟，一天要吸掉四包。在公司的新泽西工厂中，敏感的药物成分被放进员工的冰箱，边上就是一块双料比萨。高管会议上争论激烈，有时还会升级到拳脚相加。萨库尔猜想，这种散漫的环境是一家激进的公司扩张太快的结果："这里没有什么规矩，这和我在过去 10 年 ~12 年里学到的东西截然相反。"

但是当 2003 年即将结束时，他并没有因为这里的混乱和训练的缺乏而灰心，反而把这看作自己在公司很被需要的标志。他打算将公司的所有数据收集归档。将混乱的纸质记录转移为有序的数字记录是一场更为巨大的转变中的一部分，也就是把这家以印度为中心的保守公司，改造成一家遵守保持记录的公认规范的外向型跨国企业。

他的团队对最基本的流程做起了标准化改造，具体到公司报告中使用的模板和字体。他们怀着使命感工作，在促进兰伯西转型的过程中，展现了优秀的洞察力和创意。跟随萨库尔一起从 BMS 来到此地的文卡特·斯瓦米纳坦说："我们来了就要改变世界，来了就要用不同的方法做事。"他甚至在混乱中看到了亮点："我们团队不用担心这个不批准、那个不批准。"就像在 BMS 时那样。他们只要按照计划推进就行了。

不过混乱毕竟阻碍了进步。兰伯西并没有一个公司规模的体系来管理其药品组合。各个分部之间彼此不通消息，根本无法跟踪数据。不同的分部甚至会用欧元、美元和卢比等不同的货币上报收入。公司的大部分记录都写在纸上。通过一次普查，萨库尔得知，公司的科学家半数以上的时间都找不到自己一年前创建的文档。他的团队对各个系统做了计算机化和标准化处理，使科学家们能够阅读并储存关键文档，比如标准操作程序和研究报告。

萨库尔最初的一项工作是将公司临床试验中的记录数字化，包括知情同意表格、患者病历和实验室结果。他派迪内希·卡斯胡里尔去马吉迪亚医院办理此事，兰伯西运营着那里的一个临床试验区域。这次走访很紧张。事后，萨库尔接到了区域负责人的电话，说他们那里网络太差，无法将记录数字化。萨库尔向他保证会在医院和兰伯西的数据中心之间接一条新的线路。然后他又派了团队中的另一个人去回访。这一次对方干脆把他拒之门外。

在萨库尔看来，对这种行为最符合逻辑的解释就是，他闯入了一个等级森严的熟人网络，那些老员工感觉他是来夺权的。他不仅是这家公司的新人，还来自品牌药的世界。他猜想这些新同事可能会戒备他身上的优越感。于是他决定缓慢而有礼貌地推进工作，免得被人指责他"盛气凌人"——他加入兰伯西后没有多久，管理层对他的审核中就出现了这样的评语[1]。

那份审核报告里写到萨库尔自信、自主，对别人要求很高，在面临压力时也很善于控制情绪。但其中也提到他"渴望推进事情，在将分析所得的结论付诸实施时稍显急迫"。评语还写道："他明白兰伯西拥有不同的企业文化，他所渴望的直接、开放的交流未必能达到他所追求的目标。不仅如此，他的高期望并不总能实现，有时会导致他在人际交往中表现得缺乏耐心。"

他的态度不是唯一的问题。公司派他加入了一个委员会，负责制定公司的记录保存规定。几次会议之后，公司的首席信息官通知委员会成员，说已经决定电子邮件记录保存两年之后就要删除。萨库尔激烈地反对这项安排。他在一封电子邮件中指出，大多数研发项目的时间都超过 10 年，过早地删除记录可能使公司丢失重要成果并与监管者发生冲突。

几天后，他接到了那位首席信息官的电话，对方要求他删除这番言论，还有他手上与此有关的所有会议记录。对方告诉他，这是 CEO 办公室的直接命令。于是，制定更好的记录保存规定的努力，就这样被一道删除所有辩论记录的命令终结了。

对萨库尔和他的团队来说，在这家印度公司乃至在整个印度企业界做事，就像在《爱丽丝镜中世界奇遇记》的感觉；他们一路遇到了各种障碍，有的令人困扰，有的荒唐可笑。有一次，他们想购买一款名为"Documentum"的电子文档管理软件。在他们看来，市场上并没有能与之比肩的产品。但当他们将计划提交给采购委员会审批时，对方却说："我们需要三个报价。"

"但这种软件只有这么一款。"他们试着解释。对方说不行。

"我们就要三个。"采购委员会还催促他们，"去找几个当地人充数就行了。"

还有一次，卡斯胡里尔在和配方团队的几个主任开会，讨论如何将实验室的工作数字化。对方先是嘟嚷着反对了几句，接着一名主任甩出了一个问题："如果我们这么做，还怎么倒签文档呢？"负责配方的副总裁赶忙插嘴说，那个主任的问题纯属假设。不管是假设与否，他们对于创立透明的工作体系显然是抵触的。但萨库尔的团队没有理会他们的顾虑，继续推进工作。毕竟，他们来这里就是为了改良公司及其体制。

2004 年 1 月，公司的内部纠纷终于爆发了。布拉尔宣布他将卸任公司的 CEO 一职，他在权力斗争中败给了公司的法定继承人、公司创始人的儿子马尔文德·辛格（Malvinder Singh）。继任 CEO 的是布赖恩·坦皮斯特博士，一位头发灰白蓬乱、脸上长满皱纹的英国化学家。在外界看来，提拔坦皮斯特只是给马尔文德继位铺平道路，后者 32 岁，此时已经被提拔为药物总监。斯瓦米纳坦表示，许多人都把此举看作职业化管理的沦丧以及"只凭一两个人的喜好管理的王朝式家族企业"的胜出。对萨库尔和他的盟友而言，这个消息不是一个好兆头，他们原本希望兰伯西能成为 21 世纪的印度版辉瑞。

更大的打击还在后头。在一次公司园区举办的印度教胡里节庆典上，公司员工和他们的家人一边吃着餐车上的食物，一边听着现场音乐。萨库尔站在人群之中，看见上司拉希米·巴布海亚在向他招手。两人走到一个安静的角落，巴布海亚立即对他说："我准备离开兰伯西了。"萨库尔愣住了。巴布海亚加入公司才不到两年。当初就是他设立了萨库尔的职位，还在公司内部为他的创新精神辩护。因为他的担保，萨库尔才放弃了一份待遇优厚的工作，抛下了美国的稳定生活。可现在他自己却要走了？"你走了我怎么办？"萨库尔问他。

"你会没事的，况且我也不是马上就走。"巴布海亚说，"我会再待几个月，我们到时候再商量。"在之后的几个月里，他的这位伯乐变得对公司极为不满。他告诉年轻的萨库尔，兰伯西不是像他这样的人应该工作的地方。一次，他们在一家优雅的酒店和几个过来协助培训的美国科学家吃饭，席间巴布海亚对公司进行了猛烈抨击，使在座的人都很尴尬。他的怨恨让萨库尔感到困惑。

饭后，萨库尔将巴布海亚拉到一边，问他为什么这么生气。巴布海亚吞吞吐吐，只说他知道了许多足以使公司关门的"鬼把戏"。

几个月后，萨库尔去巴布海亚家中吃午饭。餐桌上，萨库尔再次说起这个话题。

"迪内希，我仿佛在试图给一辆时速 60 英里的汽车换轮胎。"这位伯乐说道。萨库尔要他说明白些。巴布海亚提到公司 2004 年度的预算。萨库尔清楚地记得那些数字，因为他曾为各个区域的药品组合编纂跨部门数据。"你认为那些数字合理吗？"巴布海亚问他。

萨库尔回想了开发中的产品数目：大约 150 种。就像巴布海亚所说，在美国，开发每种仿制药的成本最少是 300 万美元。在印度的开发成本大约是这个数字的一半，因为劳动力便宜许多。因此兰伯西的开发总预算应该在 2.25 亿美元左右，但是据萨库尔的记忆，它实际上只有约 1 亿美元。公司在自己的工作中打了很大的折扣。

萨库尔记住了这条信息，两人继续聊别的。然而巴布海亚的离职总使他不安。缺了这位高层盟友，他自己在兰伯西的前途就变得暗淡了。

2004 年 7 月，萨库尔重新燃起了希望，因为他遇见了新上司——拉金德尔·库马尔（Rajinder Kumar）博士。库马尔高大英俊，举止优雅，性格开朗和蔼，据说他品格正直，背景也很显赫。他来自伦敦，曾在那里担任葛兰素史克公司精神病药物临床研究和开发部门的全球主管。

库马尔早年在苏格兰的邓迪大学完成医学训练，再到皇家外科医师学会专攻精神病学。然后他加入史克必成公司，成为主管神经科学领域临床开发和医学事务的副总裁。他参与开发了帕罗西汀（Paxil），一种治疗抑郁症的畅销药。他富于同情心，习惯于为患者着想，也会严格遵守良好生产规范。

与满面怒容、在办公室时要放下百叶窗帘的巴布海亚不同，库马尔的办公室大门是敞开的。他经常四处走动，到实验室和其他工作区域与下属碰面。萨库尔和大多数人一样，一见到库马尔就觉得又喜欢又尊敬。他们俩都在一个重视开放透明的环境中接受过训练，萨库尔立刻对他产生了忠诚感。

8 月 17 日傍晚，刚在公司上任六周的库马尔给萨库尔发了一封紧急电子邮件，要他第二天一早到自己的办公室报到。向来准时的萨库尔来得很早，到公司时园丁还在浇灌无可挑剔的灌木，清洁工也还在擦洗大堂地面的瓷砖。萨库尔经过声望卓著的前 CEO 帕温德·辛格的巨大肖像，走向库马尔的办公室。

当萨库尔那天清晨踏进这位新上司的办公室时，他被对方的面容吓了一跳。库马尔看起来睡眠不足，神情紧张，他的眼皮浮肿，眼圈发黑。他前一天刚从南非回来，公司的新任 CEO 坦皮斯特博士派他去和那里的政府监管人员见面。从库马尔的神态看，这次出差显然不太顺利。两人漫步到大堂，向身穿白色制服的侍者要了茶水。

"我们有大麻烦了。"库马尔回到办公室后对萨库尔认真地说道，然后示意他不要声张。在办公室里，库马尔递给萨库尔一份世界卫生组织（以下简称世卫组织）的报告[2]，报告总结了世卫组织一次视察的结果。这次视察的对象是维姆塔实验室有限公司，这家公司受雇于兰伯西，为其抗艾滋病药物做临床检测。世卫组织的这次视察代表的是南非政府，当时该公司正要购买兰伯西的抗逆转录病毒药物，以治疗国内猖獗的艾滋病。

负责这次视察的法国调查员奥利维耶·勒布雷（Olivier LeBlaye）发现了一个令人震惊的骗局：维姆塔在研究中招募的许多"患者"根本就不存在。大量关于药物在患者血液中溶解情况的数据都是捏造的。完全不同的患者，在检测中的数据图形居然完全一致，简直像是复印出来的。萨库尔一边读着报告，一边惊讶得张大了嘴巴。因为缺少材料，根本无法证明这些药物曾经用于真实的患者。同样没有证据表明，兰伯西曾经按要求监管过这项研究，或者审计过研究成果。这种程度的欺诈，意味着这些将要用来治疗艾滋病重症患者的药物根本没有经过检测。

因为事关公司声誉，坦皮斯特博士派库马尔去南非，并向药监部门保证，维姆塔的情况是孤立事件。但是到了那里之后，库马尔却更进了一步，他向南非人保证会对所有抗逆转录病毒药物做完整评估，如有必要还会重做患者试验。

萨库尔专心听着库马尔的话。库马尔说，在返回印度的飞机上，他的旅行伙伴、负责对公司所有仿制药做生物等效性研究的那位主任告诉他，这不仅仅是维姆塔或者抗逆转录病毒的问题。

"这是什么意思？"萨库尔不太明白库马尔的意思，开口问道。

"问题比这更深。"库马尔回答。他告诉萨库尔，希望他在可以预见的将来放下手头的一切工作，将公司的整个产品组合彻底检查一遍，包括每一个市场、每一种产品、每一条生产线，他要确定哪些是真的、哪些是假的，兰伯西又该负哪些责任。库马尔还吩咐他下班以后再来一趟，届时两人将启动这个计划。

离开库马尔的办公室时，萨库尔怔住了。还有其他兰伯西的药品出了问题吗？如果有，那公司又是怎么拿到美国药监局批文的？那可是世界上最严格的药物监管机构啊。

下班后，萨库尔奉命回到了库马尔的办公室，但是库马尔不在。萨库尔等了许久。终于，库马尔出现了，看得出他的心里很乱。他一句话都不说，径自坐在办公桌前专心工作了 20 分钟，然后抬起头来，阴郁地说道："我得喝一杯。"他解释说，自己费了一天的工夫和总部办公室纠缠，争辩应该如何处理那些虚假检测的抗逆转录病毒药物。库马尔坚持说正确的道路只有一条：立即从市场上召回药物，并开展恰当的生物学研究。

虽然总部办公室起初同意了，但后来又起草了一篇新闻稿，里面只说兰伯西会对这个问题"开展调查"。库马尔修改了草稿，表示公司将从市场上召回药物，决定立即生效。但总部办又把稿子改回原来那个含糊其词的版本，要他批准。他再次修改，将它打回。"我是一个医生，不能明知一种药物对患者有害还批准它。"库马尔宣布，"我不管兰伯西会损失多少钱、丢多少面子。要么这东西下市，要么我辞职走人。"萨库尔不敢想象再失去一位上司，尤其是这位他那么喜欢的上司。

　　萨库尔回到家里，看见 3 岁的儿子伊斯汗正在门前的草坪上玩耍。他忽然回想起去年的一件事，当时这孩子的耳朵严重感染。儿科医生给他开了兰伯西仿制的阿克舒（Amoxyclav），一种强力抗生素。但孩子吃了三天药，约38.9℃的高烧依然不退。于是医生又把药换成了葛兰素史克生产的品牌抗生素。不到一天工夫，伊斯汗就退烧了。萨库尔把儿子搂进怀里，他决定找到真相之前，再也不给家里人用兰伯西的任何一种药物。

第二部

印度崛起

第六章　自由战士

1920 年
印度古吉拉特邦艾哈迈达巴德

曾经有很长一段时间，很少有人肯吃印度药，更别说赞美生产这些药物的公司了。对投入几十年时间和千百万经费开发新药的品牌制药公司来说，这些复制他们产品的印度公司比小偷好不了多少。对他们不该感谢，而是应该起诉。对全世界的患者来说，"印度生产"的标签也意味着地摊品质的货色，最好不要尝试。

然而，有一个男人在幕后却付出了无人可及的努力以改变这种观念，并为比尔·克林顿的到访铺平道路，他就是优素福·哈米耶德博士。在许多年里，作为印度制药巨头西普拉有限公司的董事长，他生产出来的药物连印度本国政府都不愿购买，他公开提出的大胆的建议也为大多数人所无视。但他不在乎别人怎么看他。他很享受那些作为对手的品牌公司的愤怒。2001 年的一天，他发表了一则声明，就此赋予了印度制药者一套全新的头衔：偶像破坏者，眼光远大的人，救世主。

不过，哈米耶德博士的故事，连同印度当代制药产业的启航，其实都要追溯到一个世纪之前的一座灵修院。那不是普通的灵修院，而是圣雄甘地创立的高僧修行所，它位于今天的艾哈迈达巴德，属于印度西部的古吉拉特邦。就是在那里，这位印度最受尊敬的活动家开启了将印度从英国统治下解放出来的事业，他的方式后来被称为"不合作运动"。

大约在 1920 年，甘地敦促所有印度人放弃一切与英国有关的东西。公务员放弃了政府职位，印度学生从英国人管理的大学退学，威尔士亲王于1921 年 11 月访问印度时，平民都待在家里回避他。

一个年轻而富于魅力的化学系学生赫瓦贾·阿卜杜勒·哈米耶德（Khwaja Abdul Hamied）响应了甘地的号召。他相貌英俊，一副君王气派，自然成了同辈中的领袖。他离开学校去了高僧修行所 [1]，在那里甘地吩咐他和另一名学生扎基尔·侯赛因（Zakir Husain）离开修行所，去建立一座由印度人管理的大学。两人照办了。在学生们眼中，甘地是一位"争取国家自由的伟大先知"。哈米耶德后来回忆，"他的话语就是我们的法律" [2]。侯赛因后来成为印度第三任总统。他参与创建的学校，新德里的印度国立伊斯兰大学到今天仍在运营，学校的宗旨是将印度学生培养成自己未来的主人。

1924 年，因为追随者中爆发了暴力行为，恪守非暴力宗旨的甘地暂停了活动，哈米耶德也离开印度出国留学去了。他在柏林获得了化学博士学位。在学校组织的一次湖边郊游中，他认识了一位志同道合的立陶宛籍犹太女孩，两人坠入爱河。1928 年，他们在柏林唯一的一座清真寺里结了婚。希特勒掌权之后，两人回到印度，后来又赞助了 12 个犹太家庭到这里生活，帮他们逃脱了几乎必死的命运。

1930 年回国时，哈米耶德看到的是一个破落贫乏的研究环境，连能用的实验室也没有一间。印度的药物市场几乎完全被跨国公司主宰，从博姿和宝来威康到帕克·戴维斯公司。除了极少数的例外，印度人只能做做经销商。

虽然只是个拮据的年轻人，哈米耶德却梦想能成立一间大型实验室。1935 年，他终于创立了西普拉公司。四年后第二次世界大战开始，甘地访问了哈米耶德的生产工厂，并在宾客留言簿上写下了"我很高兴参观这家印度企业"的字样。不过，甘地的参观不仅是一次社交访问，他还带了一个重要目的而来。当时英国已经承诺让印度独立，前提是印度也要在战事中出一份力。而生产药物就是战事的一部分。当时印度军队对药物的需求激增，欧洲药厂的供应链却已崩溃。甘地悄悄地敦促哈米耶德填补这片空缺 [3]，哈米耶德照办了。西普拉成为奎宁和维生素 B_{12} 的最大生产商，前者对抗疟疾，后者为士兵治疗贫血。

哈米耶德虽然过着简朴的生活，但印度变幻莫测的房屋租赁法却让他能出租一套宫殿般豪华的公寓 [4]，就是贾西姆之家 7000 平方英尺的底楼，位于孟买的高雅海滨社区卡夫广场区。印度著名的自由战士们会拜访哈米耶德家，家里的孩子们也懂得了政治独立和个人独立的必要性。"想在生活中成功，你就得自己争取"，这就是哈米耶德的小儿子优素福从父亲那里学到的教训。

印度于 1947 年取得独立（可惜只过了一年，甘地就遇刺身亡）。这时的哈米耶德已经入选孟买立法会。1953 年，他被任命为孟买治安官 [5]，这是一个象征性的头衔，类似这座城市的首席大使。随着他的时间越来越多地被政治占据，他的儿子优素福承担起了管理西普拉的责任。

优素福在家人朋友之间的小名叫"优库"（Yuku），他继承了父亲敏锐的科学头脑、出众的相貌、狭窄的眼睛、专注的眼神，还有揶揄的微笑。他在 18 岁那年离家去剑桥大学学习化学，23 岁就取得了博士学位。

1960 年，他回到西普拉工作，却立刻陷入错综复杂的繁文缛节之中。印度法规规定，由于西普拉是一家上市公司，它要雇任何一名高管的家属，都必须经过政府审批，家属的工资也得由政府来决定。因此在入职后的一年中，优库没有赚过一分钱，在接下来的三年里，他每月的工资也只有 20 美元，在那之后才能向政府申请加薪。

和他父亲一样，优库开始如饥似渴地阅读科学文献。他基本上是自己学会了如何制作药片和注射剂。他还革新了药物基本部件——有效成分的工艺。这些成分往往是分开生产的，再卖给别的药企，然后那些药企会加入名为"辅料"的成分，做成成药。在优库的领导下，西普拉最终成为印度最大的原料药生产商之一。印度当时施行的还是过时的 1911 年的英国专利法规 [6]，其药价比欧洲还昂贵。根据这些法律，大多数印度药企都被禁止开发新药。不过优库在一个医学领域找到了出路，这个领域的大多数专利在 20 世纪 40 年代就过期了。

环顾孟买，生活赤贫，人口暴涨，优库开始开发一种避孕药。在印度，政府是主要的药物采购方和经销方，他向政府出售这种药物，价格是每月 2 卢比（当时约值 20 美分）。在美国，避孕药的价格大概是每月 8 美元。但政府拒绝了他，似乎对本国的人口问题漠不关心。

在为避孕药的事失望之余，他又在别处取得了一项巨大的成就。1961 年，他参与成立了印度制药商协会（缩写 IDMA），会员们开始修订印度过时的专利法规。总理英迪拉·甘地对此极为赞赏 [7]，1981 年她在世卫组织的会议上说了这样一番话："我心目中拥有良好秩序的世界，是一个医学发现不受专利庇护的世界，在那个世界，谁也不能靠生死大事牟取暴利。"

1970 年，新的《印度专利法》[8] 规定复制一种已有的分子是合法的，但复制这种分子的生产过程则是非法的。印度的化学家获得了重新制作现有药物的自由，只要他们能够更改配方步骤。这部法律在印度的仿制药生产商和跨国品牌药公司之间激起了强烈对抗，许多大公司就此退出了印度市场。

随着新专利法生效，印度制药业的黄金时代开始了。印度人成了逆向工程的巧匠，印度公司不仅供应本国市场，还将产品出口到了非洲、拉丁美洲、中东和东南亚。

1972 年，优库的传奇父亲赫瓦贾·阿卜杜勒·哈米耶德谢世，优库成为西普拉公司的 CEO。他虽然也积累财富——购入房产，在马球比赛上买马，收购艺术品，却不像同辈人那样欣赏印度的"繁荣"。在孟买，他只要走出公司那饰满艺术品、灯光灿烂的总部，就会看见一片不容忽视的痛苦汪洋。数百万市民生活在绝望的贫民窟里，没有可靠的电力供应、卫生设备或食物。数千人就住在道路两旁，头顶甚至没有一块遮雨的油布。

展望未来，他只看见人口暴涨、疾病猖獗、药物短缺。他看到的这个世界，这个他无法忽视的世界，也在很大程度上导致了后来发生的事。这个印度自由战士的儿子，这个深受甘地影响的企业家，将为印度的制药者们重新构想出截然不同的前景。

和西普拉相比，兰伯西是在一套截然不同的价值观中成长起来的。不同于哈米耶德，巴伊·莫汉·辛格（Bhai Mohan Singh）并没有受到过甘地的感召。他是一个精通所谓"许可证制度"的老手，那是一套陈旧的商业体制，由政府确定所有配额、分发所有执照和许可证。在这套体制下经商，你必须结识高层人脉，撒出去大把卢比，不仅是为了自己争得许可证，也是为了阻止竞争对手获得许可证。

在这套体制下，很少有人能比巴伊·莫汉·辛格更成功 [9]。他是一位举止得体的优秀金融家，1917 年出生在旁遮普一个富裕的锡克教家庭，父亲是一位建筑业巨头。起初，巴伊·莫汉拒绝进入家族企业，但随着第二次世界大战爆发，他父亲的公司拿到了一份为印度陆军建造营房的巨额订单。父亲派他去冈格拉山谷监督接收运来的建筑材料。这个项目成功之后，更多的订单纷至沓来，其中包括建造一条使英国军队可以开往彼时缅甸边境的主要公路。

依靠基础设施建设，辛格家族成为旁遮普最富裕的家族之一，巴伊·莫汉也在富贵阶层占得一席之地。1946 年父亲退休，将大部分资产都转移到巴伊·莫汉名下，他就此成为一名大亨。靠着这笔意外之财，他成立了一家名为"巴伊交易融资私营有限公司" [10] 的金融企业，开始向许多企业提供贷款。其中一家是做药物经销的小企业，名叫"兰伯西有限公司"。

巴伊·莫汉有两个堂兄弟 [11]，兰吉特（Ranjit）和顾伯西（Gurbax），一个做服装布料生意，一个做药物经销。两人在 1937 年创立了兰伯西公司（公司名就是两人名字的合成）。他们的目标不大，只想在印度经销外国药物。1952 年，顾伯西还不上最初的贷款，巴伊·莫汉于是收购了公司，留下顾伯西做董事长（因为他对药物买卖非常熟悉），新公司于 1961 年注册成立。巴伊·莫汉有三个儿子，帕温德就是其中之一。日后他将会把兰伯西称为自己的第四个儿子。

在巴伊·莫汉的众多资产中，兰伯西并不算贵重。那时候，大部分印度药企的名声都取决于它们经销的外国药物的名声。兰伯西经销的主要是日本药，在当时评价很低，公司的名望因而很差。因为销售廉价药物，公司的推销员们还受到过化学家的嘲讽。

巴伊·莫汉对药物毫无经验，本可以对公司完全放手。但是当顾伯西试图将他逐出董事会时，巴伊·莫汉却在争夺公司控制权的斗争（他赢了）中对这个行业燃起了兴趣。

虽说巴伊·莫汉对药物知道得不多，他对另一些事却了如指掌：如何在董事会耍手腕赢过对手，如何在各处部署亲信，包括政府部长和手握大权的银行高管。例如，当公司和一家意大利药企的结盟不再让他满意时 [12]，他让其他盟友向政府秘密举报了那家药企的违法行为。那家公司被勒令退出印度，巴伊·莫汉得以照自己的条件收购其股份。

不过，对许可证制度的熟悉并没有帮助他建立一家领先的制药企业。兰伯西没有什么明确的使命或者愿景。它也没有能力生产自己的产品。它是有一家工厂，只能将别处买来的原料制成药片和胶囊。

有两件事为公司开辟了未来的道路。1968 年，兰伯西取得了制药领域的第一次成功，公司仿制了罗氏公司的安定 [13]，取名 "Calmpose"，并用 19 世纪诗人迦利布（Ghālib）①的一句名言作为宣传语："既然死期已经注定，我为什么还整夜睡不着呢？"Calmpose 成为印度的第一个"超级品牌"。然而意义更为重大的一件事却是巴伊·莫汉的长子——帕温德的归来。1967 年，他从美国位于安娜堡的密歇根大学获得药学博士学位归来，立刻加入了兰伯西公司，他带回的技能和认真追求目标的精神，都是当时的兰伯西所缺乏的。

帕温德这个人富有激情，生活比父亲简朴，离开印度时成绩中等。比起学习，他更专注于提高自己的高尔夫球技术。但是在密歇根大学，他却夜以继日地扑在实验室里。学校的系主任曾写信给巴伊·莫汉 [14]，说像帕温德这样的学生 10 年才出得了一个。他回到印度时，对自己的灵性也有了更深刻的理解。他娶了一个灵性导师的女儿为妻，岳父领导着一个灵修团体，内部禁止饮酒吃肉。

和父亲不同，帕温德认为兰伯西必须取得独立。如果公司不能自主生产有效成分并且开展研究，它就无法掌握自身的命运或自家产品的品质。而生产有效成分和开展研究都需要投入大量资本。为了获得资金，帕温德在 1973 年推动了公司上市。

虽然帕温德设想将兰伯西塑造成一家全球企业，但世界其他地方对印度的医药仍不看好。在泰国，兰伯西的生意差得不行，以至于公司举办了一场祈祷仪式，雇了当地 16 名僧人诵经 [15]，希望能使局面好转。美国是全世界规模最大、利润最高的市场，也是监管最谨慎、最难进入的市场。虽然印度已经在向美国的药企出售有效成分，但成品药就完全是另一回事了。

1987 年，兰伯西的两名高管前往美国 [16]，考察向美国出口的可能性。公司赞助的一本书对此做了记述：

---

① 原名米尔扎·阿萨杜拉·汗，笔名迦利布，用乌尔都语和波斯语写作的印度杰出诗人。

他们会见了 20 家公司的代表，在听说一家印度公司希望向美国出口成品药时，所有人都觉得诧异。公司的一位高管回忆他去拜访一位顶级美国经销商，对方让他等了两小时，还折断了一支标着"以色列生产"的铅笔说："以色列人已经在入侵这里的市场，现在连印度都要来卖药！这个世界到底怎么了？"

不过，也有一些美国人更清楚地看见了未来——帕温德也和他们结成了盟友。他拜访了一位名叫阿格尼丝·瓦里斯（Agnes Varis）的精细化学品进口商，地点在她位于曼哈顿的办公室。瓦里斯喜欢制造麻烦[17]，打破偶像，走在时代的前面。她的父母是希腊移民，家里兄弟姐妹有八个。她父亲用推车卖冰激凌，直到他死的那一天还在工作，当时阿格尼丝 14 岁。她母亲不识字，在一家成衣厂里缝扣子。瓦里斯在布鲁克林学院取得了化学学位。1970 年，40 岁的她成立了自己的公司——阿格瓦化学公司，为外国的生产商代理出售药物成分。她的公司赚了数百万美元，她也成为民主党的重要捐款人，和克林顿夫妇是彼此直呼其名的交情。

瓦里斯一见面就喜欢上了帕温德和他的同事。"他们都很聪明。"她在 2010 年，也就是去世的前一年回忆说，"模样也都很好，穿着漂亮的衣服。英语好得不得了。我感觉他们都是很有档次的人。"凭借她的药物知识和高级人脉，瓦里斯做了这几个人的政治恩主，帮他们求得了在美国销售成品药的机会。

回到印度，随着公司的扩张，巴伊·莫汉也在努力维持着家庭的和平。1989 年，72 岁的他将不断增长的家族产业分给了三个儿子[18]，希望以此确保他们能在他死前友好分家。他给了长子帕温德兰伯西的全部股份；二儿子曼吉特（Manjit）分到了一家农用化学品公司和一些奢侈品；小儿子阿纳吉特（Analjit）继承了麦克斯印度，那是一家精细化学品公司，最大的客户就是兰伯西。因为兰伯西是三家公司中最大的，两个弟弟还另外继承了几个基金。

后来两个弟弟继承的企业经营失败 [19]，曼吉特和阿纳吉特心生怨念，认为自己在分家时吃了亏。他们开始怨恨帕温德，认为他受到父亲的偏袒。兄弟的感情不断恶化，到后来阿纳吉特甚至认为兰伯西策划了针对他和他公司的诽谤行动。他告诉一个亲信，他觉得帕温德冷酷、精于算计、没有感情。他还回忆童年说："小时候我哥哥每天都在我背上抹辣椒。" [20]

在帕温德方面，出任兰伯西总经理的他事业蒸蒸日上。1991 年，印度对经济做了自由化改革，废弃了配额和许可证制度，各经济部门完全向外国投资开放。帕温德更加集中精力推行海外扩张。在公司内部，他的声望也如日中天。"他成了传奇人物。"一位前合伙人说，"在这里人人崇拜他，他所到之处，员工都会鞠躬。"

然而，他和他父亲很快陷入冲突。在将自己的兰伯西股份赠予帕温德不久后，巴伊·莫汉就对儿子发起了斗争。他谴责帕温德违背家庭协议，阻止自己对公司事务行使一票否决权。两人的冲突不仅关乎公司内部的权力行使，还关乎对愿景的两种看法，一个旧，一个新。现在印度经济已经对境外资本开放，印度公司需要的是有真才实学的专业人士，而不仅仅是"政府和实业家之间的联络人" [21]。巴伊·莫汉的人脉变得不那么重要了。他感觉自己受了冷落，于是在董事会上公然和儿子吵了起来。

他们最大的冲突集中在一位经理身上，达温德·辛格·布拉尔，此人是帕温德在 1978 年招进公司的。布拉尔是一位谋略大师，拥有 MBA 学位，当时已成为帕温德不可或缺的副手。父子俩为布拉尔的去留产生冲突，兰伯西的董事会也分成了两个派系。几十名高管中，有人支持巴伊·莫汉，有人支持布拉尔 [22]，他们行进到董事会的会议室里竞相呼喊口号。一天早晨，布拉尔派系的一位领头高管被巴伊·莫汉开除，但当天下午帕温德就恢复了他的职位。1993 年 2 月 6 日，曼吉特提醒父亲，有人计划在那天的董事会议上驱逐他。巴伊·莫汉和他的支持者索性辞职。帕温德接任兰伯西的董事长兼总经理，巴伊·莫汉保留了名誉董事长头衔。父子两人的关系始终没有得到修复。巴伊·莫汉对儿子提起诉讼，控告他违背继承协议的条款，这场诉讼将一直延续到下一代人身上。

1995 年，兰伯西成为第一家获美国药监局批准为美国市场生产产品的印度药企。到这时，兰伯西的销量已经有五分之四来自海外了。两年后，帕温德被诊断得了食管癌。他的父亲怨念未消，甚至写信给儿子说自己不会参加他的葬礼。（但实际上，他最后不仅组织了葬礼，还发动所有关系邀请了 400 人参加火化仪式。）1999 年 7 月，帕温德病逝，他对兰伯西的所有权被移交给了两个儿子——26 岁的马尔文德和 24 岁的施文德（Shivinder）。

巴伊·莫汉想让两个孙子立刻进入兰伯西董事会，好借此重新掌权。然而帕温德的精神似乎还在阻止这种可能。帕温德在他病逝前的一个月接受最后的媒体采访时，坚持他的儿子只有积累了相应的职业经验之后才能加入董事会。为了纪念亡父，兄弟俩也声明会遵从他的遗愿。

施文德去了另一家家族所有的医院工作。马尔文德进了兰伯西，从低阶职位做起，负责给小镇和村庄的医生和药剂师打电话推销产品。因为受过西方商业教育（他念的是杜克大学的富卡商学院），又熟悉印度的灵性价值，马尔文德在兰伯西升得很快。这时管理公司的仍是职业经理人布拉尔，之前正是他的任职问题加剧了那场父子间的恶斗。

帕温德原本计划将兰伯西打造成顺应全球化潮流的公司。然而尽管他富有远见并且做了心理准备，也绝料不到最终将世界带到兰伯西门前的会是什么。一场巨大的危机正在迫近，就连最专业的经理人也将无计可施。它需要人们在极大的尺度上运用道德想象力，同时它还会促使西普拉公司的 CEO 优素福·哈米耶德采取行动。

第七章　每天一美元

1986 年
印度孟买

西普拉的优素福·哈米耶德博士喜欢阅读各类医学期刊，每年的订阅费用超过 15 万美元 [1]。1986 年的一天，有人向他介绍了一件他闻所未闻的事。一个同事说道："塔夫茨大学的那份报告说，齐多夫定（AZT）是唯一可以治疗艾滋病的药物。""艾滋病是什么？" [2] 哈米耶德博士问他。

仅仅五年前的 1981 年 [3]，美国疾病控制与预防中心（缩写 CDC，以下简称美国疾控中心）报告了一种罕见的癌症——卡波西肉瘤（Kaposi's sarcoma），患者都是旧金山和纽约的年轻男同性恋者。翌年，医生和媒体给这种令人困惑的疾病起了一个误导性的简称——GRID（gay-related immune deficiency，与男同性恋有关的免疫缺陷）。在非洲，医生们也遭遇了一种神秘的衰竭综合征，他们称之为"瘦病"。到了 1982 年夏季，美国疾控中心终于将这些线索串联起来，确认了获得性免疫缺陷综合征（艾滋病），并认定病因为人类免疫缺陷病毒（HIV）。

当哈米耶德问到艾滋病是什么时，这种疾病在印度的大部分地区还没有浮出水面。但是就在离西普拉总部不远的地方，它正在孟买的红灯区里强势酝酿 [4]，不出几年工夫，这座哈米耶德的家乡城市就将获得"印度艾滋病之都"的绰号。

不到 10 年的时间，艾滋病已经开始摧毁非洲了 [5]。它每天造成 5000 多人死亡。在几个非洲国家，有四分之一的人口受到感染。在当地的一些社区，制作木头棺材成了最大的产业 [6]。非洲正在变成一片孤儿的大陆，失去双亲的儿童每年都在成倍增长。据估计，到 2025 年，这种疾病将会杀死 9000 万非洲人 [7]。

1991 年，一家印度政府实验室的研究主任罗摩·拉奥（Rama Rao）博士告诉哈米耶德 [8]，他开发出了齐多夫定的化学合成物，希望能由西普拉公司生产。这是唯一能够延缓艾滋病发病的药物。但当时只有一家公司，即美国的宝来威康在生产它，每个患者每年要花 8000 美元左右购买这种药。哈米耶德爽快地答应了，并在 1993 年将新药投放市场，药价不到国际价格的十分之一，患者每天只要约 2 美元。然而这个价格仍然超过了大多数印度人的承受范围。"我们一片也没卖出去。"哈米耶德回忆说。

哈米耶德又去问政府能否购买并发行这种药物。但印度政府拒绝了：政府经费只够检查和预防，治疗是不够的。哈米耶德感到无比沮丧，将 20 万枚胶囊尽数丢弃。由于大家都耻于承认得了艾滋病，他的药无法卖给任何人，甚至送也送不出去。

又过了几年，哈米耶德在一份医学期刊上读到了一种名为 "HAART"（"高效抗逆转录病毒治疗" 之简称）的药物，它是一种由三种药物组成的鸡尾酒似的药物，能够有效地控制艾滋病。这三种药物是司他夫定（stavudine）、拉米夫定（lamivudine）和奈韦拉平（nevirapine），分别由三家不同的跨国药企生产。每位患者购买三种药物的总花费达到每年 1.2 万美元。这种治疗方案不仅麻烦，而且没几个人负担得起。哈米耶德立即着手生产 "鸡尾酒" 中的几种药物。

1997 年，在纳尔逊·曼德拉（Nelson Mandela）领导下的南非修改了法律 [9]，以便绕开药物专利，进口低价药物。此时的南非已经成为艾滋病的核心灾区，没有哪个国家比它更迫切地需要这种鸡尾酒疗法。但是和其他 130

多个国家一样，南非也受制于一个名为 TRIPS（全称"Trade-Related Aspects of Intellectual Property Rights"，即与贸易有关的知识产权）的国际贸易协定，它要求世卫组织的所有成员要有对知识产权的基本保障。

南非修改法案的做法激起了大型药企的强烈反应。因为生怕引起连锁效应，39 家品牌药企在美国政府的支持下起诉南非，号称这部新的卫生法违背了 TRIPS 协定。代表大型药企利益的南非制药商协会也在报纸上打出广告，登了一幅婴儿哭泣的照片，旁边的文字警告说这部法律将允许"伪造、虚假、过期和有害的药物"进入市场。品牌药企纷纷关闭工厂，退出南非，还扔下话说这个国家有意破坏国际协定。

这是一场全球范围的致命僵局。药企之间因为知识产权问题产生小规模冲突，而 2400 万人民的病情越来越重，他们迫切需要负担得起的药物，却看不到任何希望。2000 年 8 月 8 日，哈米耶德接到电话，对方是一位他素未谋面的美国活动家。"我和几个同事想来见见你。"那个男人在电话里说。他正是威廉·F. 哈达德，那个满口脏话的前调查记者，曾极力推动《哈奇－韦克斯曼法》的产生，正是这部法律启动了美国仿制药产业。

他是通过阿格尼丝·瓦里斯得知哈米耶德这个名字的。"他是个才华横溢的化学家，他不怕那些跨国企业。"瓦里斯这样评价。哈达德所说的"同事"指的是一群形形色色的活动家，他们因为一个共同的目标而团结在一起：摆脱专利的束缚，将平价抗艾滋病药物带给那些最需要的人。其中杰米·帕特里克·洛夫（Jamie Packard Love）是一名知识产权活动家，他曾为南非政府修订并维护新专利法出谋划策。他在美国打听药物生产的真实成本，但好像谁都不了解情况。洛夫回忆当时的情况时说："如果要死的是 4000 万白人，肯定会有人知道这个问题的答案。"

在和哈米耶德取得联系后的第四天，比尔·哈达德、杰米·洛夫和另外三人——其中包括无国界医生组织的一名法国医生，共同来到伦敦一处幽雅的复式住宅，会见在那里躲避印度酷暑的哈米耶德。哈米耶德领着他们走上楼梯，来到一张玻璃餐桌前。四壁都是昂贵的艺术品，其中的一件出自印度最著名的艺术家 M. F. 侯赛因（M. F. Husain），窗外可以俯瞰格洛斯特广场的专属花园。来访者问道：他的艾滋病鸡尾酒价格可以低到多少？又能够生产多少？

说话间，哈米耶德用一支铅笔在纸上匆匆计算。他最后说道，价格可以砍掉一半以上，减到每年 800 美元左右。几个人从白天谈到夜里，客人们许诺会在这场不可避免的战斗中支持哈米耶德，共同击退挡在前面的跨国药企。就这样，一个印度制药商和一群国际活动家组成了一个非凡的联盟，他们誓将颠覆现有的全球商业及药物秩序，拯救千百万苍生。

大概一个月后，部分是因为盟友们的努力，哈米耶德受邀在欧盟委员会的布鲁塞尔会议上演讲，会议主题是 HIV/ 艾滋病、疟疾、肺结核以及减少贫困。他爽快地接受了邀请，并获得三分钟的演讲时间。2000 年 9 月 28 日，他站上讲台[10]，面对一众保守、怀疑的欧洲白人，其中有卫生部长、前首相，还有跨国药企的代表们。"朋友们，"他对不友善的听众说道，"我代表的是第三世界，代表的是第三世界的需求和愿望，代表的是第三世界的能力。最重要的是，我代表了一个机会。"

接着他宣布了三项提议：第一，他将以每年 800 美元的价格出售艾滋病鸡尾酒（政府批量采购的话，可以降到 600 美元）；第二，他将把生产这些药物的技术免费赠送给想自己生产的非洲政府；第三，他将免费提供控制艾滋病母婴传播的药物奈韦拉平。最后，他以激将法结束了演讲："我们呼吁这次会议的参与者都听从良心的召唤。"

哈米耶德以为各国政府会接受他的提议，由此掀起一场药物革命。世人很少听到昂贵的药物前面加上"折扣"的字样，更别说"免费"了。但是当他结束演讲，面对的却是死一般寂静的听众。没有人讨论他的提议。部分是因为哈米耶德是在一片地雷中提出打折药建议的。当时各种专利保护和贸易协定将全球药物市场切割开来，许多国家追求便宜药物受到了阻碍。另一个问题是信用：许多国家都把印度仿制药视作质量低劣的冒牌货，这也是多年来哈米耶德一直在努力纠正的偏见。

2000 年，这个偏见把《纽约时报》的记者小唐纳德·麦克尼尔（Donald G. McNeil Jr.）吸引到了印度，他想调和两种相互矛盾的说法：他通过无国界医生组织的几个干事得知，有些印度企业正在生产高品质的药物，售价仅是品牌药的零头。印度的制药企业到底是什么？是不守信用的造假者，还是确保品质的折扣商？哈米耶德向麦克尼尔完全敞开他的工厂和实验室。最后麦克尼尔在一篇特写中详细介绍了这位出身剑桥的化学家[11]，文章登上《纽约时报》头版，并将一个新的观念介绍给了西方的读者们：和品牌药企业宣称的不同，昂贵的药物确实可以用低廉的成本可靠地生产出来。

2001 年 1 月 26 日，印度西部的古吉拉特邦发生了一场史上罕见的剧烈地震[12]。2 万人在地震中死亡，16 万多人受伤。外界仓促应对。刚刚卸任的比尔·克林顿发起募款[13]，并亲自去印度提供援助。哈米耶德博士也打开仓库，捐出大量药物。但对他来说，这次事件也是另一种提醒。当国内外忙乱地营救被压在房屋下或者家园被毁的难民时，哈米耶德意识到艾滋病的杀伤力比地震高出了几个数量级。那时他打定主意，不能消极地等待各国政府接受他在布鲁塞尔提出的建议。

正当他在认真思考下一步的行动时，出路却自动出现了。地震的几天后，威廉·哈达德就给哈米耶德回了电话，这一次他提出一个具体的问题：西普拉公司能否以每天一美元的价格生产艾滋病鸡尾酒？哈米耶德简单计算了一下，说没问题。他会用这个价格独家向无国界医生组织提供药物。这样低的价格，足以改变世界了。

2001 年 2 月 6 日，大约午夜时分，正在孟买参加一场晚宴的哈米耶德的手机响了。打来电话的是《纽约时报》的记者小唐纳德·麦克尼尔。"哈米耶德博士，您真的要以每天一美元的价格向无国界医生组织供货吗？"麦克尼尔问他。在哈米耶德确认之后，麦克尼尔大笑起来："哈米耶德博士，明天一早，您的人生就将不同了。"

麦克尼尔的报道刊登在次日一早的《纽约时报》头版 [14]。报道中写道，西普拉公司提议以每位患者每年 350 美元的价格出售艾滋病鸡尾酒，也就是每天一美元，而这些药物在西方的价格是每年 1 万至 1.5 万美元。他还写道，西普拉的计划正被拥有专利的跨国药企所阻挡，那些药企的背后则有布什政府撑腰。杰米·洛夫回忆说，麦克尼尔的报道"掀起了一场洪水"。

全世界的报纸都做了跟进报道。大型药企面对全球瘟疫仍在保护专利，而布什政府居然还给他们撑腰。这些新闻激起了世界各国人民的愤慨，从费城到比勒陀利亚，人们纷纷上街抗议，甚至谴责这是一场种族屠杀。这是一场大型药企的公关溃败。制药业曾闹出过各种丑闻：非法销售标签外使用的药物，花钱雇医生给药品做宣传，隐瞒对著名药物不利的安全数据。但哪一次都比不上那些药企对南非的立场这么恐怖。就像《华尔街日报》总结的那样 [15]："制药业还要怎么进一步破坏其糟糕的公众形象呢？哦，不如去起诉纳尔逊·曼德拉？"

这种令人愤慨的行径，威廉·哈达德永远也忘不了。"那些大型药企都是狗杂种王八蛋！"好几年后他还对一个记者嚷嚷，"世界上有 3400 万艾滋病患者，没有了药，他们统统都会死。有的人马上会死，有的人迟早会死。那些大公司开价每年 1.5 万美元，全非洲只有 4000 人吃得起药。"

这份厌恶是相互的。2001 年，葛兰素史克公司的 CEO 让－皮埃尔·加尼尔（Jean-Pierre Garnier）在一个医疗卫生论坛上公开指责了西普拉等印度仿制药公司："他们都是版权盗贼 [16]，这就是他们的真面目。他们这辈子从来没做过一天的研究。"大型药企里的一些人指控哈米耶德试图在非洲攫取市场份额，他的回应是："他们说我别有用心。我当然别有用心啦 [17]：在死之前，我想做点好事。"

2001 年 3 月 5 日，当大型药企起诉南非政府一案在比勒陀利亚开庭时，全世界的人都聚集起来抗议制药公司 [18]。在南非，示威者在比勒陀利亚最高法院外面游行。在英国，他们在葛兰素史克的药厂外抗议。在美国，艾滋病活动家也在各大城市集会。

哈米耶德和活动家们胜利了。到了4月，跨国药企宣布他们将撤销诉讼，并放开专利，好让固定剂量的艾滋病鸡尾酒仿制药物在非洲廉价出售。8月，西普拉宣布他们的科学家已成功研制出Triomune，将不方便服用的鸡尾酒配方浓缩进了一片药里。在这个过程中，西普拉绕开了西方专利法，因为其中的三种药物由不同的生产商生产，属于不同的专利，按照法律几年内都不能复制。

就在这时，克林顿基金会介入并敲定了一份协议[19]，印度制药商同意进一步将价格下调到每天38美分，以换取非洲政府大批量购买的承诺。克林顿基金会甚至带来了有机合成研究员，以帮助印度公司减少药物生产的步骤，这也是价格下降的一个原因。

不过，改变西方人观念的还是那个每天一美元的定价，使他们从"我们帮不起这个忙"变成了"我们不能不帮这个忙"。那些艾滋病活动家本来没有把小布什总统看作盟友，但是2003年1月28日，小布什总统却在国情咨文中宣布了一个令他们震惊的计划[20]：未来五年，美国政府将在抗艾滋病药物上支出150亿美元。他解释说，药物成本的大幅下跌"使我们拥有巨大的可能……历史很少给我们这么好的机会，能为这么多人做这么多事"。这个计划的名字叫"总统防治艾滋病紧急救援计划"（The President's Emergency Plan for AIDS Relief，缩写PEPFAR，以下简称"总统防艾计划"），至今还在实施。终于，这个世界迈着犹豫的步伐，跟上了哈米耶德发起的这场革命。

对大型药企而言，总统防艾计划却如同一场噩梦：这项美国纳税人赞助的上百亿美元的计划，居然是为了给非洲生产仿制药！就在小布什公开计划几天之后，有几家跨国药企的CEO向白宫发起了请愿，要求它收回每天一美元成本的承诺。白宫拒绝了。不过作为妥协，小布什还是允许由大型药企集团来挑选总统防艾计划的牵头人。结果令艾滋病活动家们沮丧：他们选出了兰德尔·托比亚斯（Randall Tobias）——礼来公司的前任 CEO[21]。

除了成本问题，还有另一个问题有待解决：品质。西方社会要如何确保它为非洲购买的抗艾滋病药物品质全部过关呢？仿制药的拥护者们找到了世卫组织，世卫组织同意担任高品质仿制药的国际清算机构。它会负责视察那些有意愿在国际上出售抗艾滋病药物的公司，如果视察通过，就将这些公司的名称列入一张资格清单。但这个办法并没有让所有人都满意。在托比亚斯的领导下，总统防艾计划冷不丁地提出了一个新要求：任何用美国纳税人的钱购买并销往非洲的抗艾滋病药物，都必须得到美国药监局的批准。

这个要求引发了雪崩般的批评。在艾滋病活动家看来，这完全是在变着法子为自身牟利，因为大多数印度公司生产的所有药物都没有得到美国药监局的批准。活动家们怀疑，这种没有必要的防范措施的真正目的是将税金导向大型药企，并将仿制药生产商排除在外。他们获得了有力的支持。2004 年3 月，包括约翰·麦凯恩（John McCain，共和党，亚利桑那州）和泰德·肯尼迪（Ted Kennedy，民主党，马萨诸塞州）在内的六位参议员 [22] 给小布什总统写了一封语带挖苦的信，指出美国药监局的审批会延迟患者获得药物的时间，这毫无必要，而且世卫组织的标准已经"达到或超过了全世界受到尊敬的监管机构所采取的标准"。有几句显然是在讽刺那些大型药企，几位参议员写道："为了审核仿制药的安全性和有效性，让美国药监局制定重复的程序，其真实目的着实令人怀疑。"一名白宫前助理透露，就连前总统克林顿都给小布什总统打电话，表示世卫组织的审批已经能满足他的基金会的要求了。

但话说回来，让仿制药接受美国药监局的审核，并不只是在冷血地维护大型药企的利益。在布什政府内部，也不是每个人都对印度仿制药的品质感到乐观。在白宫和美国药监局举行的一系列紧张的会议上，官员们就如何检验将要采购的药物的品质展开了激烈辩论。他们的分歧很严重。时任美国监局药物政策制定主管兼局长的司各特·戈特利布（Scott Gottlieb）博士回忆说：“我们当时认为，如果美国纳税人为非洲购买的是效力不足、受到污染的抗艾滋病药物，那将是一大丑闻。”在出任局长的几年前，他还向一位记者回忆：“当时外界压力很大，都要求我们购买印度的冒牌药。”他接着补充道，“我是叫它们冒牌药的，别人都叫它们仿制药。”

在两党的强大压力之下，各方最终妥协：美国药监局制定了一套针对总统防艾计划药物的快速审核流程，这是公共卫生事业的一次显著胜利。这下卖到非洲的平价仿制药也有美国药监局的担保了。2005 年 5 月 27 日，兰伯西因其抗艾滋病药物而成为首个获得总统防艾计划审批的印度仿制药公司 [23]。许多其他公司也跟了上来。

世界上部分最贫穷的人是因为哈米耶德博士才活下来的。然而他的革命也引出了一个意想不到的结果。随着越来越多的印度公司获得美国药监局的批准，在非洲销售药物，人们开始形成一个很快将颠覆仿制药产业并且改变美国药物供应格局的认识：既然印度生产的平价药能获得美国监管者的批准，那美国人不是也可以服用它们吗？

第八章 用聪明的方法做事

2005 年 12 月
宾夕法尼亚州卡农斯堡

一种品牌药无论生产过程多么复杂、多么困难，都一定有配方可循，比如，混合 15 分钟，造粒，喷雾，直至原料含水量达到 4%，然后再混合 30 分钟。而生产仿制药却要求想出另外一套配方，速度最好更快，但要产生同样的结果。这种逆向工程就是由有机合成研究员完成的。

其中拉吉夫·马立克就是一位佼佼者。他早年在旁遮普的几家实验室学习，拥有 60 多项逆向工程的专利。在兰伯西工作的 17 年间，他一路升到了配方开发和法规事务主任的职位。他还是一个熟悉实验室灾难的老手，比如兰伯西的抗痤疮药物 Sotret 失去功效时就找了他来。他后来说，同事们继续销售无效配方的"非理性"选择使他决定离职。2003 年 6 月 [1]，他提出了辞呈 [2]。

比如，一个有着八个步骤的化学合成过程，用 A–B–C–D–E–F–G 代表，但要将其改造成 G–C–B–F，绝不是简单的任务。新配方产生的结果必须能经受监管者的检验和专利律师的非难。马立克的工作是解决令其他人无计可施的难题。他语速很快，神采飞扬，笑容温暖，有一头灰白的头发，常常"出口成脏"。

马立克离开兰伯西时，正逢美国政府依靠印度公司为非洲生产低价药物。这带来了一个显著的变化：印度公司开始进入美国市场，美国公司也开始将业务扩展到印度，在这个充满活力的全球市场，马立克的特殊技能得到了重用。

离开兰伯西两年半之后，马立克成为矩阵实验室的首席运营官，这是一家位于海得拉巴的药企，由一位印度实业家创立。几个兰伯西的同事跟他一起去了。他们一起将矩阵实验室建设成了世界第二大药物有效成分生产商，公司特别专注于生产总统防艾计划支持购买的抗艾滋病药物。在矩阵实验室，马立克在一套新的生态系统中登上了顶端，而创造这套系统的，正是西普拉的优素福·哈米耶德博士对世界许下的承诺：印度公司能以低廉的价格大量生产有效药物，同时又遵循西方监管机构要求的所有良好生产规范。

至于印度公司如何才能实现这样的壮举，印度科学界的著名推广者拉古纳特·阿南特·马舍尔卡（Raghunath Anant Mashelkar）博士提出一个理论[3]：因为高超的工程技艺和贫困的生活经验，印度的科学家们很擅长反思老旧的程序，并将之改造得更为高效。马舍尔卡博士说，这样的结果就是"甘地式的革新"：圣雄甘地的一条重要教诲就是，科学创造必须为公共利益服务。由于印度人资源极少，马舍尔卡认为，他们学会了"用聪明的方法做事"，以更低的成本为更多人创造更大的利益。

一些人仍把印度制药公司看作底栖动物，靠别人辛勤研究和创造中剩下的东西生存。但是马舍尔卡表示，"廉价"未必代表"低劣"，它往往意味着"更好"[4]。在矩阵实验室里，马立克的优异成果脱颖而出。没过多久，就有西方人来拜访了。

阿巴拉契亚山下的仿制药公司迈兰实验室是家彻头彻尾的美国企业。1961 年，两个陆军老兵在西弗吉尼亚州白硫磺泉镇的一座废弃溜冰场里建立了它。[5] 公司以其独特气质闻名，它的创立者之一迈克·普斯卡尔（Mike

Puskar）说得很明白："要么别做，要做就做对。"公司的总厂位于西弗吉尼亚州的摩根敦，占地 22 英亩，是世界上最大的药厂之一。由于其规模和重要性，美国药监局几乎随时有人到访。正如公司赞助的《迈兰：50 年非常规的成功》（Mylan: 50 Years of Unconventional Success）一书所写的那样，美国药监局的调查员会攀在梯子上，戴着白手套，用手指摸生产设备的顶部。（按规定工厂内的所有表面均不得沾灰尘。）如果那只戴着手套的手指"依然是白色"[6]，公司的高管们就会松一口气。

工厂对技术员的要求是密切关注细节。员工在入职前要观看一段 15 分钟的录像（内容与制药无关），然后回答他们看见了什么：最先出现了什么？接着又出现了什么？在迈兰负责生产技术支持的前副总裁凯文·科拉尔表示："在一个奉行良好生产规范的环境里，员工都必须按指示做事。只要有人犯错，就必须开展调查。"

任何一个负责任的制药商都要尽量降低风险。但是在 2005 年年底，迈兰的 CEO 罗伯特·考里（Robert Coury）却面临着一个超乎常规的局面：迈兰的市场份额正在被印度制药公司夺走，那些公司自己能生产有效成分，运营成本也极低。与他们相比，迈兰还要从中国和印度的供应商那里进口成分。迈兰在价格上不是他们的对手——除非和他们联手走向全球。

考里去找了迈兰的一家成分供应商——矩阵实验室。2005 年 12 月，他在新泽西的一个机场休息室里见到了矩阵实验室的董事长。两个男人在一张酒巾上敲定了一份协议。迈兰将成为第一家收购印度上市公司的美国企业。交易在 2007 年 1 月完成时，迈兰拥有了全球平台。不过迈兰在这次收购中的最大收获也许还是拉吉夫·马立克本人，他开始出任迈兰的执行副总裁，负责全球技术运营。他从兰伯西带来了几个经验丰富的团队成员。

在迈兰，马立克成为美国高管团队中的一员。在团队中，和考里平起平坐的是首席运营官希瑟·布雷施（Heather Bresch），她是西弗吉尼亚州民主党籍的州长乔·曼钦（Joe Manchin，现为资深美国参议员）的女儿。

公司里的印度人和美国人都喜欢说，矩阵和迈兰融合得天衣无缝。正像迈兰公司赞助的那本书中所写的那样："布雷施和考里在矩阵的团队里看到了迈兰的镜像[7]：两者同样雄心勃勃，勤奋工作，并且重视品质。"当交易完成时，马立克说："我们已经说起了同样的语言。"在第一场庆功宴上，大家都吃了印度菜，迈兰的大多数高管都吃肉类和土豆长大，从来没有尝过印度菜。

然而，两支团队毕竟还是有差别的，就像孕育他们的两个世界一样。在印度，仿制药公司是明星企业，股价每有波动，商业报刊就会连篇累牍地报道。而在美国，仿制药公司就少有人知了。当马立克终于在匹兹堡的一个医生社区里住下时，他惊讶地发现："谁也没听说过迈兰。"

不过，马立克的旧雇主和新东家之间还有一个重要差异，那就是对于品质的态度。从理论上说，所有为监管严格的市场生产药物的公司都要在一个成本、速度和品质构成的三角框架内运作。在这三者中，品质应该是一个固定点，对它的要求由法规设定。生产过程必须透明、可以重复、可以追查，不能有例外或者偏差。而仿制药的生产商承担着巨大压力，他们要降低成本、加快开发过程，以便第一个申请到许可证，因而面临着几个核心问题：生产成本可以砍到多低？在品质不受影响的前提下，生产过程又可以提高到多快？

一些业内人士说，要在美国这样监管严格的市场上遵循良好生产规范，成本会增加 25% 左右。这就会使公司面临艰难的抉择。如果一把无菌拖把价格为 4 美元（比普通拖把贵得多），而你平均每天都要使用 9 把无菌拖把，那你该怎么办？如果你的客户想买 4 美分一支的疫苗，但你生产一支疫苗就要 40 美分呢？但最核心的问题还是仿制药的商业模式本身。如果今天还是 14 美元一片的品牌药到明天就变成了 4 美分，你还怎么保持品质？马立克自己也承认，这种格局"不会鼓励你在保持生产品质上投资"。

在这样的冲突面前，公司文化就变得很重要了。马立克和他的团队是在兰伯西接受训练的。在那里，办公室墙上的海报鼓励员工在 2015 年实现在美国的销量达到 10 亿美元的目标。而现在他来到一个不同的文化面前。迈兰会议室里的海报强调的是："你会发现品质在迈兰不仅是一句口号，更是人人关心的事业。"迈兰花了很大的力气维护其重品质、重透明的形象，以至于后来它在宾州的卡农斯堡建造了一座装着玻璃外墙的总部大楼，公司高管的名片也做成了半透明的。

在迈兰，马立克的工作一如既往：绕过实验室的重重障碍；迅速提交申请，保持申请不断；确保获得全世界最严格的监管机构的认可。只不过这些工作全是在一家美国公司装着玻璃外墙的总部中进行的，这家公司对于持续的监管早有准备，也早已习惯了。

患者往往认为，他们服用的仿制药和品牌药完全相同，部分原因是他们想象的是一个简单而友善的过程：在一种药物专利过期之后，品牌药公司就会交出配方，接着仿制药公司就会生产出同样的药物，但成本只有一个零头，因为它不必再在研究或营销上花钱了。但实际上，从着手开发仿制药的那一刻起，仿制药公司就开始了一场事关法律、科学和监管的战役，而且他们往往要在黑暗中作战。大多数时候，他们的产品进入市场时，得到的不是品牌药公司的帮助，而是阻挠。

美国药监局局长司各特·戈特利布曾恼怒地指出，品牌药公司常常诉诸"鬼把戏"[8] 和"欺骗策略"来拖住仿制药的竞争。他们会为自家的药物竖起一圈专利堡垒，有时还会为每一个生产步骤申请专利——就连缓释技术也不放过，如果有的话。他们可能对药物稍做修改，然后宣称那是一种新药，并在专利上增加几年，这种做法被称为"常青策略"。仿制药生产商需要品牌药的样品才能对它们做研究和分解，但是品牌药公司经常扣住样品不卖。2018 年，美国药监局开始对被指控有过此类行为的公司下手，把它们的名字挂在网站上示众。

要想成功推出产品，仿制药公司就必须沿着这条障碍赛道反向行进。仿制药公司一旦锁定一种分子，公司的科学家也弄清了它在人体内发挥功效的原理，公司的律师便会开始调查它在法律上受到多大程度的保护。接下来的事就在实验室中进行：合成、开发药物的有效成分。单是这个过程就可能要经过几年的反复尝试。如果成功，成品仿制药还要采用和品牌药相同的剂型，如药丸、胶囊、药片或注射剂。制作剂型需要被称为"辅料"的额外原料，辅料可以和品牌药不同，但这同样可能惹上官司。

接着就是检测了。在实验室中，研究者通过体外检测复制体内的环境。比如在溶解检测中，药物被放进烧杯——杯中的东西模拟的就是胃部的环境，以观察药物如何在胃中分解。但一些最重要的检测都是在体内进行的，也就是在人身上检测药物。

品牌药公司必须在数以千计的患者身上检测新药，才能证明它们的安全性和功效。而仿制药公司只要证明他们的药物能在人体内起到和品牌药类似的效果就行。为此，他们也必须在几十名健康的志愿者身上试验，并绘出药物在他们体内的浓度分布图。试验结果会生成一张坐标图 [9]，其中包含那条最重要的生物等效性曲线。坐标的横轴反映的是药物在血液中的达峰时间（Tmax），纵轴反映药物在血液中的峰值浓度（Cmax）。这两根轴线之间是曲线下面积（AUC）。检测结果只有落在那块面积之内，才可以算是生物等效的。

每个批次的药物都有差异。即使是在同一间实验室的相同条件下生产的品牌药，不同的批次生产出来的也有所不同。因此在 1992 年，美国药监局提出了一个复杂的统计学公式 [10]，将"生物等效性"定义为一个范围：仿制药在血液中的浓度不能低于品牌药浓度的 80%，也不能高于它的 125%。但这个公式还要求各公司对自家的检测设置 90% 置信区间，确保落在指定范围之外的样本不到 20%，同时绝大多数样本都落在离创新产品更近的范围之内。

在做出有效成分、选定额外成分并开展主要的实验室以及临床试验之后，还要将配方转移到生产车间，看它能否以商业规模生产。

随着生产规模的扩大，生产过程也变得更难控制。只要有什么步骤可能出错，它就一定会出错。就算你在制药过程周围用现行良好生产规范筑起一座堡垒，仍会出现马立克喜欢说的"破烂事"。尽责的生产商会尽量杜绝旧的灾难，预防新的。但因为生产车间是由人操作的，系统总会发生故障，无论它们设计得多么完善。比如美国强生的一种抗癫痫药物[11]，原本好好的，被公司放到木头托盘上后就出了问题，可能是托盘中的溶液渗进了药里。在迈兰位于摩根敦的工厂，一个实验室技术员给另一名技术员留了张便条，说他得去"搞一搞"设备上的软管，让它正常工作。如果当时有美国药监局的调查员看到这张便条，他会怀疑"搞一搞"指的不是一种原始的解决问题的方法，而是作假的手段，很可能就此让工厂关闭。

要消除这样的变数，唯一的办法就是让工厂严格遵守良好生产规范，并对每一个制药步骤进行实时记录。由此生成的数据可以作为蓝图，用来发现并修正不可避免的错误，这也是美国药监局的调查员会仔细检查的过程。公司在自我检查的时候有多彻底，多仔细？正如马立克所说，公司的目标是在解决问题的同时"杜绝它再次发生"。

面对这些难题时，马立克证明了自己不仅是一位配方奇才，还很擅长重塑自身。在迈兰，他很快升到了首席运营官的位子。布雷施则顺势成为CEO，考里也升上了执行董事长的位子。马立克负责的印度业务不断扩张，印度很快会拥有公司40家全球工厂中的25家以及3万名员工中超过半数的人。

从许多方面看，马立克都在迈兰掀起了一阵旋风。他将公司的发展方向转向印度，并在摩根敦与海得拉巴的研发团队之间创造了竞争关系。在不到三年的时间里，迈兰向美国药监局提交的新药申请就增长了两倍[12]，获批的申请也翻了一番。但马立克也特意强调了品质的重要性，并以典型的方式为员工做了总结："如果你们在品质上开了小差，我们是不会容忍这种破事发生的。"

他的快速升迁似乎证明，他已经用聪明才智熟练地平衡了成本、品质和速度之间的张力，就像创新专家马舍尔卡所说的那样。不过马舍尔卡也点出了一个重要的区别：在印度，不能把"聪明"的做事方法和印度人所谓的"Jugaad"（随机应变）相混淆，后者指的是通过伦理上可疑的捷径，以最快的速度达成向往的目标。马舍尔卡在他位于浦那市国家化学实验室的办公室里对一名来访者表示，这个词的言下之意是牺牲品质，这是应该完全"摒弃"的做法。

但是在迈兰，马立克及其团队每一次提交配方都能赶上最后期限，有些员工就开始怀疑甘地式的创新是不是公司成功的唯一原因了。

第九章　萨库尔的任务

2004 年 8 月 18 日

印度古尔冈

　　早晨 8 点 30 分，外面的热浪已经令人窒息。迪内希·萨库尔环顾会议桌旁的六名项目经理，看见六张疲倦的面庞。其中几个今天提前几个小时就离开家，好错开高峰期的车流，准时到达公司。他们知道这次会议很重要，但不知道议程是什么。萨库尔将给他的团队布置企业尽职调查史上最奇怪的任务之一，但他决定先将真正的原因保密。

　　"库马尔博士给我们布置了一项新任务。"他开口说道，"他想知道我们能否证明公司提供给各国的所有数据是真实的。这将是对公司全部药品的一次回顾性调查，他想知道在过去 20 年中，我们对提供给各国监管机构的信息有多大的自信。"

　　他的团队成员看起来都很惊讶，但这项任务又确实没有超出他们的职责范围。他们的本职就是绘制出兰伯西的所有数据图表，因此，首先确定这些数据是否准确就是再自然不过的事了。

　　萨库尔示意他们看一块白色书写板，他已经在上面画了一张图表。图的纵轴是世界上所有兰伯西出售药物的地区，横轴是各式各样的问题：市场上有哪些产品？它们是在什么时候注册的？注册时使用的真实档案在哪里？支持的数据又在哪里？在那个市场出售了多少批次？它们是在哪家工厂生产的？

萨库尔给每个手下分配了一片区域，并吩咐他们，将公司在那些市场的原始生产数据和提交给监管机构的陈述进行对比：两份数据对得上吗？还是有所差异？那些陈述符合当地法规吗？

在这之前，还从来没有人拼出过公司运营的完整图景。在这之前，兰伯西的内部各自为政。不同的地区由不同的团队负责开发产品，他们相互之间几乎从不见面比对记录。公司的药物是如何获得批准的，乃至是在哪里获得批准的，谁都没有一个完整概念。而现在萨库尔却要求他的团队做一次多角度评估，范围上要覆盖全世界，时间上要回溯好几年。

至于萨库尔自己，他首先拜访了负责法规事务的副主任阿伦·库马尔（Arun Kumar），阿伦已经得到拉金·库马尔（两人不是亲戚）的指示来配合萨库尔的工作。

阿伦的办公室就在萨库尔楼上，他带着一脸困惑等来了萨库尔。"其实大家都知道的。"他在迎接萨库尔时说。[1]

"知道什么？"萨库尔问道。

"知道真实的情况。"阿伦说。他接着描述了兰伯西在一些地区是如何任意妄为的，那些地方的监管最弱，被发现的风险也最低。

"你是说，那些地区市场上的产品并没有充分的数据支持？"

"嗯，不是全部都有。"阿伦翻弄着办公桌上的一份报告随口说道，"我们知道漏洞在哪里。"

萨库尔被他的漫不经心惊呆了。"这个情况你向管理层汇报过吗？"

"有什么好汇报的？"阿伦回答，"他们都知道了。实际上他们很可能比我还清楚。"

萨库尔心想他肯定是弄错了。他问阿伦，既然申请中包含这样的漏洞，他身为审核数据准确性的人员，又怎么能够放行呢？

"这就说到根子上了。"阿伦回答。虽说申请文件是他准备的，但是各地区负责法规的领导，比如美国的艾卜哈·潘特，都可以按照自己的喜好修改任何一份申请。他们直接听命于最高管理层，不需要知会阿伦或征得他的同意就能签发申请文件。

萨库尔觉得这简直不可思议。在类似 BMS 这样的公司，法规事务主任对提交给美国药监局的文档全权控制，这样的安排也有充分的理由。负责法规事务的高管一旦签发了申请，就表示他们确认了申请数据是准确的。在政府机构的记录中做虚假陈述，这可是犯罪行为。

"你告诉我，你说的不是那个意思！"萨库尔追问道。

"美国和欧洲市场太高端，如果被抓，损失太大，所以对那些地区的药物不能公然冒险。"阿伦解释道，"但是像拉丁美洲、印度（和非洲），就完全是另一码事了。"

萨库尔听得目瞪口呆："这些事还有谁知道？"

"大家都知道的嘛。"阿伦回答，接着补充了一句，"大家都知道命令是从哪里来的。"

"就不怕会引起反弹吗？"

"都控制好了。"阿伦说，"一切都控制好了。"

萨库尔震惊不已，他不得不宣布会议结束，好离开让自己冷静冷静。

当他走进自己办公室的大门时，他的行政助理问他："你怎么了？你这样子像见了鬼似的。"萨库尔瘫坐在椅子上。

他知道品牌药产业内部也有不遵守规章和有失操守的现象。在他离开 BMS 之后，公司的财务总监以及全球药品团队的负责人就成了被告，罪名是刑事共谋、证券欺诈，通过隐瞒滞销的存货来夸大销售和利润 [2]。这些指控后来被撤销了。

操纵股市或危害股东利益是一回事，被告人可以和美国证券交易委员会达成协议，不必认罪。但阿伦刚刚描述的完全是另一回事。对新药必须开展检测，才能确认它们符合配方、稳定且有效。得出的数据是证明这种药物能救人而非杀人的唯一凭证。但是在兰伯西员工的眼里，数据却是一件完全可以替换的营销工具，他们似乎完全不必考虑这样做会对患者产生什么影响。这是赤裸裸的欺诈，结果可能危及患者的生命。

萨库尔觉得这件事太过严重，让他一时难以接受。但职责仍然驱使他在当天晚些时候回到了阿伦·库马尔的办公室。

"把这些事都挖出来没有意义。"阿伦告诉他，"继续调查，你只会被公司开掉。你就告诉拉金都查过了，没有什么好再查的了。"

"我不能对上级撒谎。"萨库尔说。

"你们这些美国回来的是怎么回事？去了几年就当自己是世界道德警察了？"阿伦质问他，"你以为美国那些大型药企就不做这些事？"

在大型药企工作的 10 年间，萨库尔从来没有见过或者想象过这样的行为。他是很年轻，有点天真，但他也很固执，不会轻易让步。"工作还是要做的。我们从哪里开始？"他不耐烦地问道。

阿伦不情愿地走到一块白色书写板前，画出一张图表，上面列出了兰伯西在不同地区的品质问题：美国和加拿大最低，欧洲其次，拉丁美洲高一点，印度更高，最顶上的是"世界其他地区"，包含几个最穷的非洲国家。"我会从这里开始。"阿伦指着图表上的最高点说。

萨库尔仍觉得眼前一团黑。他需要的是数字。阿伦把行政助理叫来帮忙。萨库尔问那个小伙子，提交给监管机构的文档中，与公司档案不符的数据占了多大比例？那名助理闪烁其词："这个……各个地区都是不同的。"

"你给我估算一下各个地区的数字。"萨库尔说，"美国大概多少？"

助理思索片刻，估算出一个数字："50% 到 60%？"萨库尔简直喘不过气来：兰伯西提交给美国药监局的文档，有超过一半都作假了？就这样还算品质最好的地区？

"那欧洲的情况怎么样？"

"差不太多。"助理回答。

"印度呢？"

支吾了一番之后，助理答道："100%。"他解释说，在印度检测新药纯属浪费时间，因为监管者根本不看数据。因此印度的销售代表干脆自己编一份文档，然后提交给印度药品管控总局（缩写 DCGI，以下简称印度药控局）。要通过印度药控局的审批，需要的不是真实的数据，而是良好的人脉。人脉他们是有的，助理表示。

这样的欺诈规模把萨库尔吓坏了。想到那些服药的患者，他就感到浑身不舒服。萨库尔告诉两人，他需要了解详细的情况：每种产品要逐年列出，还有每份申请中的作假情况。

当萨库尔手下的项目经理们着手分析时，包括收集数据、开展访谈以及参观实验室和工厂，公司内部森严的等级成了主要障碍。萨库尔的团队不仅太新，而且根据印度企业文化中不成文的规定，团队成员的资历也太浅，不够格向部门领导问话。团队的一名成员负责追查亚洲和巴西市场的数据，他回忆说："我们是不受欢迎的人。"于是他们只能靠突然到访和死缠烂打来开展工作。他们不打招呼就来到工厂。他们等候几小时就为了能和部门领导谈话。他们驱车几小时前往远处的生产工厂。一点一滴地，团队成员们将信息组合在一起，艰难地拼凑出了兰伯西的秘密：公司操纵了生产过程的几乎每个环节，从而快速制造出漂亮的数据，确保公司盈利。

萨库尔团队的每个成员都汇报了相似的案例：在经理的授意下，公司的科学家们将高纯度成分替换成低纯度成分以节约成本。他们修改检测参数，使杂质过多的配方也能通过。他们伪造溶解研究。为了生成最佳结果，他们将品牌药磨碎了装进胶囊，代替公司自己的药物接受检测。他们将品牌药的检测结果叠加在自家药物的检测结果上，再用于申请。在一些市场，公司还偷偷对数据流做了混合和匹配，把某一个市场的最佳生产检测数据伪装成另一个市场独有的数据，再交给当地的监管部门。而在其他市场，公司干脆编造数据。文件作假无处不在。公司甚至捏造了自己的标准生产流程，让美国药监局的调查员对照着检查公司是否遵循了规章。有一次，几名员工在文档上写下更早的日期，然后连夜将文档放进一个潮湿的房间以加速其老化，以此在视察中糊弄监管者。

公司也懒得隐瞒这种经营手段。这是大家都知道的事，从高级经理、研发主任到负责配方和临床试验的人员，个个如此。基本上，兰伯西的生产标准可以归结为不出事就行。

萨库尔从多年的训练中得出经验，好药不是通过最后检测的那一个。它的品质必须在生产的每一个环节接受评估，品质就体现在随每一个环节相伴生成的数据里。在生产过程中要记下一系列检测结果，每一个都是通向品质的关键路标。但由于兰伯西只注重结果，规章和要求都受到了漠视。良好生产规范好比停车标识和不方便的弯路。而为了达成有利的结果，兰伯西想怎么开就怎么开，一路上绕开路标，重设交通灯，事后再调整里程数。就像公司的分析研究主任后来对一名审计员说的那样："开展实验的同时记录数据不符合印度文化。"

萨库尔团队的一名成员几个月前刚刚激动地加入兰伯西，现在却陷入左右为难的境地：他没有数据证明这些药物不安全，但也没有可靠的数据证明它们是安全的。他只能下班回家后力劝亲友不要购买兰伯西的产品。

萨库尔每天工作 14 个小时。他试着把每个市场的情况做成电子表格，其中包括申请时和药物一同上交的数据，公司提交给监管者让产品获得批准的数据以及支持这些主张的现有数据。他晚上要在办公室待到 9 点，准备次日的工作计划。回到家里，他还要不顾苏娜尔的反对，走进他位于地下室的办公室一直工作到半夜，将团队上报的数据汇总起来。和平常一样，他对这个项目含糊其词，苏娜尔也不问他。他同样没有追问自己那个更大的问题：

调查自己的公司，会对他的事业产生什么后果？如果他能后退一步，或许就能看清这项任务潜伏着怎样的危机。

他只是一门心思想了解这场危机的规模：欺诈怎么会严重到这个地步？这种远远超出他想象的行为，该用什么词来描述呢？最后，经过几天的工作，一个词语在他的脑海中浮现出来，只有它能明确地描述他所了解到的现象：犯罪。是的，就是这个。他正在揭露的，是一场在全球蔓延的犯罪。

经过几周详尽的研究，萨库尔将团队关于拉丁美洲、印度和其他市场的初步发现呈交给他的上级拉金·库马尔。

那是早晨 7 点 30 分，库马尔平常上班的时间，两人在他的办公室见面。外面的走廊还很安静。萨库尔将几张初步调查表格摆到库马尔面前。它们显示，多种药物根本没有经过恰当的检测，甚至没有检测，也没有数据可以支持公司声称的情况。库马尔一言不发地仔细阅读着。"这肯定不对。"他最后说道。这看起来确实不可能：兰伯西在提交档案前居然没有对药物做过检测？库马尔从来没听过这样的荒唐事。"你肯定是看漏了数据。"

"我们仔细查了，没有这样的数据。"萨库尔坚持。

"你们必须回去重新检查。"库马尔也不让步，"这肯定错了。"

在库马尔看来，唯一可信的解释是，萨库尔要么看漏了现有的检测结果，要么对调查结果做了错误分析。要不然，就是萨库尔揭露了一种还没有先例的做法。在之后的几周内，库马尔一遍遍地叫他回去复查，乃至萨库尔最后召集团队开了一场会议，好让库马尔直接听听他们的说法。

这些团队成员也被这次调查的结果惊呆了，他们面对自己的发现不知所措。迪内希·卡斯胡里尔后来回忆道："对我来说，腐败是安然那种公司做的事，他们更可能在利润的数据上含糊其词。"文卡特·斯瓦米纳坦起初只预料到公司有"裙带关系和低效率"的问题。他完全没有想到公司的所作所为在危害人们的生命。

在听完萨库尔团队每位成员的汇报之后，库马尔终于醒悟了：公司正在全球范围内欺诈并危害患者。他将这些信息浓缩成一份四页的报告，呈交给公司 CEO 布赖恩·坦皮斯特。报告的标题虽然平平无奇，叫《在不同国家就不同产品提交的不充分申请文件》，使用的也是公司保证品质的那一套灰色地带的语言，内容却是爆炸性的。它揭露了兰伯西提交给世界各国监管机构的文件中的系统性诈骗。"对于大多数提交给巴西、墨西哥、中东、俄罗斯、罗马尼亚、缅甸、泰国、越南、马来西亚和非洲国家审核的产品，它们要么捏造了不存在的数据，要么挪用了其他国家其他产品的数据。"

库马尔的报告指出，公司一边削减成本，使用那些市场上最便宜的原料，一边从其他监管更严格的市场调来数据上报，用这种危险的偷换手法来掩盖产品的低劣品质。报告还指出，公司将未通过纯度检测的有效药物成分与检测结果良好的成分混合，直到其符合要求。

报告还指出，在印度及拉丁美洲，公司产品的验证方法、稳定性结果以及生物等效性报告都"无法找到"。简单地说，就是兰伯西无法确认这些市场的药物成分。例如，萨库尔团队收集的数据显示，自 2000 年起在巴西获批的 163 种药物中，几乎每一种药的申请文件包含的都是虚假的批次记录和不存在的稳定性数据。

报告指出，在大多数申请文件中，兰伯西都将小型研发批次（约 2000 剂）"有意夸大"成规模为 100 倍的展示批次，然后对较易控制的小批次欺骗性地开展关键的生物等效性和稳定性检测。结果造成商业规模的批次未经检验就出售，将数百万患者的生命置于危险之地。

库马尔还写了一封标记为"机密"的电子邮件，连同报告一起呈给了坦皮斯特。他在电子邮件中说，不遵守规章只是问题的一部分。"看来有些问题在一年多以前就暴露出来了，但我找不到任何旨在陈述或解决这些问题的文件。"在电子邮件末尾,他表明自己最终忠于的并不是公司,而是真相。他写道:"如果没有充分的数据支持,我不能允许任何信息用在任何申请文件中。"后面还补充了一句,"如您允许,我将就目前我与上述问题有关的责任及保障,听取伦敦法律顾问的意见。"

在回复中,坦皮斯特向库马尔保证公司会公正处理。

虽然形势严峻,但库马尔向萨库尔透露,如果给他权限,他应该可以解决问题。

萨库尔的发现对兰伯西的高管来说并不算什么新鲜事。短短 10 个月前的 2003 年 10 月,外部审计员就开始调查兰伯西在世界各地的生产场地了。那次审计是兰伯西自己下的命令。这也是业界的常规做法:制药公司常常会雇咨询公司审查自家的生产场地,这是一次预演,能看出自身的问题有多显著。这些公司认为,如果连咨询公司都能看出毛病,那么监管机构多半也看得出来。

拉赫曼咨询服务公司的事实核查工作使兰伯西的高管们抛弃了对公司问题严重性的一切幻想。在兰伯西位于新泽西州普林斯顿的工厂里,审计员们发现公司的患者安全部门几乎不起任何作用,培训也基本上"形同虚设"。员工们没有调查患者投诉信的书面工作流程,于是投诉信都积压在盒子里,没有分类也没有上报。也没有文书人员协助他们完成最基本的工作,比如将患者的样本邮寄出去检测。患者在投诉信中常说:"我觉得这和正规药物是不同的。"他们就算发起了调查,也做得潦草马虎、半心半意,药品的保质期只写作"未知",即便他们看看药品的批号就能查出来。

对兰伯西在美国的主要生产工厂——新泽西州欧姆实验室的一次审计显示,虽然按要求应该向美国药监局上报不良反应的情况,公司却很少这样做。公司没有一套能在几小时内处理患者投诉的机制,也没有全球卫生干事来跟踪调查患者可能产生的不良反应。拉赫曼的咨询顾问敦促兰伯西在全球范围内解决这些问题。但兰伯西对咨询报告的第一反应是质疑拉赫曼的工作时长以及它据此开出的发票。

海外的情形同样不容乐观。在印度北部旁遮普邦一家名叫莫哈里的工厂里，审计员发现工厂对生产记录几乎不加管控，有 20 人有权修改检测结果。有 120 多份不同的批次记录被重复打印过，兰伯西声称那是因为点阵打印机出了故障而且没有更换。如果说良好生产的目标是完全管控，那这就是一个完全失控崩坏的局面。

拉赫曼咨询的总裁后来给兰伯西的一名高管发送了一份内容广泛的改正计划。他的建议包括设立员工培训项目，其中一个模块叫作"树立信任文化，培养职业伦理行为和'品质第一'的心态"。然而兰伯西拒绝开展建议中的职业伦理培训，因为公司的一名高管觉得无此必要。

其他员工也渐渐怀疑起来。2004 年 5 月，就在萨库尔开始调查的三个月前，凯西·施普伦（Kathy Spreen）博士加入兰伯西的美国办公室，成为负责临床药及药物监督的执行董事。她之前在惠氏和阿斯利康工作过 15 年，这次加盟是为了设立兰伯西的品牌药分部，为现有药物创造新的剂量和配方。在施普伦看来，她的工作是为兰伯西提供法规辅导，引导它通过美国药监局错综复杂的监管体系。

一开始，公司的生产技术似乎超出了她的预想。一次，入职才几个月的她正为公司的 Riomet[①] 发布会准备幻灯片，她注意到一件不同寻常的事。这种药物在血液中的浓度数据似乎和品牌药完全一致。她记得当时心想：看看这家公司多有能耐，仿制药的生物等效性数据竟然可以直接叠加到它模仿的

---

① 糖尿病药物二甲双胍的一个版本。

原版药上。

大概一个月后，施普伦又对比了抗痤疮药 Accutane 和公司曾暗暗下过功夫的仿制药 Sotret 的数据，发现两者的数据几乎完全相同。她这才开始担心起来。如果数据好得不像是真的，那它就很可能是假的。

她知道这些数据中有鬼：即便是同一种药的两个批次，在同一家公司的同一个工厂，在同样的条件下生产，也会有轻微的不同。而另一家公司用另一种配方生产的相似药或模仿药，其检测结果理应是不同的。

带着内心的疑惑，施普伦要求印度同事给她发送支持检测结果的数据。对方一次次承诺马上发来，又一次次地爽约。她得到的只有借口：数据"太乱"，他们"不好意思"发给她。她哀求印度的同事们："就算写在厕纸背面也没关系，总之得发送给我。"但他们始终没有发来。

施普伦一直以为，只要她能更清楚地解释美国的法规，兰伯西的高管们就会明白。但无论她怎么解释，似乎都不能改变公司的经营方式。在印度的高管们看来，监管系统是需要绕过的障碍。他们常会吹嘘某人用最巧妙的手法骗过了监管者。当一种糖尿病药物滞销时，一名高管问施普伦能否利用她的行医执照给公司里的每个人开这种药，好让记录上多出几百份的销量。施普伦拒绝了。

她曾经要求兰伯西的全球生产总监给她发送一份文件，证明一种抗菌痤疮胶是遵循良好生产规范生产出来的，但对方却提出要给她寄一张"样子很好看"的证书。在施普伦听来，他似乎是想寄一份伪造的证书过来。她努力解释："证书的样子我不关心，我只要美国药监局说这符合良好生产规范。"

2004 年 10 月，在新泽西州，萨库尔的上级拉金·库马尔悄悄向施普伦承认，她怀疑的事都是真的：对于公司的许多药物，关键的检测数据并不存在，提交给监管者的文件都是伪造的。一次，施普伦找到公司当时的药物总监马尔文德·辛格，直接提出自己的怀疑。辛格要她耐心，并向她许诺一切都会得到解决。但如果真要如此，公司就必须诚心服从规章，并对保护患者有一种紧迫感。

但在兰伯西，这种觉悟似乎是缺乏的，而且缺乏之彻底令人震惊。在一次公司的电话会议上，施普伦向与会的 12 名高管表示她很担忧兰伯西供应给非洲的抗艾滋病药物的品质。公司的一名顶层医疗高管答道："谁在乎？就是死几个黑人的事。"

和凯西·施普伦一样，库马尔也对下一步要做什么感到迷茫。一次出差回美国时，他去见了公司的律师杰伊·德希穆克。他说："我想跟你像律师和委托人那样谈谈。"德希穆克说他代表的是公司，不能作为他的律师和他谈话。"但你不明白出了什么事。"库马尔说，他详述了公司内部的可怕问题，"我害怕会失去人身自由。"

"我也不能给你建议。"德希穆克说，"这方面我不是专家。"不过在接待库马尔之后，德希穆克还是悄悄打听了一番，并了解了库马尔发起的调查。这位律师觉得，这种没有适当保障措施的企业自查是极危险的。这种调查一旦开始就无法取消，而且谁也说不准查出的信息会导致什么后果。他后来表示："让不通世故的人来做这件事是很糟的。"就好像库马尔任凭几个孩子在没有看管的情况下玩火。

这时，萨库尔的分析已经在公司内部悄悄流传开了。在曼谷举行的一次高层管理会议上，库马尔向与会者分发了萨库尔制作的一张表单 [3]，上面按区域和字母顺序列出了兰伯西的各个市场，从阿尔及利亚开始，到越南结束。其中的一列是各种药物的问题，另一列的标题是"风险"（萨库尔指的是对于患者的风险），还有一列是"行动计划"。萨库尔在患者风险那一列填写了"高""中""低"三档，分档依据是公司的记录中缺失了多少数据以及怎样的数据。

但是在会上，阅读表单的公司高管们却把这一列误解成了对于公司的风险。在"行动计划"一列中，负责全球营销和法规事务的两名高管在空白处草草写下笔记。笔记表明公司会考虑两种方案：一是直接中止这些药物的供应；二是暂时从市场上召回它们，重新检测，检测内容是权衡事情败露和失去市场份额哪个危害更大。至于患者面临的风险则根本没有被纳入考虑。

会议结束时，库马尔收回了表单，连同那两个男人在上面手写的笔记。不知是有意还是无意，他开始收集证据了。

2004 年 10 月 14 日，在委任萨库尔挖掘真相几个月之后，库马尔站在新德里兰伯西总部的董事会议室中，面对着董事会科学委员会的各位成员。他的听众包括布赖恩·坦皮斯特，当时担任药物总监的马尔文德·辛格，董事会主席、曾任新德里副市长的特金德拉·康纳（Tejendra Khanna），著名心脏病专家 P. S. 乔希（P. S. Joshi）博士和其他几个人。公司秘书被吩咐离开了会议室。

库马尔向听众展示了萨库尔准备的一个演示文稿，包含 24 张幻灯片 [4]，标题是"简化新药申请组合的风险管理"。在某种程度上，这个文件尚未完成，其中还不包含美国市场的数据。但现有的内容已经清楚地表明，在追求利益的过程中，兰伯西对监管者撒了谎，伪造了数据，并在出售药物的几乎每一个国家都危害了患者安全。幻灯片指出："我们在 40 多个国家出售的 200 多种产品数据中都有为满足业务需求而编造的成分。"报告还显示，所谓的"业务需求"，只是一种粉饰兰伯西最小化成本、最大化利益并哄骗监管者批准不达标药物的种种行径的说辞。

没有一个市场或者一种药物是例外，包括美国和世卫组织采购的用于对抗非洲艾滋病的抗逆转录病毒药。在欧洲，公司使用来源未经批准的成分；捏造保质期数据，卖的是一种药，检测时用的却是其他配方的药；更改生产过程却不记录存档。幻灯片还指出，最初促使库马尔去南非的那次维姆塔审计的结果已经被监管者注意到了，可能会进一步破坏公司的声誉。

在一个又一个市场，公司干脆捏造了所有数据，在巴西、肯尼亚、埃塞俄比亚、乌干达、埃及、缅甸、泰国、越南、秘鲁和多米尼加共和国都是如此。提到为品牌药公司生产某些药物的企业协议时，一张幻灯片指出："因为在申请文件中使用了可疑的数据，我们也给合作伙伴（在墨西哥和南美是拜耳和默克）带来了风险。"

库马尔提出了一个激进的方案：将全部问题药物从市场上召回；重做全部有疑点的检测；向每一个案子的监管者通报调包的数据；制定一套流程，把相应的数据和药物关联起来。有一张题为"指导原则"的幻灯片列出了库马尔心目中公司应负的义务："患者安全是我们的首要责任。我们的产品必须被证明是安全有效的。短期的损失好过整个业务的长期亏损。"

库马尔在一片沉默的会议室中完成了报告。只有一位董事也是一位科学家，对他的发现表示了一点惊讶。其他人更惊讶的是库马尔的宣言：如果不让他全权解决问题，他就辞职走人。

"就不能把数据都藏起来吗？"一名董事转头问坦皮斯特。没有人回答。这片沉默让库马尔明白了他需要知道的一切。坦皮斯特下令销毁这个演示文稿的每一个副本，并将制作这个文件的手提电脑拆毁[5]。这次会议没有留下记录。

库马尔曾经确信，在看到无可辩驳的证据、明白自己做了这么长时间的错事之后，兰伯西将不得不拨乱反正。但事实并不如他所愿，在这次董事会议结束之后不到两天，他就提交了辞呈。这距他来兰伯西上任才不到四个月。他对坦皮斯特写道，"鉴于我们讨论的问题的严重性质"，他的唯一选择只能是"优雅而迅速"地离开。

作为一位公司高管创建的文件，库马尔的这个演示文稿可谓毫不留情。在未来的年月里，它的幽灵还将继续在高管之间制造分裂。在公司内部，它将被称为"自我评估报告"（缩写 SAR，以下简称"报告"）。这份指控罪行的文件仿佛一根缓缓燃烧的导火索，直接烧向公司的顶层高管。

　　萨库尔仍留在公司。但是库马尔一走，他就失去了保护。在那次董事会报告的三个月之后，公司内部的审计员来到他的部门，做所谓"例行检查"。他们待了整整10周，其间翻看了部门账簿，约谈了部门员工。在萨库尔团队的成员文卡特·斯瓦米纳坦看来，这些审计员就是"公司派来的秘密警察。我们最终发现，这是公司整体计划的一部分，迪内希就是他们的目标"。

　　4月下旬，公司突然指控萨库尔在办公室的电脑上浏览黄色网站。萨库尔激烈否认。盛怒之下，他让网络管理员查看了计算机记录，结果发现公司IT部门的人登入过他所在部门的服务器，并在几次搜索中植入了他的IP地址。

　　回到家，萨库尔告诉妻子苏娜尔他将离开公司。他没有多谈细节，她也没有追问，他只说要工作下去已经不可能了。

　　"我们接下来怎么办呢？"苏娜尔问他。

　　萨库尔不知道该怎么回答。但是想到发生的种种，他明白自己在兰伯西的日子已经结束了。

　　一个周四的早晨，萨库尔拟了一封辞职信，并打印了能证明黄色网站是被植入他的IP地址的证据。次日下午，他来到坦皮斯特博士的办公室，他费了点功夫才预约到和坦皮斯特会面30分钟。

　　萨库尔给他看了电脑被动过手脚的证据。他表示："因为做了本职工作被人打击报复，这样的环境我待不下去。"接着他就递上了辞呈。

　　不过坦皮斯特态度和蔼，他说："我明白你为什么要走。"他告诉萨库尔今天下午不要去办公室，等下周直接去取东西。

　　到了周一，萨库尔去了。在一旁的人力资源部长的注视下，他从办公桌上拿走几张伊斯汗的照片。他们甚至不允许他打开抽屉，或者和团队成员道个别。他在别人的护送下离开了公司大楼，维贾伊正在外面的汽车里等着他。他在兰伯西度过了动荡的 22 个月，离开时只花了不到 10 分钟。他的事结束了——至少他是这么想的。

第三部

猫鼠游戏

第十章　对全世界隐瞒

2004 年 11 月 18 日
阿肯色州小石城

在阿肯色河畔，布赖恩·坦皮斯特博士和兰伯西的几名高管在倾盆大雨中披着塑料雨衣缩成一团。他们决定好好利用在大雨滂沱中举行的这次活动[1]，因为参加者包括现任总统小布什、三位前总统和多位国会议员。兰伯西捐献了近 25 万美元，才换来让公司董事参加克林顿总统图书馆与博物馆开张仪式的机会。

陪在他们身边的是阿格尼丝·瓦里斯博士，阿格瓦化学公司的创立者和 CEO，她在美国做他们的政治监护人已经有一段时间了。瓦里斯给民主党捐了许多钱，对美国的制药业也有深刻认识，她很早就成了克林顿夫妇的朋友，还带着兰伯西的高管参加过他们在韦斯特切斯特的家里举办的派对。克林顿卸任之后，她在她那辆由专职司机驾驶的宾利车的保险杠上贴了一张政治性贴纸——"我想念比尔"。她向克林顿基金会捐赠了近 50 万美元，用于图书馆建设。

利用这次活动，兰伯西竭尽全力和这位前总统攀上了关系。公司发布了一则公告，宣扬其与克林顿基金会的"密切合作"以及两家机构"向经济萧条的国家受艾滋病摧残的患者提供药物治疗"的共同目标。公司接着又发了一份内部通讯录，说公司是"这场重大活动的一名贵客"。虽然这肯定是夸张之词，但克林顿确实罕见地感谢了兰伯西在非洲生产廉价抗艾滋病药物的贡献。

在捐赠图书馆仪式之后不到六个月，克林顿再次来到印度，在一场艾滋病座谈会和一场鸡尾酒会上，他与马尔文德·辛格等兰伯西高管打了更多的交道。能和美国前总统面谈这么久，就像给公司的公众形象（以及公司的净利润）这架飞机加满了航空燃油。

拉开一点距离来看，兰伯西的上升势头显得不可阻挡。2004 年年初，公司的全球销售额已经超过 10 亿美元。在美国，它也成为成长最快的国外仿制药生产商，它的 96 种产品已经在药房上架，另有 50 种正在接受美国药监局的审批。它生产的药物已成为两任美国总统的艾滋病项目中的重要组成部分。公司对未来也有宏伟的打算 [2]：到 2012 年全球销售额达到 50 亿美元，从世界排名第八的仿制药公司上升到前五，并推出自己的特色产品。

公司的营销人员在公司内刊《兰伯西世界》中详细说明了这些打算，这份内刊还强调了公司的诚信和社会责任。它介绍了新的品质方案——"兰伯西精细行为准则"以及公司为非洲贫困国家制造抗逆转录病毒药物的努力。内刊宣称，公司"在与员工、客户、供应商、政府、当地社区、合作者以及股东的合作中，在追求公司发展和追求卓越的同时，也要不懈地保持诚信"。

然而在这层浅薄的情怀表达的背后，可以隐约看见公司的另外一面。在图书馆捐赠仪式结束一周之后，药物总监马尔文德·辛格接受了一家印度网站的采访 [3]，他说兰伯西之所以成功，部分是因为它是"一家非常激进的营销企业，我们以最低的价格争夺市场份额，并使这个模式运转起来"。他没有详细说明这个模式是如何运转的，只是继续说道："兰伯西能有今天，是因为我们敢于冒险。"他后来解释说，所谓冒险，是指兰伯西是第一家在印度以外运营并设立生产工厂的印度制药公司。

然而在公司内部，高管们却在与另一套不同的风险体系搏斗。

在受兰伯西委托检测抗艾滋病药物的维姆塔实验室被曝出欺诈丑闻之后，摇摇欲坠的多米诺骨牌仿佛被推倒了，全球的监管者审批过的相关药物申请都要被驳回了。当慈善组织要兰伯西出示证据支持其主张时，兰伯西的高管们遇到了一个几乎无解的难题。那些从未经过检测的药物或者未通过检测的药物，现在都必须在世界各国重新注册一遍。大量原始数据与公司提交给监管者的文件不符。它们要么不存在，要么自相矛盾，要么在某个地方有编造的痕迹。如果公司拒绝公开数据，就会招来更多怀疑，并面临两个不利选择：一是坦白交代，这会造成商业上的灾难性后果；二是撒更多的谎。

公司必须开始对药物做正规的检测。但这不仅有暴露过去诈骗的危险，还常常需要编造一套新的谎言。这个进退两难的局面表现在大量机密电子邮件当中，其中有许多抄送给了坦皮斯特博士和未来的 CEO 马尔文德·辛格，两人也常常参与讨论。2004 年 7 月中旬，一名联合国儿童基金会的官员询问兰伯西的几款抗艾滋病药物为何只提交了有限的稳定性数据。他要求公司证明这几款药物能在各种温度条件下保持稳定。这需要开展几项检测，以确定药物的保质期并测量它们在不同时间的杂质变化情况，这些检测要在变温室中进行，类似能模拟极端冷热环境的大号冰箱。

联合国儿童基金会提出的疑问导致公司内部展开了一连串恐慌的电子邮件沟通。在一封题为"稳定性研究：紧急"的电子邮件中，一名高管这样写道："照儿童基金会的意思，要是我们未能在周三傍晚之前交出数据，并按下方邮件的要求提供信息，那我们就不用去投标了。"他接着补充道，"这次投标的金额有 500 万美元，必须万无一失。"

然而，兰伯西唯一能交给基金会的数据是一团乱麻，毫无意义。兰伯西对抗艾滋病药物开展的有限检测显示，要让一些杂质的含量在 9 到 12 个月内保持不变，甚至还有所下降，这从技术上说是不可能的。正如一名高管指出的那样，这些问题"肯定会引起审批者的怀疑……我们需要修改这些数据"。

在世界各国的市场，高管们都在和申请文件中的类似问题搏斗。2005 年 2 月，一名高管给同事写电子邮件，谈到公司在西班牙就抗生素头孢呋辛酯（cefuroxime axetil）提交的申请："请透露各位的工作进展。这批申请文件原计划在 2004 年 12 月提交。我们过去两个月一直在等你们的回复。我们需要尽快得出结论。"这封电子邮件引出了一位高级科学家的简要答复："在我们 1 月 27 日在古尔冈的讨论中，我明确提及我们存档的数据与申请数据完全不同。因此我无法发送数据。"

几个月前，也就是 2004 年 9 月，美国药监局评估兰伯西为加入总统防艾计划提交的几种抗艾滋病药物申请时，提出要看看公司提交给世卫组织的数据。法规事务总监阿伦·库马尔给包括坦皮斯特博士在内的同事写了一封电子邮件："如果我们现阶段不共享数据，就会招来质疑……我们很难给出理由解释为何不共享现有批次的数据。"他补充道，"我们现在进退两难，因为这些产品还不具备符合世卫组织要求的充分数据。"

这尤其会产生问题，因为公司曾经努力培养与美国药监局的关系。高管们就哪些数据可以与美国药监局共享展开了激烈辩论。兰伯西的美国分部总裁迪帕克·查特拉吉（Dipak Chattaraj）在一封电子邮件中指出，美国药监局仿制药办公室的两位高级官员"对兰伯西很有好感，让他们为难的话对我们只有坏处没有好处"。

公司和美国药监局之间的麻烦远比专供非洲的药物要严重。对几乎所有在美国市场销售的药物，兰伯西都没有做过正规的稳定性检测。良好生产规范的最低要求是对药物品质做持续监督。公司必须定期对药物的稳定性进行检测，两次检测之间的间隔被称为"站点"（stations），比如三个月、六个月、九个月。一种药物只要还在市场上销售，其数据就必须写进年度报告提交给美国药监局。数据是绝对不能断的，因为收集数据本身就是生产的一个环节。

但是现在公司陷入了僵局，高管们必须直面一个事实：对于任何在美国出售的商业批次，他们几乎都没有为期 36 个月的稳定性数据可供提交。这可不仅仅是"哎呀，疏忽了"这么简单，而是相当于开车时拿倒了地图，而且就在你把车子撞到一棵树上之后。

高管们紧张忙乱地发着一封封电子邮件，纠结于这个似乎无法克服的难题。艾卜哈·潘特给同事们发了一封简要的邮件："这个问题非常严重。我不知道该怎么提交年度报告，又该怎么向美国药监局解释没有提交稳定性数据的事……我们现在需要所有的数据，除此之外没有别的办法。"

正当公司高管们决心像一位高管所说的那样，"非常认真"地开始检测自家的药物时，一场类似的关于申请文件的危机正在全世界上演。到 2005 年，有 22 种高级别药物需要在至少一个国家重新注册。这些药物都是在兰伯西设立于中央邦德瓦斯的工厂生产的，没有一种得到过充分的检测。阿伦·库马尔在一封电子邮件中向同事表明："大多数产品都找不到数据，连档案里也没有。"简单地说就是，它们从来没有经过检测。

2005 年 2 月，评估眼前的任务时，德瓦斯的一名质保主任写信给他的同事，并抄送了一份给布赖恩·坦皮斯特："对于大多数缺乏必要的稳定性数据的产品，我们几乎都要从零开始检测。这估计将是一项非常艰巨的任务。"换句话说，对已经上市的药物，必须从头开始检测。到这时，坦皮斯特已经给全球品质总监发过一封紧急邮件："如果不做好重新注册所需的稳定性检测工作，公司就没有生意可做，甚至没法给你们发工资了。"

公司曾经向监管者提交初步研发批次的数据，并谎称它们来自规模更大也更难控制的展示批次。其中有一种令人不安的药物是复合阿莫西林 – 克拉维酸（co-amoxiclav）悬浮液，这是一种经常被用来治疗儿童耳部感染的抗生素，也就是萨库尔的儿子吃了没用的那种药。兰伯西在近 30 个国家给这种药物注册的保质期为 24 个月，但检测表明它的真实保质期只有 18 个月左右。在重新注册这种药物时，公司的一名高级顾问在一封抄送给坦皮斯特和马尔文德·辛格的电子邮件中写道：在和监管机构打交道时，"对保质期的缩短做出可信的解释"将会"有用"。

大多数高管都在寻求如何在监管者面前把谎撒得天衣无缝，其他人则担心，被要求参与欺诈已经成了他们工作中的一部分。他们有的不再提交虚假数据，还有的果断拒绝参与非法行为。然而有的时候，就连最遵守道德的员工也会在不经意间卷入公司的欺诈阴谋。比如，公司要求大多数到印度的高管都要带上一个装满品牌药的旅行箱。在兰伯西美国分部的新泽西总部，一个个从附近沃尔玛买来的旅行箱里塞满药物，等待着下一个前往印度出差的人把它们带走。这个用旅行箱带药的做法似乎别无嫌疑。大部分高管都认为这些药物是用来做研发的。

仿制药公司经常会拿少量品牌药做研究，或为分析其成分，或为申请时用来做对比参考。但是 2001 年通过的《爱国者法案》已经限定了购买和运输这些药物的正规途径。严格来说，个人运输药物是违法的，属于走私行为。而在几十名被迫运药而且常在紧急情况下运药的员工看来，这似乎只是一条小小的捷径，其目的不外乎是降低运费、规避检疫或加快运输过程。

在一年的时间里，有 17 名高管将未经申报的药物从新泽西办公室带入印度海关，其中四人曾经多次运药。最常充当运送人员的包括公司的美国分部总裁，甚至包括在美国负责法规事务的副总裁艾卜哈·潘特——她的职责可是确保公司遵守规章。

在兰伯西，顶层高管们规避这些规章，有时，到了公司应该向监管者重新提交数据的最后期限，他们甚至会亲自监督非法运药。也有些高管开始怀疑，公司是在用品牌药代替自家的药物，并用品牌药的数据证明兰伯西的药物与之高度相似。这样就可以解释为什么偷运药物的命令会如此紧迫了，特别是当一些员工极力抗拒公司利用他们走私药物的时候。

2004 年 5 月，一名法规项目经理拒绝将法国产的品牌药样品带入印度。他在一封电子邮件中抗议道："我不会携带任何样品，我不仅不相信这是公司的规定，也对这种携带样品的做法感到不舒服。"一名高管驳斥道："这批样品必须由你携带，我们不能拖延。"那名员工断然回绝。

时任公司全球药物总监的马尔文德·辛格也被卷了进来。通过秘书，他询问这批样品何时能送到古尔冈。"这些产品一直放在我们的伦敦办公室里，看到它们无人认领实在可惜。"

公司全球制药业务总裁因此写了一封回信："亲爱的马尔文德，我有必要向你说明欧洲劳动法的规定。从原则上说，将这些药物带往印度是非法行为，因此我们不能强迫员工这么做……无论员工自己多么愿意冒这个险。"然而这对于公司的业务又如此重要，以至于那位高管接着向辛格提出了一个异乎寻常的建议：既然坦皮斯特和辛格常常会过境英国，"我建议未来你们亲自将样品带回印度"。他还敦促其他顶层高管也以同样的方式服务公司。

为了防止被抓，所有为兰伯西带药的人都会得到一封信件，声称他们携带的产品只会用于研发，没有商业价值。2004 年 6 月，一名高管被印度海关扣留，随身搜出了数百包抗呕吐药物凯特瑞（Kytril），价值数千美元，且从未申报。海关将药物没收。兰伯西的一名高管在公司内部指出："在缺乏正当文件的情况下，将药物这样带入印度算非法行为。"

谎言和隐瞒谎言的努力消耗了整个公司的精力。2004 年 8 月，包括坦皮斯特和马尔文德·辛格在内的公司顶层在高管会议室举行了一次会议。根据电子邮件，这次会议的议程是"填补需求和供应之间的空缺"。换言之，就是如何提交他们没有的数据。

2004 年 9 月，高层再次集会并选出一个方案：问题重重的德瓦斯工厂将不再为美国市场和总统防艾计划生产药物，这项最重要的生产任务将会转移到帕奥恩塔萨希布的新工厂。他们希望，只要切断与过去欺诈性生产的联系，监管者就不能发现什么问题。几无品质保证体系可言的德瓦斯工厂将继续为监管最松懈的市场生产药物，包括巴西、墨西哥、越南等地。

在公开场合，公司的高管们将这个变动说成为应对美国市场和总统防艾计划的庞大需求。2005 年 1 月初，在孟买举行的一次印度仿制药生产商和艾滋病活动家的会议上，兰伯西的抗艾滋病药物及基本药物项目经理桑迪普·朱内贾（Sandeep Juneja）向与会者表明，公司实施新战略后，其药物会很快被总统防艾计划批准，并重新进入世卫组织的名单。"我们想把所有资源整合到美国市场，并将生产整合到一个地方。"他说，"如果一种产品获得了美国药监局的批准，它就等于被全世界接受了。"

两天后，阿伦·库马尔致信联合国儿童基金会的一位官员，解释为什么要变更抗艾滋病药物拉米夫定的生产地点："我们将产品的生产地点由德瓦斯改到帕奥恩塔萨希布工厂，是为了满足更高的业务需求。"然而四天后，当公司准备将抗逆转录病毒药物的数据重新提交给世卫组织时，朱内贾却在一封抄送给坦皮斯特的电子邮件中重申公司的真正策略："我们已经相当成功地阻止了世卫组织审查我们以往的稳定性数据。"他接着补充道，"我们最不希望的就是，他们再对德瓦斯做一次视察，我们要赶在那之前彻底解决所有的流程和验证问题。"

但将生产迁到帕奥恩塔萨希布远非完美的解决方案。对于公司的有些药物，新的研究不可能赶在新的注册日期之前完成。就像一名高管在一封电子邮件中询问的那样，他们应该怎么应付这个"过渡时期"，此时监管者要求提交新的数据，但他们还没有将数据准备好。如果现有的数据来自德瓦斯工厂，"我们又该如何将它们用在帕奥恩塔萨希布的申请文件中呢？"一位同事这样回复："请打电话来，我可以解答你的疑问。"此人的解答几乎肯定属于"过渡期欺诈"，也就是暂时把德瓦斯的旧数据当作帕奥恩塔萨希布的新数据使用。

不过，当兰伯西准备在帕奥恩塔萨希布开始新药检测并将全世界最重要的监管者引到这家新工厂时，它也不希望留下任何不确定因素。如果开展正规检测，药品批次就可能失效，配方也可能显得不稳定，那将是最大的不确定因素。要查清药品为什么失效、不稳定是困难的，而且代价昂贵。遵循良好生产规范之所以费力，就是因为需要用无数个步骤才能使一个不确定的过程更加确定。如果真的要检测药物，那么该怎么对结果进行最佳控制呢？该如何介入每一次检测，从而产生完美的数据呢？

兰伯西想出一个相当巧妙而隐蔽的办法。它到底有多么隐蔽，很大程度上取决于下一个走进工厂的美国药监局调查员是谁。那人是只看到光鲜的表面就会满意，还是会尽责地将零散的线索拼成一幅完整的图像？到场的是哪种调查员，这是公司掌控不了的。

但就在拉金·库马尔向兰伯西的董事们做了那次倒霉的报告之后，公司却交上了好运——下一个来喜马偕尔邦考察帕奥恩塔萨希布工厂的美国药监局调查员将是穆拉里达拉·伽维尼（Muralidhara B. Gavini）博士。

在美国药监局，穆拉里达拉·伽维尼被大家称作"迈克"，他在一件很重要的事上与众不同：他不仅愿意而且乐意到印度去做海外视察，像他这样的调查员可不多。

美国药监局的多数调查员都不愿去印度，特别是在从出差归来的同事那里听到各种故事之后：印度气候酷热，雨水不断，交通状况令人痛苦，沿着坑坑洼洼的破旧公路去遥远的工厂视察有好几个小时的车程，到哪里都要担心因为喝了不干净的水或吃了受污染的食物而生病，因此不得不在旅行箱里塞满花生酱和麦片棒。艰难的旅途在美国药监局引起了一场越来越大的危机。

从理论上说，对于每一家为美国市场生产药物原料的工厂，美国药监局都要尽量做到大约每两年视察一次，无论那家工厂是在马里兰州，还是在孟买。但实际上，美国药监局的海外视察频率更接近于十年一次，而且积压的国外药厂申请数正快速增长。对于派谁去视察海外工厂以及如何支付全部费用，美国药监局并没有明确的方案。到后来它实在走投无路，干脆尝试起了远程视察：由被查的工厂拍摄自家生产设施的录像。这个录像视察提案的理由是"资源日益缺乏"[4]。

在这样一个严重缺乏志愿者的体系中，伽维尼就成了极吃香的人选。当时海得拉巴周围地区已经发展起来，视察工作使他有机会回到故乡。伽维尼是在海得拉巴以南的贡土尔长大的。但把他派去那里没有违反美国药监局的任何规章，部分是因为当时还没有那么多规章。但这确实违反了一条基本原则。正如伽维尼的一位同事后来所说的那样："绝不能派人去他的家乡。这是监管原则的第 101 条。"因为这样的安排可能产生腐败和妥协。但伽维尼却急不可待地想回家看看。

他第一次离开印度是 1972 年去美国阿肯色大学念化学博士。对当时的他来说，美国这个国家和费耶特维尔这座城市都是陌生的环境。但他的研究做得十分出色，并因此在马萨诸塞州的伍兹霍尔海洋研究所谋得一个职位，他在那里继续本来的研究，追踪雨水中的怀同位素。在伍兹霍尔期间，他在安大略湖底的沉积物中找到了微量铜元素，并在美国化学学会的一次会议上报告了这个发现。他不知道的是，他揭露的是一座秘密核设施的排放物。由于对方发起反诉，他的科研生涯结束了。

接下来，有三个孩子要抚养的他在一家实验室检测公司工作了 10 年，后来管理层变动，逼得他再度求职。1996 年，他自愿拿七成薪水，加入美国药监局的新泽西州办公室。每年拿 35 000 美元，职责是视察奶牛牧场、寻找牛海绵状脑病（疯牛病）的痕迹。他回忆说，他这样一个拥有博士学位和 10 年私营部门工作经验的人，在同事眼中成了"怪胎"。1999 年，他被提拔，去美国药监局的药物评估和研究中心（Center for Drug Evaluation and Research，缩写 CDER）做了一名合规官员。

伽维尼虽然在费耶特维尔感到手足无措，在美国药监局也受到排挤，但他在印度却成了个大人物。第一，他有博士学位，这一点在印度会自动获得尊重；第二，他还代表世界上权力最大的监管机构。大部分时候，他都独自去工厂视察，用他自己的话说，是一支"单人军队"。只需要他一个人，就能决定是否批准一家工厂向美国出口药物，而他的判断并没有明确界定的标准。

美国国内的视察向来遵守清晰的流程：调查员会不打招呼来到美国工厂，为了追查数据的来源和去向，他们想待多久就待多久。就像美国药监局调查员何塞·埃尔南德斯所说："我们进去，亮出徽章，然后通知他们开始视察。"调查员和被视察的场地之间的关系也很清楚：不能有关系。一位调查员说过："新泽西的同事连一杯咖啡都不喝。"

但是海外视察的规章就不同了，往好了说也是浑水一潭。美国药监局在海外的原则是不起冲突，免得外国政府卷入，引起国际事件。比起对峙，他们更加重视外交。美国药监局会在视察的几周甚至几个月前就通知对方，然后被视察的公司作为调查员的接待方和旅行社，帮他们预订酒店和地面交通工具。这一点很对伽维尼的胃口。

他采取的视察风格是合作式的。他将自己视为一名搭档，负责教育被视察的公司什么是健全的品质体系。一位同事指出："他的行事方式更像一名顾问。"伽维尼认为，美国药监局和被视察的公司追求相同的目标。"我们并不是坐在谈判桌的两边。"他说，"品质是我们的共同追求。"

他尽量帮助公司改进技术。他教导他们如何正确地清洁生产设备，并对他们强调"常识"。他说，这个产业"跟我学了太多"。他个人评价每次视察的标准是"我是否为公司做出了积极贡献？最终的结果应该是积极的"。事实也真是如此。海得拉巴的制药部门在他的关照下不断成长，大量产出有效成分，并最终成为印度的原料药之都 [5]。

伽维尼每天在工作上投入 10 到 12 个小时。他鄙视那些工作时间较短，或者视察结束几个月之后才提交报告的同事。然而同事偶尔陪他一起视察时，又会对所见感到惊愕：他和被视察的公司竟是如此亲密；他和公司高管们直接沟通，或面谈或打电话；他还常常放那些公司一马。他甚至会把监管报告（称为"483 报告"）的草稿交给公司过目，然后才正式上交。

而在伽维尼看来，美国药监局的保密工作毫无必要。他说："我不知道美国药监局的调查员为什么要把一切都闷在肚子里。我不管写什么都会（和被视察的公司）讨论。"这也使得公司有机会影响他的视察结论。公司只要保证会改正问题，伽维尼就觉得合格了。在 2003 年的一份视察报告中，他甚至记录了一家工厂的总经理是如何在电话中保证改进的，听到这个保证，他就觉得"满意"了。

但这种口头担保并不利于改善药物品质——至少美国政府问责局（U.S. Government Accountability Office，缩写 GAO）1998 年的一份报告 [6] 是这样认为的，那是在伽维尼开始视察工作的两年前。那份报告抨击美国药监局仅根据"国外生产商的改进承诺"就下调视察评审级别，并且"美国药监局很少对这些场地重新视察，以确认国外生产商是否真的纠正了严重的生产失误"。

伽维尼后来解释，他不喜欢把自己的同胞当成罪犯。但是随着海得拉巴制药产业的飞速成长，并且其他美国药监局调查员在伽维尼曾经批准的场地查出严重违规行为，他作为一名马虎调查员的名声也传播开来。在同事中间，他成了典型的"无行动指示调查员"，因为他最常得出的结论就是"无行动指示"。

2004 年 12 月 17 日，兰伯西的高管们迎来一个好消息：他们熟悉的调查员迈克·伽维尼来帕奥恩塔萨希布工厂了。他是来做预审视察的，目的是确认这家工厂有能力为美国在非洲的艾滋病治疗项目生产两种抗艾滋病药——拉米夫定和齐多夫定。

公司对他的到来并不意外。根据美国药监局海外视察的一贯流程，这次视察已经提前几周通知了，公司也参与了安排。在这次视察的总结报告中，伽维尼写道 [7]，"公司安排了往返工厂的交通"，还"提供了住宿"。

伽维尼在公司待了五天。在带领他参观工厂的高管中，有许多之前都因为缺乏数据在恐慌中互发邮件。这些邮件伽维尼一封都没看到。在他的视察报告中，他指出公司的批次记录中的一些指标不明确，清洁流程也不明确。不过他还是对公司的稳定性检测项目做了毫无保留的赞赏，这个项目将药物暴露在不同的温度和湿度条件下，以观察它们在不同环境中的降解速度以及保质期。他写道："进出变温室的稳定性检测样本得到了监控，样本库也得到了妥善保养。"

伽维尼会得出这个结论，一定是因为他从七个月前刚刚安装的一台热实验室牌稳定性冰箱旁径直走了过去[8]。这台大型步入式冰箱常年维持在4℃。它的用途没有在公司向美国药监局提交的任何一份申请中出现。要是伽维尼打开过冰箱，他就会发现几百瓶塞在纸板箱中没有检测记录的样本。

为什么兰伯西要使用这台冰箱？这将是接下来几年争议最大、分歧最严重的问题之一。但在当时，伽维尼没有提出任何疑问。对兰伯西一众紧张的高管来说，他是一位理想的调查员。对于药物检测方面的不当措施，他要么发现不了，要么就没注意。

意料之中，他的视察只发现了很少的问题。他给工厂开了健康无疫证明书，并认定它"大体遵循"了现行良好生产规范。他的结论又是无行动指示。

第十一章　世界地图

2005 年 8 月
印度古尔冈

雨季的湿热滚滚而来，大雨敲打着房屋。在越来越躁动的夜晚，听着柴油发电机的轰鸣，迪内希·萨库尔躺着无法入睡，脑海中浮现出一张世界地图。地图被划分成了兰伯西的五大市场：美国和加拿大、欧洲、拉丁美洲、印度以及其他地区。一夜又一夜，他在脑海中审视着他就每个市场的药物梳理出的大量数据，每个数据集都代表对患者的一种危害，几乎可以肯定，这些危害仍在持续。

那些要售给非洲的抗艾滋病药物最令萨库尔担忧。他知道它们很糟。它们杂质含量高、易降解，在撒哈拉以南的非洲的湿热环境中将会失效，这还是最好的情况。服用它们的都是世界上最贫穷的患者，他们没有基础的医疗设施，也没有申诉的途径。这种不公令萨库尔怒火中烧。

在来兰伯西之前，他总以为药片就是药片，在世界的哪个区域生产都一样。在公开场合，兰伯西宣称，它在全球所有市场参照的都是最严格市场——美国的标准。但萨库尔现在知道，公司把最差的药物留给了那些监管不严或者没有监管的国家，在那里只有很小的概率会被抓。

美国药监局现在虽然监管着所有总统防艾计划药物的品质，但它显然不知道实情。萨库尔辞职一个月后，美国药监局批准了兰伯西的帕奥恩塔萨希布工厂为总统防艾计划生产抗艾滋病药物。8月初，世卫组织还将公司的抗艾滋病药物，也就是在维姆塔实验室检测的那些，放回初审合格名单上，这使得希望保证低成本救命药供应的艾滋病活动家们大大松了一口气。

2005年4月底，萨库尔离开兰伯西后，努力说服自己，公司的药物已经与他无关。但是随着时间的推移，离职后的轻松感逐渐被焦虑所取代。他没了工作，只能找些零碎的咨询活计贴补家里不断减少的积蓄。苏娜尔怀了二胎。他担忧的长远问题一句都没对她提。但是夜复一夜，他总忍不住思索自己能做点什么以阻止兰伯西的诈骗。他有义务揭露他们吗？

这些无休止的疑问让他想起童年夜里的睡前故事——以及白天的骚乱。萨库尔成长于海得拉巴以北100英里处的一个农业城镇——尼扎马巴德，那里盛产甘蔗、姜黄和玉米。萨库尔一家三代共同生活在祖屋里。他的母亲是位家庭妇女，父亲是一位民事诉讼律师，接的多是公益案子，收费的不多。

一家人的生活简朴但舒适。"金钱绝不是我们生活的动力。"萨库尔说。但教育是。萨库尔和弟弟妹妹在一家严格的天主教学校跟着修女们学习，学校强调的是纪律和背诵。每天，他们都坐着人力车，沿着镇里的两条主要道路中的一条去上学。

他的祖母安葩·巴伊（Amba Bai）身材修长，戴着眼镜，穿着朴素的莎丽，她给萨库尔留下了最深的印象。在家中，孩子们的主要娱乐就是每晚听她讲故事，它们取材于印度最著名的两部史诗——《罗摩衍那》（Ramayana）和《摩诃婆罗多》（Mahabharata）。故事里有许多面临艰巨挑战的角色：正直的国王，阴险的亲戚，奇幻的众神，还有猴子组成的军队。

每天晚上，这些人物都要面对根本的困惑：什么是对的？什么是错的？人要如何生活？他们是该攫取权力，还是选择正义？是该堕落到一条通向幽冥的路，还是该向上飞升到光明？当恶魔与女神在夜间的故事里交战时，门外的真实世界同样充满冲突。在那个后殖民时代的火药桶里，人与人之间的轻蔑使印度教教徒和伊斯兰教教徒之间频繁发生冲突，有时冲突还会引起大规模骚乱，而这一切就发生在他家的门口。

他的父亲常会介入这些小冲突，跑到街道上去调停。萨库尔回忆道："我总是问他：'你为什么要出去呢？这又不关我们的事。'而他总是回答：'当你看到一件错事，就一定要尽你所能纠正它。'"父亲常常带着伤痕和瘀青从斡旋之旅中归来，母亲被吓坏了。萨库尔回忆说："她以前很讨厌他出去多管闲事。"每次他回来两人总免不了重复同样的讨论："这不关你的事。他们反正又不听你的！"然而什么都阻止不了他父亲。

在年轻的萨库尔看来，父亲面临的道德两难的境地要比祖母故事里呈现的那些更加微妙。如果说一个坏的局势"不是你造成的"，那么你有什么义务？父亲的回答很清楚。作为镇上的资深律师，他相信自己有义务调停冲突，并充当人民和司法体制之间的联络人，无论那个体制有多大的缺陷。

萨库尔听进了父亲的教诲，但发现这很难落实。八年级时，他的一个朋友在一场足球比赛中因犯规而被停赛，但实际上犯规的不是他。萨库尔替那个朋友向体育老师申诉，但没有效果。于是他改向校长直接申诉。当着整支球队，他告诉校长体育老师罚得太重，他朋友不该被停赛。然而校长打了萨库尔一个耳光，并告诉他不要讲任何一位老师的坏话。萨库尔后来明白了："校长不想让一个老师被一个八年级学生质疑。"

不仅是学校的价值体系，就连印度的整体文化，都看重顺从权威而轻视简单的公平。萨库尔厌恶这种教条。在成长过程中，他始终坚持着自己的价值体系。为了给彼此敌对的邻居讲道理，父亲走上街头，很少考虑自身的安危。那么对于一个蔓延全球的问题，萨库尔的街头又在哪里？他又可以和谁理论呢？萨库尔知道，其他人也察觉到了兰伯西的诈骗行径，但他相信自己是少数知道事情全貌的内部人士之一。而在这个小圈子里，谁也没有表现出正视这种罪行的意愿。

其中一些人甚至还从中获利了。他的老上司巴布海亚离职时拿到了丰厚的补偿金 [1]，萨库尔和库马尔都相信，那是为了保证他不在外面乱讲话。萨库尔后来说道："印度的体制太腐败了，就算你洁身自好，腐败也会找上门来。"对诚实的人来说，中庸之道就是什么也不做，但在萨库尔看来，这也是一种同谋。还有一条路是开口发声，但诚实是有危险的。

在印度，举报人要面临生命危险。就在 18 个月前，印度国家公路管理局一个项目主管 [2] 揭露了一个公路建设项目中的严重腐败。后来发现他被射死在路边。虽然他的死激起了全国公愤，但这种事一点也不罕见——尤其是因为在印度，举报人是不受法律保护的。说到兰伯西，辛格家族势力强大，是当地有名的一霸。根据公开的新闻报道，家族为解决内部仇恨甚至会花钱雇帮派暴徒。

什么都不做是萨库尔最合理的选择。见义勇为反而可能带来难以预料的恶果，比如他当时在梅劳里－古尔冈路上救下那个喝醉的行人，一名警察就想构陷勒索他。那件事的教训是继续向前，管好自己的事，就像司机维贾伊劝他的那样。但是萨库尔决定是否采取正义行动时很少考虑社会规范。他有一套绝对的道德坐标，并以此指导行为。

2005 年 8 月 15 日早晨，也就是提交辞呈的四个月之后，他从睡梦中醒来，决定做点什么。那天是印度独立日，这个全国性假日纪念的是 58 年前印度摆脱英国统治获得自由的日子。萨库尔也想将自己从困扰了他几个月的担忧中解放出来。

他来到地下室的办公室里，打开一个雅虎邮箱账号，那是他之前在权衡各种选择时创建的。他假扮成公司的一名低阶科学家，故意用蹩脚的英语给美国国际开发署和世卫组织的几名官员发了邮件。他写道："印度的兰伯西实验室在愚弄你们 [3]，他们在用虚假的数据将产品推向市场。"他声称兰伯西强迫他伪造数据，"知道这些药物将被用来治疗非洲的患者，我就担心得无法入睡。这些药往好了说是没有功效，往坏了说会引起不良反应，并致人死亡。"他发送邮件时用了假名。他特意挑了一个彰显出权力和名望的名字，希望能引起关注。在创建电子邮件账号时，他使用的是公司法定继承人的名字——马尔文德·辛格。

在那之后，他每晚都要到地下室的电脑上查看电子邮件，期待有人回复。等待是痛苦的。每一天，只要没有看到回复，他就会产生新一轮的痛苦和自我怀疑。他怀疑是自己的邮件不够权威或细节不足，导致无法穿破官僚体制。于是他又写了一封——这一次更有针对性[4]，发给了 6 名美国药监局官员："我为非洲的那些穷人感到恐惧，他们通过世卫组织和总统防艾计划买下这些假药，原本是希望病情好转，但是不，他们不会好转，只会死去。"对面依然沉默。

他继续发邮件，增添了细节，甚至附上了文档。对面的沉默仍在继续。一周后，他再给美国药监局的几位官员写信，语气仍是一名卑微的实验室科学家，但这一次透露了更多细节："兰伯西的管理层，包括它的 CEO、业务总监和质检总监，都在系统性地要求实验室及工厂的员工伪造数据以证明药物的稳定性。公司没有数据证明药物的保质期，在南非的气候条件下，贵局批准的配方会在患者拿到之前就降解。这种配方毫无价值，它产生不了任何疗效。"

萨库尔的举报不留情面，但他也感到失望。他原本以为，只要他能克服恐惧发声，外界便会响应，监管者也会找上公司。但现在看来，这件事没人关心。在之后的几天里，他开始零星收到礼貌而含糊的回应。世卫组织的一位秘书来信说，他联系的几位官员都出差去了，不过他的邮件已经收讫，并将得到"适时处理"。

又经过两周的等待，他不再假装用蹩脚的英文，而是直接给美国药监局局长莱斯特·克劳福德（Lester Crawford）写了一封电子邮件。这封电子邮件

写得有力而紧迫 [5]，他指认兰伯西在出售"未经检验、伪造、无效的药物"。他提到自己给克劳福德的下属写了好几封邮件，也附上了"相关文档和该公司高级管理人员（包括 CEO）之间的往来电子邮件"。最后，他写下几个月前发现公司不法行为时就想到的话："我请求您终止这种罪行。"

这一次，消息终于有了突破。两天后，萨库尔收到一封详细的电子邮件，发件人是埃德温·里韦拉 – 马丁内斯（Edwin Rivera-Martinez），美国药监局的药物评估和研究中心的调查及预审合规负责人。里韦拉 – 马丁内斯表示，他已收到萨库尔"在 8 月 15 日、17 日、27 日及 31 日发来的电子邮件"，并询问萨库尔愿不愿意开一次电话会议。萨库尔本打算隐藏起来。他最初的计划是将监管者引上正道，自己尽量不被牵扯进去。他没想到自己要做更多。

两人来回交涉了多次。萨库尔婉拒了打电话的要求，说这可能给他的家人带来风险，但他也附上了更多文档。里韦拉 – 马丁内斯回信说肯定不会透露他的姓名和身份："我们读你的邮件有这样的印象：你认为假药正在危害患者，而你想阻止这种事情发生……但如果我们不和你通电话，调查就可能会遇到很大的阻碍。"

萨库尔仍很戒备。他回信反问："对话会被录音吗？我们交谈时谁会在你边上？如果我和你交谈，会对我个人造成什么不利？我要怎么保护自己不被起诉？毕竟我们讨论的是兰伯西公司犯下的罪行。"埃德温·里韦拉 – 马丁内斯再次回信，说召集相关的官员开电话会议，要比在电子邮件里来回拉锯有效得多。他还向萨库尔保证，会对他的身份严格保密，除非闹上法庭，且法官要求美国药监局透露他的身份信息。

萨库尔犹豫地同意了打电话的要求。但他仍希望将互动的主动权掌握在自己手里。他尝试向里韦拉 – 马丁内斯传授怎么组织电话会议最好、最安全。他在一封电子邮件中问道："你们能使用公开的网络语音应用吗？我说的是像 GoogleTalk 或 Skype 这样的工具。你只要在电脑上接一支话筒、一个扬声器，就能使用这两种应用了。"接着他还给这位美国药监局官员发送了下载链接。不过美国药监局有他们自己的技术及做事方法。

终于，萨库尔照指示给美国药监局打去了电话。这次电话会议历时约 90 分钟。里韦拉－马丁内斯的谈吐正式而有说服力，他温和地提问，美国药监局各部门的员工在一边聆听。现场有一位特派员道格拉斯·洛夫兰（Douglas Loveland）来自美国药监局的刑事调查办公室。迈克·伽维尼也坐在一边，还有一名合规官员凯伦·高桥（Karen Takahashi）。他们想知道萨库尔是从哪里获得情报的，他对这些情报有多大的把握，他披露的一些文档又意味着什么。

在会后写给里韦拉－马丁内斯的一封电子邮件中 [6]，萨库尔几乎提前就表达了失望："如果我成功向你们证明了这家公司售往全球的药物并未达到美国药监局规定的品质要求，那我已经相当满意。至于贵局是否会采取进一步的行动，就完全是你们的特权了。我个人希望你们会追究。"

但在之后的几个月里，萨库尔却完全满意不起来。在他看来，这件事是非清楚，黑白分明。他已经提供了证据，只等对方行动了。然而就在这次电话会议的 10 天之后，美国药监局却宣布批准了兰伯西的第一款面向美国市场的小儿抗艾滋病仿制药——齐多夫定的申请。萨库尔又给里韦拉－马丁内斯发去了电子邮件："贵局掌握了这么多数据，已经能证明该公司用虚假数据注册抗逆转录病毒药物，却仍发出这样的批文，这一点实在令我困惑。这是否意味着你们经过调查，已经认定兰伯西是清白的？"

这名官员回复说，由于药物在萨库尔举报之前已经获得批准，只有能证明公司确实欺诈的证据才能推翻这个决定。萨库尔惊呆了：他给美国药监局发送了这么多内部数据和通信记录，清楚地证明了公司的顶层高管串通修改检测结果的行为。如果这还不算欺诈的证据，那什么才是呢？他将会知道，这不是一个容易回答的问题。

在接下来的几周内，萨库尔和里韦拉－马丁内斯之间展开了一场友好、缓慢而激烈的决斗，几乎完全是在电子邮件内进行的。里韦拉－马丁内斯哄着不情愿的萨库尔，让他交出更多情报，让他再耐心一些。萨库尔则刺激里韦拉 – 马丁内斯，要他催促美国药监局采取更快、更激进的行动。

10 月 6 日，里韦拉 – 马丁内斯要求萨库尔"赶紧来电，事关美国药监局的几场筹备中的新闻发布会"。萨库尔没有及时收到这条消息。美国药监局又宣布批准了兰伯西的两种药物，一种是治疗糖尿病的格列美脲（glimepiride），一种是抗癫痫的加巴喷丁（gabapentin）。沮丧的萨库尔再次致信里韦拉 – 马丁内斯，说自己已经把能给的情报都给了他，而且"将个人和家庭都置于了巨大的危险之中"。他还写道："贵局的行为真的令我担忧，因为你们似乎无视了我提供的大部分证据……如果你们的结论是这家公司没有任何过失，就请让我知道，这样我至少明白自己已经尽力，不会再有遗憾了。"

他想放弃，也好几次对里韦拉 – 马丁内斯声明了这个想法。在 10 月美国药监局批准兰伯西的两种新药之后，他给里韦拉 – 马丁内斯发去了老上司拉金·库马尔的辞呈以及他和公司 CEO 布赖恩·坦皮斯特的最后一次通信。萨库尔说这是他"最后的诚意……球发到你的半场了，里韦拉 – 马丁内斯先生，我已经不能再为你或贵局做任何事了。我会等着……等看到行动再与你继续对话"。

但对话还是在继续。萨库尔依然不透露真名。美国药监局的人称呼他为"M"或"M 先生"，那是他最初联系他们时使用的名字，马尔文德·辛格的简称。虽然萨库尔分享了许多文件，但最重要的那一份他始终没有披露：库马尔提交给董事会的那份《报告》。这份文件在公司内部的影响力如核辐射一般，将会直接暴露他的身份。11 月 2 日，里韦拉 – 马丁内斯回信了："上次电话会议……你提到有一份风险评估文件，是你在兰伯西期间奉命起草的……如果能有这份文件的副本，将使我们的调查更有针对性。"

这个要求激起了另一重担忧。萨库尔虽然没做错事，但他没有律师，也没有豁免权。他致信里韦拉 – 马丁内斯说："在这两个月的接洽中，你已经能看出我唯一的兴趣就是保护购买这家公司所生产的药物的人民。"他警告说，"我需要得到免于起诉的权利"，不然就不会披露更多文档。

里韦拉-马丁内斯努力向他解释，美国药监局并没有赋予豁免权的权力。不过他也安排萨库尔和美国药监局的一位刑事调查员开了一次电话会议，那人可以保证萨库尔不会被公诉。消除这个最后的障碍后，萨库尔立即给里韦拉-马丁内斯发送了兰伯西的CEO一心想摧毁的那份文件：库马尔向董事会的一个小组委员会展示的演示文稿。这下美国药监局掌握了公司欺诈的完整情况，真是糟糕透了。

萨库尔当时还不知道，其实美国药监局已经认可他的情报是可信的，并且在积极核实了。2005年10月，萨库尔首次联络美国药监局不到两个月后，里韦拉-马丁内斯的部门就向美国药监局的现场调查部门发出了申请，委托他们对兰伯西的两家主要工厂——德瓦斯厂和帕奥恩塔萨希布厂发起优先调查。

这份长达五页的任务备忘录[7]罗列了大量可疑的欺诈活动，需要调查员一一查证。里韦拉-马丁内斯还要求入选的调查员在出发之前和他一一会面。备忘录还建议调查员，如果需要某份文件，当天就要拿到，因为"据举报人透露，公司有在接受视察期间连夜伪造文件的前科"。

美国药监局需要看到的是兰伯西不加粉饰的形象。但是2006年1月，萨库尔却突然联系里韦拉-马丁内斯，把几名前同事了解的情况紧急传达给了他：公司领导层"在帕奥恩塔萨希布和德瓦斯两家工厂扎了营"，说明"他们正在开展一场大规模掩盖工程，以'制造'任何贵局调查员可能要求的文件"。鉴于兰伯西似乎知道了即将到来的视察，萨库尔质问里韦拉-马丁内斯是否走漏了风声。里韦拉-马丁内斯的回答令他震惊：兰伯西在几个月前就收到了监管者即将到来的通知，因为他们对海外公司向来是这么做的。对它们就是这么监管的。

第十二章　制药界的法老

2006 年 1 月 19 日
印度古尔冈

就在萨库尔首次和美国药监局联系上的五个月之后，马尔文德·莫汉·辛格接任布赖恩·坦皮斯特，成为兰伯西公司的总经理和 CEO，公司的领导权随之回到了创建它的辛格家族的手中。那年马尔文德才 33 岁，对药物学知之甚少。但是他的个性和教养，加上他的家族背景，都使他显得很适合这个竞争激烈并且以社会使命为核心的行业。

他父亲帕温德是个简朴的人[1]，对一切事物，无论是吃糖果，还是对话，都很节制。在两个儿子很小的时候，他就让他们参加了他们的祖父创建的灵性组织——比亚斯罗陀之主贤聚会（以下简称 RSSB）。帕温德常常带儿子和妻子尼米（Nimmi）去参加组织的活动，一家人在那里做志愿者。虽然帕温德把孩子们送去了精英学校，但他们并没有像同学们那样受到宠爱。读大学时，其他富人家的孩子开着名贵汽车、花着大笔零用钱、到五星级酒店去吃晚餐。和他们不同，马尔文德坐德里交通公司的公交车去大学，每月的零用钱不到 10 美元，吃的也是街边的普通食物。

虽然辛格一家人所重视的清苦生活向来是家族的核心价值，但马尔文德始终是被当作企业大亨来培养的。随着年龄的增长，他逐渐养成了昂贵的品位和掌控者的气质。在他还小的时候，大人就向他介绍了兰伯西的内部机制。父亲会让他浏览公司报告，希望他能从中把握行业潮流。学校放假时，他会跟着兰伯西的药物代表去拜访医生和药剂师，以推销产品，一路就坐在他们的小型摩托车的后座上。

马尔文德轻松地胜任了 CEO 的工作。他的管理雷厉风行[2]，个性争强好胜，充满抱负。他甫一上任就将目光投向全球，寻找机会。谄媚的印度商业媒体把他捧成"制药界的法老"[3]，还称赞他是位"不拘一格的决策者"。在兰伯西内部，有人认为他任性而不成熟。他很在意自己在《福布斯》杂志印度 40 人富豪名单中的位置。他和弟弟施文德的财产总和达到 16 亿美元，2004 年排行第 10 位，到 2005 年却跌到了第 19 位[4]。下一年的情况还会更糟，马尔文德似乎把这归罪于员工不够忠诚。他听说某个部门的产值没有达标时，就会对手下咆哮："我要看到利润！"[5] 他后来对一位记者表示，驱使他如此言行的是他对兰伯西集体使命的激情，也就是让兰伯西成为一家以研究为基础的跨国药企的激情。他还补充说："与任何商业机构一样，我们也很关注营业收入和净利润。"

马尔文德和施文德兄弟都开价值 10 万美元的香槟色奔驰 S 系轿车[6]，也都收藏艺术品和摄影作品。他们都喜欢漂亮的衣服，都是德里的顶级裁缝店里沃利的瓦伊什的贵客，这家店号称只服务"商界的王公"。每天早晨，马尔文德和弟弟施文德（他在家族企业的另一个部门工作）都会协调一下他们的着装，确保在开同一场会议时不撞衫。电台《发烧 104 FM》的听众将马尔文德选为印度最时髦的人物之一，他甚至还当了一届"印度小姐"比赛的评审。

与员工交流时，马尔文德喜欢引用他最喜欢的一本书——2500 年前的中国军事论著《孙子兵法》，他认为这应该成为从商者的必读书。这或许一点也不意外，因为他自己家族内部的房产和企业资产的争执也像战争。

多年来，辛格大家族始终生活在新德里市中心，他们的家位于全世界最高档的地址之一：奥朗则布大道。一道道坚不可摧的围墙背后，一座座豪宅

[当地人称之为"独栋"（bungalows）] 建在方圆几英亩的花园中。2006 年，马尔文德的母亲尼米和他叔叔阿纳吉特（两人住在同一片几英亩大的家族地产内，但住不同的独栋）向警察投诉对方。尼米宣称她抓到阿纳吉特在非法建墙，为了报复，阿纳吉特雇了几个"高大粗壮"的男人，挥着斧子和锤子来威胁她。"我受到了一众暴徒的攻击、威胁和身体虐待，他们声称帕温德·辛格的家人，包括孙辈在内，一个都别想活命。"她对警察这样说。阿纳吉特也举报了尼米和马尔文德，指控他们犯了恐吓与袭击罪。

"兰伯西家族恩怨"再次成为轰动印度媒体的新闻，自当年巴伊·莫汉·辛格分割其商业帝国和财产之后，辛格家族成员之间的纷纷扰扰就已经成为一段绵延 20 载的传奇。走投无路的尼米去向两个儿子求助。在不到一个月的时间里，马尔文德和他叔叔就宣布家人之间已达成和解。双方都撤回了诉讼，其中有 30 多起可以追溯至 20 世纪 90 年代。这一次马尔文德的身份是家族外交官与斡旋者。

一个熟悉辛格家族的印度记者说，马尔文德看起来是一个"充满灵性的年轻人"。每年，他都会回旁遮普的小镇比阿斯八次，去 RSSB 拜访他的导师，这个组织致力于通过冥想使人的灵魂重新与神结合。他的成长环境注重灵性，家庭也以清苦为核心价值，这些都融入了他的个性。在接受杜克大学商学院校友杂志采访时 [7]，他回忆童年，谈论了自己和弟弟："我们都知道自己出生在一个显赫的家庭，但我们又很幸运，拥有一个简单、虔诚又充满灵性的成长环境……我们的家庭注重勤奋、道德、关系的平等和谦卑。"马尔文德执掌兰伯西领导权短短六周之后，便需要借助他想宣扬的那些开明价值观，解决一场日益紧张的冲突了。

2006 年 2 月，美国药监局的两位最有经验的调查员——雷吉娜·布朗（Regina Brown）和罗伯特·霍兰（Robert Horan），来到喜马偕尔邦北部的帕奥恩塔萨希布工厂[8]。他们虽然只有六天时间，却携带了埃德温·里韦拉－马丁内斯的部门准备的一份机密任务备忘录：五页文件，上面罗列了迪内希·萨库尔举报的欺诈行为。

虽然兰伯西已提前得到消息并做了准备，但两位调查员还是发现了令人不安的过失：原始数据通常会被丢弃，患者的投诉也未受到调查。但他们最重要的发现仍是迈克·伽维尼博士14个月前看到却忽视的东西：那台没有注册、温度设定在4℃的步入式冰箱[9]，还有后来添置的另一台款式类似的冰箱。两台冰箱里放的东西令人费解：里面放的全是纸箱，纸箱里都是没贴标签的药物样品。"第一台冰箱里存放着1000多件物品，第二台存放着150多件，上面没有标记数目，没有检测状态，也不知道为什么存放在那里。"两位调查员在报告中写道。

这两台冰箱是做什么用的？里面的一个药瓶上明明标记了30℃存放。是不小心放进去的吗，就像兰伯西后来声称的那样？还是冰箱里的所有样品都故意放错了地方？两位调查员提出想查看冰箱存放内容的记录，但厂家说没有记录。后来公司又改口说，存放于冰箱中的药物是有清单的，只是没有交给美国药监局，"因为我们不明白美国药监局为什么要看它"[10]。

两台冰箱似乎成为出人意料的造假集中地。在给未经注册的冰箱里的没有标签的样品找各种借口时，公司开始自相矛盾。他们先是宣称这些样品是为"全球监管申请"准备的，说将它们冷冻并不影响稳定性检测。后来公司的高管们又提出一个似乎矛盾的解释，说那些药瓶里装的是"按需检测的对照样品"，只"用作参考，并不产生任何正式数据"。美国药监局表示："这些'备用'样品到底有什么用途，我们至今仍不清楚。"[11]两位调查员还取得了Sotret的样品。美国药监局发现，这种药物的降解时间远早于保质期限，功效也不如预期。

接下来的一周，布朗和霍兰又出发去德瓦斯视察[12]，那是兰伯西问题最大的生产工厂。2004年12月，迈克·伽维尼去视察过一次，没有发现什么不妥。这一次，布朗和霍兰身后跟了几十名兰伯西的高管，七嘴八舌地回答他们的提问。两位调查员发现，兰伯西之前一直对原始的电子数据弃而不用，只是在他们到达的几周之前，才修改公司的规定保留了这些数据。到后来，两位调查员竟不知不觉向对方讲解起了基本的良好生产规范：原始数据"在生产之后，或实验室外，不能被开展检测以外的人更改"[13]。

霍兰和布朗尽到了职责。他们在工厂发现了重要缺陷，那些缺陷又指向更大的问题。他们发现的问题很严重，而公司的解释又前后矛盾，无法使美国药监局罢休。2006 年 6 月，美国药监局向帕奥恩塔萨希布工厂发出一封警告函，这在全世界看来都像是一次严厉指责。警告函中列举了一系列缺陷：没有保留"分析性的原始数据，对样本的药物稳定性检测的间隔未做记录，对'备用样品'（冰箱中的药物）的目的也未做明确陈述，稳定性实验室中的人员与资源都准备得不够充分"，另外美国药监局的实验室对抗痤疮药物Sotret 的检测也显示，它会降解并失去功效。美国药监局表示，在兰伯西证明自己改正了缺陷之前，不会再考虑帕奥恩塔萨希布工厂的任何申请。

这本该将兰伯西一军，因为公司现在正是靠着帕奥恩塔萨希布工厂为美国和总统防艾计划生产其利润最高也最重要的产品。然而美国药监局的行动对那些已经上市的药物根本起不了什么作用，它们要么是从已经获得批准的工厂里生产出来的，要么是由其他工厂提交申请获批的。就在美国药监局发出那封警告函的几周前，里韦拉－马丁内斯给萨库尔写了一封堪称悲哀的电子邮件："我们现在受到很大的压力，不得不批准兰伯西仿制普伐他汀（一种降低胆固醇的药物）的申请，本周四这种药物的专利就要过期了。"简言之，这位官员也受制于美国药监局的强大惯性，那就是继续批准新药申请，几乎是不管发生什么都不会停止。

萨库尔已经竭尽所能。由于对美国药监局仍给兰伯西的药物开绿灯感到沮丧，他努力把注意力集中到家人身上。这时苏娜尔刚刚生下他们的第二个孩子，是个女孩，他们给她取名莫哈薇（Mohavi）。这个孩子会给他们带来好运的，萨库尔对妻子说。然而，即使当苏娜尔躺在古尔冈的一家私立医院，怀里搂着女儿，并且受到精心看护，她仍感到担忧：在这家医院住四天要花一大笔钱，而夫妇俩已经没有医疗保险了，正靠着积蓄度日。他们原本在职场有着良好的地位，现在的生活却脆弱而不确定。

萨库尔没能在印度找到满意的职位。他的咨询活计有一搭没一搭，收入也零零碎碎。莫哈薇出生后没过几个月，他终于收到了印孚瑟斯技术有限公司的聘书，对方要求他大量出差，还要搬到美国，几乎要全职常驻。他认为自己别无选择，只能接下聘书，他还想说服苏娜尔与他同去，甚至向她母亲求情，但苏娜尔已经下定决心要和孩子们一起留在印度。

苏娜尔向来为自己的独立而自豪。她不是个孤立无助的人，也不是没有门路。没错，她是接受了包办婚姻，有两个孩子，并且不再工作。但养育她长大的母亲拥有梵文的硕士学位，母亲坚持让她接受最好的教育，并能在社会上自立。这些苏娜尔都做到了。当年她取得计算机工程硕士学位并在开利公司做软件工程师，那也是她婚姻生活中最和睦的一段时光。她和萨库尔并肩工作，一起养育伊斯汗。

然而，得知丈夫准备离开印度前往美国的那天，是她人生中最黑暗的日子。虽然她自己选择留在印度，不过仍会感觉孤独。她的父母住得很远，在南边800多英里之外的赖布尔。那天早晨她找不到伊斯汗，于是沿着楼梯来到萨库尔的地下办公室。她看见丈夫双手抱着伊斯汗在哭，他不想让妻子知道自己的伤心事。苏娜尔从没见过萨库尔哭。伊斯汗也没见过，他困惑地问道："爸爸，你为什么哭呀？"

等苏娜尔明白过来之后，她喊道："别这样，迪内希！别在伊斯汗面前这样。"她的内心萌生出各种恐惧，但她最在意的是儿子或许会因为丈夫的悲伤而受到创伤。苏娜尔还不知道她丈夫已经在和美国药监局接洽了，但这件事带来的紧张感却像一阵雾气似的笼罩着他们的婚姻。

他们夫妇之间向来有一道隔阂。即使在两人最亲密的时候，萨库尔也在自己周围竖着一道道墙壁。他不习惯向别人吐露心声，匿名联络美国药监局的事也只对一个人说过——他的朋友和前下属迪内希·卡斯胡里尔。卡斯胡里尔以为萨库尔才向美国药监局举报，并认为他"做了一件正确的事"。他不知道自己的这位朋友一直在与美国药监局对话。他要是知道，或许就会表现出怀疑了：在印度，个人真的能挑战公司并获胜吗？

此时萨库尔也在怀疑自己的行动是否明智。他已经将家人置于危险之中，他为他们的安全担忧。辛格家族以威胁他人闻名，而萨库尔又知道了他们公司太多的秘密。萨库尔将家门外保安的值班时间延长到了每天24小时。他对苏娜尔说，这么做是因为他要出远门。同时，他等待着美国药监局的明确行动，他的失望情绪也越来越重，因为对方似乎没有能力或者没有兴趣采取行动。

重压之下，有一个人似乎理解萨库尔的处境，也认同他的目标，并相信他的行动是正义的。她的名字叫黛比·罗伯逊（Debbie Robertson），是美国药监局刑事调查办公室的一名调查员。2006年1月，她写信给萨库尔，说自己将担任他在美国药监局的新联络人。

虽然埃德温·里韦拉–马丁内斯所在的部门将继续调查兰伯西是否合规，但罗伯逊的加入却表明这个案件进入了一个新的层面。她的工作是调查兰伯西是否违反了任何法律，或是否应该承担任何刑事责任。

罗伯逊是美国药监局的一名新人，2005年10月才加入。但她又是一位经验老到的执法专家，之前在国税局做了10年的刑事调查员。因为刚刚加入美国药监局，上司只给她派了复核兰伯西案的任务，意思就是这个案子已经没什么好查的了。但罗伯逊仍有怀疑。在加入和"M"（萨库尔在美国药监局的代号）的对话之后，她立刻发现此人态度严肃、头脑十分聪明，而且是冒着相当大的风险与美国药监局联络的。于是她给萨库尔回了几封充满善意和安慰的电子邮件，这使萨库尔感受到了他在其他美国药监局成员那里都没感受到的东西：希望。

尽管如此，萨库尔在回到美国时仍带着一腔沮丧。他从前同事那里听说：美国药监局在印度的视察毫无波澜，他担心调查也就到此为止了。但关于这件事，罗伯逊也安慰了他："兰伯西认为这次视察平安无事，这其实倒是一件好事。"她在给萨库尔的邮件中写道："这说明他们没起一点疑心。"

自萨库尔开始向美国药监局举报，时间已经过去几个月了。他眼看着美国药监局一样接一样地批准兰伯西的新药。黛比·罗伯逊试着让他振作起来："我请你想象一下：你告诉我们的情报，即使只有一半得到证实，也足以让整个公司倒闭。这可是全世界最大的仿制药公司之一。"她接着写道："如果因为程序失误而输掉官司，本身就是一桩罪行。"她还建议萨库尔"想想美国公司安然吧，把它扳倒费了多少时间"。

萨库尔回复道："你相信美国药监局还会对兰伯西采取任何实际的行动吗？……我怀疑自己所有的努力和折腾都没有丝毫作用。"

罗伯逊鼓励他不要放弃希望。"正义之轮转得很慢，"她写道，"但它从不停止。"

第四部

立案调查

第十三章　从阴影中现身

2006 年 10 月 11 日
新泽西州普林斯顿

在一个阳光明媚、空气清新的早晨，黛比·罗伯逊带着两名同事来到一号公路旁的亚美利套房酒店，与那个自称为马尔文德·辛格、美国药监局简称为 "M" 的男人见面。

这时距萨库尔第一次联络美国药监局举报已经过去 14 个月了。他一直表现得很可靠，而且提供的信息很准确。他看起来没有隐瞒实情，也没有夸大情报。也看不出他有什么不可告人的动机，他似乎只是想阻止他的前雇主生产危险的劣质药物。但这时，美国药监局的调查员们正准备跨出关键的一步，罗伯逊有责任确保美国药监局和美国的检察官们不会被卷入一场公司内斗或是一个商业圈套，并且确认这个 "M" 和他表现出来的一样可信。

就在美国药监局调查员和检察官们准备对兰伯西的新泽西总部出具搜查令时，萨库尔成为美国药监局的耳目。罗伯逊向他提出了一个又一个问题：那里有谁？坐在什么位置？总部大楼有多少入口和出口？广域网接口在哪里？网域控制器又在哪里？公司的电子邮件服务器加没加密？普林斯顿的服务器可以在印度远程关闭吗？一旦印度办公室得到突击检查的风声，有什么办法阻止他们关闭服务器？

萨库尔小心谨慎，细致入微，帮助罗伯逊穿越了一座虚拟迷宫。他绘出一张新泽西办公室的电子分布图，详细到每一间厕所的位置。他的电子邮件里充满微小的细节。

然而在 2006 年 9 月，经过 9 个月紧张的电子邮件往来之后，罗伯逊在邮件中向他提出一个前所未有的问题：他们能见面吗？她是这样解释的：

> 我绝对不是要骗你，我只是认为见一面是最节约时间的，也有助于澄清一些问题。实话对你说，联邦检察官办公室全力支持这个案子，但因为案情复杂且涉及政治，负责受理此案的联邦助理检察官还很犹豫，他要我们保证能准确地理解所有情报。

她说的不全是实话。到这时，马里兰州联邦检察官办公室的检察官们还几乎不知道这个案子的存在，对它的原委肯定也不了解。分配给这个案子的检察官只有一名，他是格林贝尔特办公室的一位主管，手上的案子已经排满，再没有多余的精力了。尽管如此，罗伯逊还是有责任了解她的线人，并且一定要知道线人的动机。

萨库尔这时已经在新泽西州工作。他立刻表示，很愿意见面。但他仍有一点担忧：他回信说，自己没有代理律师，一直以"诚实的个人"的身份与罗伯逊合作，"既然这是一次较为正式的会面 [1]，我是否需要一位律师来代表我呢？我必须向你坦白，我并不富裕，在美国请代理律师价格太高，不是我负担得起的"。在这个问题上，罗伯逊也叫他放心：这次会面和他们之前的电子邮件往来没有什么不同，只是形式改成了面对面交流而已。

早上 9 点 30 分，萨库尔来到亚美利套房酒店的大堂，他穿着夹克和休闲裤，十分得体。罗伯逊也来了，黑色鬈发垂到肩膀，一双棕色的眸子透着热情，举止和蔼而干练。她的宽松上衣里面别了一把西格绍尔 .357 口径的手枪。和她同来的是两个女士，一个是刑事调查办公室的另一位调查员，还有一个是合规官员凯伦·高桥，她也参加了最初的电话会议。四个人在酒店大堂落座，秋日的阳光从窗外洒入。

他们在那里坐了两个小时，其间萨库尔按时间顺序梳理了公司内部的事件，他说了自己是如何获得情报的，哪些销往美国的产品他觉得已经失效，兰伯西又是如何利用漏洞躲过美国药监局的历次视察的。罗伯逊主要负责提问。当她问到萨库尔预计他的家庭会有哪些危险时，萨库尔述说了辛格家族曾在争议中雇暴徒的情况，也介绍了举报人在印度的一般下场。

四个人都沉默了。虽然萨库尔已经竭尽所能控制情绪，但罗伯逊还是能看出他在发抖。

当三名美国药监局调查员离开时，她们称为"M"的这个男人已经正式变回迪内希·萨库尔。不过他毕竟选了一个恰当的化名。他凭直觉知道，要让兰伯西受到法律制裁，马尔文德·辛格将是最大的障碍。

2006 年 11 月 29 日，辛格率领一支由五名公司顶层高管组成的代表团 [2] 来到美国药监局总部，艾卜哈·潘特就在其中，还有公司的知识产权律师杰伊·德希穆克，长期为公司担任外部律师的凯特·比尔兹利（Kate Beardsley）以及咨询公司精鼎医药派出的一名代表。这一行人的任务对于兰伯西的存亡至关重要：他们要说服美国药监局的官员们取消对帕奥恩塔萨希布工厂申请的审批冻结。会议桌上，他们面对着 10 个满腹狐疑的美国药监局监管者，埃德温·里韦拉－马丁内斯也在其中。官员们同意听听公司的说法。会议是兰伯西发起的，高管们都有备而来。

兰伯西的法规事务副总裁艾卜哈·潘特表情凝重，第一个开口说话："谢谢各位给我们见面的机会。"

马尔文德·辛格平静地注视着监管者，表示兰伯西致力于品质生产。"我们对美国药监局指出的问题非常重视，马上采取了行动去解决。"他说，"我已经调动一切资源，确保我们的生产完全合规。"大家都不作声。他继续说道："合规与否对我个人关系重大，兰伯西一向由我们家族管理，到我已经是第三代了。"他接着建议："如果出于任何原因，各位感觉公司没有通力配合，请你们直接与我联系。"

监管者们带着怀疑的神情，听几名公司高管依次描述公司新制订的品质改良计划，比如雇外部公司精鼎医药来做审计——这家公司的员工都来自美国药监局以及新成立了一个管理层审查委员会。

高管们解释说，他们已经在稳定性实验室里加派了 18 位分析师，并且清理了积压的样品。他们还宣称，公司已经不再冷藏待检测的稳定性检测样品。这时咨询顾问罗恩·特茨拉夫（Ron Tetzlaff）博士也在一旁插话，说他所在的精鼎医药公司已经对兰伯西提出了广泛的建议，兰伯西也都一一照办了。

但是说着说着，话题又转回那两台冰箱里的神秘样品。一众监管者想知道，这些样品有没有被用来生成针对美国市场的稳定性数据。兰伯西的一名高管对此予以否认。几名高管还否认了美国药监局关于 Sotret 功效不如预期的发现。他们宣称，公司已经从市场召回样品，做了检测，结果与美国药监局的发现不同。几名高管表示，这是因为美国药监局的检测方法不如兰伯西自己的精确。

一众监管者的脸上挂不住了。他们继续追问。其中一位高级官员提出，美国药监局希望能看看兰伯西的咨询公司精鼎医药的审计结果。但公司辩称这是机密，无法提供。双方在审计问题上交锋了几轮。

兰伯西的外部律师凯特·比尔兹利发话了。她问道，既然公司已经上下合力消除了美国药监局的担忧，美国药监局的官方行动指示又造成了如此严重的影响，美国药监局是否愿意取消对兰伯西帕奥恩塔萨希布工厂的申请限制？监管者们回答：不能。

34 岁的马尔文德虽然知道如何在印度解决问题，但在美国解决问题完全是另一回事。这次会谈结束时，双方的对峙局面反而更紧张了。监管者们不愿取消对帕奥恩塔萨希布工厂的申请限制，除非工厂再次通过视察。另外他们还要求查看精鼎医药的审计结果。

这个局面够糟糕了。但是在这次会议上，兰伯西的几名高管还有更坏的发现。其中一个说，他好像在一名监管者面前的一沓文件里看见了拉金·库马尔的那个演示文稿，也就是那份臭名昭著的《报告》。

就在三个月前，艾卜哈·潘特曾在公司的普林斯顿总部外面，利用抽烟休息时间向杰伊·德希穆克和公司美国分部的董事长透露了一条重要情报：一名印度裔的美国药监局调查员秘密警告她说，监管者们已经获得了一份"爆炸性文件"，其内容可能将公司摧毁。当时潘特并不知道这位调查员口中的文件是指什么，但它显然已经拖慢了美国药监局对兰伯西新药申请的审批进度。德希穆克排查了公司内部的线索，发现了这份灾难性的文件，没想到三个月后，它竟然出现在美国药监局的会议桌上。

在美国药监局总部的这次紧张会议结束的两个月之后，美国药监局再次来到帕奥恩塔萨希布工厂视察。和以前一样，这次视察也提前通知了。表面上，美国药监局的目的是监管有效成分普伐他汀钠的生产，这种成分用在普拉固的仿制药中，作用是降低胆固醇。但是在美国药监局内部，这次视察的任务清单明白无误地列出了监管者准备调查的对象 [3]："我们仍对实验室数据的真实性十分担忧……我们很在意公司删除的记录以及公司和视察团队说法上的矛盾。"任务清单上还指出："要留意，关于在帕奥恩塔萨希布工厂以外生产的有效成分，公司可能会有两套记录。"

相比于美国药监局的调查目标，更能表明态度的是他们派出的人选——何塞·埃尔南德斯，这时的他已经是巴尔的摩地区办公室的首席合规官员，也是最有可能发现欺诈行为的调查员之一。当年就是他在那家蟹肉加工厂里嗅到了狗肉味，也是他在路易斯安那州的那家制药厂后面的树林里发现了冒烟的药瓶。他即将前往的这家工厂事先已经得到美国药监局要来的消息，它的存亡也取决于能否给美国药监局留下好印象。在这样一家工厂能找到什么？

埃尔南德斯于 2007 年 1 月 26 日到达帕奥恩塔萨希布。[4] 在一群干部的带领下，他对工厂做了仔细勘察。这里看起来无可挑剔。各车间人员齐备，他观察时，干部们随时能调出记录。他高度戒备，开始研读普伐他汀钠批次记录中的原始数据。他感觉有什么地方不对劲，但具体又说不上来。

在一名仓库保管员的办公桌抽屉里，他突然发现一本非官方笔记本，看上面的记号，工厂好像使用了一种有效成分，而生产这种成分的公司，兰伯西并未向美国药监局报备。这是一条诱人的线索。但是几名高管解释说，兰伯西从未使用过这批材料，所以才没有向美国药监局汇报。埃尔南德斯要求一名员工在计算机系统中检索这家未经报备的公司，他就在一旁观看，但系统中并没有它的痕迹。

埃尔南德斯只待了三天半，美国药监局只给了他这点时间。虽然他的视察很严格，也获得了一些成果，但是即便他有发现违法乱纪行为的传奇嗅觉，也没有找到任何决定性的线索。不过他知道肯定有哪里不对劲，他暗自发誓，下次视察一定要找到它。

第十四章 "不要交给美国药监局"

2007 年 2 月 14 日
新泽西州普林斯顿

    那天早晨，当一场夹杂着冰雹的暴风雪在普林斯顿地区肆虐，兰伯西美国总部为员工们送上了精美的情人节花束。然而到 9 点 30 分左右，一群联邦调查员蜂拥来到接待区，领头的正是黛比·罗伯逊，场面一片混乱。负责全球许可申请的副总裁文森特·法比亚诺（Vincent Fabiano）正在办公室办公，忽然一个素不相识的男子走进来吩咐他："从你的办公桌旁走开。"

    "你算老几？"法比亚诺质问道。

    "我是美国药监局的刑事调查员。"男人回答。法比亚诺注意到男子后腰的手枪，照吩咐从办公桌旁走开。

    在二楼，一名女员工听到身后一个低沉的声音说道："别碰电脑，别碰手机，从你的办公桌旁走开。"她的第一个念头是楼里有炸弹威胁。她转过头，看见几名身穿防弹衣的美国药监局刑事调查员，腰里都别着手枪，他们在楼里左冲右突，身边还跟着几个新泽西当地的警察。

    随着大楼被警车包围，慌乱的情绪蔓延开来。一名前员工回忆道："大家都被吓坏，有人在哭。他们拿走了全部的电脑，有人还带着枪。"员工们躲到办公桌下面，他们不知道这是一次移民调查还是别的什么。调查员们搬出一盒盒文件，还把员工都赶进一间会议室，在里面逐一盘问。他们询问了员工的公民身份，为公司工作了多久，甚至还问了他们的身高、体重。任何人想上厕所，都要由一名联邦调查员陪同。

兰伯西的公司律师杰伊·德希穆克那天早晨正好在外面，惊慌的助理给他去了电话，求他赶紧回去。德希穆克赶到时现场乱成一团，联邦调查员正把一台台电脑拖出办公室，还在审问员工。他一头扎了进去，努力阻止调查员审问公司员工。

虽然德希穆克努力使公司恢复平静，但他自己却一点都不沉着，特别是在仔细查看过搜查令之后。联邦调查员们似乎在寻找一套完整的定罪材料。当消息从新泽西传到新德里，兰伯西发布了一则声明 [1]："这是一次突击检查。本公司对任何过失都不知情。眼下我们正全力与官方配合。"

临近傍晚，备受创伤的员工们才在陪同下离开公司大楼，他们经过接待区成堆的枯萎花朵，那里弥漫着如殡仪馆的气氛。他们后来把这一天称作"情人节大突击"。这次突击检查的时间太长，乃至参与的调查员们都叫它"情人节大屠杀"——被杀的是他们当晚的情人节活动。

联邦调查员们在突击检查中带走了约 5T 的数据，据他们估计，这大概相当于国会图书馆中印刷版藏书的一半容量。然而即便在这些庞杂的记录中，仍有一份文件引人注目。那是公司自己关于 Sotret 配方问题的秘密报告，由艾卜哈·潘特归档 [2]。调查员是在潘特的办公室发现它的，封皮上用粗体写着：不要交给美国药监局。这份文件证明，在两个半月前和美国药监局开的那次会议上，公司对于 Sotret 的辩护以及公司宣称监管者得到负面结论是因为检测不当的说法，都是赤裸裸的谎言。公司早就知道自己的药物功效不足，好几年前就知道了。

突击检查发生时，萨库尔在印度，正为莫哈薇庆祝一岁生日。这本该是个家庭团聚的祥和日子，但他的心思全在这次突击检查上。前同事和他联系，把公司当时的情况告诉他。他对谁也没说过自己在这张搜查令中扮演的角色。10 天后的 2 月下旬，他听到自己最害怕的消息：马尔文德·辛格和公司董事长特金德拉·康纳召集各位顶层高管举行了一次会议，会上审查了一份可能向美国药监局提供情报导致这次突击检查的人员名单。萨库尔的名字就在上面，还有他的前上司拉金·库马尔。

要是公司想伤害他或他的家人该怎么办？要是他一个人在美国时，家里出了什么事怎么办？他向罗伯逊倾诉了自己的担忧，罗伯逊也给了他美国驻新德里大使馆的地区安全官员的直接联系方式。他装作不经意地和苏娜尔说起美国药监局正在联络兰伯西的前员工，也联络了他。如果她遇到任何麻烦，可以找美国大使馆的某某帮忙。

苏娜尔越来越感到不安了。阴霾笼罩着这个家庭：他们手头拮据，丈夫不知在操心什么，且长时间不在身边。独栋房子外面只有一个保安驻守，家里除她只有一个婴儿和一个学步的幼童。她怎么也没想到，丈夫在联邦政府对他前公司的调查中扮演了关键角色。不过，她仍然十分担心家人的安危，便把丈夫告知的信息贴在衣橱门的内侧。

在搜查令生效后的几周里，美国药监局的调查员们分头行动，寻找可能提供线索和主动承认涉事的人，与此同时，兰伯西的员工们也开始选择立场了。有些员工仍然忠于公司，并用公司出的钱雇了律师。公司给包括艾卜哈·潘特在内的几名高管升了职，甚至把他们派到印度去上班，好让美国药监局和检察官不那么容易找到他们。其他的员工则和公司切断了联系，开始与调查员配合。拉金·库马尔博士在家里收到公司律师杰伊·德希穆克的两条消息，催他立刻打电话过去。

在德希穆克眼里，库马尔是一枚随时可能引爆的炸弹。他当初离开就是为了坚持原则，也从来没有答应过会闭口不谈此事。他手上可能还有那份毁灭性的《报告》，那是公司全力摧毁而不得的东西。公司的高层领导已经看过这份报告，他们会受到直接牵连。

德希穆克后来回忆说，库马尔"基本上躲起来了。我们试图把他找出来。如果他掌握了对公司有利的事实，大家都想知道。如果他掌握了不利的事实，我想知道"。他补充说："大部分是不利的事实。"

库马尔这时已经返回伦敦，他没有给德希穆克回电，而是雇了自己的律师。德希穆克越来越急切地想让库马尔保密，他打电话给库马尔的律师，主动提供法律援助。他还留下一条令人胆寒的口信："让拉金和美国药监局谈话时一定要谨慎，因为在这个案子中他也脱不了干系。"

在库马尔看来，这是赤裸裸的威胁。

3月16日早晨，在美国药监局搜查兰伯西的新泽西总部大概一个月之后，迪内希·萨库尔来到美国药监局的刑事调查办公室，被领进一间会议室，只见一张桌子周围坐满了人。有的是美国药监局的调查员，有的是马里兰地区联邦检察官办公室的检察官，此前他都没见过。罗伯逊也在现场，她解释说他们已掌握充足的证据，可以对公司提起诉讼了。

一名检察官对萨库尔粗鲁地说道："你得去找个律师。"

萨库尔一下子目瞪口呆："为什么？我已经把知道的都告诉你们了。你就是律师。保护我这样的人，不是你的工作吗？"

"不，不，不……"那名检察官开始推卸责任。

"听你的意思，是证实我的指控了吧？我已经两年没怎么工作了，你要我怎么请得起律师？"萨库尔反过来质问对方。

"这就不关我的事了。"那名检察官说，"现在是正式调查，政府律师不能代表你出庭。"

罗伯逊见萨库尔表情痛苦，问他是否要上厕所——这让她有机会在大堂里和他私下交谈。罗伯逊给了他一个叫"纳税人反诈骗教育基金会"（Taxpayers Against Fraud Education Fund，缩写 TAFEF）的组织的联系方式，说这个组织会保护潜在的举报人，让他赶紧打电话求助。她说他们可以为他找一个律师。

在开车返回新泽西州贝尔米德临时寓所的路上，萨库尔感觉人生坠入最低谷。现在的他，距离自己的孩子 7000 英里，在一间毫无生气的出租房里吃着麦片和沙拉度日，赚的钱只够勉强维持生活。但他却要去找律师，以求在自己发起的诉讼中得到保护。那一整晚，他都在想罗伯逊给的那张字条。他觉得自己一旦拨出这个号码，就会离自己熟悉并期盼的生活更加遥远。然而他已经来到一片陌生的土地，而且日复一日，越陷越深。

萨库尔思考着罗伯逊给的电话号码睡着了，第二天醒来时，第一个念头也是这个号码。那天早晨他拨通了号码，并留了一条口信。下午，他接到了纳税人反诈骗教育基金会的回电，他们给了他一个律师的名字和电话。

安德鲁·贝亚托（Andrew Beato）今年 37 岁，在华盛顿哥伦比亚特区著名的斯坦因/米歇尔/缪斯/西波隆律师事务所（以下简称斯坦因/米歇尔事务所）工作，正为自己的前途打拼。这位年轻的律师长着稀薄的棕色头发，戴着一副钢丝边框眼镜，说话时音量极低，来访者要向前探着身子才能听清他在说什么。他常常不动声色，但这掩盖不了他紧张的神情。当他露出难得的微笑时，脸上会出现浅浅的酒窝。他已经为各种举报人代理了大约五年，这一天纳税人反诈骗教育基金会告知他，可能会有客户联系他。

他的事务所向来有为举报人打官司的传统。2002 年，事务所代理了辛西娅·库珀（Cynthia Cooper），她曾是世通公司的内部审计员 [3]，揭露了公司近 40 亿美元的假账。创建事务所的合伙人之一雅各·斯坦因（Jacob Stein）还在克林顿弹劾听证会中代理过莫妮卡·莱温斯基（Monica Lewinsky）[4]。

但这时的贝亚托还在成长中，他的判断也还需要资深律师复核。

那是一个周五，时间已经很晚了，贝亚托正整理东西准备离开办公室。他和妻子的约会要迟到了（像往常一样）。妻子从前也是律师，现在辞职在家带孩子。贝亚托刚刚穿上外套正要走出大门时，手机响了。他心想肯定是妻子打来问他到哪里了。电话转入语音信箱。来电的不是妻子，而是一个语调柔和礼貌的男声，他说话带印度口音，措辞很正式——是那个举报人。

贝亚托给他回了电话，说自己正要下班，并要他把情况"非常简短"地概述一遍。萨库尔一时不知从哪里开始，于是信口说了起来。贝亚托一边听着，一边试着从零碎的片段中理出头绪，渐渐地，他觉得这个男人准是疯了。

萨库尔讲述的事听起来令人难以置信，简直就不可能：他说印度最大的制药公司的顶层高管蓄意在全世界布下了骗局。服用该公司药物的包括美国的消费者。照这个男人的说法，这场骗局不局限于一家工厂或者一种药物，而是牵涉许多家工厂和数十种在全球发行的药物。这场骗局涵盖的范围如此之广，让这个指证它的男人听起来仿佛精神错乱了。贝亚托心想，他肯定不太了解这个行业的运作，甚至不知道药是怎么做出来的。商业骗局往往只发生在有限的范围内，有特定的原因：一名行事恶劣的员工，一起单独的事件或者一家管理混乱的工厂。现在他却说一家公司的一切都是骗局，这有可能吗？

那个男人说公司的几百名员工都参与了这场骗局，仿佛诈骗就是他们平常的业务，这根本说不通。不可能有这样的事。如果真是这样，又怎么会这么长时间都没人发现呢？听着萨库尔在电话里滔滔不绝，贝亚托越来越担心和妻子见面迟到，对这个举报人也越来越怀疑了。

"我得挂了。"贝亚托尽量用温和的语气说道，"你还是给我发电子邮件吧？把细节都写在里面。"

在之后不到 24 小时的时间里，贝亚托和这个迪内希·萨库尔交换了五六封电子邮件，他最初的看法逆转了。虽然他还远远不清楚兰伯西发生了什么，但他已经开始相信萨库尔那个疯狂故事或许有真实的成分了。

　　从许多方面来看，贝亚托都是最能理解兰伯西案的律师。长期以来，医疗卫生都是他家族的事业，疾病则是他家族的命运。贝亚托生长于密苏里州的圣路易斯市，是七个孩子当中最小的一个。他才两岁时母亲就因乳腺癌去世。父亲是一位敬业的内科医生，他会深夜到病人家出诊，这在同行中非常少见。由于他一心为患者福利着想，营收很低；在那个流行管理式医疗的时代，他也拒绝限定病人的就诊时间。

　　他的几个哥哥姐姐进入医疗行业，贝亚托却选择了法律，他从法学院毕业后立即加入斯坦因／米歇尔事务所。一开始，他代表许多公司和联邦贸易委员会打官司。但他对这样的工作缺乏兴趣。他不想每天早上起来就想着怎么帮一家公司逃脱罪责。然而，身处一家公司制律师事务所的他，该怎么帮助个人而不仅仅是公司，同时继续偿还助学贷款呢？正当贝亚托内心还在为这个问题挣扎时，他父亲因为一种罕见的脑部肿瘤去世了。虽然父亲没有给家人留下任何积蓄，但是贝亚托回忆道，他留下了一笔"品格的财富"。数百名心存感激的病人来为他守灵，这证明父亲致力于帮助他人的一生是有意义的。

　　贝亚托也渴望像这样服务人民，这将他引向一个刚刚发展起来的法律领域：为举报人代理。这项业务可以追溯到美国内战 [5]，属于《虚假申报法》中一个名为"qui tam"的部分，那是一个拉丁文名称的简写，全称可以翻译为"为国王并为自己提起诉讼者"。根据这部法律，举报人可以起诉那些欺骗政府的人或机构，并领取一部分追回的公款。它最初的目的是杜绝奸商向联邦军队出售残次装备。到 20 世纪 40 年代，根据一条修正案，举报人可以领取的奖赏金额被减少了，之后这部法律被废弃不用。然而到 1987年，在媒体报道了国防承包商的广泛欺诈之后（比如五角大楼花 640 美元买下一个马桶圈的著名事件 [6]），这部法律被再次修订，又增加了对举报人的奖赏，这使得人们有了举报诈骗的动力，也使律师有了代理这类案件的兴趣。

贝亚托的第一个举报人案件涉及一个心脏科医生开展没有必要的手术，官司虽然输了，但他认识到纠正对人民和政府犯下的错误是一种道德追求。

在初次对话的几周之后，萨库尔来到事务所的会议桌前，对面是贝亚托和他的几位同事，其中包括一位高级合伙人。虽然衣着光鲜，侃侃而谈，但萨库尔看起来疲惫而焦虑，他的眼圈发黑，肩膀也耷拉着。他开始用平静的声音详细描述兰伯西用谎言织就的复杂网络以及他本人为撕破这张网络所做的努力。

会面刚到 10 分钟，萨库尔就心力交瘁，啜泣起来。"我到底做了什么？"他一遍遍地问道，"我到底做了什么？我只想做正确的事而已。"他说他愚蠢地将家人拖入险境，现在已经无法回头了。这时美国药监局已经开始向兰伯西的干部发出传票，萨库尔很害怕公司将采取的应对手段。他解释说，这种事在印度有很不一样的收场方式。想到萨库尔和他的家人面临的人身危险，几个律师意识到他们要应付的是一个在美国绝对不会出现的局面。

况且萨库尔的案子还极其复杂。律师们必须考虑这场骗局波及的范围。这算得上虚假申报吗？兰伯西有哪些违规行为？这些行为对药物成分有实质性的改变吗？他们该怎么证明这些？还有这个正在会议室中啜泣的男人，他们怎么做才能给他最好的保护？这个案子还会给事务所带来重大的财务风险：他们可能花费大量金钱，最后却输掉官司，一无所获。但是在和萨库尔会面两天之后，几位律师已经基本笃定：虽然可能产生可怕的后果，事务所还是会为他代理。贝亚托回忆说："这是一起公共卫生事件，事务所的任何人都不会退缩。"

趁着一个沉默的间隙，萨库尔问贝亚托："我该怎么支付费用？用什么来支付？你们肯定不会免费接这个案子吧。"

贝亚托的回答如同天启：萨库尔无须支付任何费用。事务所将冒着风险为萨库尔免费代理，并以萨库尔的证据为主要指引，协助政府对兰伯西提起公诉。接着，事务所还会根据调查结果对公司提起一桩秘密诉讼，全程不对外公开。在政府调查期间，萨库尔的身份将始终保密。如果达成和解，政府获得的赔偿中将有三分之一归萨库尔所有，届时贝亚托再从中抽取部分佣金。根据这个安排，萨库尔将成为一名受到法律保护的举报人。而在这之前，他还根本不知道自己能够获得这样的保护。

第十五章 "问题有多严重？"

2007 年
马里兰州罗克维尔市

针对兰伯西的监管案在美国药监局的各部门间缓慢推进，最终来到了道格拉斯·A.坎贝尔（Douglas A. Campbell）的办公桌上。37 岁的他供职于美国药监局的国际合规团队。他的有些上司对这个案子没什么兴趣。"我们认为没什么好查的。"其中一名上司这样劝他。从表面上看，这起案子是针对一家生产工厂的一场漫长斗争。兰伯西的律师们坚持要美国药监局解除对帕奥恩塔萨希布工厂提交申请的暂时禁令，声称公司已经把需要改正的地方都改正了。监管者们则要求兰伯西交出其咨询公司精鼎医药的全本审计报告。像这样的僵局在美国药监局的办公室里只是家常便饭。

但是坎贝尔阅读案件资料时，却来了兴趣。这家公司在回应美国药监局的视察结果时，把大部分问题都归咎于抄写错误、数据丢失或内部系统的错配。然而在精鼎医药的审计摘要（兰伯西的律师拒绝公布全本）中，咨询顾问们又指出一些稳定性检测数据"前后矛盾"。公司目前提交的是改正后的数据。但是改正前后的出入似乎太大了，不像是单纯的错误，比如开展某次检测的时间，改正前后竟有 45 天的出入。这家公司的管理就这么混乱或者这么马虎？

即便药物上市很久之后，制药公司仍须按预定的时间间隔检测自家的药物。每一年，公司都要将检测结果编入年度报告上交给美国药监局。这些报告没几个人会读，收到后就被堆在闲置的办公室里 [1]。尽管如此，报告中的信息仍然必须是真实的。

2007 年 7 月 3 日，坎贝尔驱车前往局里的仿制药办公室总部，在那里翻出了兰伯西为三种抗感染药物——氟康唑（fluconazole）、环丙沙星和依非韦仑（efavirenz）提交的年度报告。从报告上看，公司似乎是按照恰当的时间间隔检测药物的。然而坎贝尔将这些数据和他办公桌上改正过的数据一对比，便被两者的差异震惊了。氟康唑的年报里说，兰伯西在 2004 年 9 月 26 日开展了为期三个月的稳定性检测。但是在回复美国药监局的警告函时，公司表示这次检测是在 2005 年 8 月 17 日开展的。两个日期之间，有接近一年的出入。

在坎贝尔看来，要么是兰伯西的生产过程已经失控，要么是公司撒了谎自己忘了。"一旦比对过日期，真相就呼之欲出了。"他回忆道。

他的这个发现非常重要，至少对他自己而言。要求对药物做如此频繁的检测，是为了保证能迅速检测出不安全的产品，不让它们在市场上停留太长时间。然而坎贝尔的一众上司似乎对不一致的日期态度冷淡。其中有些人接受了公司的说法，即问题主要是因为"抄写错误"，或单纯是因为未更新数据。但坎贝尔不信这套说辞。他回忆说，这可不单单是"把 0.54 写成了 0.45 那种错误"。兰伯西的数据错得如此离谱，使他"甚至找不到一处有意义的数据"。既然连数据都没有意义，那就无法证明兰伯西的药物是安全有效的了。

道格·坎贝尔的上司是埃德温·里韦拉－马丁内斯，也就是第一个与萨库尔通邮件的美国药监局官员。他站在坎贝尔的这一边，并没有因为兰伯西改正错误的说法而感到放心。他在 2007 年 3 月致信同事说，他相信美国药监局应该继续暂停对帕奥恩塔萨希布工厂新药申请的审批，直到兰伯西"彻底解决美国药监局警告函中的所有问题"。坎贝尔和同事继续审查兰伯西提交的文件，发现每抽出一条线索，每追查一串检测数据，似乎都会牵出更大的隐情，那是监管者不曾料到的新发现。

2007年10月，公司报告说它生产的加巴喷丁——一种治疗癫痫发作的敏感药物，出现了一种名为"化合物A"的杂质突然增多的情况。根据良好生产规范，数据中出现反常的高峰和低谷都属于检验结果偏差。按照要求，公司应该在发现这一现象后的三天内向美国药监局报告，但是这一次，公司却拖了四个月。监管者很快发现，公司的问题不仅仅是晚报了加巴喷丁杂质猛增的情况。过去六年，它始终没有向美国药监局的新泽西地区办公室汇报反常的检测结果。而对于任何一家生产大量产品的警觉的药企，这样的汇报都应该是常态。

公司将这个令人担忧的过失归咎于公司内部一连串小问题。但是当美国药监局的调查员们来到兰伯西的新泽西总部时，他们在这个本该出具报告的地方有了更大的发现：对于600毫克剂量的加巴喷丁药片，其三个月、六个月和九个月的稳定性检测都是公司在四天时间内赶出来的；对于800毫克剂量的药片，则是在同一天检测的。他们之后篡改了检测日期并且存档，从而制造出检测是以恰当的间隔进行的假象。

在美国药监局内部，这条消息成为兰伯西涉嫌欺诈的铁证。坎贝尔在给里韦拉－马丁内斯的电子邮件中写道："正中靶心！！！"里韦拉－马丁内斯立即将这一发现上报："我们挖到金矿了！"并罗列了虚假检测的细节。美国药监局药物评估和研究中心合规办公室的主任德博拉·奥托（Deborah Autor）只回复了一个字："哇。"

忽然之间，兰伯西的那些所谓的过失、反常和遗漏就有了完全不同的面貌。坎贝尔在政府配发的笔记本上潦草地写道：问题有多严重？他们是怎么通过合规检测的？下面一行是：他们可以老实交代或继续说谎。他们还会继续耍我们吗？

最后一行是：他们还值得信任吗？

坎贝尔肌肉结实，以前是一名橄榄球运动员，他在陆军待了八年，其中三年是现役。1998 年，他开始为美国药监局工作，是在弗吉尼亚州的罗阿诺克市的一个常驻职位，视察的对象包括婴儿奶粉配方和一家罗非鱼养殖场。2006 年，坎贝尔被调到国际合规部，这是一个深藏在药物评估和研究中心之内的部门。他的团队每年开展约 100 次海外视察。他本人就曾去尼加拉瓜视察奶酪，去希腊视察过葡萄叶卷。

后来，几乎在一夜之间，美国药监局就迎来了一波全球化的浪潮。需要坎贝尔所在部门视察的项目数量激增。他回忆说，来自国外的申请"全都堆积在我们的办公室"。2002 年至 2009 年，需要美国药监局视察的海外工厂的数量从原来的 500 家左右猛增到了 3000 多家 [2]。正如坎贝尔在一篇综述中所说："和我们有关的职责如爆炸般增长。我们的负担无比沉重，资源却没有真正分配到位。"

随着视察需求的增长，美国药监局也手忙脚乱地开始制定新规以跟上形势。一次，坎贝尔致信一名同事询问局里的出差规定："我们要在季风季节派团队去印度吗？如果连阴凉处温度都在 43℃ 以上，我们还要派团队去吗？"同事回复："过去，我们一般会把出差任务推迟到季风季节之后，但现在由于工作量的增长，我们已经不再遵守这条规定了。"

在一家海外工厂获准生产药物之前，坎贝尔的部门应该开展一次预审视察，以确认这家工厂能够安全有效地生产药物。但是光记住这些工厂的情况，及其相应的代码，都是一项极繁重的任务。那些工厂真的在生产那种药物吗？生产那种药物的工厂，真的是被视察的那几家吗？坎贝尔明白，他和同事们责任重大。当他在审读兰伯西的文件时，这份责任也沉甸甸地压在他的肩上："我们应该让这些药物进入美国吗？还是要将它们拒之门外？”

这年 10 月，也就是何塞·埃尔南德斯视察帕奥恩塔萨希布工厂时，没有发现证据只能疑惑地离开的九个月之后，他收到一封非同寻常的电子邮件。对方是兰伯西的一名员工，化名“桑尼”（Sunny），他说自己 1 月在工厂见过埃尔南德斯，过了这些时间，终于有勇气写下这封电子邮件。桑尼说，埃尔南德斯上当了，和之前去视察的许多美国药监局调查员一样。“我的良心不允许我保持沉默，因为这关系到人民的健康。到现在为止，兰伯西已经掩盖了许多事实。”

桑尼继续写道：“您在这些地点看到的并非真相。要发现真相至少需要一个月的时间。”他描述了公司的顶层高管如何持续向基层员工施压，迫使他们给关键的药物放行，包括异维甲酸（isotretinoin）、加巴喷丁、氟康唑和二甲双胍。这些药物“都有缺陷，但工厂的品质保障部门都让它们通过了”。他说了几个策划阴谋的高管的名字：“多年以来，他们一直在愚弄、欺骗美国药监局。”

桑尼还表示，在埃尔南德斯到达帕奥恩塔萨希布之前，公司已经派出一支 20 人的研发团队到工厂来检查并更改数据。“这次粉饰行为就发生在美国药监局视察之前。”他写道：“兰伯西的所有工厂常常都会这样操作。”他说，公司高管在最高领导层的授意下策划了这些骗局，并胁迫基层员工执行他们的命令。为了证明公司已经给稳定性检测实验室增加人手的说法，在埃尔南德斯视察期间，高管们从工厂各处抽调了人手到那间实验室充数。

当举报人的揭发在美国药监局官员之间流传，这些监管者被兰伯西的表里不一震惊了，部分是因为他们很难弄清公司的骗局到底牵涉多广。美国药监局面对的是一整个体系，其中的数据被狡猾地篡改，使一切显得无懈可击。到这时，虽然已经搜查出一些证据，他们仍以为诈骗只是零散的个人行为。但如果整个公司的经营手法都是一场骗局呢？如果所有员工都已参与其中，他们又该怎样揭穿这个由谎言组成的阴谋？

当美国药监局再次进入兰伯西的工厂，调查员们忽然在各个地方都发现了他们之前忽视的线索：原来工厂使用了未经批准的原料，还暗中篡改了配方，使用了未报备的有效成分，还抄袭了别人公开的数据。他们甚至照抄了品牌药的色谱图，即测量药品杂质的图表，然后谎称是公司自己的。兰伯西现在就像一艘漏水的沉船，已经有至少六位举报人致信美国药监局，各自列举了关于欺诈和不当行为的例子。

桑尼继续发来邮件。埃尔南德斯很快帮他联系上黛比·罗伯逊，她当时领导着美国药监局刑事调查办公室的调查。桑尼向罗伯逊透露，兰伯西在Sotret 出现问题后无法用正当手段解决，只能趁药品还在市场上销售时偷偷修改配方，在蜡基中加入油以改善药物的溶解情况。这些情况完全没有向美国药监局报告，因而构成了严重违规。在没有美国药监局许可的情况下，药企是被严令禁止对已经获批的配方做任何修改的。

另一名举报人也反映了 Sotret 的问题，并敦促美国药监局核查这种药物在 2006 年 12 月前后的配方变化，因为公司正是那时修改配方的。举报人在邮件中向美国药监局药物评估和研究中心的监察专员表示："早在 2005 年和2006 年年初，就有几位科学家想解决这个问题，但公司商务部的员工冷酷地拒绝了他们。他们对诚实的人毫不欣赏。我不知道这对美国用户构成了多大的危害，但是作为生产团队的一员，也作为一名善良的世界公民，我认为必须提请你们注意此事。"

看来，几乎没有什么事是公司做不出来、说不出来的，没有任何借口是他们不敢编造的，他们的声明要多牵强有多牵强，只要能骗到美国药监局批准他们的药物就行。公司不会按要求调查自己的检测结果偏差，只会声称自己的实验室对样本处理不当，从而产生了不利结果。有时，相比于生产药物，兰伯西倒像更擅长制造借口。正如一位美国药监局监管者敦促她的同事时所说的那样，对于兰伯西的"出入、矛盾、错误、疏忽以及不力调查"，都不能只看表面。公司说起谎来是如此明目张胆，以至于黛比·罗伯逊说她从来没遇到过这样的事："我调查毒贩多年，从来没见过有人这样公然藐视法律。他们敢在你面前撒谎。有人告诉我这是文化特色。他们知道自己在说谎，但也知道能逃过惩罚。"

要纠正这种全球性的违法行为，唯一的手段似乎就是全球性的惩罚。美国药监局有一种很少使用的手段，那也是它能做出的最重惩罚：申请诚信政策。自 1991 年制定这条政策以来，美国药监局只针对四家药企施行过。根据申请诚信政策，美国药监局可以停止审批一家公司的所有申请，直到外部审计员（由公司出资聘请）确认其数据合法合规。这项制裁一出，监管者和被监管者之间的形势就会逆转。美国药监局再要禁止兰伯西的产品，就不必费力证明它欺诈了。相反，为了使自家产品获批，兰伯西倒必须证明其产品不存在欺诈。

美国药监局只有在发现犯罪行为或"关于重要事实的不实声明"时，才会实施申请诚信政策，而兰伯西案显然符合这个标准，至少道格·坎贝尔是这么认为的。他已起草一份备忘录，列出了监管者已经记录的各种谎言。他建议药物评估和研究中心对"所有与兰伯西实验室有限公司相关的申请，无论是已经获批还是尚在审核的"，都施以申请诚信政策处罚。换言之，就是对整个公司进行严厉制裁。

然而，随着草案的流传，一个个会议接踵而至，坎贝尔开始对自己的沟通能力产生怀疑。似乎没有哪条信息符合成为证据的要求。谁也不确定申请诚信政策是否应该实施，甚至是否合理。美国药监局的办公室里挤满了律师，他们关心的似乎不是保护公众的健康，而是如何避开公司在法庭上的诘难。美国药监局的律师们为其要求争辩起来：哪里有规定说企业不能把药物存放在没有报备的冰箱里？企业宣称原始数据已经丢失，有任何书面条文规定他们一定要永久保存数据吗？

连美国药监局对自身的定位也似乎模糊起来。其工作是帮助兰伯西遵守规范呢，还是在公司不合规的时候让它关门？震惊于美国药监局内部的迟疑，坎贝尔在笔记本中写道："我们的目标绝不是放过兰伯西！"但实际上，美国药监局又似乎对兰伯西很宽容。国会和公众都迫切地希望找到更多便宜的药物。在政府的总统防艾计划中，兰伯西也扮演着向非洲提供抗艾滋病药物的关键角色。这家公司是不是已经变得太大或太重要，以至于不能让它倒台了？

美国药监局对自身执法任务的困惑并非唯一的问题。坎贝尔后来总结说："还有别的势力在阻挠我们办案。"这些势力是金钱、人脉，还是政坛的影响？他感到越来越疑惑，尤其是在美国药监局的一些印度裔员工登门拜访之后——那些人以前从不来他的办公室，现在却找到种种借口来套近乎。

还有德博拉·奥托这个人。身为领导药物评估和研究中心合规办公室的律师，她在美国药监局的职位比坎贝尔高了好几级，管理着大约4000名员工。在1995年加入联邦政府之前，她曾在一家律师事务所工作三年，她的老东家后来发展成了布克和比尔兹利事务所，也是目前代理兰伯西的律所。因此，她和兰伯西的外聘律师凯特·比尔兹利也很熟。

比尔兹利将奥托当成熟悉案情进展的直接通道，她通过打电话或发电子邮件了解政府的工作进度，而且千方百计地促成对她的客户有利的决策。奥托也应比尔兹利的请求敦促政府推进工作，她把这看作美国药监局的本分：向与本机构尚有未竟事宜的公司所雇的律师做出回应。在美国药监局的合规办公室开始办理兰伯西案之前，奥托离开那家律师事务所已经13年了，但在坎贝尔看来，比起推进美国药监局对兰伯西的调查，有时候奥托似乎更愿意帮助她的前东家。

比尔兹利在2007年3月致信奥托说："德博拉，我给你留了言，但想想还是再给你写封电子邮件比较好。你能否来个电话，我们谈谈兰伯西的事？我们仍在努力解决民事方面的问题，他们也在努力对付刑事方面的问题。"

奥托回复："嘿，凯特。我很高兴打电话给你。但我对你担心的事已有充分了解，不如我这边先跟进，有消息了再打给你，好吗？"

到了 12 月，比尔兹利再次发电子邮件联系奥托，她解释了兰伯西未能完整披露精鼎医药审计结果的原因，并要奥托打电话给她。两小时后，奥托通过电子邮件告诉同事："兰伯西需要考虑提供审计结果对刑事案件的影响。请考虑能否向兰伯西提供道格 2012 年 6 月 7 日的问题列表，以便让他们更好地了解哪些良好生产规范问题仍在困扰我们。"鉴于人脉的重叠和拖延的官僚作风，坎贝尔已经很难分清谁在为美国药监局效力、谁又在阻碍它了。随着案情变得越来越棘手，坎贝尔不愿再向奥托透露信息了。

不过，即使美国药监局的监管者不再拖延，他们仍要面对一个显然没有解决方案的问题：对于几座远在 7000 多英里之外的工厂，要如何验证公司确实如其宣称的那样已经改正了呢？

在一封写给罗伯逊的电子邮件中，举报人桑尼描述了兰伯西如何利用工厂中的隐蔽区域储存并掩盖检测仪器，这些仪器都没有和公司的主机网络连接。他指的是高效液相色谱（HPLC）仪，那是任何优秀的检测实验室中都有的重要设备。这种庞大的仪器就像一摞堆在一起的电脑打印机。将药物样品与溶液混合，注入机器，并压入一个装满颗粒物质的圆筒，仪器就会分离并检测药物的各种成分，包括其中的杂质。在名为"色谱图"的图表上，它会将这些成分显示为一系列色谱峰。

在一间合规的实验室里，高效液相色谱仪应该接入主机的网络系统，使其数据全部显示并保存。但桑尼写道，在最近的一次视察中，公司将几台未获授权的高效液相色谱仪放在两间辅助实验室里："兰伯西辟出这样小小的隐蔽区域，在里面完成这样的操作。"

桑尼估计，美国市场上有大约 30 种产品不合规范，他向罗伯逊建议，美国药监局应对帕奥恩塔萨希布和德瓦斯工厂做突击检查以寻找证据,就像他们在新泽西做的那样。他警告说:"兰伯西内部已经开始私下交流问题产品的细节,不再通过电子邮件或者信函了。"

但因为美国的联邦检察官在印度没有司法权,使美国药监局无法在那里展开搜查。罗伯逊觉得很受挫:"别人都说'你得去印度查查'。"而她只能回答:"我在印度能做什么呢?敲开别人的门让他们和我谈谈?我在印度没有执法权,只能倚仗一套自觉、诚信的体系。"这个案子就像一个大铁球重重地砸向了原本就不堪重负的美国药监局,它揭示了一个事实:美国药监局无法有效地管辖国外制药公司。

2007 年 11 月,就在美国药监局准备视察兰伯西设在德瓦斯的一家无菌注射剂工厂,以考虑是否批准其药物进入美国市场时,桑尼在电子邮件中给罗伯逊发来他到那时为止最重要的线索。美国药监局的规章要求这家工厂达到最高的无菌级别。但是桑尼提醒罗伯逊:"厂里的微生物数据不是真实的,它们被篡改了,显示的细菌数比实际的少。"他补充说,这家工厂还有几次杀菌失误没有上报。他的建议是"在批准这家工厂前一定要谨慎"。

在美国药监局开展视察的一个月之前,桑尼再次致信罗伯逊,提醒她德瓦斯工厂正在掩盖证据:他们正将"所有关于环境监测和杀菌失误的真实数据"从工厂转移到位于 15 英里之外劳克海利的一座仓库里。桑尼表示,工厂内的人员"将会竭尽所能迷惑审计员,他们受的就是这样的训练。质保人员已经接到命令,对那些失误要绝口不提"。

国际合规团队的成员们知道,要想拿到证明微生物检测结果已被篡改的证据,他们就必须直接去劳克海利的仓库进行突击视察。里韦拉–马丁内斯向上面提交了行动申请。但上面给他的答复不是他想要的。在一封标注"机密"的简短的电子邮件中,时任现场调查部副部长的帕特里夏·阿尔科克

（Patricia Alcock）写道："请查收语音邮件，对仓库视察不予考虑。"

阿尔科克在语音邮件中解释，眼下美国药监局的上级机关卫生与公众服务部（Department of Health and Human Services，缩写 HHS）正努力和印度卫生部门建立外交联系，在这个时候上门突击视察会破坏这一努力。双方正在协商拟出一份书面合作声明，若能签署，或许未来就能提高美国药监局监管下的印度产品的品质了。即便是为了达成声明草案，卫生与公众服务部的官员们也不愿意激怒印方。

这让里韦拉－马丁内斯很愤慨。他给阿尔科克回了一封电子邮件，并抄送给同事，质疑了她的说法。他强调了桑尼举报的问题的严重性："如果举报属实，那么在对于合规的态度、品质管理系统以及生产控制状态方面，兰伯西都有严重的问题。"他还提醒阿尔科克：就在一个月前，在向艾奥瓦州共和党参议员查尔斯·格拉斯利（Charles Grassley）汇报加强国外视察的举措时，美国药监局刚刚承诺会不通知就上门视察。在给国会的简报中，美国药监局官员也声明了法律没有预先通知国外工厂的要求。

里韦拉－马丁内斯的办公室认为，对那座仓库突击视察的做法是"合理且必要的"。加上桑尼在另一封电子邮件中提到的公司实时篡改数据的情报，里韦拉－马丁内斯这样向上级写道："附上举报人的另一封电子邮件，供各位参考，邮件中指出兰伯西左右我方视察及调查员的强大能力。很显然，我方应考虑用新颖大胆的视察/调查策略及技巧对付兰伯西，以便更好地发现他们伪造/篡改数据的证据……以上就是我坚持不予通知就视察其仓库的理由。"

里韦拉－马丁内斯的坚持合情合理。但这一次回复他的是监管事务办公室负责合规政策的副理事，此人同样否决了视察仓库的提议。这名副理事解释了美国药监局高层官员的想法："我们都认为，对国外机构突击视察的行动需要各方谨慎思考及规划，以确保调查人员的安全，并将发生不利国际事件的可能性减到最小。鉴于视察团队出发时尚无此类规划，我们认为此行不应安排突击视察。"也就是说，因为担心国际冲突会破坏外交努力，对于可能威胁美国公众健康的国外工厂，美国药监局不会开展彻底全面的调查。患者的需求是最后被考虑的。

于是，调查员们到了德瓦斯才向厂家提出参观劳克海利的那家仓库的要求。次日，他们被带到那里，花了八个小时翻查一个个抽屉和纸箱。阿尔科克告诉里韦拉－马丁内斯，他们"没有找到任何有关的或者举报人描述的东西"。但后来举报人桑尼告诉罗伯逊："就在视察前不久，已经有内部人士提醒劳克海利仓库将不明材料转移了。"

不过，对这个本该无菌的场所来说，还有一个更令人吃惊的问题是公司无法隐瞒的。就像阿尔科克向她的同事传达的那样："这座仓库……被几个养猪场围绕。调查员还发现，仓库内缺乏指导工作人员进入无菌区域前洗手/洗脚的规章和流程（许多工人穿着凉鞋……在工厂中/附近还有许多头猪）。"

美国药监局最终没有批准这处无菌工厂。[3] 虽然监管者们仍在批准兰伯西的其他申请，但这种宽容的态度已经越来越难以维持了。到 2007 年年底，德博拉·奥托得知有另一个联邦部门——美国国际开发署正考虑不再让兰伯西向非洲提供低成本药物。奥托非但没有为这个强势的举措叫好，反而担心这种对公司的明确斥责会使美国药监局的监管者们难堪。她提醒上级，这会"令外界质疑为什么美国药监局还没有关闭兰伯西"。她建议通过会面或电话来讨论这个问题。其中一个被抄送邮件的人告诫同事："这些情报不要告诉别人。"

2007 年 12 月 12 日，国际开发署给兰伯西发了一封措辞严厉的信函。[4] 信中谴责公司没有及时向美国药监局汇报负面的检测结果。信中说："一家公司履行美国政府资助的分包合同，却如此公然违背商业诚信与诚实原则，这一点让我非常担忧。"信末的署名人是采购及援助办公室的代理主任，他表示国际开发署正在考虑让兰伯西暂停参加这一项目或禁止其参加。相比之下，美国药监局似乎对沿用旧做法没有那么不放心。"那些监管者很乐意将事情一再拖延下去。"坎贝尔回忆道。

2008 年年初，兰伯西申请在喜马偕尔邦新建一家名叫巴塔曼迪的工厂。它提出要在那里生产敏感药物，包括一种用于防止器官移植病人产生排异的免疫抑制剂他克莫司（tacrolimus）。这次申请立刻引起了坎贝尔和同事的怀疑。巴塔曼迪工厂离帕奥恩塔萨希布工厂很近，完全可能是后者的一部分。兰伯西是否要将帕奥恩塔萨希布工厂的一部分分离出去另建新厂，以此逃避美国药监局对那里的禁令？

按照惯例，美国药监局下令对巴塔曼迪工厂能否生产他克莫司开展预审视察。但是这次任务绝对不同往常。上面抽调了何塞·埃尔南德斯前往。3 月初，他来到巴塔曼迪，带上了他所谓的"开阔思维"以及不再被愚弄的决心。像往常一样，埃尔南德斯从外面开始，仔细查看场地。站在这座新工厂的外围 [5]，他可以看见大约 2.5 英里之外的帕奥恩塔萨希布工厂。他还注意到了一圈 8 英尺高的围栏，几乎将巴塔曼迪工厂完全围在里面。工厂只有一个入口，由足够的岗哨把守。这些守卫都曾担任军警，他们自豪地确认自己将所有进出大门的员工和访客都登记下来了。谁也不能从他们身边溜过去。

这正好符合埃尔南德斯的需求。通过查看大门口的岗哨记录，他得知在生产他克莫司的关键批次的那段时间，那几个自称在现场监督的主管其实并不在工厂。他们没有在大门口的安保日志上登记。批次记录上的日期、时间和签名全是伪造的，都是事后填写的。一天晚上在酒店里，趁着兰伯西派来陪他视察的高管们也住在那里，埃尔南德斯把其中一个堵到角落里说："当天主教徒做了坏事时，他们会到神父那里忏悔。借这个机会，你就把我当作神父，告诉我是谁参与捏造了这些欺诈数据。"

对方并没有当场承认。不过到视察结束时，在工厂的收工会议上，几个经理基本上承认了公司想尽快让巴塔曼迪工厂开工，以规避美国药监局对帕奥恩塔萨希布工厂的限令。

埃尔南德斯告诉兰伯西的几名高管，他打算建议上级不要批准这家新厂。兰伯西负责全球生产的高级副总裁也在现场陪同视察，他把埃尔南德斯拉到一边。埃尔南德斯在记录中写道，这位副总裁变得"焦躁而急切"[6]。他承认新厂的建设太赶进度，犯了一些错误。他还一遍遍地保证，只要是埃尔南德斯指出的地方，他们都可以改正，但是请他不要在报告中使用"伪造"两字。

美国药监局拒绝将巴塔曼迪认证为一家独立的工厂，兰伯西也撤回了生产他克莫司的申请[7]。在一场全球性的打地鼠游戏中，这是新的一轮。每次美国药监局在兰伯西内部发现欺诈行为，它都会小范围实施监管限令，而欺诈行为又会在别的地方再冒出来。美国药监局还没有下手禁止兰伯西的整个业务。但是这场游戏就要发生变化了。

第十六章　钻石和红宝石

2007 年 10 月
印度新德里

马尔文德·辛格的 2007 年开局不顺。和他那位富有远见、创建体制并留下精神遗产的父亲不同，马尔文德认为自己的主要任务是为股东创造价值。正如他对印度的商务媒体所说："我骨子里是一个企业家 [1]，而创造价值是任何一个忠诚企业家的最终目标。"

然而持续创造价值并没有表面看起来的那么简单。2006 年接管公司后，这位年轻的 CEO 迅速按他在 MBA 项目中学到的策略行动起来——他要积极寻求并购和结盟。他虽然成功地引起了热议，但按照《亚洲货币》（*AsiaMoney*）杂志的说法，兰伯西的净利润却在"下滑" [2]。兰伯西不得不放弃收购德国最大的仿制药公司。还有就是美国药监局。在他看来，这些美国监管者真是一群讨厌鬼，他们对他的改革承诺无动于衷，也不理会公司挽回脸面的姿态。

在马尔文德的祖国印度，几乎任何问题都可以被打发掉，要么通过策略性地出一笔钱，要么就动用武力威胁。五个月前，马尔文德的弟弟施文德刚刚阻挠了一位著名的心脏外科医生回到辛格家族的一家新德里医院工作，因为那位医生反对他的一场交易。那位医生去上班时，遇到了近 100 名警察 [3] 和整整一个营的快速反应部队，他们配备了催泪弹和一部水罐车，都是用来镇压暴乱的。

但是在美国，他召集不到治安部队，美国药监局也拒绝让步。作为兰伯西最大的股东，辛格兄弟发现这些问题已经开始影响公司的净利润了。正当马尔文德忧虑时，公司在纽约的一名顾问发来一条有趣的消息，极大地吸引了他的注意。有一个名叫采孟（Tsutomu Une）的人，他来自日本药企第一三共，想和兰伯西洽谈一项战略合作。马尔文德感觉机会来了。

在距新德里 4000 英里的东京，采孟博士正在全世界寻找新的收入来源。第一三共是日本的第二大制药企业，而采孟是负责全球企业战略的高级执行官，他希望能打入遥远的市场，去那些公司从未涉足过的地方，比如印度和东欧。为此，他需要一家能大量生产低成本药物的合作商。他不断将目光投向兰伯西。

时年 60 岁的采孟是一位微生物学家，通过医学创新一路升迁。他先在第一制药公司干了 30 多年，并于 2005 年公司与三共公司合并后继续高升。采孟为人谦和庄重，对自己的职业生涯做了细致的记录。

在世界各国中，日本是一个特别热爱品牌的社会，对仿制品极不信任。整个国家都很注重品质和卫生。日本的制药业曾因品质低劣遭人耻笑，但今天它已经成为品质管理的领先者，享誉全球。在日本，就连药片都得做成白色，不然患者就会觉得可疑。虽然采孟正是在这股严谨的社会氛围中成长起来的，但他注意到日本制药业的孤立本质，也明白对高成本研究的专注拖慢了企业的成长。

从这个角度来看，兰伯西这家在 11 个国家设有工厂、在 125 个国家销售产品的公司 [4]，是一个诱人的选择。它在美国有大量首先提交的药物申请等待审批，其中包括立普妥的仿制版，一旦投产，那将是史上最赚钱的仿制药。第一三共希望拥有一批低成本药品，以便在重磅新药投入市场之前创造稳定的现金流。要达到这个目的，兰伯西或许是一位理想的盟友。如果能快速完成收购，就能在下个季度的股东会议之前，撑起第一三共疲软的股价了。

在日本公司的董事会上，决策往往需要一致意见的驱动，因此采孟需要说服所有同事。不过就像第一三共的董事长庄田隆（Takashi Shoda）对同事所说的那样："印度将成为日本药企走向世界的一张王牌。"[5] 这个想法正在酝酿之中。

采孟对文化影响感受十分敏锐，他知道这件事会很微妙。兰伯西不是印度的一家普通公司，而是一座文化机构。它为著名的辛格家族所建立，已经连续传承了三代。目前掌控它的仍是辛格家族的一名子弟，他在美国接受过 MBA 教育，年龄几乎只有他自己的一半。然而采孟也非等闲之辈，他在第一三共内部有着崇高的声望，他的见识受人尊敬，其商业头脑也有目共睹。于是 2007 年 10 月初，他跨出第一步，在纽约联系了兰伯西的一名外部顾问。

首次交谈之后不到三周，采孟和马尔文德见面了。采孟的一头银发向后整齐地梳着，说着一口口音浓重的英语。马尔文德讲起话来措辞讲究，穿着定制套装，优雅的头巾配一条相称的手帕，流露出镇定自若的风度。两人的协商进展迅速，当即定下在新德里继续会谈的安排。采孟和马尔文德的会谈都是秘密进行的，在内部报告和通信中，都用"钻石"指代第一三共，用"红宝石"指代兰伯西。他们还一同为将来的会谈编了一个幌子：如果有媒体问起，就说双方在讨论一项委托制造协议。这种协议在商界比比皆是，不会吸引商业媒体追究。

采孟与马尔文德初次接触后，经过四个多月，他们的对话已经远远超出战略合作的范畴，上升到了关于买断的谈判。日本微生物学家和年轻的印度亿万富翁在股价和条款上讨价还价。不过采孟对笼罩在兰伯西头顶的那朵监管阴云仍感担忧。在往来的电子邮件中，受到律师指点的采孟不断向兰伯西施压，要求它把通常会有的保证、陈述和赔偿条款讲清楚，这样如果兰伯西的财务状况不像马尔文德许诺的那样健康，第一三共就可以起诉它违约了。但马尔文德始终对他的要求不给予正面回应。最后，采孟在一个电话里告诉他："您始终用'不必担心'回答我方的提问，我的同事们都对此感到沮丧。"在当天的第二个电话中，马尔文德用他动听而平稳的声音安慰这位科学家："红宝石没有什么恐惧的，也没有犯错误。"

但是采孟的疑问并未消除。众所周知，联邦调查员2月突击检查了兰伯西的美国总部，并向它在帕奥恩塔萨希布和德瓦斯的两家主要工厂发出了警告函。但谁也不知道这次调查结果究竟有多严重，公司的潜在病灶又有多深。马尔文德曾在电话里问采孟："您到底在担心什么呢？"

对于强大的美国司法部的检察官和世界上最严的美国药监局监管者到底在查什么，采孟只能猜测。确认细节则是他的顾问的工作。不出一个月，马尔文德和采孟在德里秘密会面，这一次两人带上了各自的律师和一小撮顶层高管。采孟声明，美国对兰伯西的各种调查的结果，将会决定第一三共是否继续谈判。马尔文德听了不动声色，并许诺会提供协助并在谈判中保持坦诚。他同意召开一次尽责调查会议，会上将向第一三共披露所有和调查相关的文件。

年轻的CEO对采孟表现出一副开诚布公的样子，向他解释了这些调查的真正幕后推手：辉瑞制药在报复兰伯西，他们因为输了立普妥专利诉讼，所以耍手段让美国药监局派出调查人员。采孟思索着这个说法，此时一众高级顾问，包括兰伯西的知识产权律师杰伊·德希穆克却板着脸，一言不发。

虽然马尔文德愉快地保证了兰伯西"没有什么恐惧的，也没有犯错误"，但这家公司根本上仍是一个火药桶。马尔文德很清楚，公司的阴暗秘密已经被记录在公司内部称为《报告》的重磅文件中，也就是拉金德尔·库马尔向董事会展示的那个爆炸性的演示文稿。

如果当初销毁这份文件，马尔文德就不会落到今天这样尴尬的境地了。但他相信文件已经到美国政府手里了，并且会被检察官与监管者盯上。兰伯西的几个外部律师已经向他挑明，如果公司不纠正《报告》中描述的错误，美国政府的麻烦是逃不掉的。虽然《报告》没有提及供应到美国的药物所使用的数据是否真实，但美国政府的检察官们自然会认为，公司的这么多药都是骗人的，那绝不能信任其中的任何一种。

马尔文德与美国药监局的那场灾难性的会面几周之后，多年来帮助兰伯西与美国药监局周旋的律师凯特·比尔兹利登上一架飞往新德里的飞机。她是专门去和马尔文德讨论《报告》的。她告诉他，除非公司处理了《报告》中的问题，否则美国药监局会继续来找麻烦。前面的路只有一条：将所有被标记为"虚假数据"的药物和申请撤回，然后重新检测、重新申请，这也是库马尔在两年前那次倒霉的董事会议上提出的建议。比尔兹利告诉马尔文德，眼下局面很糟，需要在全球展开补救。

如果说公司本来对政府是否掌握了《报告》还留有一丝怀疑，那么2007年2月在新泽西的那次搜查已经彻底解开了他们的疑虑。兰伯西的律师获悉，美国药监局调查员从艾卜哈·潘特的办公室拖来的文件中就有《报告》。一个月后，在伦敦希思罗机场附近的一场会议中，比尔兹利再次提起这份文件，这一次的对象是德希穆克和公司的前 CEO 布赖恩·坦皮斯特，后者仍在担任公司顾问。与会的还有一位新来的外部律师克里斯托弗·米德（Christopher Mead），他是伦敦和米德事务所的合伙人，公司请他来是为了对付美国司法部日益频繁的调查。米德做过检察官，经验丰富，他一下子就明白了《报告》的意义。他知道，很可能就是这份由公司高管制作的承认诈骗的文件引发美国司法部开展调查的，它未来还可能使公司的各位高管受到起诉。这引起了众高管极大的恐慌，乃至在一通电话中，德希穆克警告坦皮斯特不要去美国，因为在那里他可能被捕。

2007 年 6 月，米德坐在马尔文德对面，告诉他自己收到了美国司法部的两封信函，要求他提供和《报告》有关的文件。米德的语气十分强烈。他说，《报告》的内容极其严重，反映了极其浓厚的腐败文化，公司必须正面回应它所引发的担忧。如果不这么做，美国政府不可能就此放手。

但这时兰伯西与第一三共离达成协议越来越近，说起《报告》，马尔文德担心的是另一件事：《报告》招来了监管者和检察官，这几乎肯定会引起日本人的反感，并危害到公司与第一三共的协议。他得想个办法让那些文件凭空消失。他让几个信得过的副手编造了 2004 年那场董事会议的纪要，其中并没有提及库马尔的《报告》。

马尔文德还对采孟软磨硬泡，使他不再坚持合同担保的事。他争辩说印度的合同与别处不同，由此使采孟接受了单一的陈述和保证，相信投资兰伯西如马尔文德描述的那样安全。这个担保将来自兰伯西公司，而不是马尔文德本人。不过采孟的顾问也警告他说，如果不对兰伯西被美国政府调查一事做尽责调查，就不要收购这家公司。他打算听从这个建议。

总的来说，采孟的策略就像第一三共的一名律师当时对一名顾问总结的那样："如果我们在即将到来的谈判中展示最大的努力、诚意和理性，那么对方也会向我们展示他们的努力、诚意和理性。"那名顾问回复说："我们对红宝石太过信任了，他们完全利用了我们的轻信。"杰伊·德希穆克后来指出，两国的文化就像"油和水"。他说，印度人靠"勇往直前"在商场上取胜，"伦理是次要的"。和他们相比，日本人就显得"太过轻信，像婴儿走进了森林"。

在兰伯西内部，马尔文德让德希穆克领导尽责调查事宜。当他们在筹备和第一三共的一次重要会议时，马尔文德对他下达了明确指示：不要提到《报告》及任何相关的事情。德希穆克有些犹豫，但最终还是表明他会遵从命令。他还建议几个外部律师，在任何情况下都不要对第一三共提《报告》的事。兰伯西的其他高管也得到指示，不要和第一三共的高管交谈，要沟通只能通过马尔文德的行政助理。后来，马尔文德却否认自己对第一三共歪曲或隐瞒了信息，并表示兰伯西的所有信息都是公开的 [6]。

虽然艾卜哈·潘特原本计划在即将召开的会议上谈论美国药监局的警告函，但马尔文德的私人律师建议她不要提及《报告》。这样的信息封锁能够成功，部分是因为马尔文德在自己周围安插了一群心腹，他们和他的家族及那个密切参与他家族事务的灵修组织都有联系。马尔文德最初和采孟打的那几个电话，他们几乎都旁听了。

2008 年 5 月 26 日，在双方顶层高管和律师的陪同下，马尔文德、德希穆克和采孟在新德里会面。为确保德希穆克信守承诺，公司给了他一份马尔文德签发的脚本，要他全程参照行事。其中没有提到《报告》或者政府调查和它的关系。这份脚本把德希穆克蒙在鼓里。他只能告诉第一三共，美国药监局和司法部的调查只是例行公事，针对的也是其他不相干的事情，并且兰伯西面临的指控不可能造成重大损失。

根据约定，兰伯西开了一间数据室，供第一三共的律师们审阅文件，其中就包括和美国检察官的往来信函。但是，提到《报告》的文件都已经从这一沓沓材料中被移除。美国司法部的两封询问《报告》相关文件的信件也被移除了。

几周后，在马尔文德参加的一次伦敦高管会议上，德希穆克得知日本人将成为兰伯西的大股东，当下如被雷击。直到那时，他都以为两家公司谈的是一份委托制造协议，而非买断协议。原来他一直被蒙在鼓里。德希穆克得知这是收购谈判后，马上意识到隐瞒信息不仅不正当，而且还是欺诈行为。

散会后，德希穆克找到凯特·比尔兹利，向她咨询自己故意向第一三共隐瞒信息要担什么责任。他心乱如麻，对比尔兹利说他正在经历一场"良心的危机"。比尔兹利说她不能亲自向德希穆克提供咨询，因为她是兰伯西的律师。不过她也觉得马尔文德下令隐瞒《报告》的事情太过严重，于是咨询了自己的合伙人能否继续为兰伯西代理。他们的结论是：如果第一三共联系他们询问政府调查的事，他们绝不能撒谎，只能辞职。

但第一三共始终没有联系他们。不出几周时间，这家日本公司就签署了协议，成为兰伯西的大股东，马尔文德将留任 CEO，任期五年。在 2008 年 6 月的一次新闻发布会上，马尔文德宣布了这个消息，震惊了印度商界：他和弟弟施文德已经同意将二人手上 34% 的兰伯西股份出售给日本人，要价是惊人的 20 亿美元。之后日方还将继续购入股份，达到比 50% 略多的控股比例。

马尔文德称这次出售股份是一个"令人伤感的决定"[7]，但这也会增加两家公司的价值，并使兰伯西偿清债务。谈起他已不再是股东一事，他说："公司的愿景、梦想和志向照旧，一样都不会改变。"他面对的是激烈的批评，外界批评他把兰伯西卖给日本人，背叛了印度企业家的尊严。"兰伯西是战无不胜的印度英雄，它应该站立到最后一刻，而不是第一个屈服。"兰伯西的一名前任高管这样对《经济时报》说。

但马尔文德屈服的时间恰到好处。

仅仅过了一个月，2008 年 7 月 3 日，马里兰州联邦检察官办公室就向州地方法院提交了一份爆炸性动议 [8]，使美国药监局的官员和兰伯西的高管都大吃一惊。这份公开的动议要求法庭强制兰伯西交出精鼎医药的审计报告，而法庭在七个月前已经就此事开出传票。从一个方面看，这项动议只是例行公事。但其所用的语言却犹如一记重拳。动议中描述了"该公司系统性的欺诈行为"，并指出公司仍在违反法规，"始终以欺诈或误导为目的，在国与国的商贸中引入掺假和冒牌产品"。

在美国药监局内部，原本沮丧的官员们一片欢腾。尽管他们自己的单位还没有采取行动，但检察官们已经先出手了。埃德温·里韦拉－马丁内斯在电子邮件中对他的团队成员说："我已经很久没有收到这么好的消息了！我们等待了这么久，在这个案子上投入了这么多时间和精力……现在终于能看到成果了。"这位向来低调的官员最后写道："请大家享受剩余的周末时光吧，如果你们还能保持冷静的话。"

这项动议引发了公共卫生专家、国会调查员和国外监管者暴风般的质询，他们立刻开始重新评估各自对兰伯西的调查。就连兰伯西自家的顾问也迷糊了：既然美国药监局对弥漫于一家公司上下的腐败风气已如此了然于心，那为什么还要批准这家公司的一个个产品以及一家家生产工厂呢？

药物评估和研究中心合规办公室主任德博拉·奥托转发了一篇博客文章，作者是一位曾在美国药监局工作 38 年的老员工，文章标题是《美国药监局是时候封杀所有兰伯西产品了》。文中写道："我觉得，除非兰伯西能向美国药监局证明这些记录上的问题不是公司的一种风气，否则美国药监局应该直接通知兰伯西：他们获准进入美国的所有产品，无论实际上是在哪家工厂生产的，都将不准再进入。"这也是美国药监局的合规官员道格·坎贝尔一直以来的提议。文章最后写道："从此，美国药监局会将美国消费者视为值得保护的'顾客'，而不是一味地继续只保护商家。"奥托在电子邮件中附上了一句简短的话，并设成了粗体："如要继续讨论，应见面详谈，不能发送电子邮件。"

最终引发美国药监局行动的，既不是公共卫生的风险，也不是公司的持续阻挠。在检察官们提交动议的两周之后，一封标题为"提防××"的电子邮件被发送到几个美国药监局高级官员的邮箱。发件人是首席律师办公室的一位律师，邮件写道："我刚刚得知，国会可能很快会大力调查，既然兰伯西在印度生产的药物被指控是在欺诈条件下生产的，为什么美国药监局没有积极阻拦这些药物的进口？"

美国药监局可能会受到国会的质询，这在其内部拉响了警报。当道格·坎贝尔的手机响起时，他正在波兰视察一家制药厂。来电的是德博拉·奥托。之前她从来没有直接联系过他。现在她一心想保护美国药监局，因此想知道："我们会对兰伯西采取什么行动？"坎贝尔对她说了实话："我们没有行动。"但三天后，坎贝尔在一名官员发来的电子邮件中接到了新的进军令："准备行动。现在你的首要目标是兰伯西了。"

似乎是为了应对国会的质询，一份关于美国药监局在兰伯西问题上采取了哪些措施的内部小结在高级官员中流传开来。它淡化了帕奥恩塔萨希布工厂的发现，表示那并不足以构成限制该工厂的产品进入美国的理由。小结表示美国药监局拒绝过兰伯西的一些申请，但没有提到自 2005 年萨库尔首次举报诈骗之后，它又批准了 27 项申请[9]。小结还表示五次视察"并未发现证据能支持举报人关于生物等效性检测的说法"，这么说最少也是在掩盖真相。

小结最后说道，下一步如何行动很难判断。它在药物评估和研究中心内部也引发了科学上的争议。这像是在说美国药监局一直在积极处理案件，好为行动做准备，而不是在消极地拖延时间。而实际上，面对被国会监督的可能，美国药监局也确实准备行动了，只是一如既往地行动迟缓。

第十七章 "你怎么就不明白"

2008 年 7 月
印度新德里

就在马里兰州联邦检察官办公室提交动议、指控兰伯西"系统性的欺诈行为"[1] 时,马尔文德也遭遇了职业生涯中最严重的危机。兰伯西的诚信面临质疑,公司股价下跌。与第一三共的交易尚未完成,马尔文德就得想办法挽救这次合作。

在与记者的一次谨慎的电话交谈中 [2],他公开指控有人在搞阴谋,就像他之前告诉采孟的那样。"有人想混淆视听,他们显然是想把我们的股价做低,好低价将我们买进。"他这样对投资者说,"一家跨国公司正伙同一家印度巨头做低我们的股价。"他虽然这样宣称,但并没有提供任何证据。马尔文德表示,第一三共"在开展尽责调查的时候就知道这些事情了。我们的合约不会改变,其中也没有退出条款"。

在兰伯西内部,高管们正聚集在一起商讨对策。他们在马尔文德的办公室参加了一次会议,他们的日程上都将它标记为"非常重要"。会上的第一个议程:"自我评估"。除了那份《报告》,几乎任何事情都可以蒙混过去,但是只要《报告》一出,马尔文德的种种说辞就都会成为谎言。

危机感一天天地增长,公司请来帮助管理危机的外部律师事务所方阵也在扩大。2008 年 7 月底,公司律师杰伊·德希穆克和外部律师克里斯托弗·米德一起出差到兰伯西总部开会，与会者包括马尔文德及其他公司高管，还有另两名外部律师：长期担任公司美国药监局律师的比尔兹利，以及来自维纳布尔事务所的雷蒙·谢泼德（Raymond Shepherd）。谢泼德被请来应对一个新问题：美国国会的审查。他们必须制定一条策略，以应对一波接一波的问题。在前往会场的汽车上，德希穆克向米德坦白了一件事：因为马尔文德的阻挠，第一三共对《报告》并不知情。米德听了暴怒。

　　会上，《报告》再次成为对话的焦点。米德满怀怒火地意识到，公司对《报告》中指出的问题毫无作为。他从潘特起草的一份报告中得知，公司仍在出口 60 多种根据虚假数据被批准的产品。他沮丧极了，一拳砸在会议桌上，冲马尔文德咆哮："你怎么就不明白呢！"他坚持要兰伯西立即停止出口这些产品，比尔兹利也附议。米德表示，在公司完全解决《报告》中的问题之前，美国政府是不会罢休的。马尔文德表面上默许，同意从全球市场召回问题产品。另外，米德和德希穆克都催促他向第一三共坦白《报告》的事情。马尔文德只回答："日本人那边我会应付的。"

　　在兰伯西的高管中间，这次会议后来被称作"你怎么就不明白会议"。会后，马尔文德确实采取了明确的行动：他解雇了米德的事务所，换了一家来应付美国司法部。

　　正当兰伯西的高管和自家的律师争执不下时，美国药监局的官员们准备行动了。2008 年 9 月 16 日，在检察官们提交动议的两个月之后，美国药监局宣布将停止从兰伯西的两家工厂——德瓦斯和帕奥恩塔萨希布进口 30 多种药物。它还公开了写给两家工厂的警告函。药物评估和研究中心主任珍妮特·伍德科克（Janet Woodcock）博士在一次新闻发布会上表示 [3]："我们想通过这次行动发出一个明确的信号：供美国消费者使用的药物必须符合我们的安全性及品质标准。"

就在合规部门员工暂停工作为此庆祝时，美国药监局的官员们又召开了一场媒体吹风会，表明他们会对兰伯西采取强硬立场。他们要禁止从兰伯西的两家工厂进口药物。不过他们并没有要求兰伯西从美国的药房召回这些药物。德博拉·奥托将这次针对兰伯西的行动描述成"前瞻性的"，她告诉记者[4]："美国药监局没有理由认为这两家工厂生产的已进入美国的药物会造成安全问题。"她声明美国药监局的检测显示这些药物是合乎规范的，并补充说："美国药监局并没有证据表明兰伯西的这些产品是有问题的，只是所发现的生产过程和质量控制的问题可能影响产品，因此才采取了这些前瞻性的措施。"

奥托是代表美国药监局说这番话的。正如她后来所说的那样，她的声明"只是重申了美国药监局的官方立场，和往常一样，那也是组织上下的许多人在经过漫长的内部审议之后的结果"。不过她的声明仍在组织内部激起了愤怒。负责刑事调查与合规审查的员工开会讨论了声明的准确性和影响。美国药监局已经知道兰伯西的两种药物——Sotret 和加巴喷丁，没有通过品质检测，并可能对患者造成危险。如果这两种药物没有缺陷，那它们的问题又是什么呢？美国药监局又有哪些制裁手段？[5] 坎贝尔也觉得茫然。"她的声明里显然有一个指导思想，就是避免制造恐慌。这就是律师的想法。"他说，"律师的良心和我们普通人是不一样的。"

这番声明为兰伯西送去一条救生艇，也使美国药监局调查员的工作艰难了许多。未来几年，兰伯西将会引用这番声明来抵挡美国药监局的调查。但是在短期内，美国药监局宣布的进口禁令和警告函毕竟引发了公司内部的一场危机，并且蔓延到了三个大洲。

在美国药监局发出强硬声明的一天之后，马尔文德·辛格依然在一场电话会议中向采孟坚称公司没有做错任何事，他告诉采孟，事情的发展令他"感到震惊"。他宣称公司向来全力配合，之前也"没有迹象或预兆"表明美国药监局对公司的努力不满。

神奇的是，尽管有种种警示信号，两家公司的交易仍照常进行。兰伯西同意向美国司法部提交其咨询公司精鼎医药制作的审计报告的完整版，美国政府也撤回了其执行传票的动议。采孟依然对马尔文德表现出信任，他在日记中写道："马尔文德先生在每一件事上都真诚回应了我们的要求，并做了相应的准备。事情的进展开始顺利了。"他甚至提醒自己要注意文化差异，不要怀有负面的想法。他在一篇日记中写道："马尔文德先生对我们和美国药监局有关的要求回应缓慢。我知道现在正是印度最大的节庆……得耐心啊！"

2008 年 11 月 7 日，第一三共和兰伯西完成交易。一个月后，这家日本公司以多数股份控制了兰伯西的董事会。只一眨眼的工夫，马尔文德和他弟弟的个人资产就增加了 20 亿美元，马尔文德也成为日本人的员工。这是一个奇怪的安排，充满风险。不过兰伯西的律师杰伊·德希穆克却从中看到了新希望：既然兰伯西已经同意与美国司法部合作，并交出精鼎医药的审计报告，那么或许公司很快就会与美国的检察官们达成协议，使隐瞒《报告》的事变得无关紧要。那样，他也就不必因为对采孟说谎而内疚了。这一切都会过去。同时，德希穆克也感觉自己来到了一个奇异的新世界。和日本人交流时不必大呼小叫，没有强制性决议，他发现日本人一定要取得共识才会行动。常常是 10 个人开电话会议，结果却没有办成什么。

虽然兰伯西突然遇到了困难，采孟仍然很高兴。交易是他促成的，他也对此进行了详细记录。"辛格先生适应得很好。"他在日记中写道。但是当他为了兰伯西的每月例会而做研究时，他也发现关于如何解决公司与美国药监局矛盾的讨论"还只触及了皮毛"。2009 年 2 月 19 日，采孟到新德里和马尔文德会面。他要去厘清一系列事务，包括如何平衡马尔文德的自主权和第一三共的管理以及弄清兰伯西与美国药监局矛盾的始末。有什么地方不大对劲，但他也说不上来。

2 月 25 日，他在返回东京之后得到一条消息，遭到了重重的一击。美国药监局宣布将对兰伯西实施最严厉的处罚 [6]：申请诚信政策。申请诚信政策是药物监管者给药企打上的耻辱烙印。只有当美国药监局认为一家企业的申请充满欺诈或极不可靠时，才会实施这项政策。之后再要获得批准，企业就必须证明自家的产品没有欺诈。申请诚信政策覆盖了兰伯西在帕奥恩塔萨希布为美国市场生产的所有产品。这一行动使人充分认识到了问题的深度和广度。股市随之做出反应。兰伯西的股价掉了 18%，连带第一三共的股价也跌了 9%。"一场危机！"采孟在日记中写道。但即便到了这个时候，充满绅士气度的他依然没有猜忌他最著名的员工，换成其他高管早就那样做了。他反而写道："这虽然是马尔文德先生的管理问题，但现在应该先鼓励他，批评就留到以后吧。"兰伯西和第一三共都召集了危机应对小组。不出三天，采孟就乘飞机前往新德里。在那里，他不断试着理解为什么美国药监局要对公司下此重手。

因为马尔文德继续装聋作哑，采孟只能猜谜了：如果像马尔文德宣称的那样，兰伯西做的每一件事都是对的，那为什么美国药监局会认为整个公司都不诚信？采孟能做的只有分析眼前的一条条线索。他是一位细心的观察者，在日记中记录了和马尔文德及其副手的每次会议："我发现他们也不明白美国药监局实施申请诚信政策的原因。他们没有意识到，美国药监局怀疑的是公司的整个体系，虽然它已经部分修复了。马尔文德先生是最后才来参加会议的。这时与会者的语气变了。他们很怕他。"

在兰伯西内部，申请诚信政策使紧张的氛围沸腾了。杰伊·德希穆克已经无计可施。他也在上级的直接命令之下参与了骗局。第一三共要负责处理美国药监局和司法部提出的问题，便完全有权知道这些问题的由来。时间一天天过去，对于《报告》的持续隐瞒和针对采孟的骗局也越来越站不住脚了。

虽然德希穆克名义上负责清理欺诈性申请文件的痕迹，但是在每一个节点，他都受到了公司内马尔文德拥护者的阻挠。在会议上，德希穆克开始公然表达他的沮丧，有几次甚至威胁要把《报告》告诉第一三共，其他人也有此意，只是不愿大声说出来。

德希穆克和马尔文德的分歧日益严重，终于在 2009 年 3 月初公开爆发了。"我们认为你的行事方法不对。"在印度举行的一次运营会议上，德希穆克对马尔文德说道，当时有十几个人在场。

"你不能这么说。"马尔文德打断了他，"'我们'是谁？'你'又是谁？"

"'我们'是律师。"德希穆克说。

"杰伊，我对你很不满。"马尔文德答道，"你现在分出'我们'和'你'、'我们'和'他们'来了？你不是我们的一分子了？"

"随便你怎么理解。"德希穆克反驳道，"我就是想解决问题，你却在捣乱。我和合规律师坚持的事，你的人就是不愿意做。"

这次冲突后不久，马尔文德给德希穆克打了电话，后者当时已经返回美国，马尔文德告诉他："我要你待在印度。"他命令德希穆克乘下一班飞机回去。不到 72 个小时之后，马尔文德就瞪着办公桌对面的德希穆克，并给了他三个选择：一是自愿离开，双方洽谈补偿条件；二是调到印度工作，只处理知识产权业务，别无其他；三是被公司开除，按最差的条件得到补偿。德希穆克要求给他一天时间考虑。

当天夜里，德希穆克和几个他信任的同事出去喝酒诉苦。他抱怨公司的堕落全是因为马尔文德，说他害了公司的 12 000 名员工和他们的家属。"地球上有一种人恶劣至极，这样的人数量不多，而这个男人就是其中之一。"他说。他还威胁要把《报告》的事告诉第一三共。

苦闷之中，他说了太多。第二天，马尔文德把德希穆克拉进他的办公室。他的身边坐着人力资源部部长。两人很快撕破了脸皮。"我听到你说了什么。"马尔文德说，意思是这位律师昨晚喝酒时说的话已经传到他耳朵里。马尔文德接着要人力资源部部长离开。他告诉德希穆克，如果他把《报告》透露给第一三共，自己就会亲自对付他。"我知道你住在哪里。"他说。

德希穆克不愿屈服。"你当然知道我住在哪里，你这个白痴，你去过我家。"他接着说道，"你干吗不把那个搞人事的叫进来，让他也听听你的威胁？"他还表示，如果马尔文德试图在美国伤害他，"你会吃不了兜着走"。他又补充道："我可以肯定地说，我在湿婆神军党（Shiv Sena）的熟人是不会罢休的。"德希穆克的一个远方表亲是湿婆神军党的创立者之一，那是一个可怕的右翼印度教民族主义政党，常涉足政治暴力。

"你玩弄女人。"马尔文德反击道，"你的事情我都有记录。"

两人继续互相谩骂。"要是你父亲还活着，他一定会感到羞耻。"德希穆克说道。

这是这位律师在兰伯西的最后一天。这天，马尔文德强迫他辞职。他后来在反思兰伯西的行为时说："说老实话，他们都伪造大量数据点了，成百上千个……还有什么是他们干不出来的？"在一众外部律师的反对声中，对采孟的欺骗仍在继续。要是这位微生物学家知道《报告》的存在，他立即就能破解公司遭遇灾祸的真相。但因为缺乏这条关键情报，他只能继续筛查线索。

大约就在德希穆克离开公司的时候，采孟飞到纽约去和朱利亚尼合伙人公司开会，那是兰伯西雇的另一家外部咨询公司。采孟希望，鲁道夫·朱利亚尼（Rudolph Giuliani）这位纽约前市长，能运用他的政治影响力让美国药监局罢手。在这场会议上《报告》仍未被提及，采孟只能继续与影子搏斗。"有人告诉我，杰伊·D.先生（指德希穆克）是阻挡我获得情报的人物。"他在日记中写道，"我仍不知道为什么马尔文德先生如此重视杰伊。（杰伊抓到了他的把柄？）"

虽然采孟正在慢慢接近真相，但马尔文德的一干高级副手和帮手仍在极力隐瞒情报。2009 年 3 月 16 日，采孟在新德里参加一次关键的兰伯西股东会议。会前，兰伯西的外部律师、维纳布尔事务所的沃伦·哈梅尔（Warren Hamel）向公司的一名律师强调，可能就是《报告》引发了美国政府的调查。可是当采孟到达会场，就没有一个人再提《报告》。散会后，采孟在日记中写道，他"对美国药监局行动的背景仍未充分了解"。

兰伯西与美国药监局的冲突愈演愈烈，虽然马尔文德宣称自己正尽全力解决冲突，但第一三共对他的管理越来越不满意了。兰伯西的一名顾问敦促采孟"从父亲抚养孩子"的角度看待马尔文德。在 3 月 26 日一次补偿委员会的会议上，采孟建议马尔文德放弃奖金，因为公司与美国药监局的关系越来越差，营收也很糟糕。马尔文德不但提出了异议，还掉了眼泪。采孟在日记中写道，马尔文德"没有澄清他在管理上的失误，或他的责任。并且他暴露了脆弱的一面，哭了出来"。

2009 年 4 月中旬，采孟和他的高管们已经认定马尔文德无法胜任职业 CEO 的角色。采孟在日记中写道："马尔文德先生的态度已经不是自卫，而是对抗了……我们别无他法，只能解雇他了。"到这时，采孟仍将公司的处境归咎于管理不善，他还注意到"双方对于品质的不同态度"。他也考虑过症结是不是"马尔文德先生太神秘兮兮了"。

5 月 8 日，采孟终于告诉马尔文德他不能继续担任 CEO 了。在不到两周的时间内，这个印度 CEO 就辞职了。几个月后，采孟仍然被蒙在鼓里。但是他从一个全新的视角，开始看到马尔文德的另一面。采孟在日记中以向来平和的口吻写道："马尔文德先生表面上是在为公司考虑，实际上却像一名私人店主，他优先考虑的是家族的利益。我对此很失望。"即便在马尔文德离职后，公司的高管们仍效忠于他，并继续隐瞒《报告》一事。比如接替德希穆克出任公司总法律顾问的拉维什·萨姆塔尼（Lavesh Samtani），就吩咐哈梅尔在即将对采孟所做的报告中不要深谈案件中的事实，尤其不能提到《报告》[7]。

2009 年 11 月 17 日，一众联邦检察官邀请兰伯西的内部和外部律师前往美国司法部在华盛顿的总部，哈梅尔也在受邀之列。到检察官摊牌的时候了。他们做了一场坚决有力的报告，强调兰伯西的不当行为已经持续多年，并牵涉公司的所有生产场地和药物。在他们展示的 67 张幻灯片中，检察官们揭穿了几十条虚假陈述。它们显示公司的顶层高管都是骗局的知情人、共谋人。检察官明确表示，他们认为，兰伯西向美国药监局提交的申请中那些无法解释的错误陈述，都可能是犯罪行为，而非单纯的错误或者失察。他们的证据就包括那份《报告》的摘要。看到这里，维纳布尔事务所的几名律师都从椅子上站了起来。其中一个走到幻灯片前，仿佛是想看看《报告》的图像是不是真实的。

这是一次具有毁灭性的会议。但是对哈梅尔来说，也有一点好处：他终于可以纠正公司对采孟所犯的深刻错误了。他问司法部的官员，能否将这次报告的内容在兰伯西的董事会上分享，好让采孟博士也看看。他们同意了。两天后，在维纳布尔纽约办公室的一间会议室里，哈梅尔向采孟展示了司法部的报告。这位微生物学家目瞪口呆。顿时，困扰他一年多的谜题都能说通了。第二天，在一封写给公司顾问的电子邮件里，采孟试着将所有信息都串联起来。他写道，公司内部有一名"告密者"，此人把向董事们展示的文件交给了美国政府。布赖恩·坦皮斯特和马尔文德·辛格曾经极力隐瞒"一切与此事有关的文件。这也是此事可能构成犯罪的原因"。采孟写道，这也是为什么"美国药监局会坚持认为这可能是公司文化造成的"。

终于，采孟明白了第一三共究竟收购了一家怎样的公司。他觉得必须在自己推动的这次灾难性收购中保全公司。不到三年之后，采孟将和一队律师在新加坡的国际仲裁法庭上对马尔文德提起欺诈指控，到那时，他那本详细记载的日记将成为证物甲。

第五部

黑暗中的侦探

第十八章 国会觉醒了

2008 年 7 月
华盛顿哥伦比亚特区

　　大卫·尼尔森（David Nelson）是一名国会调查员，服务于美国众议院能源和商务委员会，那是美国药监局的监管机构。读到马里兰州联邦检察官提交的那 28 页惊人的动议时，他正坐在国会山福特大厦办公楼里的办公桌前。动议中陈述了兰伯西是如何借助"系统性的欺诈行为"，将"掺假和冒牌产品"输入美国的。

　　细读这份动议时，尼尔森的第一个疑问是：为什么要对他说谎？ 2007 年 2 月，美国药监局突击检查兰伯西的新泽西总部时间，他曾经打去电话，询问这次行动是否和药物品质有关；如果有，就应该通知国会。美国药监局的一名官员告诉他，没有，和药物品质没有任何关系。于是尼尔森猜想这次检查应该只和金融违规有关，没有再去想它。但是现在，经过好几个月后再去回顾，那次突击检查显然和药物品质有着莫大的关系。有东西"发臭了"，他后来说道。

　　为什么美国药监局明知一家公司正在欺诈，却仍允许它的药物在美国销售？对于兰伯西提交的每一项申请，美国药监局都有质疑的理由和权威。但它没有采取明确的行动将兰伯西的药物从药店下架。面对足以使检察官写入法庭记录的伪造数据，美国药监局却采用了一贯的应对手法：几乎什么都不做。

当尼尔森思索这家庞大且似乎目无法纪的印度公司如何搪塞检察官的时候，他的脑子里闪过另一个念头：同样的事又发生了。过去的一年，尼尔森被卷入另一场海外药物灾难。不过兰伯西的这次危机所呼应的，似乎是几十年前的另一宗大案：20 世纪 80 年代的那起仿制药丑闻。

大卫·尼尔森 1988 年进入这个危险且监管不力的药物世界，也就是《哈奇 – 韦克斯曼法》的实施让现代仿制药产业得以诞生的四年后。7 月 4 日，一个炎热的周末，一个著名的政治律师、一名政治活动家和一名私家侦探提着一大袋子垃圾来到他简朴的家中。经他的允许，三人将袋子里的脏东西倒在他餐厅的桌子上。

尼尔森是一个壮硕豪爽的得克萨斯人，他在国会调查员的生涯中见识过许多事情：贪污腐败，极度无能，还有不可原谅的过失。但是他还从来没见过有人在他的餐桌上倒垃圾。他查看那些肮脏湿透的纸张时，三名访客也在观察他的神情。垃圾来自美国药监局的化学家查尔斯·张（Charles Chang）在马里兰的住宅，此人参与监督了对仿制药申请的审查。在这堆碎片中，尼尔森看见几张环球旅行的机票[1]，还有几张昂贵家具的收据。这些证据显示，这名美国药监局化学家收受了仿制药公司高管的贿赂，从而对他们的申请做出有利的审查。

来见尼尔森的这几个人受雇于迈兰公司，西弗吉尼亚州的那家受人尊敬的仿制药公司。[2] 几个月以来，迈兰一直感觉在和美国药监局的往来中受到了莫名其妙的阻挠。迈兰的高管们眼看着资历不如他们的竞争者因为首先申请，稳操胜券且获利丰厚，而自家的申请却陷入官僚主义的泥潭。他们听到传闻，说张吩咐他的审查员放慢审批速度，或者编造借口来阻挠某些申请。最后，迈兰的高管们雇了私人侦探，从张的垃圾堆里发现了其行事动机。看来，腐败的仿制药公司在用旅游和家具贿赂张，好让他批准其申请，并阻挠其他竞争者。

证据充分，尼尔森的上司、密歇根州民主党众议员约翰·丁格尔（John Dingell）立即启动全面调查，并将这批垃圾寄给卫生与公众服务部的总监察长[3]。在之后的几个月里，丁格尔的委员会发现了深不可测的腐败现象[4]。仿制药公司的高管们一直在美国药监局的走廊中游荡，在审查员的办公桌上扔下信封，里面塞满数千美元的现金。张本人就曾多次受贿。一家仿制药交易协会赞助了美国药监局的审查员出席各种会议的住宿，审查员自己也不知道花了多少钱。俄勒冈州的民主党众议员罗恩·怀登（Ron Wyden）把仿制药产业称作"一片必须抽干的沼泽"[5]。

1989 年的国会听证会[6]揭露了美国药监局已完全失控，面对海啸一般涌进办公室的申请，它已经没有能力开展充分审查。就连美国药监局局长弗兰克·扬（Frank Young）也承认，他的机构正"在海洋般的文件中沉没"。目击者描述了美国药监局的档案室内乱成一团，摇摇欲坠的文件堆中，根本看不到申请书的影子。至于其仿制药办公室，则是一个"超负荷工作的恐怖世界"[7]。说这话的是办公室主任马尔文·塞费，他从 1972 年开始领导这个办公室，当时的仿制药还只是一涓细流，但在实施《哈奇－韦克斯曼法》之后，申请便呈爆炸性增长。塞费是老公务员了，每天早上 6 点 30 分出门上班，他成为尼尔森调查中的关键人物。

听证会显示，有多家仿制药公司利用行贿和诈骗手段追求一个共同目标：为自己的药物争取人人渴求的首先申请的地位，这样他们就能在六个月的时间里，以略低于品牌药的价格独家销售仿制药了。显然，《哈奇－韦克斯曼法》的各位起草者并没有预料到这个奖励措施会激起如此狂潮。

卷入丑闻的一家公司是在印第安纳波利斯的奎德制药（Quad Pharmaceuticals），它的 CEO 向张行贿了 23 000 美元[8]。格蕾琴·鲍克（Gretchen Bowker）是奎德的实验室科学家，她知道公司应该提交三个连续批次的药品给美国药监局审批，而且这些批次都要符合一定的检测标准。但是对于鲍克研制的第一种药物，上司却要求她将一个批次分成三份，贴上不同的批号，从而伪装成三个批次。鲍克震惊了。她在实验室的笔记本中记录了这次诈骗，以便在监管者来查时作为证据出示。

和奎德一样，丑闻牵扯的其他公司也都挖空心思将自己的申请送到等待美国药监局审查队伍的前列。这样的紧迫显然使诚信的企业处在劣势。丑闻击碎了公众对仿制药的信任。美国药监局不得不成立一支视察队伍，一家公司一家公司地巡查，以对新药申请中的说辞和他们的实际生产情况进行对比。国会则根据这些视察的结果公布了一份"诚信名单"，以表明某些公司生产的药物与他们的声明相符。尼尔森在演说时常有人问他："你信任仿制药吗？"他总是回答："不，除非是诚信名单上的那些。"即使是发起调查的迈兰公司的高管，也对腐败的程度感到震惊。尼尔森回忆说，他们发现，自己所在的公司、所在的产业，已经陷入一场关于合法性的"生死搏斗"之中。视察的结果：42人，包括多名高管和10家公司，承认或被判犯有诈骗或者贿赂罪[9]。

丑闻过后，丁格尔的委员会继续努力工作，以确保这一轮揭露的腐败行为不再发生。该委员会支持并通过了1992年的《仿制药实施法》，这部法律授权美国药监局驳回任何包含虚假数据的申请，或者必要时完全禁止腐败企业的申请。根据新规，药企不仅要生产三个商业批次的药物，还要接受预审视察，以保证企业确有能力生产它所申请的药物。

虽然腐败已经渗透美国这个新兴产业的至少半壁江山，但大多数医学专家和消费者维权人士还是在为仿制药辩护。在多家报纸上同时刊登的《人民药房》专栏的作者乔·格莱登和妻子特里（Terry）向读者保证，"少数几个坏鸡蛋"不应破坏他们对整个仿制药产业的信心[10]。

虽然众议院能源和商务委员会成功加强了美国药监局的监管，并设置了更多障碍以阻碍那些藐视监管的企业，药物生产存在危险和欺诈这一问题已经溜出美国国境了。也就是说，美国药监局连总部周围开车可及的那些公司都很难监管，现在还必须监管半个地球之外的企业。美国药监局的监管往好了说也是时紧时松，于是国外供应的药物就成了"一串嘀嗒作响的定时炸弹"[11]，美国药监局的前副局长威廉·哈伯德（William Hubbard）后来这样告诉国会。

在调查过程中，众议院能源和商务委员会得知，对从海外大量涌入的被称为"原料药"的药物成分，美国药监局几乎不监管。委员会在美国药监局自己的法医化学中心发现了一份 1996 年的备忘录，其中写道："我们对进入美国的原料药无法控制……这些药物可能被任何人服用，包括总统。"

到这时，美国药监局大约每年视察 100 家海外生产场地——按这个频率，对于每一家海外工厂，美国药监局每隔 11 年才会去视察一次，这是美国政府问责局在 1998 年的一份惊人的报告中算出的数字。即使有调查员发现了问题，美国药监局也往往不会追究，以换取厂家改正错误的承诺。美国药监局几乎不知道有哪些海外工厂已经被视察过或需要被视察，因为它所依赖的资料是由 15 个数据库拼凑而成的，它们大多不是彼此互联的。整个监管体系建立在一厢情愿的思维和不频繁的审查之上，这就导致了灾难性的后果。迈兰公司的希瑟·布雷施说过，美国对外国药企"睁一只眼闭一只眼"，她还质问："如果你是海外药企，被抓的概率为零，你会怎么做？"

那年 11 月的一次听证会上，得克萨斯州的共和党众议员乔·巴顿（Joe Barton）恳求新上任的美国药监局局长安德鲁·冯·埃申巴赫（Andrew von Eschenbach）博士加强美国药监局的海外视察力度："如果你能大力推进美国药监局对国外污染药物的阻截工作，我随时准备提供你所需的支持。"但此时，一场更加严重的危机正在酝酿。

也是在 11 月，在圣路易斯儿童医院，两位小病人出现了奇怪而惊人的症状。在接受透析（一种为肾脏功能失常的病人过滤血液的救命疗法）时，他们的眼睛开始凸出，心率加快，血压却降了下去。这些是会危及生命的过敏反应。肾脏科主任安妮·贝克（Anne Beck）指导手下的医务人员另外用液体清洗管子后再给孩子重新连上透析机。之后的两个月，一切正常。但是到了2008年1月，症状再度出现。

贝克找到一位专攻儿童传染病的流行病学家，他立刻组建了一个指挥中心，一支团队夜以继日地工作[12]，想找出这种奇怪反应的原因。但是当更多孩子病倒时，团队成员们开始害怕了，那位流行病学家通知了美国疾控中心。美国疾控中心立刻联络了其他州的透析中心，并得知别处也有类似的病人。

在美国疾控中心和美国药监局开始联合调查之后，他们的发现指向一个共同的源头：所有患者都使用了品牌药公司巴克斯特生产的肝素，那也是美国最大的肝素供应商。这是一种患者在透析时通过静脉摄入的药物，目的是确保他们不会出现血凝块。几周之内，在美国药监局的敦促下，巴克斯特开始大规模召回肝素，直到外面不再出现过敏反应为止。

无论是美国药监局还是巴克斯特，都没能在肝素中找到任何污染物。巴克斯特急切地需要有人帮忙找出自家产品的问题，于是联系了罗伯特·林哈特（Robert Linhardt）博士，他是纽约州特洛伊市伦斯勒理工学院的一位化学家，研究肝素已经好几年了。他很快放下其他工作，专心来解这个谜题，他的实验室也加入了其他实验室的行列，共同来应对这场危机。

面对这个难题，几支团队最终使用复杂的核磁共振波谱仪找出了污染物的踪迹。那是一种名叫"多硫酸软骨素"（OSCS）的合成物质，它的成分与肝素十分相似[13]，几乎不可能检出，却会引起危及生命的反应。2008年3月，美国药监局正式将OSCS列为可能的污染源，并认定它是在供应链的某个环节，为了增加产量、提高利润而加入的。污染暴露了美国药监局在监管中的危险漏洞，也加剧了国会与美国药监局之间酝酿已久的冲突。

2008 年 4 月，在一次高度公开的听证会上，监管者、生产商和受害者家属齐聚一堂，紧张的气氛爆发了。到这时，大卫·尼尔森已经理出了各个环节的失误，它们已经造成至少 81 人因掺假的肝素而死亡，这个数字还将继续上升。听证会揭示了美国药监局在工作细节上的严重失误：对生产场地缺乏视察，风险管理糟糕，技术差劲。巴克斯特也没有逃过批评。尼尔森做证说，它对生产工厂的审计是"不完整而几近失败"的，不出几个月，就有美国患者因为肝素污染而死亡。尼尔森的结论是，不能相信美国公司能做好美国药监局的工作，也不能相信美国药监局能尽到本分。

面对质询，美国药监局的药物评估和研究中心主任珍妮特·伍德科克承认，美国药监局不了解有多少海外公司在向美国运输药物原料。"很可能在 3000 到 7000 家之间。"她说。美国药监局还试图把责任都推到巴克斯特头上，他们举出了一个常见的说辞，就是企业有责任确保自家产品的品质。这次听证加剧了大卫·尼尔森对伍德科克长期以来的愤怒，他觉得她在宣扬一种观念：只要对生产商加以鼓励，他们就会做正确的事，不必再担心会有人来视察。他在几年后说："伍德科克居然不相信视察工厂能确保药物供应的安全，我希望她的灵魂永远在地狱里受火刑。"

但伍德科克后来告诉一名记者，这件事远比尼尔森认为的要复杂。"视察不是万灵药。"她解释说，"视察是肯定要做的。我又不傻。但同样十分重要的是，要让整个产业为品质担起责任。""人要有责任心，这是工作中的关键素质，不能一味地愚弄视察者。"

听证会上，最有冲击力的证言来自去世患者的家属。来自俄亥俄州托莱多的勒罗伊·赫布利（Leroy Hubley）说他失去了结婚 48 年的妻子邦妮（Bonnie）和儿子兰迪（Randy），两人都死于掺假的肝素，前后相隔不到一个月。"现在只剩下我一个人，要承受的不仅有丧妻和丧子之痛，还有对这个国家竟然允许不安全药物出售的愤怒。"这名 71 岁的鳏夫说，"美国药监局和巴克斯特没有尽到本分，肯定有人没有！"几名国会议员替赫布利表达了愤怒。一个证人正说话时，一名众议员高声打断了他："这是暴行！这是盗窃！这是重罪，是对美国公众的直接攻击……是有人故意这么干的！"

美国又该如何将元凶绳之以法呢？美国药监局是一个松散而软弱的组织，权力十分有限。调查员该怎么追查、起诉那些责任人呢？之后的调查长达 10 年，但就是没人受到追究。直到今天，美国药监局关于肝素的网页上仍表示"在持续积极地调查中"[14]。

肝素听证会的三个月之后，尼尔森读到了检察官针对兰伯西的动议，这时美国公众的脆弱还历历在目，他意识到 20 世纪 80 年代的仿制药丑闻和现在的兰伯西案之间还有一些别的联系。虽然之前的那场丑闻牵涉了美国公司，但那些公司主要由南亚人运营，比如奎德制药的 CEO 迪利普·沙阿（Dilip Shah）。公正与否暂且不论，参与那几个案子调查和起诉的人员都将那些腐败的高管称作"孟加拉匪帮"。当时有几个辩护律师试图为客户的罪行开脱，说这些做法在被告自己的国家都是可以接受的商业行为。尼尔森回忆说："他们说被告是无辜的，因为在他们的文化中行贿是合理的，这种说法是对我的侮辱。"

鲍克在奎德制药工作时听说，在有些印度企业，"如果你能回避繁重的工作，另辟蹊径，更快更方便地完成任务，别人会认为这是你的优点。被我们看作欺骗的行为，在他们的文化中却被看作创意"。这种积极开辟捷径的做法，这种避开麻烦的规则、以最短的路线达到理想结果的能力，就叫"Jugaad"（随机应变），这也是创新专家拉古纳特·阿南特·马舍尔卡博士所谴责的。就像迪内希·萨库尔所说："在印度有一句谚语：我们不建立体系，我们想办法绕过体系。"

"随机应变"是人们为应对无效的体系发明的生存机制。在《极限城市：孟买的失落与回归》（*Maximum City: Bombay Lost and Found*）一书中，印度记者苏克图·梅赫塔（Suketu Mehta）探讨了支配孟买日常生活的一种变通法则，或者叫"另类体系"。他总结道：

> 在这里你必须违反法律才能生存……我也讨厌行贿，讨厌在黑市买电影票。但是因为在取得驾照、买电影票的过程中，选择守法就会费力到荒谬的地步，我还是选择了容易的那条路。如果整个国家集体选择了容易的路，那就会建立起一套另类体系，大家多少都知道它的规则，它的价格也稳定可靠。这里始终有一套"平行经济"，它与官方经济如影随形，你只要稍微往左右看看就会发现它。[15]

凡是官方管理瘫痪的地方，这套平行经济体系就会发挥作用。在制药业中也是如此。印度的药企之所以会发展出一套另类规范，部分原因就是国内的监管者忽视了已有的规范。兰伯西案能挑战美国的监管者和调查者的想象力这么长时间，是因为它的诈骗已经深入到方方面面。公司有一套复杂的体系来伪造数据，参与者数以百计。而美国政府提前宣布视察行动，这几乎等于自愿接受了愚弄。

国会调查员大卫·尼尔森对于这种"随机应变"一无所知，但是他很了解自己调查的这个行业。在翻阅检察官对兰伯西的动议时，尼尔森在仿制药行业的"快速致富"体系和美国药监局"无视邪恶"的海外监管方针之间看到了一处危险的重合。他担心，其结果将酿成一场公共卫生灾难。

第十九章　寻找未知变量

2007 年 5 月 25 日
俄亥俄州克利夫兰市

哈利·利弗（Harry Lever）是一位 62 岁的心脏科医生，他每天开车半小时去克利夫兰诊所上班，路上总要听一听国家公共广播的节目。这天，他正驱车行驶在郊区小路上，即将汇入克利夫兰的早间车流，但他的注意力完全被一段广播节目吸引了，几乎没有留意经过的街道。

节目描述了美国如何从国外大量进口掺假的食品和原料 [1]，而美国药监局的视察力不从心。那是一份令人痛心的单子：掺了防冻剂成分的牙膏，在污染的水池里饲养并喂食违禁兽药的鱼类，还有用燃烧含铅汽油的卡车尾气烘干的茶叶。节目还说，美国药监局只对进入美国的食品及原料中的 1% 做了视察。美国药监局的一位前任副局长威廉·哈伯德表示，他们的调查员常会阻拦那些具有腐烂外表或散发腐烂气味的产品，官方对这些产品的描述是"肮脏"。但是哈伯德也表示，因为美国药监局人手短缺，"只有一小部分肮脏的食品"在边境被发现并且被阻拦，其余都成了"漏网之鱼"。

利弗驶入诊所停车场时，广播仍在继续。他的传呼机响了，但他还坐着不动。在这个早晨之前，他从来不知道有这么多商品在如此敷衍的监管下进入自己的国家——苹果汁、大蒜粉、蜂蜜、肉肠衣，还有维生素 C。有的宠物因为吃了污染食品而死亡。在利弗看来，这简直堪称邪恶。

他终于走出车子，但广播节目仍在脑海中挥之不去。当天晚上，他就在自家的食品储藏室里做起了研究。他发现了一瓶进口的大蒜粉。接着他注意到那是东正教拉比联盟认证的清洁食品。他首先想到的就是虚假认证。他进入联盟的网站查看。的确，拉比们在认证进口的食品。可是他们又怎么知道哪些是安全的，哪些不是呢？他给联盟打去电话，电话里一名拉比确认了这个认证。他甚至联系了威廉·哈伯德，就是上过广播节目的那个美国药监局前局长。哈伯德证实了节目中的细节，包括熏了含铅尾气的茶叶。

利弗的一个表亲，也是他的一个患者评论道，利弗这个人的性格"简直热情过头"，"他一旦知道了什么不正当的事情，就会怒不可遏"。但是利弗并没有在"肮脏"食品的问题上纠缠太久。他很快就将注意力转到掺假药物上。

在听到公共广播的那段节目后不久，利弗注意到他的几个患者在服用肝素后出现了血小板减少的症状。他开始向同事们提起这个担忧。肝素被污染的消息传出后，一位医生说他"未卜先知"。但在他看来，他只是将线索串联起来。同时，他也越来越担心了。他意识到不能再想当然地认为患者服用的药物会产生应有的疗效了。

利弗的专业是治疗肥厚型心肌病（以下简称 HCM），这种病会使心肌组织变厚，因此可能限制血流。HCM 会毫无预警地发作，是导致年轻运动员猝死的主要心脏疾病。多年来，利弗建立了美国最大的 HCM 治疗项目，并参与发现了早期诊断的新方法。在克利夫兰的诊所，他在底楼的一间小办公室里工作，墙上挂满了心怀感激的患者送给他的纪念品。他的办公桌上堆着一沓沓病历，柜子上也贴满了即时贴。大多数日子，他中午就在办公桌上就餐，吃妻子为他准备的沙拉，边吃边看患者的超声心动图。

利弗喜欢把每个患者的情况都看作一条代数方程。一个新的症状就好比在方程中加入一个未知变量，一个"X"。如果其他变量已知，那么求解 X

就比较简单。利弗给患者开了好几年的品牌药就是已知变量：药效几乎总能满足预期。药物是利弗为患者建立的最佳防御 [2]：他用 β 受体阻滞剂和钙通道阻滞剂消除患者的心率失常，或者帮助他们降低血压。他的许多患者还需要利尿剂，这些药片能够减少浮肿、防止体液淤积。在听到那段广播之后，利弗注意到，一些患者本来靠他开出的药物稳定了病情，但在换成某些仿制药后症状又重新出现了。这些仿制药似乎成了新的 X，它们颠覆了整个方程。

他开始在谷歌上搜索。如果有什么药物可疑，他就搜索这种药的生产商和工厂所在地——这些都是药物的包装或产品标签上没有的信息。他还越来越频繁地联络克利夫兰诊所的高级药剂师，他们会定期从生产商和美国药监局那里收集数据，作为研究医院应该使用哪些药物的一种依据。他总结出哪些药物或者哪些公司是应当避开的。兰伯西就是其中的一家。

一天夜里，他的一个患心脏病的表亲打来电话，说自己觉得很难受。他吃的药里有一种仿制的呋塞米（furosemide），一种帮他排出多余体液的利尿剂。利弗马上问他："你吃的是哪家生产的？"表亲照药瓶上的标签读道："兰伯西。"利弗给他换了另一种仿制药，那是以色列制药公司梯瓦的产品，他认为品质较好。一周后，那位表亲排出了约 15 磅 ① 液体。

他的另一个患者，戏剧教授马丁·弗里德曼（Martin Friedman）也在服用利尿剂，但仍难以排出多余的液体。他的脚踝肿起，只有垫着枕头让上身保持竖直才能睡着。利弗很快发现，他服用的利尿剂托拉塞米（torsemide）是克罗地亚公司普利瓦生产的。利弗给他换回了 Demadex，那是由罗氏公司生产的品牌药［后来被欧洲公司梅达购买］。弗里德曼也立即排出了多余液体。"是挺怪的。"弗里德曼说，"新药一吃马上就见效了。"

感觉不适的患者和可疑药物的数目不断增长。一个叫凯伦·威默灵

---

① 1 磅约合 0.4536 千克。

（Karen Wilmering）的患者患有梗阻性肥厚型心肌病，血液在流出左心室时受阻。多年来，她一直服用 BMS 的品牌药普拉固控制胆固醇，但后来换成了一种仿制药普伐他汀钠。利弗给她做检查时发现，她的胆固醇水平高得惊人。

利弗问威默灵她的胆固醇药是哪家公司生产的。威默灵回忆道，当她说出是格伦马克时，利弗"差点从椅子上跳起来，因为格伦马克是印度公司"。利弗给威默灵的药剂师打了电话，坚持要给她换成梯瓦的产品，他相信这个版本更有效。不到一个月之后，威默灵的胆固醇就回落到了正常范围。就连利弗本人也被新的数值震惊了。"他惊得嘴都合不上了。"威默灵说。第二年，格伦马克召回了数千瓶普伐他汀钠，因为有患者投诉这种药物散发出强烈的鱼腥味。格伦马克的一名发言人说，这次召回是"格伦马克的自愿行为，与产品功效无关"[3]。

利弗的一些患者也变得和他一样愤怒。54 岁的克莉丝汀·琼斯（Christine Jones）曾在百事可乐公司管理一个消费者关系部门，后来因患 HCM 提前退休。她最初用的是葛兰素史克生产的 β 受体阻滞剂 Coreg，后来换成了仿制版卡维地洛（carvedilol），四个月的用量只要 10.87 美元，但换药之后，她的健康状况就不断恶化。她回忆说："呼吸急促和心律不齐的症状增加了许多，我晚上都睡不好觉。这种情况持续了几个月。"她把这些问题归咎于饮食和缺乏睡眠。

利弗却立刻认定这是仿制药的问题。那是一家印度公司吉杜斯·卡迪拉生产的。琼斯说道："如果不是他的简单推理，我永远不会想到那上面去。"利弗给她换回了葛兰素史克的品牌药，六个月的用量售价 428 美元。服药之后，她几乎立刻感到了好转。她对吉杜斯·卡迪拉做起了研究，发现有一群愤愤不平的患者在网络论坛上发帖[4]。这些投诉使她警惕，她给那家公司"打了好几个电话"，询问他们的仿制药是否同品牌药一样有效，但她始终没有得到她认为明确的答复。吉杜斯·卡迪拉的药物功效如此低下，美国药监局却仍批准了它，这在琼斯看来简直"昧了良心"。

利弗让他们从较差的仿制药换到更好的或者用回品牌药，这些调整可谓改变了患者的生活。此时他已经不仅仅是在诊断病人了，他还在追踪全球经济，努力诊断药物供应的问题。他发现大多数问题药物都是在印度生产的，但也有一些是美国制造的。利弗发现，因为供应链复杂，人们很难知道药物在哪儿生产、由谁生产以及哪一种药效果最佳。

有些药的问题很明显。比如当他的患者改用 β 受体阻滞剂琥珀酸美托洛尔的某些仿制版时，利弗注意到他们常常感觉胸痛，他们的心率和血压也变得难以控制。这种药的品牌版是阿斯利康生产的 Toprol XL，它具有缓释功能，可使有效成分在血液中停留，但这种功能属于药物之外的另一项专利。2006 年，当几家仿制药公司开始销售他们各自的 Toprol XL 仿制版时，他们不得不自行研发技术以控制药物在血液中的释放。

这一年，诺华制药的子公司——瑞士的山德士公司开始营销第一款仿制的 Toprol XL[5]。第二年，美国密苏里州圣路易斯市 KV 制药的子公司埃塞克斯也开始销售一款仿制版。当时，只有纽约的 Par 制药公司获得了阿斯利康的授权，可以出售仿制药，它也因此使用了和品牌药同样的缓释技术。利弗确信埃塞克斯和山德士的仿制版都有缺陷。"这就像是闻到了猫腻。"他说。果然，到 2008 年 3 月，美国药监局视察了山德士的一家工厂，并发现了"显著偏差"。2008 年 11 月，在收到美国药监局发出的一封严厉警告函之后，山德士悄悄召回了自家的药物[6]。

大约在同一个时间，克利夫兰诊所内一名警觉的药剂师给利弗寄来了埃塞克斯的琥珀酸美托洛尔的包装说明书，并在这份 9 页长的文档里标出了一句话："未通过美国药典的溶解检测。"[7] 利弗大为惊讶：既然这种药物不能像美国药典设定的公认标准那样溶解，美国药监局又为什么要批准它呢？他找上那位药剂师，两人在利弗的办公室一起给美国药监局的仿制药办公室打电话。他们想要知道：患者是服用太多了，还是不足？但对方并未给出明确答复。然后在 2009 年 1 月 28 日，埃塞克斯宣布大规模召回 60 多种产品[8]，琥珀酸美托洛尔正是其中之一。之后埃塞克斯更是承认两项重罪指控，并同意支付 2700 多万美元的罚款 [9]。

利弗没有正式数据支持他的发现，他也无法到药厂内部查看。但凭着他作为医生的技术和经验，他推断出药物供应链有问题——用他的话说是"病态的"。每当利弗给患者换药，他总是尽量维持原来的剂量。这帮他消除了方程中的另一个变量。

但有时，就算使用相同的剂量，版本的不同也会造成危险，这一点是利弗在治疗凯文·帕内尔（Kevin Parnell）时发现的。帕内尔在 31 岁那年被诊断患了 HCM。之前的医生说这无异于"被判处死刑"，但他还是想到克利夫兰诊所来听听意见。1998 年，时年 39 岁，病情严重的帕内尔找到了利弗。2003 年，帕内尔接受心内直视手术，换来了 6 年的健康。然而随着时间的推移，他开始服用更多药物和更高剂量的利尿剂呋塞米。

到 2012 年，他的健康每况愈下。当帕内尔和他妻子坐在利弗的办公室，向他描述自己腿部的水肿时，利弗立刻怀疑是低品质的仿制利尿剂造成的。帕内尔嫌麻烦没把药品带在身边，于是他妻子打电话给女儿吩咐她"去看看爸爸药瓶上的标签"。药片是兰伯西生产的。利弗把处方换成了美国公司罗克珊生产的一个版本，剂量维持原样。帕内尔立即换用新药，并马上开始排出液体。但是在换药之后的第三天，他半夜起床时晕倒了，脑袋撞上床边的桌子。醒来时，他看见三名急救人员围绕在他上方。他被紧急送往当地的一间急诊室，后来又被克利夫兰诊所收治。他得了室性心动过速，心脏不可抑制地快速跳动。

利弗推测，这是因为帕内尔改用效力更强的药物后，原本的剂量就太高了。新的利尿剂迅速排空了帕内尔体内的钾离子，使他的心脏开始不规律地跳动。帕内尔终于做了他迫切需要的心脏移植手术。手术之后，利弗"经常来重症监护室看我"，他回忆说，"各个时段他都会来检查我的情况"。他说是利弗救了他一命。利弗则因为帕内尔这个病例特别恼火。他认定是不同效力的药物害了帕内尔，医学这门科学也因此沦落到要靠猜测开药。

利弗会定期给克利夫兰诊所的药剂师留口信，并提醒同事注意有问题的药物，凭此他也重塑了卫生系统使用的药物名单。克利夫兰诊所里那些警觉的药剂师其实运营着一个小型美国药监局：他们从仿制药生产者那里搜集生物等效性数据，调查有效成分的来源，还根据《信息自由法》向美国药监局申请补充数据，甚至会到生产厂家去参观，这一切都是为了确定哪些药物医院应该使用、哪些不应该使用。他们听取了利弗的警告，开始寻找范围更大的数据点。他们细读美国药监局的视察报告和警告函，留意医生报告的个案。渐渐地，他们拟出一份对外保密的药物黑名单，名单上主要是在印度生产的仿制药，都是医院不会继续购买的。

兰道尔·斯塔林（Randall Starling）医生是克利夫兰诊所心脏病与心脏移植医学部的一员。2013年年底，他得知由印度公司雷迪博士实验室生产的仿制版他克莫司就在黑名单上，十分震惊。他克莫司是器官移植患者服用的一种关键药物，因为它能抑制免疫系统，防止器官排异。雷迪博士实验室的版本是当时最便宜的，但它的召回数量之多，使卫生体系的药剂师们很不放心。

在之后的六个月里，斯塔林和下属合作，确保他们的患者都没有服用雷迪博士生产的他克莫司，而且医院的住院部和门诊部药房也不再进这种药。尽管他吩咐过患者只能服用普乐可复（Prograf），也就是他克莫司的品牌版，但他知道患者一旦离开诊所，他们会从外面的药房买到什么就不是他能控制的了。没过多久，他的担忧就变成了现实。

2014年10月，在接受心脏移植手术约18个月后，48岁的患者塞德里克·布朗（Cedric Brown）因为急性器官排异症状住进了心脏科病房。他发誓自己没有漏吃药。在这之前，他接受移植后的康复一直相当顺利。他在手术几天后就能起床走路，不到两周就出院了。为他抑制免疫反应并预防排异的普乐可复每月约需3000美元，需要终生服药。等到再次住院时，他已经增了50磅体重，感觉很难受。一个月后他再度出院，但不出一周又被送回医院的重症监护室。他不知道自己会不会死："我只有向上帝祈祷。"

一个周一的早晨，斯塔林来给他会诊。他站在布朗的床边问道："你是不是换过处方？"

布朗把药带来了。"嗯，我在马克药房买了种新药。"他说，新药的大小及颜色都和常用的普乐可复不同。

"天哪！让我看看。"斯塔林说。

布朗说："没问题，打开那个柜子吧，里面有个包，药就放在包里。"

斯塔林从柜子里找出那个包，里面有一瓶他克莫司，生产商正是雷迪博士实验室。"这种药绝不能再吃了。"斯塔林说。布朗遵命，没有再吃。[10] 接着斯塔林又开始叮嘱给布朗治病的其他医生。后来，布朗康复到一定程度，去做了一名兼职司机。他的医疗保险覆盖了品牌药普乐可复 80% 的费用，剩下的由克利夫兰诊所的一个基金支付。

担忧的不止克利夫兰诊所的医生们。2013 年 10 月，加州洛马林达大学医学中心的一位药剂师通过美国药监局的网上投诉数据库"医学观察"向美国药监局报告，有"多名患者"在服用雷迪博士实验室的他克莫司之后，出现"意外的免疫抑制不足，并在随后导致移植失败"。这份来自洛马林达的报告指出："这种情况只有雷迪博士版的普乐可复出现过。"[11] 他克莫司是所谓的"窄治疗指数药物"，需要精确的剂量，剂量的微小变化都可能引起威胁生命的并发症。多年来，为治疗癫痫、高血压、情绪或内分泌失调而开出这类药物的医生们，一直在争论某些仿制药是否真能替代品牌药，美国药监局的生物等效性标准又是否太过宽松了。各种医学社团，包括美国神经病学学会、内分泌学会和美国心脏协会，都反对不经医生批准就换用仿制药的做法。

面对医学界对某些仿制药替代性的担忧，从 2010 年开始，美国药监局的仿制药办公室就开始请人做一系列关于仿制窄治疗指数药物的研究。2013 年，辛辛那提大学的研究者开始了一项生物等效性研究，针对的是山德士和雷迪博士生产的他克莫司。他们检测了这两种药物在健康志愿者体内的最低剂量，并追踪了两组接受过肾脏和肝脏移植的患者。研究结果于 2017 年发表[12]：这两种药物与品牌药生物等效，并可以替代使用。

但是在克利夫兰诊所，斯塔林和他的团队却没有感到多少安慰。塞德里克·布朗入院几个月后，同样的事情又发生了。医院又住进一个心脏移植患者，也是在服用雷迪博士的药之后出现器官排异反应。之后又来了几个。在研究这些病例之后，斯塔林团队能提出的唯一解释就是仿制药效力不足。在一个容不得半点差错的治疗方案中，雷迪博士的药物成了一个作用不明的变量。斯塔林是医生，他重视控制，习惯于解决问题，但他面临的问题却是无解的。克利夫兰诊所的数据并不能证明他的观点。但和同事利弗一样，他的"怀疑指数"也在不断上升。

"我确定了一个立场，就是要求我的患者只服用品牌药。"斯塔林说，"因为我不希望这里出现任何变数。"他也知道，这对克利夫兰诊所、来就诊的患者和他们的保险公司来说，经济与后勤的负担都会增加，但在这件事上他绝不能让步。他指出器官移植是一次"巨大的投资"——器官本就稀缺，移植一颗心脏，平均成本远超 100 万美元。"如果给患者服无效的药物，那就是器官移植体系的巨大失败。一个器官可能就此被浪费。"

斯塔林和利弗的患者都如同哨兵。从他们波动的心律中，利弗感觉到有什么不对劲。这是一个他既看不清楚也无法解决的问题，但他怀疑问题出在遥远的生产厂家，也就是那些为患者生产药物的地方。之后的几个月里，当他将自己的发现告诉美国药监局和新闻媒体时，他的直觉被证实了。"不知不觉间，我绊到了一团乱麻。"他说。

第二十章 一次考验耐力的检测

2009 年 9 月
马里兰州银泉市

  单以数字论，兰伯西案就可能成为一件轰动性大案。

  在对兰伯西总部的搜查中，联邦调查员共缴获超过 3000 万页的文件。公司的三名顶层高管——马尔文德·辛格、布赖恩·坦皮斯特和艾卜哈·潘特，成为检察官的审查目标。在 2009 年 9 月的一封电子邮件中，案件的主检察官之一、马里兰州联邦助理检察官斯图尔特·贝尔曼（Stuart Berman）向同事宣称："要我说，对这三个人要么不起诉，要起诉就是重罪。"他说他本打算"按模棱两可的案件，以轻罪起诉"。但兰伯西的情况一点也不"模棱两可"。

  2010 年春，政府检察官们已经发起行动。他们向兰伯西的律师提议达成一项赔偿 32 亿美元的和解协议，以抵消公司的刑事及民事责任，这将是美国司法部历史上对一家制药公司所做出的最重判决。

  但是在美国药监局，黛比·罗伯逊与其他调查员在一间堆满文件夹的作战室内并肩工作，她扑在这个案子上已经五年了，而她的挫败和苦闷却与日俱增。有这种感觉的不止她一人。对几十名调查员、特别调查员和律师来说，这个看似惊天的案子已变成一潭泥沼，从巴尔的摩的联邦检察官办公室到司法部的消费者诉讼办公室，再到药监局的刑事调查办公室，各单位都在互相指责。出于一种宿命感和迷信，有些调查员甚至不敢大声说出这家公司的名字，只用"R"来代替它。

有着各种字母代号的政府机构和部门被卷进案子，包括几位刑事检察官、司法部的两个民事部门、几个机构的总监察长和几个医保欺诈控制局。单单在美国药监局内部，兰伯西执法团队就包含了30多人，他们分别来自十几个不同的部门，个个都有令人头晕的缩写：ORA，OIP，OCC，CDER，OC，OCI。

即便处在最佳状态时，这台巨大的机器也很容易失去效能。加上兰伯西案还有一点独特的难处：被告的总部设在另一个大洲。就连最基本的调查任务，比如访问证人、获取文件，都成了涉及司法辖区的重大难题。美国的检察官提出什么理由，才能让印度引渡某人呢？更不用说在需要访问某个证人时，获得印度的加急签证了。

但这个案子的难中之难还在于一个更关乎人情的问题：美国药监局的调查员和司法部的检察官之间日益增长的敌对和不信任情绪。调查员们视案件的细节为生命，而检察官是半道才被派来的。从理论上说，两组人马应该同属一支部队。但是当案子的进展越来越慢时，他们却不知为何成了对头。在美国药监局的作战室里，墙上贴着一幅马尔文德·辛格的照片，有人在他头上画了两只魔鬼的犄角。检察官看到了提出反对，于是照片被取了下来。

这是一段不和谐的小插曲，但它反映了一股紧张的气氛，在这种气氛之中，罗伯逊和同事们开始怀疑自己在调查之初的决定：把案子报给司法部的马里兰辖区。

美国药监局只有有限的法定权限。对于任何正式调查，它都需要与检察官合作。本来，它可以把案子交给司法部的任何一个具有管辖权的辖区——就这个案子而言，可以是兰伯西总部所在的新泽西辖区，或者几乎总能坚持特权的纽约辖区。但是当美国药监局的刑事调查员找到自家后院的联邦检察官时，却发现要那里的律师持续关注案子实在太难。检察官们一方面要执行行政任务，另一方面要处理其他审理中的案子。他们在调查中逐渐发现，兰伯西所涉嫌的违法行为越来越广泛和复杂，他们对这个案子的处理也变得有一搭没一搭的。光是起草搜查所需的宣誓书都用了将近一年。检察官们不断把稿子退给美国药监局的调查员修改，却很少提供明确的指导意见。

搜查证获批之后找到了大量的罪证信息。但兰伯西的辩护律师立刻宣称这些材料受律师—客户守秘特权保护，并设法冻结了对它们的审查近18个月。检察官们并没有指派一个全职律师来审查这批文件是否真的受到特权保护，它们就这么被存放在政府库房里，谁也没碰过。一名美国药监局的合规官员说："他们带走了每个批次的记录，带走了包含电子邮件的文件，带走了所有实验室笔记本，把什么都带走了……但他们没有派人去查看这些东西。他们应当组织一支20人的团队查看的。一切似乎都白干了。"

罗伯逊和同事不由得假设，如果当初美国药监局找的是纽约东区的检察官，以他们闻名遐迩的速度和推进力，这个案子早就结了，到现在兰伯西应该已经关门，它的高管也关进牢里了。可是在马里兰州分部，他们体验到的却是无序和虎头蛇尾，为此他们多次打趣说："要是我们自己有个检察官就好了……"

但最重要的是，接下来发生的一件事更凸显了这种不信任。那次搜查之后，各位联邦调查员按要求为从公司高管那里缴获的文件列了一张清单。接着罗伯逊和同事又创建了一份极敏感的文件，他们称之为"普林斯顿总部"表单。那上面列出了他们缴获的最重要的证据，注释了关键的调查方向，并包含了可能的线索。2008年年底，兰伯西的几名律师向检察官们索要这份电子表单。这个要求促成了一次会议，与会的一方是罗伯逊和她的同事，另一方是司法部的几名律师，其中包括消费者诉讼办公室的高级诉讼顾问琳达·马克斯（Linda Marks）。他们一致同意，这份文件太敏感，绝对不能交给对方。

但是短短几个月之后，到2009年2月9日，马克斯又写电子邮件给罗伯逊索要表单，说是想把它交给辩方律师。罗伯逊回复马克斯，提醒她上次会议已经说好不交出表单的。马克斯又回复说："那你有没有普林斯顿总部清单的原始版本，也就是不带高亮和标记的？"她接着保证："我绝不会向辩方泄露我们感兴趣的项目，我只要一份详细的物品清单，这虽然是调查员的工作成果，但通常都会向辩方律师提供。"她的电子邮件又促成了第二天的一次会议，会上大家再次达成一致意见，不交出文件。

　　然而两个月后的4月，罗伯逊却收到了一封兰伯西律师发来的电子邮件，令她大吃一惊。邮件中要她帮忙，在"普林斯顿查获日志"中寻找一份文件。罗伯逊目瞪口呆，隔了几个小时才回复说："我有些不明白。你能否告诉我你所谓的'普林斯顿查获日志'是什么文件？你又是如何得到它的？"那个律师回复说，这份电子表单是司法部律师琳达·马克斯在2月底发给他的。没有磋商，也不打招呼，马克斯就违反约定，将带有注释的电子表单交给了辩方律师，那可是他们的罗塞塔石碑，是一张标出他们办案思路的地图。但后来，司法部的一名官员却否认马克斯有泄密行为 [1]。

　　狂怒中，罗伯逊再次致信马克斯，说她"不顾约定，积极获取文件并将它交给辩方律师"。她写道，这份文件向辩方提供了一张控方策略的路线图，甚至可能"使他们找出与我们合作的证人"。她指出："这样的行为进一步加剧了我方调查员与贵方律师之间的紧张关系，我们觉得很难相信一个不够坦诚的检察官。"

　　几周后，马克斯把罗伯逊拉到一边说："我们得谈谈。"

　　"可以。"罗伯逊回答，"但我的主管不在，没有证人，我不能和你单独交谈。"

2010年1月，兰伯西的律师首次要求美国政府给出一个全球性解决方案。这意味着双方就政府对兰伯西的每一项刑事、民事和监管指控达成和解。这虽然是一项艰巨的任务，但比法庭对决要简单，也会少花许多钱。

到 3 月，美国药监局的副首席执行律师斯蒂芬·塔夫（Steven Tave）拟了一个可能的方案：让公司就多项密谋和虚假陈述的指控认罪；向公司收取刑事罚金，数额按照兰伯西所有工厂销往美国的药物确定；签订一份与公司虚假声明有关的民事和解协议；实施一项协议裁决，要求公司在其主要工厂的产品获准进入美国之前转变业务。从未有过外国公司受到过这样的裁决。

虽然他们定下了在盛夏结案的目标，美国药监局团队和检察官却在处罚的规模、结构，甚至处罚的理论依据上争执不下。处罚的依据应该是全美国的销量吗？如果是，那应该依照销售总额还是净销售额？应该包括公司的所有药物，还是只算特定日期销售的特定药物？

两组人马越是商议，对案件的说法就变得越模糊，达成和解的可能性也不断变小。2010 年 8 月，罗伯逊在给同事斯蒂芬·塔夫的邮件中问道："看来我们要照净销售额计算了？"

塔夫回复："那需要联邦检察官办公室做个决定，而不是总是敷衍说他们还在等美国药监局的回复。（哦，我这么说是不是太刻薄了？）"

正当双方争吵，而兰伯西的律师请求快点做出决议时，奥巴马总统在 3 月签署了《平价医疗法案》，使之成为一部法律。由此，仿制药成为 2000 万美国人的必需品，他们现在可以根据法律获得药物治疗了。虽然"平价医疗法案"这几个字没有进入这场艰难的商议中，但是它体现了确保仿制药供应的重要性。

时间一个月一个月地过去，决议始终没有达成，检察官们和美国药监局团队就谁该为拖延负责的问题互相责难起来，言辞十分激烈。到 7 月，联邦助理检察官贝尔曼在电子邮件中诘问罗伯逊和塔夫："我的管理层又在询问这个案子什么时候能结，还有我们到底要不要起诉任何个人。"

恼火的塔夫写邮件给罗伯逊说："我倒是想问问他们协议裁决的事，一周多之前就发给他们了……（当然了，拖拉的总是我们美国药监局。）"

到 2010 年 9 月，罗伯逊得知检察官甚至还没有获得兰伯西的销售数据，而那将是和解的基础。"我认为司法部这是在承认他们在推进和解中没有作为。"罗伯逊对她的主管写道，"10 个月过去了，他们到底做了什么呢？"

当 2010 年接近尾声时，塔夫终于决定打破僵局。在写给检察官的一封长长的电子邮件中，他劝告对方："这个案子证据充分，也很重要。许多人倾注了许多时间才把案子推进到现在这个程度。"他详细说明了为什么和解谈判应该从 16 亿美元谈起，且不能低于 8.17 亿美元。回顾整个艰辛的过程，他写道："我也不想重复同样的问题，但是如果有人认为证据指向其他结论，劳驾你们解释一下那个结论是什么，是如何得出的。再请解释一下支持那个结论的证据。"他补充道："被告方已经求了我们一年多，说要到谈判桌上来解决这个案子……我们没有理由不把这件事情办下来。"

然而事情就是办不下来。到 2011 年 3 月，有一名检察官已经准备让步，不对兰伯西的一家主要工厂进行刑事处罚了。罗伯逊给她的主管发了一条恼怒的短信："事情越来越糟，就因为我们没有一个愿意负责的刑事检察官。"

2011 年 8 月，兰伯西的律师已经通过讨价还价把罚金砍到 2.6 亿美元。针对个人的检控计划（检方曾想过不追究潘特，换取她指证辛格）也已经搁浅。就像马尔文德·辛格几年后对一名记者所说的那样："始终没有调查员来询问或者联系我。"也没有人去询问、联系艾卜哈·潘特。

罗伯逊常常想到休案，她渴望退出这个案子。但有一个念头使她坚持了下来：她觉得自己应该对萨库尔负责。"这个男人找到我时，简直是把性命都赌上了。"她回忆道。她至少也要将公司绳之以法，就算这么做有可能让她丧失理智。

2005 年，迪内希·萨库尔首次将自己担忧的事情报告给美国药监局，在那之后，他成立了一家名为"Sciformix"的公司，公司雇了印度、菲律宾和别处的医学专才，帮助制药企业处理患者投诉和其他法规事务。公司甚至还赚了钱。不过他也在华盛顿哥伦比亚特区的斯坦因／米歇尔事务所（安德鲁·贝亚托的工作单位）投入了很多时间，帮助24名律师和辅助人员筛选了近400箱文件，好让政府能对兰伯西立案。

一边是在Sciformix的职责，一边又要顾兰伯西的案子，萨库尔每天工作近18个小时。他在印度和美国之间飞来飞去。即便回到印度，他大部分时间也在孟买处理公事，而不是待在新德里的家中。虽然他的衣着仍然考究，卡其裤上的褶子清晰如同刀锋，衬衣领子也熨得平平整整，但他的眼袋却越发明显。他的脾气也变差了。即便回到留守印度的家人身边时，他似乎也总是在手提电脑前忙碌，或者陷入对自己的疑惑中：当初将兰伯西的诈骗行为向美国政府报告，真是明智的选择吗？

可以说，他努力工作是在为家人争取未来，苏娜尔也是自愿留在印度的。可是日复一日，陪着两个孩子的她觉得越来越孤单。在妻子和孩子眼里，萨库尔更像是电脑屏幕前的一张脸，而不是陪伴在身边的丈夫和父亲。每次回家，他都会长时间待在地下的那间办公室里，阅读他的律师寄来的各种材料。"他的心思从来没在家里过。"苏娜尔说，"无论他怎么努力都不行。"

贝亚托要萨库尔尽量少向妻子透露政府对兰伯西的调查和他在其中的角色。这个案子以及他最先提起的诉讼都是机密，相关的法庭记录都已封存。贝亚托很担心萨库尔家人的安全。他也担心苏娜尔守不住秘密，不知道她会如何反应。因此萨库尔只能沉默，这使他们夫妇的关系无比紧张，几近崩溃。

2009年2月，萨库尔回到印度，正赶上庆祝莫哈薇的3岁生日。这次回家，他带着苏娜尔去了古尔冈的一家热门中餐馆，就开在苏格兰皇家银行大楼里。在拥挤的餐馆里，当侍者端上热汤时，萨库尔轻声说道："我要告诉你一件事情。"他已经决定：为了挽救婚姻，他要违背律师的嘱咐。他小心翼翼地开始说明一切：在兰伯西到底发生了什么，他又做了什么，他是如何找到一名律师，眼下正代表美国政府起诉公司，还有他们会为他的身份保密。

苏娜尔停下筷子，汤变凉了。她感到震惊、害怕。她丈夫不仅卷入一场危险的调查，还是这场调查的发起者。他是一名关键证人，身份随时可能暴露。他们全家都可能有危险了。萨库尔解释说："你想，他们在玩弄人的生命，我不能袖手旁观。"

"你之前为什么不告诉我？"苏娜尔问他。

"我不知道你会不会支持我。我想你可能会害怕，那样我就做不下去了。"他说，如果当初问了她的意见，"我就会变得懦弱。"在某些方面，她觉得他说得没错。他当初要是来问自己，她一定会说出 10 个充分的理由叫他不要举报诈骗。

"那么钱由谁出呢？"她问他诉讼的费用。

他解释说，律师费不用他付，会从政府的和解协议中扣除。听到丈夫竟然请了个律师，而且还是免费的，苏娜尔一时有些迷糊了。萨库尔没有说他们可能得到的经济补偿。那看起来不太可能实现，也不是他最初的动机。

"我们安全吗？"她问他。她知道举报人在印度会是什么下场。

"这事谁也不知道。"他解释这个案子是"秘密起诉"的。这又是一个似乎不可能理解的概念，考虑到法律在印度是一件多么脆弱而政治化的工具。

"这些你在提起诉讼之前都考虑过吗？"

"其实，我刚举报完的时候以为，我的任务已经完成了。"他说。那是很久以前，他还满以为只要向美国药监局提供了线索，就足以阻止兰伯西的诈骗了。

长久以来，苏娜尔第一次把一切都想通了：老板们来来去去，丈夫突然辞职，还有为什么他待在地下办公室里久久不愿出来。他向来很有逻辑，不会草率做决定。在没有找好下一份工作之前就辞职，这实在不像是他所为——但现在她明白了。虽然苏娜尔已经明白丈夫在实际陪伴和心思上缺席的原因，但知道这一点并不能抚慰家庭的创伤。

那次餐厅讨论之后，萨库尔就很少再谈起他与美国药监局的合作，苏娜尔也不问。她对他的决定不理解，也没有参与感，感到沮丧时她会说："你只考虑自己需要做什么。"每当她想谈论此事，她就问他："案子什么时候能结束？"这个问题他也问了自己许多次，但从来都无法回答。

萨库尔返回美国后，他们的婚姻关系变得更紧张了。苏娜尔努力说服自己：他离开家庭，是为了去做一件帮助别人的好事。然而每当她觉得寂寞，被孩子们闹得招架不住时，这种想法就不能给她多少安慰。苏娜尔半真半假地想过要离开他，这是她在绝望中产生的陌生念头。

婚姻咨询不是印度文化中的常规部分。于是苏娜尔去向一位熟悉的年长邻居求助。苏娜尔和萨库尔一起去拜访她。邻居的建议平平无奇：婚姻需要经营，要更加努力地了解彼此的立场。但他们依然分隔两地且不快乐，在一起时又忍不住吵架。"我们找不到和平的共同立场。"苏娜尔说。萨库尔想沉浸在工作中。苏娜尔告诉他："你的神经越来越不正常了。"

苏娜尔说，在印度，"是不能随便离婚的"。结婚是两个家庭之间的事。于是两人的父母也介入了。苏娜尔的母亲对萨库尔的父亲谈到他长期在外的事，也谈到这对家庭产生的巨大压力。萨库尔的父亲接着来找苏娜尔谈话。这位老人对儿子的孤独追求一无所知，他努力想给儿媳传授一些人生经验。"我知道你现在很不容易。"他说，"但是无论如何，你要把婚姻经营下去。在一个家庭中，女人能使大家团结，也能放任大家离心。"

这虽然不是什么高见，却正好说中了他俩的情况。萨库尔已经选择了他的路，是否让家人也走这条路就取决于苏娜尔了。传统文化的熏陶消解了她的一些怨气。用她的话说："在印度，我们学会了对事情要妥协处置。而不是另找别的选择。"然而随着孤寂越来越强烈，她也很难不去考虑别的选择。

政府的案子一拖再拖，夫妇间的紧张也日渐加剧，萨库尔求助于他的律师安德鲁·贝亚托以维持和平。贝亚托和苏娜尔谈了谈。他试着安慰她说，她丈夫的身份始终是保密的，案子也总有结束的一天。他还传达了另外一条略微不同的信息，那是萨库尔绝不会想到去传达的。"您的丈夫在做一件举世无双的事。"贝亚托告诉苏娜尔。他解释道，一个来自印度的举报人，在美国打响一场规模如此巨大的战斗，这还从来没有先例。贝亚托想让她知道，虽然担忧家人的安全是"合理的，也是最重要的"，但是除此之外，"还有更大的事，那就是阻止一家正在作恶的公司"。贝亚托表示，她的丈夫是"一位英雄"。

萨库尔自己却没有英雄的感觉。他感到更多的是烦乱。时间一个月一个月，继而一年一年地流逝，他感觉自己被悬在一片明暗不分的可怕地带：他被困在过去，无法前进。每次快到截止日期，似乎政府终于要起诉公司时，都会有一个政府律师给贝亚托打来电话，要求延期。萨库尔提供的情报是政府立案的根据，如果想成功立案，那么他除了默默接受之外别无选择。"我是一个对任何事都会做计划的人。"萨库尔说，"我也是一个看重结果的人。"但他的计划绝不包含任由案子一连几年在他头顶悬而不决，而他也无法影响案子的结果。

2009 年夏天，苏娜尔带着家人搬出安静街道边的独栋别墅，住进了古尔冈一条主干道旁边的一个门禁社区。对于喜爱社交的苏娜尔，搬家减轻了一些寂寞。一下子，她有了其他年轻的家庭作为邻居，还有了不依赖于丈夫的社交生活。小区名叫"优尼泰克世界水疗中心"，里面有健身房，有俱乐部，常办聚会。小区还有自己的合唱团，她加入了。她把萨库尔也拉了进去，虽然他不太情愿，也很少参加。萨库尔老是不在，她的新朋友们都觉得神秘。"别人问过我，他为什么在美国待那么长时间？为什么老去美国？"她没有告诉他们实情。不过这次搬家使夫妇俩的关系稍微有了些变化。她不再依附于他，他也注意到，妻子开始了新生活，并不一定需要他的参与。

2010 年 10 月，萨库尔带女儿去小区的俱乐部参加万圣节聚会，不料迎面遇上一个新邻居——艾卜哈·潘特。这时她仍是兰伯西负责法规事务的副总裁。因为萨库尔的揭发，美国药监局的副首席律师很快给检察官们发了一份长长的备忘录，建议对潘特在兰伯西诈骗案中的角色提起刑事诉讼。她的名字，连同马尔文德·辛格，均在美国司法部关于兰伯西的每一份"可疑人员"名单的榜首。萨库尔的名字也在一张名单上，那张名单潘特或许也知道。那是公司高管编写的名单，上面列出了可能与政府合作的举报人。

两人简单聊了几句。潘特提到兰伯西的新任 CEO 也搬进了这个小区。这不是萨库尔想听到的消息。

"我前不久碰见拉希米了。"潘特又说道，她指的是萨库尔的前上司巴布海亚，当初就是他招萨库尔进兰伯西的，"他没怎么变。"

"没怎么变是什么意思？"萨库尔问她，隐隐感到不安。

"我是说他还是那么自大。"潘特想继续聊下去，萨库尔却感觉她在刺探情报。她又提起萨库尔的另一个前上司——库马尔。"他在兰伯西真是浑身不自在啊。"

"和他一起工作很开心。"萨库尔生硬地回了一句，结束了对话。

他努力想藏匿起来，但依然觉得被公司以及他在公司那段时光的后续事情包围着。他把这次遭遇告诉了他的律师贝亚托，一边说话，一边打字记录着案情的进展。他为自己打下一行字："一旦消息公开，就离开这里。"

第二十一章 一口黑暗的深井

1998—2010 年
北卡罗来纳州达勒姆市

30 年来，乔·格莱登和特里·格莱登始终和患者是同一立场[1]。这对夫妇一个是药理学家，一个是医学人类学家。他们在多家报纸上连载一个专栏，还在国家公共广播电台主持节目《人民药房》。多年来，格莱登夫妇致力于给患者鼓劲，并引导他们寻找疗法，心里一直怀着一个基本的信念：美国药监局是一家胜任其工作的监管机构，它的说法是可以采信的。

即使在 20 世纪 80 年代末仿制药曝出丑闻的那些黑暗日子里，格莱登夫妇仍表示相信美国药监局的"详尽审查"没有发现会危害消费者的问题，也仍然是仿制药的坚定支持者。"我们那时候坚信，它们和品牌药是相同的，如果市场上有仿制药，那么傻子才会为品牌药花钱。"乔回忆说。

然而 10 年之后，夫妇俩在律师办公室偶然听到一件事情后，第一次认真怀疑起美国药监局的审查到底有多详尽。在那里，一名员工跟他们说起自己患注意缺陷障碍的幼子："他每次服用利他林（Ritalin）后去上学就表现很好。"但如果他服用的是仿制药，老师们就会反映他在同样长的一时间内不能集中注意力。90 年代末，格莱登夫妇开始收到读者和广播听众的来信，讲述他们使用各种仿制药的糟糕经历。一名患者在改用仿制的左旋甲状腺素（Synthroid）后出现了焦虑和失眠的症状："我出的汗比平时多，心脏也仿佛要从胸口跳出来似的。"另一名偏头痛患者服用 Fioricet 的仿制版后变得狂躁："我变得极其兴奋，说出来你都不信，半夜 3 点我还在写信发传真。"

格莱登夫妇将这些案例写进 1998 年的报纸专栏[2]，并提出"在批准仿制药后，美国药监局对它们的监管如何"的问题。2002 年，乔·格莱登联络美国药监局[3]，并找到了仿制药办公室主任加里·比勒（Gary Buehler），由此开始了一段长达数年充满焦虑的沟通。

没过多久，《人民药房》的网站就成了患者交流病情的地方，他们都在与可怕的症状做斗争，而那些症状都是改用仿制药后出现的。患者写来邮件，急切地询问答案。乔·格莱登再将反映上来的问题转发给美国药监局的比勒。2007 年至 2009 年间，他共转发了对至少 20 种药物的投诉信，他相信那些身居高位的官员应该想知道患者经历了什么。

2008 年 1 月，乔·格莱登给罗伯特·坦普尔（Robert Temple）——美国药监局药物评估和研究中心的临床科学副主任写了一封电子邮件。他转发了针对抗癫痫药大仑丁（Dilantin）仿制版的一封投诉信："服用 300 毫克剂量的大仑丁多年之后，我想节约成本，改服仿制药。接着我就发作了好几次癫痫。"他还写道："此事令人极为担心，相信你会像我们一样严肃对待。"

格莱登详细查看了美国药监局的生物等效性标准以及企业必须提交的数据之后，发现仿制药的等效性比一般认为的要低得多。美国药监局的统计学公式将生物等效性定义为一个范围：仿制药在血液中的浓度，不能低于品牌药的 80%，或高于它的 125%[4]，使用 90% 置信区间。也就是说，要在标签上注明仿制药和品牌药等效，两者之间可以有上下 45% 的差异。如果患者从一种仿制药换到另外一种，可能今天的这种还是最低浓度，明天的那种就变成最高浓度了。美国药监局还允许药企使用名为"辅料"的各种额外成分，这些辅料的品质可能较差。这些差异都可能影响一种药物的生物利用度，也就是会被血液吸收的含量。

还有一个问题使格莱登格外留意。仿制药公司是以生物等效性曲线的形式提交患者验血结果的。这种曲线的纵轴为"血药峰浓度",表示药物在血液中的最高浓度;横轴为"达峰时间",表示达到最高浓度的时间。这样绘出的曲线形如一个颠倒的 U。美国药监局正是依据曲线上的最高点,即药物的峰值浓度,来评估其血液吸收率的。然而药物的峰值浓度,即血液吸收最多药物的那一个点,只代表一个时间点的数值。美国药监局却用这个数值来代替药物的总体吸收率。只要仿制药在浓度上达到过和品牌药相近的峰值,美国药监局就认为两者是生物等效的,即使在两条曲线中,达到那个峰值的时间完全不同。

格莱登意识到,两条不同的曲线代表人体两种完全不同的体验。对于缓释药物,那条测量达峰时间的横轴至关重要,而美国药监局 1992 年制定其生物等效性标准时,缓释药物还没有被广泛应用。在那之后,这个标准也没有得到实质性的更新。格莱登在给一名记者的邮件中写道:"仿制药的达峰时间可能各不相同,但他们根本不在乎。"他说这一点"在我们看来是相当反常的"。虽然美国药监局宣称不会批准释放速率有"重大临床差异"的仿制药,但它并没有公布药企提交的数据,因此外界不可能知道差异到底有多显著。

随着越来越多的患者向《人民药房》网站投稿讲述他们在仿制药上的挣扎,格莱登夫妇发现针对缓释药物的投诉尤其多。其中一种是 Toprol XL 的仿制版,也就是使哈利・利弗治疗的患者饱受困扰的那种药物。这种仿制药几乎刚一上市,就有服用它的患者向格莱登投稿了 [5]。他们说自己服药后血压和心率都明显升高。他们呕吐,晕眩,发荨麻疹,头痛,开始掉头发,睡不着觉,还会做逼真的噩梦。格莱登将部分发言转发给了美国药监局的比勒。"你准备怎么处理这个问题?"格莱登问他,"如果出了人命,这就会变成一桩大丑闻。"格莱登夫妇后来在专栏中写到了对方的回复:"大意就是'我们再联系',然后就没消息了。"

不过使格莱登敲响警钟的却是另一种不相干的药物。Wellbutrin XL 是葛兰素史克出售的一种很受欢迎的抗抑郁药。这种药有缓释配方，几个小时内能持续在血液中释放药性，所以不像从前那样，需要每天服药几次。Wellbutrin XL 的专利 2006 年 12 月过期之后，以色列制药公司梯瓦开始向市场推出第一个仿制版，并委托益邦制药生产。梯瓦给这种仿制药起的商标名是"Budeprion XL"，其有效成分是安非他酮（bupropion）。《人民药房》几乎很快就被令人不安的电子邮件淹没了，患者抱怨服药后头痛、恶心、晕眩、易怒，并出现睡眠和焦虑问题。有人说他们的仿制药片散发臭味。许多人服药后动辄哭泣。有人产生了自杀倾向。还有人有颤抖甚至癫痫症状。一名患者写道："有时我抖得厉害，没法喝杯子里的水，或者吃饭时嘴对不准餐叉上的食物！"几乎所有患者都说，他们的抑郁症又回来了。

这些投诉的相似性震惊了格莱登。一名患者写道："我以前从来没有过自杀倾向，但改用仿制药一天后，我就开始恐慌，症状持续了一周，强度逐步上升……我出现了精神病的症状，自我厌恶，程度远远超过从前。我熬过了最艰难的日子，打了一个自杀干预热线，吃了两粒安定文锭（Ativan，抗焦虑药），并且再也没吃安非他酮了。又过了一天，我感觉好多了。今天我终于恢复正常了。"另一名患者自称服用 Wellbutrin XL 的仿制版两周之后："我变得极其好斗，把支票账户里的钱用了个干净，在公路上别了几辆车子，还闯了一次红灯。我差点被撞死，或者撞死别人。"

另一个患者"惊恐全面发作，当时我正以每小时 65 英里的速度驾驶车子，感到头晕目眩……接着哭了出来……我心想，我到底怎么了？是疯了吗？哭泣并没有使我好受，我下车在收费公路旁坐下，大卡车和汽车在面前飞速驶过。我强迫自己在路边的一条排水沟里躺下，捂住耳朵让自己镇定下来，因为我有一种难以抵制的冲动，想跑到车流里去"。

格莱登将海量留言报告给了美国药监局的罗伯特·坦普尔，他没有回应。不过与此同时，美国药监局也一直在搜集患者投诉。2007 年 1 月到 6 月，美国药监局收到了超过 85 份 Budeprion XL 的不良反应报告[6]，但官员们对多数报告不屑一顾，认为这些反应可能是因为患者身心失调，也可能是药片的形状和颜色改变所致。

但是在 2007 年 4 月，格莱登夫妇向读者宣布了一条好消息："我们已经和美国药监局做了安排，对于《人民药房》读者怀疑与品牌药功效不等的仿制药片，他们都将开展分析。请大家描述自己的经历，并将仿制药片寄来，同时也请多多提供信息。"这似乎预示着美国药监局将与他们合作。来自全国各地的药物塞满了格莱登夫妇的信箱，其中包括"成百上千片"梯瓦公司的 Budeprion XL 药片。乔·格莱登马上意识到这些药片确有问题："它们简直臭气熏天。"他将药片都寄给了美国药监局。

后来，格莱登碰巧在一场募款会上遇到宝来威康的一位化学家，正是这家公司开发了 Wellbutrin XL 的化学配方。"那股怪味是怎么回事？"格莱登问他。

"这太简单了。"那人解释说这是药片变质的表现，"是生产过程出了问题。"

格莱登一边等待美国药监局的检测结果，一边继续转发针对梯瓦生产的 Budeprion XL 的投诉信。"最使我们警惕的是许多患者都表示换药后有了自杀的念头。"他在 2007 年 6 月 21 日给坦普尔的信中写道。

格莱登已经厌烦等待美国药监局的检测结果了。他向几名专家咨询那些患者报告的症状可能是由什么造成的。他甚至还向几家独立实验室求助。陶德·库珀曼（Tod Cooperman）是纽约州怀特普莱恩斯市消费者实验室的总裁，他很快就加入了格莱登的事业。消费者实验室对照葛兰素史克的 Wellbutrin XL，检测了梯瓦公司的 300 毫克剂量的 Budeprion XL[7]。检测结果揭示了可能造成患者痛苦的源头：在服药后的头两个小时内，这种仿制药向患者体内突然释放的有效成分是品牌药的四倍。格莱登把这比作狂灌酒精的后果："在两三个小时内小口喝下一杯葡萄酒，你不会感到醉意。但如果是在 15 分钟内一气喝完，那你就喝得太多太快了。"

格莱登夫妇认为，这种"剂量突释"可以解释许多患者为什么会出现服药过量的症状，比如头痛和焦虑，之后又为什么表现出戒断症状，比如再度抑郁或起了自杀念头。梯瓦断然否认了消费者实验室的报告，称这家独立实验室的检测方法是"不恰当的"。美国药监局没有表态。

2007 年 12 月，格莱登和美国药监局的坦普尔双双受邀到洛杉矶的一个电台节目上去做演讲 [8]，讨论美国药监局对仿制药的审批要求。节目中，主持人就消费者实验室发现的 Wellbutrin XL 品牌版和仿制版之间的区别询问了坦普尔。终于，坦普尔承认了仿制药和品牌药释放有效成分时的速度差异。"总的来说，是的，仿制药释放成分要稍早一些。这可以说是它的优势。"他还补充道，在治疗抑郁症方面，提早释放"不太可能"造成任何实际的区别。听到坦普尔居然把提早释放说成优势，格莱登吃惊不已。他在节目结束后致信陶德·库珀曼说："我不禁怀疑美国药监局是活在某个爱丽丝的奇异世界里，那里上下颠倒，快速释放 300 毫克安非他酮也是一件好事。"

坦普尔后来对一名记者说："那些担忧的人这么激动，多是因为几例孤立的报告。你再去查看生物等效性研究结果，就会明白这没有什么好担忧的。"

格莱登想找坦普尔私下谈谈。到 2008 年 1 月，因为坦普尔没有回音，他又联系了比勒。他在邮件中写道："关于如何推进 Budeprion XL 一事，我们想不出别的办法了……你不会真的认为这几百份相似的投诉只是巧合吧？"他继续发送大量消息追问美国药监局，有时候每天发送。正如他在写给一名同事的邮件中所说："对付美国药监局时，我们使用了各种手段：软磨硬泡，死缠烂打，哭啼抱怨，真是丑态百出。"

2008 年 3 月，格莱登憋不住火了。自美国药监局承诺会调查梯瓦的药物以来，已经过去将近一年。但似乎什么也没有发生。这件事吞噬了他大量的时间，他本来已经不想再管。然而患者的投诉信仍在源源不断地涌入：有的住院了，有的做了侵入性检查，有的因为抑郁丢了工作和房子。就像一位患者写的那样："为了找回原来的自己，我要走完面前很长的一段路，但其实我再也回不去了。因为服用仿制药毁灭了我人生中一切重要的东西。"

2008 年 3 月 17 日，格莱登忍不住给比勒写了电子邮件，说起那些投诉："投诉越来越多了！……这些人可是你的老板！是他们出钱付你工资，你应该对他们负责。他们不是疯子、怪人或者傻子。他们是一个个真实的人，有着真实的诉求，你必须担起责任。"第二天，比勒回了一封简短而失礼的邮件，说美国药监局还在起草报告。格莱登没有罢休。到 4 月，他继续给比勒发送电子邮件："我还是那句老话……这是性命攸关的事。我们必须看到你们的报告，越快越好。"

2008 年 4 月 16 日，此时距格莱登首次提醒美国药监局患者服药后的不良反应已经过去一年多了，美国药监局终于发布了一份报告，报告中要消费者放心，说批准 300 毫克剂量的 Budeprion XL 是正确的 [9]。虽然它在溶解方面与品牌药有"小小的不同"，但是美国药监局表示，梯瓦的这种仿制药符合美国药监局的各项标准，因此与 Wellbutrin XL "在治疗上等效"。报告最后总结说，引起患者症状的可能是抑郁症"反复发作的特性"，而非药物失效。

读着这份报告，格莱登觉得骇然。美国药监局没有像其 2007 年对他许诺的那样，在实验室中检测样品，而只是复查了梯瓦公司在 2003 年随申请文件提交的生物等效性数据 [10]。更糟的是，美国药监局复查的数据是 150 毫克剂量的，而非 300 毫克剂量的。一般来说，仿制药的生产商只会检测最高剂量，即所谓的"参比制剂"。美国药监局假定较小的剂量在药力上也成比例降低，且在人体内发挥着和高剂量相似的功效。但是就 Budeprion XL 而言，较高的 300 毫克剂量却从未经过检测，美国药监局解释说，这是因为他们怕给志愿者带来"癫痫的风险"。这使格莱登感到震惊：在没有任何数据的情况下，美国药监局怎么确定 300 毫克剂量的产品与品牌药生物等效呢？但美国药监局又确实批准了这种剂量供数百万人使用，根据的仅仅是对较小剂量产品的检测数据。

但真正使格莱登震惊的是，美国药监局在报告中公布的 150 毫克剂量仿制药与品牌药的检测结果。它们被画成两条曲线，反映了试验对象的验血结果。那是两条迥然不同的曲线。只要看上一眼，格莱登就明白它们不可能对患者产生相同的疗效。品牌药的曲线缓慢上升，在大约五个半小时后达到峰值浓度。而仿制药的曲线急剧上升，只用两个小时左右就达到了峰值。两者的差别"如此明显"，他说，"任何一个小学生"都看得出来。

对于这种仿制药，美国药监局既没有现成的数据，在撰写报告时也没有开展检测，他们只凭较小剂量的检测结果就推测它与品牌药效力相同，然而明眼人都能看出二者的差异——如果美国药监局只凭这一点证据就得出"相同"的结论，那说明事情比格莱登怀疑的还要糟糕。他回忆说："我们当时心想：'天！这绝对是个大问题！'这是使整座纸牌屋倒塌的那张纸牌。在某些方面，它改变了一切。我从来没想到他们的审批过程竟是这样草率。"

格莱登夫妇给坦普尔和比勒写了邮件："读完今天公布出的那份报告，我们相信你们误导了美国公众。"乔·格莱登原本希望美国药监局会出面拯救患者，但现在看来，美国药监局的操作反倒会害了他们，而且这些操作还是在暗中进行的。除了那两条曲线，美国药监局并没有公布仿制药公司提交的任何生物等效性数据。后来坦普尔对一名记者说，美国药监局的研究"不算误导，但或许不太充分"。格莱登不知道自己还能做什么，只能在科学界撒下一张大网。他将这视作一起公共卫生紧急事件，但他也感到茫然无措：他应该向国会举报，还是去找医学游说者？要不还是通知记者？到底要踩中哪个神奇的点，才能迫使美国药监局行动呢？

这时，格莱登已经通过电子邮件和克利夫兰诊所的哈利·利弗成了伙伴和知己，两个人都在顶着医学和政治成见逆流而上。他们问出的也是相似的问题。在两人之间牵线的是克利夫兰诊所的心血管内科主任斯蒂芬·尼森

（Steven Nissen）医生。在写给格莱登的一封充满同情的邮件中，尼森表示美国药监局的阻挠行为"令人震惊"。作为一名知名的患者维权人士，尼森对美国药监局的不作为相当熟悉。他牵头过好几次对于药物安全性的调查，对美国药监局的审核过程提出了质疑。他对格莱登写道："不要指望美国药监局会采取任何行动。面对这类事件，他们的一贯套路就是否认，因为一旦承认问题，他们的形象就毁了。"

一名美国药监局前高官联系上格莱登。他以匿名为条件，向格莱登提供了指引和情报。格莱登将这名线人称为"内部人士"。格莱登写信给库珀曼说："他大致上认同我们的立场，说问题确实存在，我们的调查方向也是正确的，他还叫我们不要放弃，也不要屈服。"2008 年 7 月，格莱登和几名美国药监局官员见了面。他们同意与他合做一项研究，在出现不良反应的患者身上评估 Budeprion XL 的生物等效性。格莱登认为，美国药监局之所以同意这项研究，是为了"就此让我们永远闭嘴"。六个月过去了，到 2009 年 1 月，美国药监局仍未取得任何进展。正如格莱登在写给一名美国药监局官员的邮件中所说："我常常觉得我们在向一口很深很黑的井中扔石子，无论扔多少枚都始终听不见水声。"

他继续转发患者的投诉信，其中一个男子写道，梯瓦版本的 Wellbutrin XL"差点让我妻子自杀"。2009 年 2 月一个周五的晚上，格莱登将这封投诉信转发给了比勒和坦普尔。他写道："两位，这总该让你们有所触动了吧？这下总不能再跟我们说这是身心失调了吧……我们什么时候才能做点正事呢？"

2009 年 12 月，《华尔街日报》报道说梯瓦和益邦制药将在美国药监局的指导下，对 300 毫克剂量的 Budeprion XL 开展一项生物等效性研究。[11] 但一年之后，这项研究仍不见动静，于是美国药监局决定自己开展研究。

到了 2012 年 12 月，美国药监局终于在一份新闻稿中公布了他们的发现，它证实了格莱登夫妇早已知道的事实：300 毫克剂量的 Budeprion XL 与

Wellbutrin XL 在治疗上并不等效 [12]，因为前者没有释放足量的有效成分。美国药监局的报告里说，仿制药"在血液中的吸收速度和程度"都与品牌药不同。消费者实验室的陶德·库珀曼对这个结果感到很高兴，但并不赞赏。他对美联社说："我们为能参与发现这个问题深感自豪，但不幸的是，美国药监局用了五年时间才将这款产品撤出市场。"这时，美国药监局已经要求另外四家仿制 Wellbutrin XL 的生产商对各自的 300 毫克的药片开展生物等效性研究。在这四个仿制药品牌中，沃森实验室生产的一种也没能通过检测，于是公司召回了产品。

格莱登想联系加里·比勒——美国药监局仿制药办公室主任，想问问对方：在他最初报告患者的不良反应之后，美国药监局为什么要等上五年才去检测梯瓦的药物？为什么这种药物没有具体的生物等效性数据就能得到批准？但是他没法再问了，因为 2010 年 10 月，在代表患者的原告律师准备起诉梯瓦的大约 18 个月后，比勒从美国药监局辞职了。他跳槽去了一家公司任职，成为负责全球法规情报和政策的副总裁——那家公司正是梯瓦制药 [13]。

如果美国药监局打算正面处理生物等效性问题，它只要看看自家的不良反应事件的数据库就行了。这个数据库收集了来自公众的报告，其中满是针对仿制药的投诉：有患者发现自己的药品上布满霉菌，或者散发出强烈的"烂鱼味""猫尿味"。还有的患者报告自己的药物没有疗效，一个患者写道："我的药好像完全不起作用。"另一些患者根据美国药监局的指示直接联系了制药公司，但他们把药品寄过去检测之后，就再也没收到回音。还有的报告说药片里混进了异物，从眼睫毛到昆虫，不一而足。

虽然美国药监局承认这类投诉是"指出潜在安全问题的重要信源"，但美国药监局的一名发言人后来又表示，要对投诉信做"仔细检查和解读"。他说投诉的数量会受到许多因素的影响，包括法律诉讼和媒体报道。

2016 年 1 月，在新泽西州芒特劳雷尔，71 岁的退休工人卡拉·斯塔弗（Carla Stouffer）正准备吞下每天服用的高血压胶囊——氨氯地平 / 苯那普利（amlodipine/benazepril），这时她忽然看见有什么东西动了一下。仔细查看，她发现一条蜈蚣似的小虫子，它身体的一半卡在胶囊里扭动着。斯塔弗惊恐地望着虫子努力从外壳中脱身 [14]。她之前从来没想过她吃的药是谁生产的。这种药是药方福利管理公司快捷药方开给她的，一次够吃三个月。她打听到此药的生产商是印度公司雷迪博士实验室。她的投诉是当年美国药监局收到的 100 多万份药物相关投诉中的一份。

和疑心重重的患者一样，格莱登也失去了对美国药监局的信任。他说："我向来认为美国药监局是一家专业机构，也认为他们的审批过程是严谨细致的，因为大家都这么认为。"但是他了解得越多，对美国药监局的信心就越弱。一天，在一次晚间聚会上，他和一个多喝了几杯的葛兰素史克高管说上了话。那人向他透露，为了降低运营成本，许多药企正在把生产业务转移到国外——这是一个需要他考虑的新问题。他不禁怀疑，美国药监局还在忙着执行几十年前的监管标准，而为美国生产药物的公司已经在全世界和它玩起捉迷藏了。

这彻底颠覆了格莱登的认知。他一直以为获得批准的药物一定符合美国药监局的标准，但是现在看来，那些标准本身也有缺陷。有没有可能，那些折磨美国患者的药物实在太糟，连美国药监局那些有缺陷的标准都无法通过，却还是得到了错误的批准？如果是那样，就意味着无论是美国药监局的标准，还是它的审批过程，都已经破产了。然而就算美国药监局修正了这两个方面，那也对一个更加严重的生产问题无济于事：美国已经不再自己生产药物了。

第二十二章 价值 6 亿美元的封套

2011 年
马里兰州银泉市

　　细致负责的美国药监局合规官员凯伦·高桥的办公桌上散放着几页文件，那是兰伯西公司最有价值的资产：生产第一种立普妥仿制药的申请文件。这个富有争议的封套上盖着"简化新药申请 76–477"字样的图章，审查它的责任落在语声柔和的凯伦·高桥和她的同事们身上。时间很紧迫。

　　在仿制药的世界里，没有什么比阿托伐他汀的利润更高了。每年，光是美国的政府项目都要在品牌立普妥上花费 25 亿美元。2011 年 3 月，一群参议员在一封信件中提醒美国药监局局长 [1]：只要仿制版的上市稍有拖延，美国人每天就要多支出 1800 万美元。兰伯西在向美国药监局申请生产阿托伐他汀的队伍中排第一位。根据和辉瑞公司的一项协议 [2]，它从 2011 年 11 月 30 日起可以合法销售这种药物。公司只等美国药监局的最终批准了。但兰伯西的问题越来越多，产品上市本来似乎万无一失，现在大家却得为它捏一把汗了。"对于兰伯西，这是关乎生死的一场战斗。"一名药企律师这样对《财富》杂志说道："这是仿制药历史上最大的机遇。谁也不知道结果会是什么样 [3]。"

　　在美国药监局内部，虽然对于该如何处置兰伯西的审议模糊而混乱，但有一些人很清楚：美国药监局绝不会允许一家深陷诈骗丑闻的公司保有独家权利，并且出售美国最重要的仿制药。兰伯西的先到先得的地位看来是"保不住了"——这是在政府内部的乱斗中涌现出的一个词语。比如黛比·罗伯逊就在 2010 年年中向一名检察官表示："这项申请绝对不会获批。"美国药监局药物科学办公室的副主任也在一份内部备忘录中写道："明确地说……批准兰伯西的简化新药申请 76–477 似乎与本局对该公司的监管行动相悖。"无论如何，都要迫使兰伯西放弃申请，给排在后面的公司让路。2010 年年初，迪内希·萨库尔在和他的律师安德鲁·贝亚托讨论时记下了这样的话："兰伯西的前景已经非常暗淡，就算上了法庭，他们也没有多少选择。美国药监局不会让他们生产阿托伐他汀的。"

对外，美国药监局没有公布这些审议。但是当高桥和她的同事深入研究这项申请，并准备驳回它时，美国药监局却陷入一片证据、法规、程序和官僚问题的沼泽，其中好几样都是它自己造成的。与兰伯西的斗争变得相当复杂费解，连许多发起斗争的监管者自己也不明白是怎么回事。他们苦笑着说最好能有个刻着"兰伯西挺住"的手环。但他们很快意识到自己陷入棘手的僵局：如果美国药监局不批准兰伯西的阿托伐他汀的申请，那么谁也不知道美国人什么时候才能用上这种低价版本的药物，甚至能不能用上都成问题。

兰伯西是在 2002 年 8 月提交阿托伐他汀申请的。根据当时的规则（几个月后做了修改），只要美国药监局没有因为发现特定缺陷而驳回这一申请，兰伯西就能保留独家生产权。竞争者只能排起长队，无法让自家的产品上市，公众也无法买到低价药物。美国药监局的一名律师这样向他的同行们解释："如果兰伯西无法销售立普妥的仿制版，那么任何人都不能销售。"

从表面上看，美国药监局有充足的理由驳回兰伯西在六个月内独家销售阿托伐他汀的申请：这家公司已犯下了严重的诈骗罪行，理应受到惩罚。但是在这个案件的一团乱麻中，有一种意见开始渗透进政府的内部审议当中：由于这家仿制药公司的利润极其微薄 [4]，它需要卖出阿托伐他汀的利润才交得起它应该支付的创纪录罚单。除非高桥能在兰伯西的申请中找到无可辩驳的诈骗证据，不然它很可能获得批准，让阿托伐他汀高调上市。

　　高桥开始从头复查兰伯西的整个申请过程。从 2002 年起，就有审查员指出过申请中的反常现象 [5]：电子数据缺失，重新提交的数据与原数据不符，还有不明不白的杂质含量数据。当申请缓慢地通过审查环节，兰伯西把问题归咎于取整错误、复制或计算失误乃至松懈的实验室流程。公司高管宣称，检测日期之所以自相矛盾，是因为公司对分析师的培训前后不一致。

　　但是美国药监局的审查员发现，兰伯西最初的申请和 2007 年提交的修正过的申请之间，存在"无法解释"的矛盾。有些检测结果发生了显著变化。杂质含量可疑地减少了。之前被描述为"白色"的药片变成了"灰白色"。在一些情况下，最初报告为"不符合规范"的检测现在却"符合规范"了。这些变化显示那一部分数据要么完全虚假，要么彻底混乱，要么两种情况都有。

　　这些都还是小问题。还有更加令人不安的迹象表明数据遭到了篡改。比如那两台维持在 4℃的神秘冰箱，美国药监局怀疑它们是用来人为放慢检测样品降解速度的，那里面就存放着瓶装的阿托伐他汀。高桥打听到2007 年 10 月，有一名举报人告诉美国药监局，兰伯西的一个副总裁伪造了阿托伐他汀的记录，时间就在当年他们视察帕奥恩塔萨希布工厂之前。2008 年夏季，检查帕奥恩塔萨希布工厂的文件时，美国药监局得知，兰伯西一直在丢弃稳定性检测失败的数据，涉及阿托伐他汀和其他药物；他们反复检测药物，直到它们通过，最后只报告成功的结果。2009 年春，美国药监局视察了兰伯西位于印度古尔冈的研发实验室 [6]，发现了同样的欺骗手法。高桥还没有发现阿托伐他汀申请本身也存在作假的证据，但没有作假的可能性接近于零。

美国药监局本来有万无一失的手段驳回兰伯西的申请，但后来还是失败了。2009 年 2 月，美国药监局罕见地向兰伯西实施了申请诚信政策 [7]，强制兰伯西证明自家的产品不存在欺诈，否则就不予批准。高桥和同在一条走廊办公的道格·坎贝尔撰写了一份又一份备忘录，主张惩罚应当覆盖整个公司。

但令人吃惊的是，美国药监局一方面对兰伯西进行严厉打击，另一方面又给它指出了一条生路。当月，美国药监局宣布只对兰伯西的一家工厂，即帕奥恩塔萨希布工厂实施申请诚信政策。这虽然中止了兰伯西包括阿托伐他汀在内的 85 种药物的申请，但也让它能够将利润最高的药物从被禁的工厂转移到其他生产场地，之后只需要再提交全新的数据。

2009 年 12 月，也就是美国药监局对帕奥恩塔萨希布工厂实施申请诚信政策的 10 个月之后，兰伯西提交了最新修正过的阿托伐他汀申请。此时的兰伯西已经与辉瑞达成专利诉讼和解，双方签订了一份协议，兰伯西向美国药监局提出使用辉瑞的有效成分，并将生产转移到新泽西州欧姆实验室的工厂，这家工厂有比较清白的监管记录。就连高层官员们都难以理解，为什么美国药监局突然批准了兰伯西转移生产场地的申请。仿制药办公室监管支持部门的负责人在给同事的邮件中写道："就我了解的情况，合规办公室的同事并不想批准这次申请，因为兰伯西可以趁这个机会轻易地避开申请诚信政策。"但不知为何，美国药监局仍然批准了这次转移。这个举动使高桥和同事们的工作更繁重了。现在他们要筛查兰伯西所有修正过的申请，从而确保其中没有再使用被禁工厂的诈骗数据。

2010 年 4 月，高桥开始追踪另一条重要线索。根据申请诚信政策的要求，兰伯西必须雇一家外部审计单位，以验证其申请数据的准确性。兰伯西选择了五分位咨询公司，这家公司的义务是直接向美国药监局汇报审计结果。2009 年 11 月，五分位的审计师们前往印度审查兰伯西的阿托伐他汀申请，最后他们向美国药监局通报了一个"相当刺激"的发现。坎贝尔转告了同事们。审计发现，公司于 2002 年提交的关于溶解数据的最初记录已经不知去向，而它目前的原始数据与提交的数据并不相符。这个发现可能会颠覆兰伯西的申请。因为美国药监局规定，公司提交申请时，资料必须是"实质性完整"的。这是为了防止公司为抢到第一位而提交虚假申请，而这时他们可能连研究都没有完成或者还没有得出完整的数据。兰伯西的原始数据缺失，说明这些数据要么丢失了，要么原本就不存在。如果当时的检测是伪造的，就意味着兰伯西的原始申请并不算完整，这个缺陷足以取消它的申请资格。在局里的刑事调查办公室，黛比·罗伯逊向检察官们指出了数据失踪的情况。"听起来耳熟吗？"她俏皮地问道。

五分位的审计报告明确指出，除非能找回原始数据，否则兰伯西只能用新原料重新检测，并开展新的临床研究。这又势必引出一个问题：兰伯西真的是第一家提交完整申请的仿制药公司吗？是该继续让兰伯西排在队伍的第一名，还是该把它向后挪挪？

2010 年 5 月底，美国药监局的刑事调查员听说，去年 11 月感恩节的那个周末，兰伯西的新任 CEO 阿图尔·索布提（Atul Sobti）把五分位的高管鲍勃·罗兹（Bob Rhoades）叫到了印度，质问他为什么不先和公司商量就把这样的严重失误报告给美国药监局。罗兹回想起会议上索布提对他的责备，说："他很不高兴。"索布提事后则表达了他的惊讶："这只是一段漫长交往中的一次正常对话，他的描述不仅夸张了，而且还不准确。"

但是在美国药监局内部，官员们得知有过这次会面，都认为这明显是索布提在阻挠调查。黛比·罗伯逊的主管向局里的一名律师宣布，这"应该是本案的最后一根稻草。这个 CEO 和其他人没什么两样。欺诈和作假的文化不仅在兰伯西仍然盛行，它还蔓延到了顶层管理者中间。我们应该放弃一切侥幸心理。"

美国药监局内部没有几个人对此提出异议。与此同时，高桥又思考起了数据失踪的问题：失踪意味着什么？美国药监局又能做什么？合规办公室生产及产品品质部门的负责人写了一封邮件给下属，问他们："我们的规定中有没有写明药物申请的原始数据必须永久保存？"遗憾的是，并没有。正如合规办公室的监管顾问所说："我们至今还未能拿出一条规章，要求他们必须永久保存数据。"

2010 年 5 月 5 日，在美国药监局总部，由 10 来名律师、监管者和刑事调查员组成的队伍与检察官和司法部官员会面，讨论各方为解决兰伯西一案所做的杂乱无序的努力。他们把能想到的处罚手段都摆上了桌面，从起诉高管个人到禁止公司提交申请，再到开出破纪录的罚单。他们的话题一次次回到阿托伐他汀上。

"对政府最有利的做法是什么？"美国药监局合规办公室的助理主任道格拉斯·斯特恩（Douglas Stearn）问在座的人。他指出兰伯西对阿托伐他汀的简化新药申请文件做了可疑的修正，还说药监局不能用批准申请来奖励这家公司，而应该对它施以重罚。"罚重了他们才会记住教训。"

马里兰州的联邦助理检察官斯图尔特·贝尔曼提到，兰伯西古尔冈研发总部的一名副总裁曾对五分位公司一名审计员说过一段引人注目的话："在产生数据的同时记录并验证数据，这不符合印度的文化特质，而是我们需要培养的习惯。"贝尔曼认为，由此可以无可辩驳地指出，"从兰伯西那里收到的每一条数据都是垃圾"。

这时美国药监局的副首席执行律师斯蒂芬·塔夫插嘴说："为什么大家都这么千方百计地想让兰伯西继续营业呢？为什么不能全面出击，找出他们2006 年后上市的所有产品，然后统统下架呢？"

贝尔曼说道，还有一个办法是"先别管和解，直接起诉责任人"。他表示，能否和解的问题是在"混淆视听"，除非他们知道兰伯西能付多少钱。

但是随着他们就这些选项展开辩论，话题又转回如果不允许兰伯西生产阿托伐他汀，将会产生什么后果的问题。塔夫坦言："如果我们采取强硬措施，或许就无法获得数目可观的和解赔偿金了，因为他们赔不出那么多钱来。"

斯特恩对此很担忧："让他们保留先到先得的资格，等他们多赚点钱再来和解怎么样？"

正当他们在思索如何既能阻止兰伯西生产阿托伐他汀，又能达成和解并以此警示制药业时，联邦助理检察官罗安·尼科尔斯（Roann Nichols）提了一个问题："我们能不能不批准先到先得的资格，让他们把独家权卖掉？"那样的话，公司就有钱达成和解了。

贝尔曼指出，从司法部的立场来说，不应该鼓励执法对象用"不正当收入"支付罚款。

琳达·马克斯表示，不让兰伯西生产阿托伐他汀，"我们就收不到一分钱"。她是司法部消费者保护部门的高级诉讼律师，曾就是否向兰伯西辩护团队透露关键线索的问题和罗伯逊起过一点争执。

"公司必须彻底放弃独家生产权。"美国药监局的律师佩吉·泰勒（Paige Taylor）突然插话，"有缺陷的申请绝对不能批准。"

通向正义的道路似乎没有一条是完美的。正如尼科尔斯总结的那样："总得有人做出决定。不管让不让他们生产阿托伐他汀，都会有麻烦。"他几乎完全说到了点子上。官员们最后离开会场时得出一个结论，那就是兰伯西的申请不能得到支持，它几乎肯定泡汤了。

在美国药监局，监管海外工厂时的实质性妥协已经在削弱官员们的强硬立场了。在 5 月的会议结束仅三周之后，监管者就收到来自兰伯西的一份申请，请求监管者视察公司开在印度莫哈里的一家还未被批准的工厂。合规部门的员工知道，这是兰伯西的一种"创造性战术"，它想让更多工厂获得批准，从而弥补帕奥恩塔萨希布工厂被取缔的损失。到这时，兰伯西接受刑事调查已经接近五年，而美国药监局还在像对待其他国外生产场地那样处理其请求——提前几周向对方征求视察工厂的许可。

2010 年 8 月 19 日，一名美国药监局调查员发电子邮件给兰伯西，要求"贵公司为我局下一次于 2010 年 10 月 4 日至 8 日的拜访做好准备"，他还要求公司"协助安排调查人员的来回机票 / 酒店 / 公司视察活动"。兰伯西的一个干事回复邮件，提供了关于工厂的更多细节，他许诺预订酒店，并表示公司会"把邀请函也安排好"。换言之，就是公司将再次扮演东道主和旅行社的角色，并在获得通知后的六周内装点工厂，迎接美国药监局的到来。

与此同时，在美国药监局的国际合规部，凯伦·高桥在继续联系局里的各路专家，以确定兰伯西的简化新药申请 76–477 是否有明显越界的地方。她的每次调查似乎都转回原处：她无法证实这项申请是有效的，却也不能证明它有明显的虚假之处。但在 2011 年 3 月 16 日早晨，高桥有了一个新想法，那就是不再研究兰伯西的申请，转而研究它的作案手法。她向黛比·罗伯逊要了一份她所在的部门 2007 年访谈拉金·库马尔的记录副本。作为一名资质无可指摘、品格无可动摇的证人，库马尔是一名关键的情报提供者。当高桥在访谈记录中搜索时，她的目光被库马尔描述的一种特殊作假手法吸引了。库马尔当时告诉调查人员，对于两种在美国销售的药物，兰伯西会首先拿到品牌药的化学图谱并加以复制，使它们看起来像是兰伯西仿制药的图谱。

高桥不由得想到，兰伯西最早在 2002 年申请时提交的溶解数据，看起来也和辉瑞公司品牌立普妥的溶解数据有着可疑的相似度。况且兰伯西还宣称与那些检测对应的原始数据都找不到了。也有可能是兰伯西剽窃了辉瑞的全部数据，然后将之伪装成自家的。对这种可能性一定要追查。这虽然还算不上"冒烟的枪口"（指确凿的证据），但美国药监局内部直接把它叫作"冒烟的枪口理论"。如果这个理论成立，就可以解释一些原始数据为什么会丢失了——也许是因为它们一开始就没有存在过。

要确认兰伯西是否曾将发明者的数据伪装成自家的，最好的办法就是梳理辉瑞公司关于立普妥的申请、专利和其他公开信息，看能否找到和兰伯西的申请数据完全吻合的色谱图或其他结果。或许是因为陷入绝境，高桥竟认为这个想法是可行的。后来她发现这是一项艰巨的任务。辉瑞关于立普妥的申请是在 1996 年获得批准的，申请文件存放在西弗吉尼亚州的一间政府库房里，总计 220 卷纸质文件。高桥听说，光是将这些文件运送到美国药监局药物评估和研究中心位于马里兰州的总部，就需要四到六周时间。

高桥不得不将搜索限定在公开记录。兰伯西提交申请时，这样的记录也已经积累了几千份。这项工作真的如同大海捞针，但并没有找到什么有意义的结果。

她的选择越来越少，催促美国药监局做出决策的压力却越来越大。不仅有几个美国参议员要求其快点批准，还有另外六家提交了阿托伐他汀申请的制药公司也要求其采取行动。谁也不知道美国药监局什么时候会批准兰伯西的申请或者还会不会批准，竞争者担心它的迟疑会耽误他们各自产品的批准。

3 月 18 日，迈兰在首都华盛顿的联邦地区法庭对美国药监局提起诉讼，主张应以兰伯西使用虚假数据为由，强迫其交出独家生产权。迈兰还认为"美国药监局的犹豫不决让兰伯西得以维持其本不应该享有的利益"。当关于这次诉讼的新闻报道流传开时，驻印度的一名美国药监局官员在电子邮件中告诉同事："在当前环境中，这类报道相当不利。"

4 月 4 日，美国药监局提交了一份毫不含糊的动议驳斥迈兰的起诉 [8]。它主张其没有义务公开保密的审议内容，也没有义务协助迈兰的商业计划。5 月 2 日，一名法官表示同意美国药监局的说法，并做出裁决，一家公司无权干预另一家公司的申请。投资者分析，美国药监局对迈兰案的立场表明，它将在 11 月批准兰伯西出售阿托伐他汀。消息传出，兰伯西的股票应声而涨。但其实包括兰伯西在内，谁也不知道美国药监局的审议会得出什么结论。到这时，华尔街的分析师们已经绘出了复杂的事件流程图 [9]，展示了可能的结果及其对市场的影响。

在美国药监局内部，合规部门的员工已经知道审议应该是什么结果了。就在一个月前，在他们中间流传起了一份由几个问题和可能的答案组成的备忘录。其中一个问题是："就算和解的赔偿金额大大减少，政府也应该强制兰伯西放弃对阿托伐他汀的独家生产权吗？"答案是："应该，这是对公共健康最有益的做法。"

然而，美国药监局却继续向批准药物的方向偏离。2011年5月，德博拉·奥托所在的合规办公室给药物评估和研究中心的主任发送了一份备忘录，内含一条重大建议 [10]。备忘录敦促仿制药办公室正式审查兰伯西的阿托伐他汀申请，并以申请诚信政策并未覆盖整个公司为由加快审查进程。合规办公室主张，如果存在诈骗，审查就可以发现它。如果有人想提出异议，这个主张很容易被反驳。但考虑到美国政府每年在品牌立普妥上支出25亿美元，还有更强大的力量在保护兰伯西。后来道格·坎贝尔重述了其中的逻辑："我们唯一能做的就是驳回申请，但我们又不能驳回申请，因为我们还要为政府节省千百万美元。"

当仿制药办公室开始正式审查兰伯西修改过的阿托伐他汀申请时，曾经显得不可逾越的反对理由也消失了。到10月中旬，几个必要的审查部门已经批准了申请。美国药监局准备公布批准决定了。到11月初，美国药监局敲定了一份新闻稿，并针对外界可能会问的问题草拟了回复。看来，11月7日将成为美国药监局为兰伯西的药物开绿灯的重要日子，而短短三周之后就是批准药物的最后期限。

但是到了7日早晨，美国药监局的官员们却恐慌起来。他们意识到，因为一次严重的疏忽，没有对一家工厂做预审视察，而目前这家工厂正是兰伯西用来生产有效成分的主要场所。之前，兰伯西曾告诉美国药监局其阿托伐他汀将在新泽西的工厂里合成并装瓶，还说有效成分将来自辉瑞在爱尔兰科克郡的工厂。但是2011年7月，兰伯西却改变口径，告诉美国药监局有效成分将在他们自己位于印度旁遮普邦托安萨的工厂生产，这个决定曾使美国药监局感觉困惑。局里的律师玛西·诺顿（Marci Norton）写邮件给道格·坎贝尔说："兰伯西竟决定自己生产有效药物成分，我觉得这实在可笑。这么知名的一种药物，任谁都会觉得更聪明的做法是使用辉瑞的有效药物成分。"

根据美国药监局自己的标准，它对每一家药物生产场地都必须每两年视察一次 [11]。是时候再次对托安萨工厂进行视察了。11 月 7 日下午，美国药监局的官员们紧急召开会议，决定推迟发布声明，赶紧先到托安萨去视察一次。

11 月 21 日，在兰伯西准备发售立普妥仿制版的九天之前，两名美国药监局调查员来到托安萨 [12] 确认两件事：一是工厂是否遵守了良好生产规范，二是工厂能否安全生产阿托伐他汀的有效成分。其中的一名调查员是雷吉娜·布朗，当初就是她在帕奥恩塔萨希布工厂发现了那两台未报备却装满样品的冰箱。

前方在对托安萨开展视察，后方马里兰州的监管者们则在焦急地等待着结果。感恩节那天，布朗向坎贝尔发回邮件，总结了她几天来观察到的问题。她发现工人们受到的培训不足，在生产一批阿托伐他汀时还公开使用废纸，这种违规行为显示工厂缺乏管理，而且可能存在数据操纵。14 小时后，她给坎贝尔发送了一份视察成果的草稿，从中可见她查出了更糟糕的问题。她在生产车间的正中央发现一台碎纸机，更有证据显示厂方正在销毁几个批次的相关记录。"每个发现废纸的小事件都将我们带入了更深的麻烦。"她对坎贝尔写道。

11 月 25 日，周五，距离兰伯西开工生产阿托伐他汀只有五天了，美国药监局却仍未做出决定。坎贝尔忧心忡忡，不仅因为布朗在前线的发现，也因为他感到美国药监局正无可挽回地往做出批准决定的方向倾斜。另外，留给他的时间也不多了。一方面，仿制药办公室一直在催他：不管是支持还是反对批准，都要在本周结束之前向他的团队提交正式的建议——现在已经是周五早晨了。另一方面，一直埋头于与兰伯西的律师磋商和解事宜的玛西·诺顿律师却要坎贝尔等到周一大家都回办公室了再说。这件事容不得丝毫差错。"我们的决定将会受到仔细审查，可能在法院里，也可能在国会中。"诺顿写道。

尽管如此，诺顿还是担心布朗可能将视察结果定性为"官方行动指示"，那是一家药厂能够得到的最低评价。如果是那样，那么不管美国药监局是否批准兰伯西的阿托伐他汀申请都不重要了。坎贝尔向诺顿保证："在前方做出'官方行动指示'判断之前，我会先与你通气的。"

诺顿知道，美国药监局面临的是一个没有胜算的局面。如果不批准兰伯西的申请，国会和患者组织的批评就会如暴雨般来袭，因为他们都要求有一种廉价的立普妥替代品。而且，如果不批准阿托伐他汀申请，兰伯西就可能拒绝更大范围的和解。但反过来，如果批准了申请，那就是蓄意给一家不达标的工厂生产的药物开绿灯。

紧张兮兮的监管者希望能有一个明确的机会说出"批准"二字。然而不到一小时之后，雷吉娜·布朗就发来一份最终视察报告。诺顿最恐惧的事成真了：布朗建议给托安萨工厂打一个不及格分，也就是"官方行动指示"，因为它没有遵守良好生产规范。她在一封邮件中总结道："我们见到他们使用了太多废纸。"她还指出："在那个地方摆一台通用的碎纸机，单这一点就够可疑的了。"

按理说，既然这家工厂做不到安全生产，就应该据此驳回它生产阿托伐他汀的请求。然而布朗却投出了相反的一票。她做出了一个非比寻常的决定，认为让托安萨工厂生产阿托伐他汀的成分是"可行的"，还建议美国药监局批准申请。她的结论是，就生产立普妥仿制版而言，厂里的那些缺陷可以忽略。她写道，在生产阿托伐他汀的有效成分方面，"这家公司已经积累了许多经验"。她自己也承认这是一个"非比寻常的建议"。在压力之下，她其实也赌了一把：厂是坏厂，但它有可能做出好药。

监管者们隐约看到一场灾难正在迫近。工厂没有通过对其良好生产规范的审查，它也没有达到美国药监局的标准。但美国药监局必须做出抉择了：要么给兰伯西生产立普妥仿制版放行，要么让数百万美国人陷入无药可用的困境。它还有 24 小时就要做出决定。

在和美国药监局印度办公室的一次紧急通话中，监管者们衡量了这个困局：美国药监局无法接受工厂的流程，但仍信任它生产的有效成分。这该怎么解释？几名监管者希望在做出决定前再多点时间。另一名监管者提出一个更要命的问题："美国人民为什么非得使用这家印度公司生产的有效成分呢？"这时诺顿插进来解释说，除非我们批准阿托伐他汀，不然兰伯西不会签和解协议，而为这个协议美国药监局已经筹备几年了。看来，兰伯西虽然实施了大规模诈骗，却反过来将美国药监局逼到了墙角。诺顿最后说道："可能得让局长来定夺。"

2011 年 11 月 30 日，华盛顿的破晓寒冷而干燥，道格·坎贝尔怀着恐惧从睡梦中醒来。他并不期待面前的这一天。等到他上班时，媒体已经蜂拥打来电话询问阿托伐他汀的事。合规办公室还没有发出关于兰伯西申请的最终建议。虽然视察中的发现已是既成事实，多半已经无法更改，但雷吉娜·布朗的建议还是给美国药监局制造了一道"叙述"难题：既然生产主要成分的工厂没有达到基本的生产标准，他们又该以何种理由批准兰伯西的药物申请呢？

但事实是可以更改的。合规办公室拟了一份批准文件的备忘录草稿，修改了调查员雷吉娜·布朗对托安萨工厂良好生产规范的悲观评估，将"官方行动指示"上调成了"可以接受的现行良好生产规范状态"。草稿中声明，在"详细"访问视察团队并审查其报告草稿之后，"我们在审查过程中咨询的每位主题专家都同意，与生产缺陷有关的事实并不足以支持我们采取监管行动"。为了将审批结果从"绝不"改成"可以"，美国药监局篡改了一个不利发现，并无视了几个明显的预警信号。

这天结束时，美国药监局通知兰伯西其简化新药申请已获批准。这家深陷丑闻的公司领到了奖赏，那是一项可以带来丰厚利润的权利：先在六个月内独家生产立普妥仿制版，然后与其他竞争者一同生产。晚上 8 点 12 分，美国药监局通过一篇新闻稿向公众宣布了这个消息。[13] 在印度，兰伯西的新任 CEO 兼总经理阿伦·索内（Arun Sawhney）也向员工发表了讲话[14]。他说，在美国发售立普妥仿制版"对每一个印度人、对全世界的仿制药产业来说，都是历史性的一刻"。他狂喜地宣布："这就是置之死地而后生的精神。"还补充说，立普妥仿制版的故事"不亚于一部惊悚小说"，并且在一个竞争激烈的世界里，"兰伯西将会站上阿托伐他汀市场的顶峰"。第二天早晨，兰伯西就开始运送药物。仅仅凭借预售，它就在 24 小时内获得 1 亿美元的收入，并在六个月内赚了近 6 亿美元[15]。

在美国药监局，合规办公室的成员互相祝贺，并努力说服自己，他们最终还是做出了正确的决定。但是对于这个决定及其决策过程，组员的心里都萌生了深深的不安。用不了多久，这些监管者就会明白他们被人操纵到了什么地步。兰伯西最早曾向美国药监局保证，立普妥仿制版将在美国生产，并达到公司能够达到的最高生产品质。但是 12 月 1 日，即美国药监局开绿灯仅仅一天之后，兰伯西又向美国药监局提交了一份申请，要求在另一处场地生产阿托伐他汀的成药：其位于印度莫哈里的工厂。既然批文已经到手，公司就打算将生产活动转回到成本较低、监管较少的工厂，就是美国药监局要求其发出视察"邀请"，并提前六周通知的那家工厂。

这下，即便是那些已经熟悉这家公司"创造性战术"的监管者也被震惊了。美国药监局药物科学办公室的副主任问一组同事："我们对这个莫哈里工厂了解多少？"

"只知道它不在新泽西州！"一名监管律师愤愤地回了一句。

兰伯西本来看似毫无胜算，结果却以弱胜强，打出完美的一局。坎贝尔后来说道："他们把美国药监局玩得团团转。"

兰伯西继续在美国药监局面前呈现出遵守规范的假象。2012年3月，兰伯西全球品质总监给坎贝尔写邮件说："本着透明及与美国药监局合作的精神，我确认托安萨工厂的碎纸机已转移到生产区域之外，它目前在工厂的品质保证区，使用情况受到持续监控。"然而高桥和同事们的担忧并未消除，他们担心兰伯西仍在隐瞒诈骗行为，而美国人将会得到劣质药物。令人沮丧的是，在接下来的几个月里，事实将证明他们的担忧是有根据的[16]。

第六部

分水岭

第二十三章 电灯开关

2012 年 12 月 7 日
印度旁遮普邦托安萨

当美国药监局在内部征集愿意前往印度的调查员以充实那个人员稀少的办公室时，报名的人没有几个。不过年轻的消费者安全官员彼得·贝克举起了手。他喜欢旅行和冒险，每年都会和自己的摩托车队友到遥远的地区骑行，从蒙古国到菲律宾都曾涉足。他自愿报名，还有一个更加实际的理由：众所周知，印度的无菌生产技术领先于世界，而这是一门生产无菌药物的精密科学。贝克的想法是，在印度待一段时间，审查最先进的生产活动，他就能带着专业知识回到美国，并在事业上更进一步了。

到达新德里才三个月，他就接到一项重要任务：到旁遮普北部的偏远地区，去视察兰伯西设在托安萨的工厂，因为兰伯西就是在那里生产其立普妥仿制版——阿托伐他汀的有效成分的。

就是这家工厂曾在最后时刻勉强通过视察，那在很大程度上是因为美国药监局官僚的干预。然而兰伯西开始销售其利润丰厚的阿托伐他汀才 10 个月时，便向美国药监局坦白了一个令人愕然的失误：他们发现在已经卖到美国患者手中的数百万枚药片中，有一部分里头布满微小的蓝色碎玻璃。这项生产失误证实了美国药监局合规办公室成员最忧心的事情：根本不该批准兰伯西生产这种药物。现在，公司召回数百万枚涉事的药片，而美国药监局则派贝克去了生产有效成分的托安萨工厂，查看到底哪里出了问题。

为完成这次事关重大的视察，上面给贝克派了另一位资深调查员做搭档，他就是常驻孟买的阿图尔·阿格拉沃尔（Atul Agrawal）。这两个人截然不同：贝克年轻英俊，身材健壮，留着一头剪得很短的浅褐色金发；而阿格拉沃尔身材矮小，秃顶，走起路来一瘸一拐。但两人有一个共同的特质：他们都厌恶受骗。因为这一次是关键视察，美国药监局印度办公室只提前了几小时才通知兰伯西，让他们来不及隐藏证据。不料贝克和阿格拉沃尔错跑到了另一座城市，两人只好原路返回，这又为兰伯西多争取了几小时。

最后两个调查员终于来到巨大的厂区，里面有几十座建筑，占地好几英亩。然而来自兰伯西总部的一名高管还是抢在了他们前头。这名高管是乘当天早晨第一班飞机从新德里赶来的，这说明公司前一天晚上已得到美国药监局将来视察的消息。几乎可以肯定，是美国药监局印度办公室的某个人走漏了消息。

工厂的干部建议两人先坐下来听一个报告。但阿格拉沃尔坚持让他们立即把自己和贝克带去产生玻璃碎片的厂房。干部们将两人带到了 MP–11 工厂 [1]。他们解释说，药片里的碎玻璃来自一个反应釜盖子上方的一圈蓝色玻璃保护罩，反应釜是一个大号圆形器皿，工人将原料倒入其中，然后混合，引发化学反应。他们声称无法向调查员展示那圈防护罩，因为出事后它已经被拆了。他们只给两人看了一张照片，照片中的玻璃上有一个小缺口。贝克端详着照片中那个小小的圆形缺口，心想这形状未免太规整了。这就好像是有人拿着锤子小心翼翼地砸下了一块一样。就凭这个，怎么可能产生那么多碎玻璃进而污染数百万枚药片呢？

阿格拉沃尔和贝克继续查看反应釜。他们从顶部的盖子俯视，端详着里面搪玻璃的内壁。他们甚至叫几个工人抓着腿脚，倒吊着进入反应釜检查。当着一群静静等待的兰伯西干部，贝克将手电筒光束投射到巨大钢筒仓的圆柱形内壁上。他在一片玻璃上发现了一块蛛网似的裂纹，并用手电筒在它周围照了照。他怀疑这块裂纹就是这次事故的原因。他也清楚，周围的那些干部会尽一切力量把他蒙在鼓里。

在另一个反应釜里，他看到几撮粉末残余物，里面好像从来就没有打扫过似的。他要求看检查表格。里面的所有结果都只简单标了"OK"，旁边没有任何注释。打扫清单上有两个不同的技术员的签名。当贝克询问工厂干部时，他们先用印地语相互交谈，似乎是在确认事实。面对尖锐的提问，他们承认那两个签署清单的人并没有亲自打扫[2]。

视察继续，一名工厂干部提出公司打算将混进玻璃的原料碾碎、过滤之后重新出售。两名调查员表示原料污染太重，不能再用，干部们这才承诺将它们销毁。在美国，对那些过于危险、无法再用的产品，标准的处理程序是在调查员的见证下销毁。贝克就曾参观一座垃圾场，亲眼看着一家公司在堆积如山的变质鱼类上倾倒漂白粉，然后开着推土机碾压，那些臭鱼因为淤积了太多有毒气体而爆炸。贝克和阿格拉沃尔不相信兰伯西会摧毁这批被污染的原料。他们后来向美国药监局印度办公室主任申请了参观销毁的许可。但主任告诉他们没有这个必要。

两位调查员在工厂共待了八天，发现了明显的违规行为。但当他们离开时，内心却沉甸甸的，他们感觉自己被愚弄了：那个玻璃罩子上的浑圆缺口是伪造的；在那个没有向他们展示的反应釜里，肯定还有更严重的玻璃破碎的痕迹。他们担心，兰伯西几乎肯定会再度销售这些受污染的原料，而不是信守承诺将它们销毁。

这次经历使贝克下定决心：他发誓要变得更机敏、强悍，一定要揭穿那些工厂干部联手捏造的狡辩和抵赖的谎言。他的决定和他即将发现的东西，将使他成为印度制药商的眼中钉，也会引起全世界对这些制药商做法的质疑。

贝克成长的世界，和这场世界性的骗局所在的地方隔得天差地远。他在俄勒冈州莱巴嫩的一个草籽农场上长大，父母都是门诺派教徒。他的家庭教会会向他人布道，而社区的传教工作也使他和家人都去过遥远的地方：哥伦比亚亚马孙河流域的原住民村庄，还有多米尼加共和国的孤儿院。贝克一到夏天就去邻居家的农场，在一片广袤的蓝天下驾驶拖拉机和联合收割机。

他后来上了圣迭戈的一所基督教大学，在那里爱上了化学，毕业后去欧洲背包旅行，并爱上一名瑞典女子。两人一起搬回圣迭戈居住，他在一家合同研究实验室找了份工作，为药企检测药物。每天他都要花几个小时在高效液相色谱仪上进行检测。但是比起一丝不苟地遵守良好生产规范，公司似乎还是对按小时向客户收费更感兴趣，这种态度也向下渗透到实验室里。于是，几乎不受监管的化学家们用取巧的方法篡改数据，只为了能早点结束工作。这一点在周五尤其严重，因为那时公司会送来一桶啤酒，让员工们边喝边打篮球。

一年后，贝克和女友搬到了中国，他在那里教工科学生英语和西方文化。回到圣迭戈后，他们结了婚。贝克后来在雅培找了份工作，在公司的品质保证实验室里做工程师。在那里他开始学到真正的本领。上司给他派了一项任务：把一间缺乏正式管控的实验室改造得合乎规范。这意味着他要建立起一整套透明且可验证的标准。贝克从零开始学习了良好生产规范。

2008 年，正在旧金山州立大学进修分析化学硕士的他加入了美国药监局。不到一年时间，他就开始视察美国的工厂。那些工厂大部分是合规的，他在每家工厂都要逗留几周，敦促其完善生产过程。他在美国开展过 55 次视察，只有两次出具过警告函。到 2011 年年中，随着美国药监局的海外工作不断积压，贝克主动请愿到国外去视察。

对于这项在海外视察的工作，美国药监局只对他进行了草率的训练，包括劝诫他不要接受价值超过 20 美元的任何礼物。至于如何应对被当地政府监视、对方奉上金币和其他厚礼、应召女郎深夜出现在酒店房间等情况，或者遇到去工厂根本不在那里的偏远城镇视察而当地已被该公司控制的情况又该如何保证自己的安全，他们则从来没有做过培训。贝克学习着在这些危险的境况中周旋，漫长的工作时间、荒凉的城镇和视察的不可预测性并没有把他吓退，反而激发了他的热情。不到几个月的时间，他就同意搬到印度去做全职工作了。

2008 年年底，美国药监局设立了几个海外办公室，包括在印度。这既回应了肝素掺假危机，也承认了一个显而易见的事实：如果不设长期办事机构，美国药监局就不可能做好对另一个国家的工厂的监管。但是美国药监局的印度办公室先天不足，只有可怜的八名员工，其中四个在孟买，四个在新德里。这八个人要监管整个国家的数百家工厂。它的第一批员工中就有对印度公司宽宏大量的调查员迈克·伽维尼。他是 2009 年 6 月加入孟买团队的。

在孟买，调查员们在美国总领事馆所在的大楼工作，他们电脑的电源线常被老鼠咬断。伽维尼住在几英里外，平时乘坐一辆经常抛锚的火车来上班。他曾到那些从来没见过美国药监局调查员的工厂出差。他在那里看见未受过训练和教育的工人，其中有些连字都不识，他们穿着平时穿的鞋子在工厂里游荡。但就像他后来所说的那样，他努力避免"不加区分地羞辱"那些乡民，对于那些懒惰的印度工厂厂主，他加以鼓励、劝诱和引导，常常在听了他们保证改进的许诺之后就开绿灯放行。随着那些公司在他的宽松视察下发展得越来越好，获得批准向美国销售药品的印度工厂数量也大增 [3]。到 2012 年 9 月贝克来的时候，印度已经成为世界药物出口领域的巨头。

贝克开始视察后，终于明白了印度的夸大名声是怎么来的：许多工厂刚刚落成，硬件无懈可击，里面的设备都是崭新的。不过他也注意到另一件事：从视察开始到结束，公司的经理们始终领着调查员在工厂里转悠，就像是用绳子牵着狗在遛。先是欢迎会，继而是幻灯片展示，然后再带领他们参观工厂。这种精心准备的款待等于在浪费时间。

当贝克第五次前往印度，去视察孟买的 RPG 生命科学公司时 [4]，他特意偏离参观路线，去公司的品质控制实验室看了看。实验室在工厂的一个偏僻角落，汇集了厂里的检测数据。他要求查看所有和不合格药品有关的记录。一个神色紧张的经理坦白说那些记录都被销毁了。这让贝克很担心。然而当他在公司的电脑屏幕上滚动查看数据时，却发现一些产品文档，而那些产品都没有被正式记录在案。既然厂里的任何信息都应该被忠实地记录下来，为什么公司还会有一套非正式的记录呢？他将这家工厂定为不及格的"官方行动指示"。他在美国视察过许多安全生产、管理完善的工厂，那里绝不允许有任何隐藏或销毁的记录、后门，或者任何非正式的东西。

2013 年 1 月，来印度的第四个月，贝克来到卡利亚尼的一家为注射用癌症药物生产有效成分的工厂 [5]。工厂所有者是德国的品牌药公司费森尤斯卡比。四年前美国药监局曾到那里视察，只得出一个结论：对于被检测的药物样品，公司没有正确记录其产销监管链。有了一个月前在托安萨工厂的经历，贝克发誓不会再任由工厂摆布自己了。这次他要自己选择去哪里、视察什么。于是在 RPG，他径直走向品控实验室——那间最隐秘的密室。

从表面上看，一间品控实验室存在的目的是审计从车间传来的检测结果，从而确保它们未被篡改、保存得当、凡是异常的数据都得到了调查。对于一家有意于发现并消除不合格药品的工厂，这也是最后一道防线。

但是这类实验室也可以扮演一个邪恶的角色，它们可能成为操纵和丢弃数据的渊薮，从而让不合格的药物免于曝光。在卡利亚尼的品控实验室，贝克没有问工作人员索要数据，而是直接坐到一台电脑前，开始查看高效液相色谱仪上运行的检测结果。这些庞大的仪器能够分离并测量药物样品中的杂质，并在名为"色谱图"的记录中将它们呈现为一系列峰值。

在电脑文件之间来回切换时，贝克发现一件怪事。他看到了正式的检测结果，存储在正确的文件夹里。而在另一个名为"MISC"的文件夹里，他似乎发现了工厂更早的时候对同一批药物样品做的几轮检测的结果[6]，有的相隔一天，有的相隔一个月。这些早期检测结果，有的存储在辅助文件夹里，比如这个"MISC"，有的则存储在正式文件夹里，但标了"DEMO"字样。对这种非正式的预检和重检，工厂没有给出解释，也没有任何流程允许这样的做法。贝克猜想，这里有几台高效液相色谱仪没有正式注册，也没有连接到工厂的主服务器上。也就是说，工厂正在开展离线检测。

贝克发现了一套二级生产活动的大概情况，它就藏在一级生产活动背后。技术员们先通过隐蔽的检测获得初步结果，再根据这些结果修改检测环境，比如调整参数和溶剂的量。之后他们再在公司的正式系统中重新检测，由此得出理想的结果。当贝克当面向各位工厂经理出示这种违规行为的证据时，他们却矢口否认。一名经理坚称，所有检测结果都存储在一台中央服务器中，尽管贝克把所有隐藏的数据都摆到了他的面前。贝克继续视察，在工厂中越查越深。他打开一个没有标注的活页夹，发现里面有一些便笺。一名经理把它们一把抢了过去，试图藏进口袋里。贝克执意要他还了回来。这些便笺记录的是生产中的失误和其他需要补救的问题。这些隐藏起来的记录显然未履行工厂应该用正式文档记录所有品质问题的义务。贝克还注意到，一个用来过滤溶剂的封闭容器内有外来颗粒，那名经理也否认了，说那是玻璃的反光。贝克后来再去看时，颗粒已被清除。那名经理再次否认，还坚持说他们的技术员不会"掩盖证据"。

第二天，贝克找到一份报告，证实了他的怀疑：报告中写着在他离开加工室的那一个小时里，操作员清除了"特殊物质"。那些颗粒来自一个老化的内部垫圈。报告中还附了那个经理的一份说明："2013年1月14日美国药监局来视察，我在慌乱中吩咐下属打开设备清洗。"

贝克在这边问询，印度的工厂经理们也将这些问题转发给德国的品质经理，这引起了他们的警惕。在视察的最后一天，贝克迎来一位震惊而疲惫的执行副总裁。他是连夜带着一整支团队从德国飞来听取贝克的最后裁决的。显然，德国人并不知道自家工厂里发生了什么。得知贝克提出的问题，他们开始质问厂里的员工。

德国人很配合，向贝克透露了他们在最近的 72 小时内所了解的情况。原来是工厂的总经理策划了一场阴谋：先对药物成分做预检，并审查检测结果，接着秘密调整检测环境，再重新检测药物样品，直到它们通过为止。在贝克到达之前，总经理已经下命令将那几台运行预检的高效液相色谱仪运到了工厂外面。厂方还将杂质过多、没有通过检测的药物成分与高品质的成分混合，直到它们通过检测为止。这些操作竟是由工厂的最高领导直接下令的，这一点令贝克尤其震惊。

在接下来的一个月里，费森尤斯卡比对这家工厂开展了自查，结果相当严峻。公司后来向美国药监局坦白，自查中发现工厂进行过非正式检测，未经授权将不同的原料混合在一起，伪造生产记录并删除了数千份记录。公司表示，已经无法信任这家工厂在贝克来视察之前提供的任何数据或者任何批次的合规情况。这是一次品质的崩溃。为了维护信誉，费森尤斯卡比勒令工厂停产，开除了整支管理团队，并召回了所有用重新混合的原料制成的药物。情况十分令人震惊，但费森尤斯卡比似乎也是外包管理不善的受害者。如果不是贝克发现了这些违规行为，它或许永远不会知道自家工厂里发生了什么。

但是费森尤斯卡比并非孤例。全世界的品牌药和仿制药公司都在抢购印度的工厂，从而以极低的成本生产有效成分和药物。由此他们可以迅速增加利润，因为在人工和物资上可以节省许多成本。然而贝克怀疑，这些公司的所有者并不了解这些节约成本的工厂到底在搞什么花样。

在贝克来到印度之前，美国药监局的调查员早就觉察到不太对劲的地方。正常情况下，一家合规的生产工厂会因为各种原因，拒绝一定比例的药物批次。但是在印度，调查员很少看到被拒绝的批次。不知道为什么，它们几乎总能通过。这些工厂还常常缺乏文档记录。美国药监局的一名调查员表示："我一向知道印度公司要保存文件很难。保留文档不符合他们的习惯和做法。他们的态度是所谓的'chalta-hai'。"这是印度的一个常用词，说的时候往往要耸一耸肩膀，表示愿意接受一个不太理想的结果。"在我心里，我知道肯定有什么地方不对劲。"

但是因为视察前要通知对方，而且在一周的时间内要视察一个庞大的厂区，调查员很难确切地知道究竟是什么地方不对劲。贝克改变了这一点，部分是因为他检查了别人不曾着眼的地方。在搜索数据时，他会追踪一些线索，比如在本应无法修改的软件系统中，审计轨迹无法正常查看了；一些检测重复进行，然后从正式的网络服务器中被删除了。通过法医式的细心追查，他将被删除检测的元数据与后来对同一批样品所做的正式检测数据对应起来。面对一家工厂开展的成百上千次检测，他听从本能：紧盯着那些他怀疑可能作假了的检测，还有那些可能用来作假的设备。

贝克培养出一种嗅觉，能发现那些与工厂的中央软件系统脱钩，专门进行秘密检测的高效液相色谱仪。有的公司把它们藏在隐蔽的实验室里，或者混在其他联网的仪器中间掩人耳目。但是渐渐地，贝克能够找到它们了，这主要是因为他开始有意寻找了。之前的调查员只是走到一间放了几十台高效液相色谱仪的实验室里，让公司干部领到其中的一台跟前，然后听他们讲解其工作原理和产生数据的情况。调查员在一家工厂只逗留五天，检查的项目多不胜数，要发现一两台没有联网的仪器简直是不可能的。在一次视察中，贝克直接问了实验室的员工："这些设备都联网了吗？"一个实验室技术员脱口而出："这一台没有。"一个区域经理赶忙截住他的话头："这台联了。""不对，没联。"技术员又说。两人你来我往地争论起来。就这样，简单的一句发问，贝克就发现了一台在网外独立运行的仪器。

当他视察时，其他美国药监局调查员也在学习他的技巧。进步是显而易见的。一名美国药监局员工后来回忆："当时我心想：'天！原来如此！'就像你走进一间暗室，忽然有人打开电灯。那效果令人震惊。"然而，在两个月后的一次关键视察中，贝克却看见一名员工试着把一个垃圾袋偷运出厂，并在袋里发现了被撕碎的批次记录，这使他对工厂的期望又降低了一大截，并开始关注虚假数据的危险。

2013年3月18日，贝克来到孟买以东200英里处的奥兰加巴德的瓦鲁吉地区[7]，视察沃克哈特有限公司的主要工厂。在视察的开工会上，公司的生产副总裁一再向贝克强调，厂内只有一条生产线在为美国市场生产药物。但在视察的第二天，贝克却看到一名员工在楼梯井里丢了一只垃圾袋。袋里装的是公司胰岛素产品的批次记录。记录显示好几个药瓶中出现了黑色颗粒，没能通过视觉检查。贝克很快还发现，这个检测结果并没有录入公司的正式系统。这条用来生产胰岛素的生产线不见于公司的正式记录，只在工厂内偷偷运行。在正式记录中，胰岛素产品通过视察的频率很高，远超过那些被删除的批次记录中的频率。这些药物已经被发往印度和中东市场。

虽然贝克的视察权只涉及在美国市场上出售的药物，但他和同行的一位微生物学家还是追查了那些被扯碎记录中的线索。第二天，他们在工厂里发现一个秘密配方区以及一份针对黑色颗粒的非正式"调查报告"。报告上没有日期和签名，但报告的对象是工厂领导。里面写得很清楚：黑色颗粒的质地是"金属"，来自一台机器内部损坏的加热线圈，那台机器是在装药前给药瓶和药筒消毒用的。机器内部的炽热高温损坏了线圈，工厂后来做了修复，但出于对成本的考虑没有更换它们。于是带有颗粒的药物就被卖给了患者。

贝克大吃一惊。如果公司不知道有颗粒存在，或者不小心发售了含有颗粒的药物，那还情有可原，顶多算做工粗糙或疏忽。但现在工厂主管完全知道这些胰岛素可能导致患者死亡，却仍下令出售，这就完全是另一种性质了。这些金属颗粒很容易使免疫系统受损的患者产生过敏性休克并死亡。贝克还发现了更糟糕的情况：一种供应给美国市场、用于治疗心律不齐的注射药物腺苷，也是在同一条秘密生产线上、使用同样的危险设备生产出来的。虽然那份非正式报告上没有提到这种药物，但贝克肯定它的检测同样糟糕。

如果在美国发现这样的欺骗行为，它就会引发一次突击执法，也几乎肯定会导致诉讼，还有人会进监狱。但在印度，贝克没有这样的权力。他的手段只有监管。不过他掌握的证据，也足以限制沃克哈特公司在瓦鲁吉工厂生产的药物进入美国市场了。

这次视察持续了五天。贝克的发现（有七大项）可谓令人惊骇。它们展现了工厂精心诈骗、极端危险和肮脏的局面。工厂干部们一再拒绝配合他。一次，贝克询问一名干部几个药瓶里装了什么，那名干部随即把药瓶扔进一个排水槽里。在距离无菌配方实验室的更衣区大约 20 英尺的一间盥洗室里，小便器居然没有连接排水管。贝克在笔记中写道："我发现尿液直接滴落到地板上，在一条明沟里聚了起来。"据他记载，这个房间有一股"令人无法忍受的下水道臭气"。视察进行到一半时，贝克和同事都病倒了，而在这之前工厂干部们给他们递过没有密封的水瓶。他们怀疑是那些干部故意让他们生病，以此缩短他们的视察时间。

贝克的发现一旦传出去，公司的股市就会损失数百万美元。如果公布了视察报告，那就更不得了了。在视察结束会议上，贝克根据美国药监局的流程，将他的发现通报给了公司负责生产的副总裁。那位副总裁目露凶光，要求贝克删去报告的第一部分，即写着非正式与正式的胰岛素批次记录不相符的部分。这已经是威胁了。

"很遗憾，我不能那么做。"贝克答道。副总裁死死地盯着他，贝克的内心越发紧张，不知道还能不能安全地离开这家工厂。他对同事说了声"我们走吧"，但他们谁也不想坐进公司的汽车：工厂的四周荒无人烟，即使发生致命的交通事故也不会令人起疑，特别是考虑到这片区域的卡车之多、路况之混乱。

同事想把收集到的证据邮寄回去，不愿把它们带在身边。公司主动提出为他们叫 DHL 快递。一转眼工夫，一个穿着像假冒 DHL 制服的人慢悠悠地走了进来。显然，某个工厂员工想竭尽所能夺走证物、破坏他们的视察行动。在贝克要求查看那个人的 DHL 快递车之后，他就出去了，再也没有回来。两名美国药监局调查员被吓坏了，他们带上所有装备跑到路上，叫了一辆嘟嘟车——一种简易的三轮出租车。

贝克在视察报告中是这样写的："鉴于这次视察中对方的威胁行为及对我方人员安全的担忧，我们建议再派一支视察团队做后续视察，该团队在到达之前就应制订明确的应急计划[8]。"

对贝克来说，2013 年 3 月在沃克哈特的视察是一道分水岭。看到那些隐蔽的实验室、偷偷重复的检测和被篡改的数据，贝克意识到他发现的绝不只是个别的欺诈行为。他发现的是印度仿制药行业正在操纵的一个大阴谋：生产第三世界的药物，卖出第一世界的价格。那些公司利用的是娴熟的技术、受控制的员工和惯于欺诈的公司文化。他们还得益于美国药监局老掉牙的视察方法，还有西方世界对于廉价药物的依赖。

美国人已经完全接纳了廉价仿制药：它们的药效与品牌药相同，成本却只要一个零头。美国人相信，远方的公司正在为他们生产品质过硬的药物。他们有这个信念，主要是因为美国药监局是如此宣传的。然而被贝克抓包的那些印度公司的目标却是躲过监管者的耳目，以最低品质的药物牟取最高的利润。毫无疑问，这些公司有能力做出完美的药物。其中没有什么知识的鸿沟，它们的设备也是一流的。唯一的区别在于成本。据有些业内人士估算，精密的管控会使成本上涨 25%。

为了避免在药物未必获批的情况下投入大量前期成本，那些公司在生产工厂内部暗藏了秘密实验室，把所有产品都预检了一遍。在那里，他们提前筛选出不合格的结果，好据此对检测做出秘密调整。他们努力使自家的配方在纸面上显得无懈可击，不管其实际品质如何。他们临时拼凑出检测结果，手法包括对检测动手脚、对已经证明效力的批次进行重新检测，甚至对品牌药进行检测。在此之后，他们才会将数据转移到美国药监局将要检查的计算机系统里。在贝克来到印度之前，只有兰伯西一家公司被发现作假，因为迪内希·萨库尔举报了它。

贝克能够发现这些，是因为他打破了以往视察的惯例。他没有在厂房中流连，检查设备维护记录，而是着眼于对公司计算机系统的法医学分析。他没有受过这方面的正式培训，全是靠自己学会的。这是个风险很大的方法。如果他梳理了一周的电脑文档，最后却两手空空，那么他就没有时间再按要求开展传统的视察了。不过贝克知道他该寻找什么：在那几个名为"MISC""CHRON"和"DEFAULT"的文件夹里，他发现了数以万计没有录入品控系统的秘密检测。

这套假冒生产系统需要数百人的知情和参与才能维持，这一点在美国几乎是不可能的，因为工厂时刻会面临突击视察，工厂员工也更容易找到会及时回应的监管者，可以在法律的保护下举报东家。但是在印度，一旦有员工挑战这套做法，就可能被行业驱逐，甚至更糟。要想找到新工作，他们需要前雇主出具的推荐信。生存欲决定了他们只会和平地离开公司。做举报人会断送自己的职业生涯。这是一套适合欺诈性生产的完美体制。

仿制药厂的许多员工都是合同工，在那些特别偏远的工厂，有些工人甚至就是当地的贫农。他们只受过很少的培训，甚至完全没有。他们往往也不识字，虽然工厂要求他们当班时做记录并且在活动日志上签字。按照规定，应该定期考察他们对应该遵循的守则的掌握情况。有一家工厂把测验的所有答案都贴到墙上，工人们只要抬头照抄就行了。这些员工大多一天只吃一顿。在日常生活中，许多人用不上厕所或自来水。在贝克看来，指望这些人在一家无菌生产工厂突然遵循起所有的守则，简直是荒唐可笑的想法。

随着时间的推移，贝克对自己的视察方法做了提炼归纳。在揭露隐蔽的诈骗行为时，他变得更加熟练、敏锐和迅速了，不管证据被隐藏在辅助文件中，从计算机系统中被删除，还是被扔进垃圾箱里，甚至在他到来之前被运出工厂。恐惧鞭策他进步。如果工厂存在欺诈而他没有发现，那就再也没有人会发现了。成品药在沃克哈特和印度的其他工厂生产出来之后，会被直接运给美国的批发商或零售药店。公众有权知道自己在服用什么药，有权选择不服用什么药。然而，美国的患者并不知道他们服用的这些低价药的生产过程中混入了怎样的阴谋，美国药监局也不打算告诉他们。贝克觉得，在美国患者和那些一有机会就作弊的药企之间，他已经是最后一道防线了。

第二十四章　我们是冠军

2011 年 8 月
马里兰州银泉市

当美国政府对兰伯西的调查耗到第六个年头时，55 岁的美国药监局刑事调查员黛比·罗伯逊决定退休了。她从来没有想过放弃兰伯西一案，或者放弃迪内希·萨库尔，她一定要等到一个明确的解决方案。然而人生太短，没有时间再和那些检察官缠斗了。

迪内希·萨库尔也有了一种深切的失落感。他知道，若不是因为罗伯逊，这场调查多半还在原地打转，而他也只能躲在一个假名后面，徒劳地恳请美国药监局阻止兰伯西的罪行。他从古尔冈给罗伯逊写了一封诚挚的信。"在调查最初的几年，你持续的支持给我带来的安慰难以言表。"他这样写道，"你可能不知道，我们之间往来的邮件和电话支撑我度过了人生中最艰难的一段时间。"他还感谢罗伯逊发挥的关键作用，使药物"对我们所有人都更好、更安全了一些"。他也提到，在印度这个公共卫生系统缺乏监管、执法过程"净是腐败"的国家，像她这样的人物是凤毛麟角，"我们这里从没有像你这样尽责的特别调查员"。

漫长的案件进程也对萨库尔的律师安德鲁·贝亚托产生了影响。夜复一夜，在他位于马里兰州贝塞斯达的家里，贝亚托躺在床上无法入睡，担忧着萨库尔的安全和他事务所的偿还能力。案件已经让事务所支出了数百万美元，有 24 名员工全职为它忙碌。如果再不解决，斯坦因 / 米歇尔事务所或许就要被这项财务重担压垮了。此外，因为这是保密案件，贝亚托也是萨库尔唯一可以倾诉的对象。因为 9 个半小时的时差，两个男人常常在半夜通话。贝亚托通话后难以入睡，只能在夜色中带着宠物狗泽基（Ziggy）外出散步，它始终是他的忠实伙伴。

一年又一年，两个男人等待着针对案子的全球性解决方案，将兰伯西的刑事、民事和监管责任一起写进一份完整的和解协议。有一个迹象清晰地表明，协议真要谈成，兰伯西就得许诺赔钱。到 2011 年 12 月，贝亚托已经每天都在企盼司法部的表态了。兰伯西会做出赔偿的许诺吗？如果会，赔偿金额是多少？他的客户能得到多少比例？他的事务所又能分到多少？经过这么多年的辛勤工作，斯坦因 / 米歇尔事务所的收入能超过支出吗？

到了期待已久的那一天，司法部终于要表态了，贝亚托等待了几小时。正当他要离开办公室，和妻子赴一场已经迟到的晚宴时，电话终于响了。兰伯西已经通过第一三共同意支付 5 亿美元，这个数目将为它清偿所有责任。这意味着这家日本公司愿意出钱来避免为兰伯西过去的行为受到审判，并承担法律责任。和解金的一部分将支付给萨库尔以及贝亚托的事务所，具体金额还有待协商。2011 年 12 月 21 日，也就是兰伯西推出其拳头产品阿托伐他汀仅三周之后，他们发布了一篇新闻稿，证实它将支付 5 亿美元进行和解[1]。

"圣诞快乐！"贝亚托给萨库尔发了一条短信，当时萨库尔正和家人一起，在印度北部喜马拉雅山脚下的一座小木屋里度假。发完短信，贝亚托开车回家，积累的压力一朝得到释放令他措手不及，他驶进车库时汽车的整个侧面撞上一根混凝土柱。虽然和解协议原则上已经通过，但他仍不能确定兰伯西是否会签署。

几周后，当兰伯西终于签署协议时，美国药监局的官员们都兴高采烈。"漫漫长路终于走到头了！！！"美国药监局的一名高层官员在电子邮件中对同事说，"我希望他们是用钢笔签的字，这样就擦不掉了！"美国药监局国际药物品质部部长卡梅罗·罗萨（Carmelo Rosa）向凯伦·高桥和道格·坎贝尔表达了感谢，他赞赏了他们为这个案子花费的"无数个日夜"，并说"你们自始至终怀着一个目标，那就是保护消费者"。

但即便在备受期盼的和解消息传出之后，美国政府和兰伯西的律师们仍在协议的细节上争论不休，兰伯西的高管们也仍在激怒监管者。那些高管几乎立刻设法与美国药监局的官员们会面。根据美国药监局的一名律师告诉同事的话，他们的理由是"兰伯西的管理层不相信美国药监局会给公司以公平待遇"。这个说法震惊了美国药监局的一些高层。罗萨回信给那个美国药监局律师，说他"感到困惑"，兰伯西的高管们"居然有胆量说出这样的话"。

2012 年 5 月，因为和搭档的矛盾，萨库尔辞去了在自己的公司 Sciformix 的 CEO 一职。同时，他的存款日益减少，苏娜尔也放弃了解决案子的希望。萨库尔猜想，只要他在兰伯西案中的角色一经公布，他就会成为制药业人人唾弃的贱民。

最终协议迟迟不能签署，司法部的律师一再向贝亚托和萨库尔申请延期，因为按照举报人案件的规定，只有他俩才有权批准延期。到 2013 年 1 月 3 日，一名政府律师再次申请两个月的延期，贝亚托震怒了 [2]："你们为什么还需要 60 天时间？你们这是在把我、我的委托人和合伙人往死里逼。迪内希的财务状况很糟，家庭情况也不理想。他的耐心就快用完了。我在事务所也遇到了难处，事务所对我规定得很严。如果再给兰伯西 60 天，他们一定会利用这段时间再耍花样的。"萨库尔倒是同意延期，想要案子成功，他没有别的选择，但贝亚托还是敦促政府不要告诉兰伯西他们又有了 60 天的时间，因为那样他们只会继续拖延。一个联邦助理检察官试着安慰他说："这是最后期限，不会再拖了。"

与此同时，贝亚托还要和兰伯西的律师们斗争。这时他们已经知道萨库尔就是举报人，他们不仅想让萨库尔同意不公开贬低公司，还想把他手上的文件都要回去，特别是那份爆炸性的《报告》，希望能将它永久埋葬。兰伯西的律师们威胁，如果萨库尔不交还文件，他们就不履行协议中的部分条款，并扣去原来该付给贝亚托事务所的费用。萨库尔只得从命。最终，马里兰州联邦地区法院决定召开一次和解听证会，时间是 2013 年 5 月 13 日。真正的结局近在眼前了。

听证会的前一天，萨库尔早早地在华盛顿套房酒店醒来，泡好咖啡，看了新闻，然后用 FaceTime 和两个孩子聊了一会儿。这已经成了他每个周日早晨的仪式，做这些都成了平常的习惯，然而今天绝不是平常的一天。

他迎着晨光出门了，空气还很凉爽。街道的井盖里冒出蒸汽。虽然波托马克河畔的日本樱花早已谢了，其他植物却正当时。他经过笔直的国务院大楼，前往华盛顿国家广场，一路上鲜花盛开，绿意盎然。清晨空气宁静，林肯纪念堂前水池里的倒影波澜不惊。当他还是个孩子时，他的想象里总是充满海得拉巴的丰碑和庙宇，比如宏伟的法拉克努马宫（Falaknuma Palace）。那时的他绝不会想到，自己一生中最大的战斗会把他带到华盛顿哥伦比亚特区，并且这场战斗会在强大的美国政府面前打响。

萨库尔最初是代表全世界的患者请求美国政府出手的，做出这个决定时他正处于绝望中，并不知道这最终会引出怎样的一系列事件。比如，他不知道，要让兰伯西为自己的勾当赔款，竟然需要惊动这么多政府部门和办公室：从总监察长、医保欺诈控制局，到首席律师和诉讼部门。在这漫长的八年里，他近距离观察了美国政府那台嘎吱作响、漏洞频出的法律机器。

到了林肯纪念堂，他一路小跑上了阶梯，在那尊雄伟的林肯总统坐像下面站立了片刻。从某种意义上说，林肯也帮助萨库尔完成了这次旅程。他的律师们起诉兰伯西所依据的《虚假申报法》还有另一个名字——《林肯法》。林肯在美国内战期间推出了这部法律，它允许举报人代表政府，起诉那些向联邦军队出售劣等产品的奸商。纪念堂的一面墙壁上镌刻着《葛底斯堡演说》，萨库尔站在原地，读了好几遍。美国会为药物品质的一致性而战斗，也许并不意外，因为人人生而平等本来就是其立国理念。美国的法律和风俗为他指明了一条追求公义的大路，而且明天还将出台一项法律决议，以这个标准判断，他几乎要成功了。

他在阿灵顿纪念大桥上找了把长凳坐下，大桥连接着华盛顿哥伦比亚特区和弗吉尼亚州。他给在兰伯西工作时的一个项目经理打了电话，那人几年前帮他调查过公司的这场诈骗。萨库尔要他关注明天的新闻。接着他又打给了拉金·库马尔，他的前上司，也是最早推动这一切事件的人。这些年他们一直保持联系。两个人在事业上都不太如意，但库马尔不同，他深思熟虑，专业地位崇高，看样子就是当 CEO 的料，因此他受到的打击也格外沉重。

从兰伯西辞职后，库马尔去了印度仿制药巨头雷迪博士实验室，担任研发总裁。他没有待多久。两年之后，他回到剑桥，从此很少说起过去的经历。他本是一位医生和科学家，却误入一个他不曾想象的世界：在那里利润比患者更有价值。萨库尔也让他关注明天的新闻。他本想多说几句，但还不是时候。

打完两个电话，他返回酒店套房，去做他早已擅长的一件事情：等待。

周一早晨，马里兰州巴尔的摩市联邦法院大楼，一群人站在 5A 法庭外面等候。法庭的大门还锁着，走廊里的政府检察官神色紧张地和兰伯西的高管以及他们的律师待在一起。安德鲁·贝亚托和同事护送萨库尔挤过人群，来到一片空地上。他们经过时，周围的人纷纷转过头来。兰伯西的高管们早已知道是谁给他们造成了这么大的麻烦。但是当真的看见此人，并和他置身于同一条走廊，他们仍然觉得难受。萨库尔还未进过法庭，此刻在紧张地等待着。

当房门打开，一群人鱼贯进入法庭时，贝亚托的脸上悄悄浮现出一丝罕见的微笑。进入法庭，每个人都找位子落座。虽然左右都是律师，萨库尔仍然继续朝门口张望，希望能看见罗伯逊。最后一刻，她出现了。萨库尔微笑着想站起身来，但贝亚托轻轻制止了他。

法官 J. 弗雷德里克·莫茨（J. Frederick Motz）号召大家肃静。这对兰伯西来说是一个黑暗的早晨，对任何一家公司来说都是一次罕见的事件。公司缴纳罚款是常有的事，但很少有公司受到刑事裁决。

兰伯西已经对七项联邦刑事指控认罪，包括蓄意诈骗以销售掺假药物、未能报告其药物不合规范，还有蓄意对政府做虚假陈述。为使案件成立，政府瞄准了三种最能体现兰伯西欺诈之恶劣的药物：治疗痤疮的 Sotret、治疗癫痫的加巴喷丁，外加抗生素环丙沙星。兰伯西接受了总计 5 亿美元的罚款和财物没收的处罚。虽然这比政府最初要求的 30 亿美元少了许多，但已经是对仿制药公司征收过的最高罚款了。

莫茨法官错把兰伯西念成了"兰伯里"，还把和解金额错读成 50 万美元。联邦助理检察官斯图尔特·贝尔曼提醒他金额说错了，应该是 5 亿美元。

莫茨法官笑着说："数字在我眼里都差不多。"

那位代表公司认罪的高管站起来说，他还是愿意照前面的数字赔，法庭内响起一阵笑声。但是当他说出"我希望能代表公司认罪"时，法庭内变得一片寂静。莫茨批准了和解协议。[3] 没有一个高管需要负刑事责任。

就这样，听证会结束了。在法庭外面，萨库尔给了罗伯逊一个拥抱。贝亚托后来回忆，那个早晨的意义似乎"超越了和一名公司代表的一次法庭听证"。他为自己在这起案件中所做的工作感到自豪，也希望他的事务所对一个千百万人依赖的行业的清理工作做出一点贡献。这或许是一个转折点呢？他心想。

当贝亚托和萨库尔驾驶贝亚托的本田飞行员车返回华盛顿时，司法部的新闻稿已经传到了网上。贝亚托的同事在后座大声念道："这是迄今为止，司法部与一家仿制药生产商达成的金额最大的药物安全和解……"

"好极了！"贝亚托欢呼。

消息由华盛顿迅速传到新德里。贝亚托打开车里的 CD 机，用大音量播放皇后乐队的《我们是冠军》。四个男人摇下车窗，一起唱了起来。当他们到达贝亚托的办公室时，来自新闻媒体的问询函已经堆得老高了。

那天夜里，萨库尔很晚才给身在印度的苏娜尔打去电话，夫妇俩向对方汇报了各自的情况。苏娜尔让孩子们不要上学，待在家里，并在正门外安排了一名保安驻守。在印度的媒体上，兰伯西向美国政府认罪成了头条新闻。另有消息说萨库尔因为对案子的贡献，获得了一部分和解金，总计 4800 万美元。他的照片也登上了电视。苏娜尔的电话响个不停，都是亲友打来表示惊讶和祝贺的。她既害怕又紧张，还要解释丈夫在案子中的贡献，弄得筋疲力尽。第二天，虽然仍旧害怕，她还是打发孩子们回学校去上学了。

兰伯西认罪后的第三天，《财富》杂志的美国网站上刊出一篇 10 000 字的文章[4]，介绍了案件的始末和萨库尔的功劳。文章还公布了那份兰伯西和马尔文德·辛格隐瞒了多年的文件，之前无论公众还是第一三共都不知道它的存在：拉金·库马尔向董事会科学委员会出示的那份《报告》。文章里提出了一个问题：第一三共知道兰伯西诈骗行为的广度和深度吗？2010 年，当文章作者采访第一三共的全球战略总管采孟时，他告诉对方："我从来没想到我们受到了欺骗。"

但是在文章刊出一周之后，第一三共就发布了一篇新闻稿[5]，将目标明确指向马尔文德·辛格。公司承认自己受到了愚弄，并指出"几名兰伯西公司的前任股东隐瞒并篡改了关于美国司法部及美国药监局调查的关键信息"。公司宣布正在寻求"可行的法律救助"。其实到这时候，第一三共已经在新加坡的国际仲裁法庭对马尔文德提起诉讼了。

之后的几个月里，萨库尔始终处于连轴转的状态。他和罗伯逊、贝亚托以及其他在这个案子上出力的人参加了一次庆贺晚宴。他接受了若干个举报人奖项，包括乔·A.卡拉威公民勇气奖，为领这个奖他又去华盛顿出席了一次宴会。颁奖方称赞他"致力于全球药物安全，并从自己的前雇主做起，冒着极大的职业和个人危险揭露制药业的欺诈行为"。

他也部分回归了家庭。一家人在佛罗里达州坦帕市买了一套公寓，窗外能望见美妙的海景。夏天来临，苏娜尔和孩子们到那里生活了一个月，一家人还游览了迪士尼世界。苏娜尔思索自己的处境，感叹"我们终于过上正常的生活了"。她还惊喜地发现，丈夫也终于放松下来："现在我们可以享受在一起的时光了。"

然而事情不会这样简单。兰伯西案究竟取得了怎样的成就？兰伯西认罪的那一天，时任马里兰州联邦检察官的罗德·罗森斯坦（Rod Rosenstein）几乎对一名记者坦白了这个案子的局限性。他说，海外药厂是否遵守了规范，"在很大程度上只需要自我证明"。"如果一家生产商决定违规，你很难证明他们到底做了什么。"考虑到这一点，他指出"起诉个人才是更有效的威慑手段"。但事实上没有人受到起诉。

而在道格·坎贝尔看来，美国药监局胜负参半。一方面，达成国际协议裁决是史无前例的成就。坎贝尔承认："没有什么成就可以与之相比。"然而裁决的规模和严格的条款却意味着"美国药监局现在有三名员工别的什么都不干，专门监督兰伯西的合规生产"。这样分配美国药监局的资源合理吗？

美国药监局调查员迈克·伽维尼对迫使兰伯西认罪的艰苦过程嗤之以鼻。他说，美国药监局没有追究任何个人的过失，这等于"挖起整座大山，就为了杀死一只老鼠"，最后"老鼠还逃走了"。他说得没错。兰伯西的许多高管已经成了数据欺诈专家。他们多年来埋头钻研篡改检测数据的复杂技巧，从研发阶段到商业生产阶段莫不如此，一边篡改，一边还要应付心疑的监管者提出的问题。他们已经学会了一整套做法，能以极快的速度让药物申请获得批准，甚至早在公司掌握如何生产这种药物之前。

现在，这些高管正成群结队地从兰伯西离职，他们或者被第一三共开除，或者因为兰伯西认罪引起的动荡被迫离开，他们在行业中找到新工作，带走了一班同事和一套技能。对参与过兰伯西案的监管者和调查者来说，兰伯西的人员流失意味着一件事：要想确定下一场诈骗在何处发生，只需要跟踪兰伯西的前任高管，看他们去哪里任职了。

第二十五章　崩溃的文件

2013 年 1 月

宾夕法尼亚州卡农斯堡

在围着玻璃墙的迈兰总部，傲慢的兰伯西前化学家拉吉夫·马立克在担任公司总裁之外，又成为董事会的执行董事。他的晋升使前同事们感到意外。研发出身的化学家很少能在美国公司做到高管。而以马立克的背景来说（他是在旁遮普接受训练的，毕业后只在印度公司工作过），做到这一点就更不寻常了。不过马立克绝不是一个平凡的实验室科学家，他头脑敏锐，开朗活泼，总是伸出手和人打招呼。如一位前同事所说，他最有名的是"惊人的远见和将不可能化为可能的意志力"，而且"管理层交给他的任务，他一次都没失败过"。现在那个同事又说："他已经能给自己设定任务了——因为他自己也成了管理层的一员。"

马立克最近的一个任务，是监管迈兰迄今最大的一次海外收购：公司即将以 16 亿美元买下阿吉拉有限公司，那是印度的一家无菌注射剂生产商，在全世界拥有 9 家生产厂 [1]。随着迈兰不断成长，马立克常常说起一项更庞大也更复杂的任务：为迈兰在全世界的每一家工厂"提高标准"，并确保公司为全世界的每一个市场生产出相同品质的药物。这件事说起来容易做起来难。马立克首先要保证，他口中的印度"低标准"不会拉低迈兰的品质，也不会把它塑造成他的前东家兰伯西那样的公司，他说兰伯西的故事是"开头美丽，结局悲伤"。

在过去几十年中，迈兰一直享有行业标杆的声誉，正如 2012 年出任 CEO 的希瑟·布雷施所说，这家公司始终是"故事里的正派"。但是当公司开始在那个人工便宜、监管松弛的国家收购工厂时，要在故事中继续当正派就变得复杂了。从表面上看，迈兰正一马当先，拖着一个不情愿的行业走向进步。一次，布雷施从一次环球旅行中返回，途经澳大利亚时参观了公司的一家工厂，她发现美国药监局已经 10 多年没来这家工厂视察了。虽然为美国生产药物的海外场所"数量飞涨"，但她指出，对它们的视察却远远落后于美国本土的工厂。

布雷施是个穿细高跟鞋的魅力女子，也是美国参议员乔·曼钦的女儿，在这之后她发起了一项令人难以置信的运动，想以此消除这种视察上的不一致。她试图说服自己的同事和竞争对手向美国药监局支付费用，以换取更多的视察。这似乎是一项艰巨的任务。有哪家公司愿意出钱让自己接受更严的审查呢？然而布雷施说出了一个令人信服的理由：这笔费用，不仅可以增加海外视察，也可以加速申请得到审批的过程，从而减少美国药监局臭名昭著的工作积压。

她争取到的结果是《仿制药用户费用修正案》（Generic Drug User Fee Amendment，缩写 GDUFA，以下简称《修正案》），于 2012 年 1 月签署成为法律。这个主要归功于布雷施 [2] 的成绩巩固了迈兰在故事中的正派名声。从理论上说，《修正案》将使美国药监局能更加有效地监管一个全球行业，同时也为美国企业创造公平的竞争环境。这些企业原本处于不利的地位，因为它们设在美国的工厂受到了比海外工厂严厉得多的审查。有了这个《修正案》，各地的药物品质就可能同步提高了，布雷施表示："我到现在仍对一件事抱有希望，并保持乐观的态度：我们正在给全世界提高标准。"

然而提高标准不只是设立法律和规范那么简单，它往往还需要公司文化的转变，迈兰很快就会发现自己要面临这个问题，内部、外部都是如此。

2013 年 6 月，美国药监局在卡纳塔克邦的班加罗尔安排了一次视察 [3]，对象是一家生产无菌注射剂的工厂，就在几个月前，迈兰刚刚宣布它将从阿吉拉手里买下它。很少有比视察无菌注射剂工厂更复杂的过程。理想的状况是，美国药监局派出的团队中要包含一名精通无菌工艺的微生物学家。美国药监局忙不迭地想找到一个愿意去那家遥远的工厂出差的人，本希望有员工愿意接这份苦差，最后却从纽约州的布法罗市找到一名常驻当地的调查员。

那名调查员主要在纽约州北部生活工作，在当地视察一家奶牛场和一名奶牛兽医，此外还有些别的任务。他的视察工作并不关系到生死。而班加罗尔的那家工厂则完全是另一回事：他要是看漏了什么，美国是会死人的。他自然感到恐惧。幸好，上面又派了一位更有经验的调查员陪同他前往：彼得·贝克。两人 6 月 17 日到达班加罗尔，在那里逗留了 10 天。

在一家无菌生产厂里，对每一个环节、每一步操作都必须加以考虑和控制，以免破坏无菌环境。但是在班加罗尔，两位调查员看到的却是一家马虎而危险的工厂 [4]。他们看到一把使用过的拖把被随意地扔在一条传送带旁，传送带上就放着打开的药瓶。没有受过培训的工人在厂里快步走动，而不是按照要求用缓慢谨慎的步调行走，因此"可能破坏单向的气流"[5]，贝克在报告中写道。设备的关键零件没有储存在无菌区域，使用前也从来不会重新消毒。在盥洗室里，有几名员工使用马桶后没有洗手。

然而揭露工厂真实情况的还是那几副手套。调查员看见技术员们戴的手套有碎屑剥落和小孔，这样制作中的药物就暴露在污染之中。在一间储藏室里，调查员在一个装手套的盒子里发现了"被压扁的昆虫"[6]。存放在里面的备用手套也都开裂褪色了。虽然贝克到工厂的第四天就指出了这个问题，但是直到视察结束，技术员们仍然戴着那些被腐蚀的手套。

这是一场灾难，当美国药监局在阿吉拉的另两处工厂也发现了严重问题时，灾难便愈演愈烈。在两年多一点的时间里，美国药监局已经制裁了迈兰的三家工厂，说它们未能确保无菌环境，其中两家原本都是阿吉拉的。这些工厂也为辉瑞和葛兰素史克生产有效成分，它们的问题在全世界引起了反响。但其中反应最大的还是宾夕法尼亚州的卡农斯堡——在迈兰总部，拉吉夫·马立克为自己接手的问题大发雷霆。

马立克后来解释说："我们买下阿吉拉时，它在印度有六家工厂，它们得到了美国药监局的批准，得到了巴西国家卫生监督局的批准，得到了全世界每一家监管机构的批准。辉瑞、葛兰素史克都委托它们做药。这些工厂设施先进，一切都是机械化的，还有摄像头监控……但是在六个月后，一封警告函却甩在我们脸上。"接着他话锋一转（也许不可避免地），说起了彼得·贝克和他激进的视察方法。"他制造了一种恐慌的氛围。"马立克说道，在这种氛围下，连工人的恐惧和沉默都被当作罪证。马立克表示，不过，迈兰依然做了彻底的回应。在 199 个批次的药物中，公司将 119 个可能受手套碎屑剥落影响的批次从市场上召回，重新做了检测。他说，在这些药物中没有发现颗粒，公司也将数据交给了美国药监局。

到这时，公司已经聘请了美国药监局的一位高级官员德博拉·奥托担任高级副总裁，负责战略性全球品质和监管政策。奥托后来说："如果我不是百分之百确信迈兰会做正确的事，我早就走人了。"就阿吉拉事件，马立克说："我们把三家工厂关闭了将近三年。"他说这些行动是最好的示范，表明迈兰经营透明、注重品质。这是集白手套精神、一尘不染的机器的精神和"正确做事"精神于一身。

但其实，迈兰在变，而且一些员工相信，不是在变好。在公司内部，当马立克以激光一般的精度将药物推向市场时，无论是印度还是美国的员工都开始体会到公司的变化。马立克和他的副手们似乎将速度视为重中之重，几个前员工都这样说道。一位辞职了的高管说，那些坚持遵守良好生产规范的人都感觉受到了排挤。"你太守规矩，他们就说你太慢。"

在马立克的领导下，迈兰印度公司成了培养生产力的温室。马立克本人的报酬，也部分取决于迈兰向全世界的监管机构提交了多少申请。年复一年，他和他的团队总能超额完成目标[7]。他们的研发线总是饱和的，实验室也不断产出有利数据，提交的申请往往比公司要求的多出几十份。然而员工们（有一些据说在上司要他们篡改数据之后辞职了）却感到困惑：这些马立克亲自挑选的团队成员是已经摒弃了在兰伯西受到的训练，还是把它们带到了迈兰？

迈兰作为行业标杆的名声很快将会受到沉重打击。2016 年 8 月，在总统选举达到白热化、美国的孩子们即将返校上课之际，迈兰一头扎进故事的另一面，当起了反派。忽然间，它就成了一家作恶的公司，臭名远播。其产品肾上腺素笔（EpiPen）的价格涨了四倍[8]。这是一种注射型肾上腺素，经常在儿童因过敏而生命垂危时使用。

迈兰在 2007 年买下了默克集团的仿制药分部，由此成为肾上腺素笔的专利所有者。在对这种自动注射装置做出一些改进之后，迈兰开始以每包两支 100 美元的价格销售它们。后来美国药监局以设计缺陷为由将一家竞争企业的仿制版列为不合格品，迈兰从此独霸市场，开始大幅涨价。到 2016 年，肾上腺素笔的市场价已达到 600 美元。忽然间，那些需要购买充足肾上腺素笔放在家里、学校和背包中的家长，发现自己多出了一笔高得吓人的开支。

愤怒的情绪迅速在社交媒体上蔓延。一个名为"肾上腺素笔门"（Epigate）的标签获得了大量关注，一篇关于布雷施和她高涨的工资的公开报道也同样获得关注。2007 年，布雷施的收入是 240 万美元。但到 2015 年，她的收入却接近 1900 万美元。加上迈兰 2014 年决定在爱尔兰成立公司以降低税收，

布雷施和其他高管又多赚了许多钱：2014 年，她和马立克的薪酬总额都超过
2500 万美元。这时，肾上腺素笔为公司提供了大约 10% 的收入 [9]。

　　一夜之间，布雷施就成了制药业贪婪的代名词 [10]。媒体把她和马丁·什
克雷利（Martin Shkreli）相提并论，后者由对冲基金经理转职为大型药企
CEO，曾把一种治疗艾滋病感染几十年的老药价格提高了 50 倍。当公众谴
责的浪潮涌向布雷施时，她并没有为自己争取到多少好感。在美国消费者新
闻与商业频道（CNBC）的一次灾难性访谈中 [11]，她宣布对于这轮价格暴涨，
"没有人比我更沮丧"。接着她开始指责供应链上的其他单位，并建议对漏洞
百出的医疗系统开展全国大讨论。这次访谈没有把她塑造成南丁格尔，而是
成了玛丽·安托瓦内特 ①。

　　迈兰想努力扭转这次公关惨败的局面。公司开始发放打折券，并表示很
快会以半价推出一款仿制的肾上腺素笔。公司长篇大论地解释复杂神秘的药
物定价机制以及有多少中间商从中牟利。但是公众无法理解为什么只有这家
仿制药公司在销售一种高价药物，公司的解释在他们看来都说不通 [12]。

　　忽然间，公司从前的丑闻在媒体上被一件件抖了出来。比如布雷施的
MBA 学位。2007 年 12 月，《匹兹堡邮报》发现布雷施没有修完获得学位所
必修的课程 [13]，但是在她的父亲乔·曼钦当上州长之后，西弗吉尼亚大学
立刻为她修改了成绩单，并且追授了学位。舆论一片哗然，2008 年，大学
撤销了她的学位。还有人指控说，公司的执行董事长罗伯特·考里（Robert
Coury）经常挪用公司飞机送他的音乐家儿子到全国各地参加演奏会 [14]。另外
还有一宗涉及公司一名副董事长的黑幕土地交易，迈兰公司在涉案土地上建
造了它的新总部大楼。

　　但是这些都无法和肾上腺素笔丑闻相提并论。没过多久，迈兰就面临国

---

① Marie-Antoinette（1755—1793），早年为奥地利大公爵，后为法国王后。史传当她获
　知农民没面包吃时，她说"让他们吃布里欧好了"。这句话的起源可能是愤怒农民的编造，借
　此讽刺王室与贵族的贪婪与残暴。

会质询、集体诉讼和几位首席检察官的反垄断调查。2016 年 9 月 21 日，一脸不快的布雷施在众议员监管及政府改革委员会面前起誓并接受盘问 [15]，过程向全国电视转播。立法者们质问她为什么要背叛那些已经买不起药的家庭。

与此同时，在远离公众视野的地方，还有一系列影响更为深远的事件也在悄然发生，这些事件令公司的诚信及其药物品质也都面临质疑。

大约一年之前，迈兰的一名前员工来到马里兰州银泉市的美国药监局总部，和一群高级官员坐下来交谈了一阵。在保密的条件下，他提出了几项特殊指控：他说在拉吉夫·马立克的领导下，迈兰在海得拉巴的研发中心已经成了一个数据作假中心，那里产生的作假手段流传到了公司在印度各处的工厂。这名举报人称，在迈兰担任关键领导职位的那些人，包括兰伯西的前员工，正在运用他们的手段操纵数据。

这名举报人指出了几项申请，那些药物将会在美国市场销售。他说，为了使某些药物的检测结果合格，迈兰将不太稳定的商业批次的样品替换成了规模较小的试验批次中的样品，因为后者更加容易控制。但他的指控中最惊人的一项，或许是迈兰的团队已经改进了欺诈手法以规避视察。他们不再从工厂的软件系统中删除受操纵的数据，因为那会在元数据中留下痕迹，被彼得·贝克这样的调查员发现。工厂的经理们会刻意破坏他们想要隐瞒的数据。他们认为，这才是瞒过调查员的好方法。

虽然美国药监局的各位官员认为这名举报人的说法可信，但奇怪的是，他们在之后的大约一年内没有采取任何行动。在美国药监局，迈兰似乎被一圈魔法保护着。这不仅是因为其首席执行官是一位美国参议员的女儿，还因为现在负责维护公司与美国药监局关系的高管，是美国药监局的前任官员德博拉·奥托。

2016 年 7 月，那名举报人发出一封电子邮件，震动了美国药监局的各位官员。他在电子邮件中表达了对他们无所作为的沮丧。他明确指出，美国药监局对于美国患者的遭遇负有责任。他还暗示，迈兰公司的政治人脉及它和美国药监局之间的人员通道是美国药监局消极应对的原因。

他这样写道："说实话，我对美国药监局将诈骗犯绳之以法的手段有百分之百的信心。但是我也听说，迈兰公司为美国药监局成员提供职位的策略十分见效。也许，美国药监局正在等待一出最终的悲剧在美国本土发生，因为低劣的仿制药产品未达到安全和功效标准。（就像在非洲所发生的一样，抗逆转录病毒药物没有显示出充分的功效。）"

他推测有什么力量或什么人明显在阻挠美国药监局对迈兰进行视察："这种官僚主义场面在印度这样的国家是'家常便饭'，但是对于美国的政府部门，我肯定有高得多的要求，毕竟美国政府是以较高的职业伦理和道德标准著称的。"

这封异常尖锐的训诫邮件在美国药监局内部引发了仓促的行动。两个月后的 9 月 5 日，也就是布雷施坐到国会证人席上大约两周之前，一个美国药监局调查员驶离印度纳西克市的主干道，开上了一条徘徊着山羊和鸡的尘土飞扬的小路，来到了迈兰公司的印度旗舰工厂。这一次，他没有事先通知。

迈兰的纳西克工厂距孟买有五小时车程，一路上会经过燃烧的农田和无人的停靠站。虽然选址荒凉，但这家工厂规模庞大，设施先进。它占地 22 英亩，一年能为全球的各个市场生产 80 亿剂药物，包括澳大利亚、非洲和美国。

在为期九天的视察中 [16]，那名美国药监局调查员发现工厂的软件系统中充满错误提示，提示的内容有"设备故障""断电" [17] 和"色谱系统连接中断"。工厂的经理们显然没有调查过系统反复崩溃的原因，只是在接收到错误提示后重新检测药物。这使美国药监局怀疑崩溃都是有意造成的，就像那名举报人声称的那样。事情看来是这样的：迈兰没有删除不想要的数据，因为那样就会留下痕迹，他们的做法是主动让系统崩溃，比如让技术员拔掉墙上的电脑插头。这种手法相当引人注意，乃至美国药监局的各位官员就给它起了个名字叫"崩溃的文件"。

不到两个月的时间，又有三名调查员 [18] 不打招呼就来到迈兰公司位于西弗吉尼亚州摩根敦的工厂。在那里，他们惊讶地发现了数据操纵的可疑行为。技术员在正式检测之前，先将样品注入高效液相色谱仪，似乎是为了对检测结果进行预测。另外，药物批次的检测结果出现不合格或者异常，但分析员没有按要求开展调查，只是重新检测药物，直到得出合格的结果。这不禁使人疑惑：他们还使用了什么操纵手段？

在美国药监局的合规官员看来，软件崩溃、预检以及分析员没能调查出异常结果，这些情况都透着欺骗的意味。在信函中，他们要求迈兰做出解释，并指出纳西克工厂的错误提示"使人对数据的完整性和可靠性产生了怀疑"。这种看法对这家西弗吉尼亚州的公司构成了严重威胁。如果美国药监局最终判定迈兰的品质问题是系统性的，而不仅限于一家工厂，那么对迈兰的处罚和制裁就会大大升级。美国药监局的怀疑也威胁到了迈兰的诚信形象，而这个形象是公司努力经营起来的，公司总部的玻璃外墙和半透明的名片都是它的体现。虽然在政坛具有影响力，但迈兰仍有可能被认为和其他仿制药公司一样不可信任，无法运营一间干净的实验室。

后来和一名记者会面时，迈兰的干部刻意淡化了美国药监局的发现，解释说，"数据完整性过失"这个说法不太好，它其实涵盖许多简单的监管失误。公司的全球品质系统及合规主管 R. 德雷克·格洛弗（R. Derek Glover）说道："我们没有证据表明，这些失误中有任何一项涉嫌数据欺诈。"

迈兰对纳西克和摩根敦的视察做出了强有力的回应。在和美国药监局的一系列会议、电话和通信中，公司的高级律师和人脉畅通的高管们许诺会全面配合、保持透明。他们给美国药监局发去了大量数据和分析，想以此证明公司拥有周密的品质管理系统，并且做好了自查的准备。

2017 年 1 月，迈兰给美国药监局发了一封长长的保密信件，试图解释纳西克工厂出现大量错误提示的原因——短短七天内就出现了 42 条。公司的解释有好几条，首先说这些提示"和以太网线或电线的切断无关"，然后补充说："经事后调查，尚不清楚这些断网情况是因为人为的线路干预（不小心碰掉了缆线），还是因为没有信号。"对于另一个在七天内出现 150 次的错误，公司给出了一个片面的解释：公司的一部分软件设置导致"无意间产生了若干重复的错误提示"。在次月的一封保密信中，迈兰向美国药监局保证事关批次发售决定的数据的完整性和妥当性不会因此受到直接的影响。

然而美国药监局并不买账。2017 年 4 月 3 日，它向纳西克工厂出具了一封警告函，在公司做出改正之前，有效地暂停了对这家工厂申请的审批工作。函中指出，迈兰的品质管理系统"未能充分保证数据的准确性和完整性"[19]。函中还表明，美国药监局对于工厂内的错误提示始终保持怀疑："你们的品质小组未能全面地处理错误信号，也未能确定丢失或删除的数据的范围或影响，直到我们在视察中评估了这些问题才做出回应。"消息传出，公司的股价下跌了 2%。

纳西克工厂收到警告函之后不到三周，马立克和其他六名迈兰的干部来到美国药监局总部，与 19 位一脸不快的美国药监局官员坐在一起，试图说服他们不要对西弗吉尼亚州摩根敦的工厂采取监管行动。当官员质问他们实验室的技术员为什么没有调查异常结果，而是重新检测药物，并且只记录合格结果时，马立克的团队意识到官员们在问一个更大的问题：在迈兰到底发生了什么？这些监管者说，他们对于摩根敦的失误感到"震惊"，觉得工人的做法"极其恶劣"，并质问公司"是否让每一家工厂保持透明"。一位官员说得毫不客气："考虑到迈兰整体的品质文化，美国药监局想知道这样的违规行为为什么会在摩根敦工厂发生。"

作为迈兰转型的代言人和领导者，马立克辩解说，迈兰公司和摩根敦工厂背后的价值观没有改变。他向一众官员解释道："迈兰的品质哲学，就是对于数据的完整性和患者的安全绝不妥协。"为了将摩根敦工厂从美国药监局的审查中解救出来，他表示这家工厂是独一无二的，"因为我们的业务就是从这里开始的，从第一天起，这家工厂就建立在诚信原则之上"。最后，公司将没有调查而重新检测的做法归咎于一套陈旧的标准运营程序，并说它需要更新了。

这一次，公司的解释似乎奏效了。2017 年 5 月，在两名部门员工的极力反对中，美国药监局生产品质办公室的主任托马斯·科斯格罗夫（Thomas Cosgrove）做出了一个富有争议的决定：他降低了调查员对摩根敦工厂负面评定的级别，将"官方行动指示"调为"自主行动指示"。他还主动给公司发了一封不带抬头也不向大众公开的信——在两年中，这已经是科斯格罗夫第二次调低对迈兰的不利评价等级，并且隐瞒美国药监局的回复了。

在一封写给同事的电子邮件中，科斯格罗夫附和了他们的观点，承认迈兰的重复检测行为"比我们看到的更加普遍，公司的自查也不充分"。但他也为自己的决定做了辩护："迈兰的态度是积极响应、主动配合的，我没有理由认为他们不会自行改正错误。"

这个决定使迈兰的摩根敦工厂暂时摆脱了美国药监局的强力审查，但它并未化解一场正在酝酿的风暴。2018 年年初，来自工厂内部的一名举报人主动联系美国药监局，举报了工厂内的恶劣环境，包括人手不足和清洁不当。这名举报人称，迈兰的管理层并没有积极解决问题，他们更关心的是把"文件做成防护伞"躲避审查，美国药监局在一份备忘录中详细记录了他的指控。举报人描述了公司如何从印度调来一队员工迅速结束公司对摩根敦工厂积压的调查工作，并下令让美国的员工不得质疑他们的工作。举报人称，迈兰发展出了一套容忍欺诈的"内嵌文化",还说一些前员工也有相同的看法。

在孟买最著名的酒店泰姬陵酒店的海景休闲区,一名曾在迈兰任职的化学家眺望着孟买港和1911年建成的那座名叫"印度门"的凯旋门。但这美景并不使他快乐。虽然身边围绕着丝质靠垫和体贴的侍者,他心中仍感到烦乱。他秘密来到此地,来向一位记者描述迈兰公司如何在生产过程的每个环节使用"炮制"数据,以使几十项药物申请快速通过审批系统。化学家表示,这种数据操纵是在拉吉夫·马立克和他的一群同事的领导下完成的。他说,马立克的团队将公司的印度业务打造成公司成功的核心动力,在这个过程中改变并败坏了西弗吉尼亚公司。

他还说,马立克团队运用一系列欺骗手法加快关键产品的审批进程。他们用"必要的动作"使开发数据合格,并"管理"了申请批次的生产。必要时,他们会通过更换样品生成生物等效数据。由"聪明人士"准备申请文件提交给监管机构。申请后的生产则由专门人士"安排"。公司还会咨询为监管机构所尊重的全球专家,让他们"保佑"申请文件,但同时又只向他们透露部分信息。所有这些干预手段都是为了"缩短"仿制药的开发和生产通常所需的时间。

在海景休闲区,化学家描述了工业规模的数据操纵是如何流畅进行的。他说研发部门会在生产的每一个环节部署团队,以处理不合格的数据。马立克在每个生产系统都安插了自己的人,他们的行动完全同步。"一个人开口说一句话,其他人就能接下去把它说完。"化学家补充说,马立克的人不需要很多指示就能执行他的意图,"他根本不需要下什么具体命令。"他还说,他们的目标是让药物尽可能快地上市,马立克手下的人会想方设法达成这个目标。

在每一个步骤,他们都会使用变通的方法,比如使用隐藏的设备、对检测动手脚以及偷偷使用替补数据。检测过程转移到工厂并且扩大规模时，会出现因为批次变大而无法通过的情况。化学家说："这时他们就打电话，而不会发送电子邮件。他们会从分析组抽一个人去品控组，动一下数据，然后数据就干净了。"

再接着就是商业化了，即大规模生产，这一步控制起来要困难得多。"商业批次会在稳定性检测中失败。"化学家说，而对策也依然是数据操纵，"调整一下参数，杂质就不会出现了。"每一个步骤，"都有研发组的人来展示怎么弥补问题"。

在这样一套体系下，好几种产品的数据在提交给美国药监局审批之前就经过了操纵，化学家说，这也是促使他离开迈兰的原因。

迈兰的总法律顾问布赖恩·罗曼（Brian Roman）表示，公司"坚定而强力"地否认数据操纵的指控。他指出，美国药监局并未证实公司有任何此类行为。他对一名记者说："如果有人告诉你，他有我们调换样品的证据，我认为他是在对你说谎。"他还说，不管谁提出这样的主张，都有义务"出具一份可以作为调查依据的报告"。实际上，那个化学家的确这样做了。辞职后，他曾书面向几个高级经理详细说明他的指控。

在那个海景休闲区，化学家表示美国药监局调查员彼得·贝克发现了那个与正式的检测系统并行的隐秘系统，这是"准确摸到了印度的脉搏"。"每一次命令都是从上面来的。"他无声地哭了，泪水从脸庞滚落，"这个行业的事情，真是太脏太脏了。"

第二十六章 终极检测实验室

2013 年 2 月 7 日
乌干达坎帕拉

在穆拉戈国家转诊医院，从加拿大过来义务出诊的外科医生布赖恩·韦斯特贝格（Brian Westerberg）给一个病情严重的 13 岁男孩 [1] 做了检查。男孩发着烧，浑身打寒战，还在呕吐。液体从他的耳道内渗出，那可能就是感染的源头。韦斯特贝格怀疑他是细菌性脑膜炎，但他无法确认这个诊断，因为医院的 CT 扫描仪又坏了。他给男孩静脉注射了头孢曲松（ceftriaxone），那是一种广谱抗生素，韦斯特贝格相信它能够消灭细菌，减轻男孩脑部的肿胀。他相信男孩是可以被治愈的。

韦斯特贝格已经在穆拉戈医院义务工作了 16 年，在这 16 年里，稀缺始终是常态。这里患者很多，医院的 1500 个床位往往不够使用 [2]。医院债台高筑，一次因为付不出账单被切断了自来水。这些年来，药物始终缺少，韦斯特贝格只能自己从加拿大带药过来。但是最近这段时间，通过当地政府和国际援助机构的努力，廉价的仿制药已经得到广泛使用，韦斯特贝格认为这是朝着正确的方向迈出了充满希望的一步。

但是经过四天的治疗之后，男孩的病还是没有好转。他的头痛更剧烈了，"流水的耳朵"也变成了一团脓汁。韦斯特贝格做好了手术准备，他觉得需要切开男孩的耳朵，掏出里面的感染组织。就在手术开始之前，男孩发作了一次癫痫。这时医院的 CT 扫描仪已经恢复，于是韦斯特贝格让男孩接受了一次紧急扫描，结果显示男孩脑中有几处小块脓肿，它们可能就是感染的原因。

医院的一个神经外科医生看过图像后充满信心地告诉韦斯特贝格："没有必要做手术。"他确信，经过有效的抗生素治疗，脓肿就会消除。这使韦斯特贝格感到困惑。他们已经给男孩用了抗生素，通过静脉给他注射了头孢曲松，结果并没有把感染压下去。当同事建议给男孩改用同一种药物的昂贵版本时，韦斯特贝格的困惑变得更深了。"为什么要把一种头孢曲松换成另外一种呢？"他感到不解。但他很快就会知道，这家医院的药物供应正被一种现象所困扰，而乌干达的医生对这种现象太熟悉了。

非洲是一个药品稀缺的地方，这里充斥着仿制药，它们很多时候并没有效果。相应地，非洲各地的医生也调整了用药方法，有时把建议剂量变成两倍或三倍，以此产生疗效。许多医院都储存了一批所谓的"高端药"，以治疗那些在一轮治疗后应该恢复却没有恢复的患者，它们要么是品牌药，要么是品质较高的仿制药。

韦斯特贝格的同事们也准备了一批在医院之外采购的头孢曲松。他们给男孩换上了这种更贵的版本，并在他的治疗方案里又加了两种药。新药没有完全奏效，但韦斯特贝格确实清除了男孩耳朵里的脓汁。新的治疗本来或许可以生效，可是太晚了。男孩再也没有恢复过来。在治疗的第 11 天，他被宣布脑死亡。

乌干达医生对这个 13 岁男孩的死亡并不感觉意外。他们的患者经常在使用了本该挽救他们的药物之后死去。就算医生动用后备的"高端药"，也不够分给所有人，这使他们每一天都要实施药物筛选。正如乌干达西部的一名医生所说："说实话，我们都累了。"她发现自己很难追踪哪些仿制药是安全的，哪些又不值得信任，"今天是麻醉药失效，明天是头孢曲松出问题，后天又是阿莫西林"。

每次彼得·贝克视察一家新的生产工厂，他的任务都只有一个：盯紧那些运往美国市场的药物，保护将会服用这些药物的美国人。但是当他在印度工厂中记录欺诈和生产失误时，他却越来越警惕地注意到：那些运往发展中国家市场的药物，比运到美国的还要糟糕。

2013 年 5 月，他来到海得拉巴南部的一家生产工厂，经营它的是印度的一家仿制药公司。在那里，他看见几个瓶子里装着化疗药物吉西他滨（gemcitabine），瓶盖没有得到妥善密封，因而不是无菌的。"这些东西你们要怎么处理？"他质问工厂的干部。他们答道："我们送去非洲。"在另外一家工厂，他发现了美国药监局禁止美国进口的药物成分，便问道它们会送去哪里。"去乌克兰。"他们说。他把这条情报传递给了乌克兰政府，但没有得到回复。

渐渐地，贝克开始看到一幅世界地图，当年迪内希·萨库尔在兰伯西发现一幅类似的地图时，他感到震惊不已。制药公司宣称他们为不同的市场生产的是相同的高品质药物。但在兰伯西，萨库尔通过揭示欺诈性数据指出这是一个谎言。萨库尔看到的是数据，而贝克看到的是真实的药物。在一家又一家工厂里，他发现了最明目张胆的欺诈和最恶劣的品质疏忽行为，由此产生的药物被运到了监管最薄弱的市场[3]：非洲、东欧、亚洲和南美洲。他之所以在印度很少看见有药物批次被退回，原因之一是无论那些药物的缺陷多么明显，世界上总有一个市场会接收它们。

萨库尔和贝克发现的不是一个故障、一次例外，而是仿制药行业的普遍做法。这些松紧不一的生产标准有好几个名称："双轨制""分级别"或"A类/B类产品"。公司常常根据购买药物的国家调整生产品质。他们将品质最好的药物运往监管最严格的市场，品质最差的送到审查最宽松的国家。这是一个利润微薄的行业，企业通过使用低质量原料、减少生产步骤和降低标准的方法来削减成本，然后将药物卖到监管不力的国家。

种族歧视无疑是其中的一个原因，就像兰伯西的医学总监在谈到运往非洲的低品质抗艾滋病药物时说过的话："谁在乎？就是死几个黑人的事。"但是从根源上说，催生不同标准的还是冰冷的算计：公司会为他们最不可能被抓的市场生产最廉价的药物。在受到质询时，公司会坚称他们做出不同标准的药物是因为不同市场的品质标准本来就有差异。然而，世界顶级制药标准设定组织——美国药典全球健康影响项目的前副总裁帕特里克·H.卢克莱却称这个说法是"彻底的胡说"。他表示，对于任何特定的药物，"都只有一个标准，而那个标准是由它的发明者确立的"，也就是开发这种药物的品牌版公司。

贝克对于销售给美国以外患者的药物没有管理权或执法权，但他还是将自己的发现写进了视察报告里。这些报告成了其他国家监管机构的一份警示路标，有的机构循着他的发现继续追查。贝克记录的是一场巨大公共卫生危机的冰山一角。他不清楚其他国家的患者遭遇了什么，但是涌入发展中国家的仿制药品质如此低下，他猜想后果一定很可怕，简直就是一枚"嘀嗒作响的定时炸弹"。

在乌干达，韦斯特贝格医生发现患者使用了不达标药物后丧生，这一事实令他震惊。他飞回加拿大，和加拿大的呼吸治疗师杰森·尼克森（Jason Nickerson）成了搭档，尼克森在加纳也有过与劣质药物相关的类似经历。两人决定，检测乌干达男孩死亡事件中牵涉的头孢曲松的化学性质。

韦斯特贝格的同事从穆拉戈医院的药房为他带来了一瓶可疑的头孢曲松。但当两人在尼克森的实验室里对它进行检测时，却发现其中的有效成分不到标签声明中的一半。

韦斯特贝格和尼克森都震惊了。尼克森表示，在这么低的浓度下，这种药物基本是无效的，治不好任何一个患者。他和韦斯特贝格在疾控中心的《发病率和死亡率周报》（*Morbidity and Mortality Weekly Report*）上发表了一篇

病例报告 [4]。虽然他们不能完全确定是不达标的头孢曲松杀死了那个男孩，但他们的报告提供了支持这个说法的有力证据。

2009 年，巴布亚新几内亚大学医学与健康科学学院的教授杰克森·拉奥乌（Jackson Lauwo）对国内的药物品质产生了担忧，他联系了德国法兰克福的一位药剂学家詹妮弗·德莱斯曼（Jennifer Dressman），问她是否愿意在她的实验室里检测一些药物样品。德莱斯曼同意帮忙，于是拉奥乌在首都莫尔斯比港收集了抗感染药阿莫地喹（amodiaquine）和阿莫西林的几份样品，它们由五家经过注册的制药公司生产。他把这些样品送到了德莱斯曼的实验室。几个月后，结果出来了：没有一种样品通过品质评估 [5]。

14 种样品中，有 3 种是赝品：根本就是犯罪分子伪造的假药。其余几种都"低于标准"（substandard），意思是说，它们都是合法公司有意生产的低品质产品。

美国还算有能力将调查员派到国外。而像乌干达和巴布亚新几内亚这样的贫穷国家，往往只能从开价最低的竞标者那里进口药物，并没有监管机构来核查药物的品质。一边是购买药物的国家极度缺乏监管，一边是生产药物的国家法律薄弱、监管松弛，两者结合，就使得双轨制生产蓬勃发展。

比如印度的监管机构，除非一家药企生产的药物有效成分不到规定值的 70%[6]，否则国家不会采取法律行动，而 70% 这个数字要比美国药监局、世卫组织及其他主要药物监管机构制定的可接受的标准低得多。印度的阿南特·法德克（Anant Phadke）表示，双轨制生产在印度并不违法，他是"全印药物行动网络"的工作人员，那是一个致力于在印度普及基本药物的组织。不过法德克也表示："至于这在伦理上是正确的还是错误的，就值得商榷了。"

就在韦斯特贝格在乌干达治疗那个男孩的同一年，美国犹他州的麻醉医师肖恩·朗内尔斯（Sean Runnels）来到卢旺达，为这个国家的国民医疗体系服务。他注意到的第一件事是，卢旺达医保项目提供的许多仿制药"就是不管用"。当时的卢旺达，还没有一个官方的药品监督局来检测民众购买的药物，因此国家无法验证药物的品质。

在卢旺达首都的基加利大学医院，朗内尔斯意识到他不能再依赖麻醉药使患者睡着，也不能依靠抗生素来抵御感染了。他眼看着新做母亲的人剖官产生下孩子后，尽管使用了全套抗生素，仍会因为细菌感染而死亡。在缺乏有效药物的情况下，朗内尔斯和同事只能求诸手术，他们为那些妇女冲洗腹腔，切除受感染的组织，作为挽救她们生命的最终手段。"她们中只有很少人活了下来。"他说。

起初，朗内尔斯对如此多变的药物品质大感吃惊，但是和那些乌干达的医生一样，他的卢旺达同事们也已经习惯了这个问题，并发明了一套解决问题的做法。如果一种仿制药没有效果，他们就尝试由其他生产商生产的另一个版本，或者改用另一种药。如果两种方法都不可行，他们就增加不达标的仿制药的剂量，试图以此达到疗效。

富裕的患者比较幸运，他们能逃脱这潭泥沼，从私立药房购买品牌药，其中的差别是惊人的。朗内尔斯说："一旦用上品牌药，患者就会立刻好转。"这个现象如此显著，他给它起了个名字叫"拉撒路效应"，拉撒路是《圣经》中死而复生的人物。

过去 10 年，非洲的药物问题已经发生了巨变。之前，这块大陆的药物主要来自较为发达的国家，途径是捐赠和小规模购买。那时最大的问题是高昂的成本和由此造成的匮乏。但是到 2004 年，印度的医药代表开始到非洲各地活动，推销廉价的仿制药。在加纳，据国家天主教公共卫生服务组织的社区和机构医疗协调员阿妮塔·阿皮亚（Anita Appiah）博士回忆，起初人们的态度都很积极，但后来结果并不乐观。一位名叫夸贝纳·奥福里－夸克亚（Kwabena Ofori-Kwakya）的大学教授说，非洲成了一个"什么东西都拿来卖"的地方，他是加纳库马西市夸梅·恩克鲁玛理工大学制药学系的主任。他表示，这个变化对当地人健康的负面影响是"天文数字级别的"。品质低劣的问题已经波及每一种药物。

戈登·杜尼尔（Gordon Donnir）是一位精神科医生，他在库马西的康弗·安诺克教学医院担任精神科主任，还在他的私人诊所里为加纳的中产阶级看病。杜尼尔表示，他和同事一直在为各种门类的低品质药物苦恼。他开出的几乎所有仿制药，如奥氮平（olanzapine）、利培酮（risperidone）和地西泮（diazepam），都不达标。为此他只能增加剂量。在治疗精神病时，他的欧洲同行一般给患者开 2.5 毫克 haloperidol，那是氟哌啶醇（Haldol）的仿制药，患者一天服用几次。他们震惊地得知，杜尼尔一次给患者开 10 毫克，一天服用三次，因为他知道，2.5 毫克的剂量"一点用处也没有"。当那些震惊的同行意识到必须增加剂量才能产生疗效时，他们也采用了这个做法。一次，杜尼尔治疗一个 15 岁的男孩，开出了抗焦虑药地西泮常规剂量的 10 倍，这个剂量本来足以使他昏迷，但杜尼尔说，患者服药后仍"笑嘻嘻的"。

虽然数据稀少，但在 2012 年，加纳的食品药品管理局仍在美国药典和美国国际开发署的协助下对市场上的孕妇保健药物做了品质检测。他们重点检测了催产素（oxytocin）和麦角新碱（ergometrine）[7]，这两样都是防止产后大出血的基本药物。结果一败涂地。检测报告于 2013 年公布，它指出超过半数的催产素样品和将近四分之三的麦角新碱注射剂样品，都没有达到标准，它们都是由各家仿制药公司生产的。另外，全部麦角新碱药片都不合格，也就是说，它们完全没有疗效。有的样品中根本不含有效成分，另一些未能通过无菌检测。这些结果只指向一个结论：生产条件不达标。这些药物几乎全部来自印度，对于产后出血的妇女，它们不啻死刑宣判。

大多数时候，加纳的患者都不知道他们用的是什么药，生产者又是谁。技术创新者布莱特·西蒙斯（Bright Simons）解释说，加纳的文化是以信仰为基础的，"患者会祈祷自己的药物能够生效"。

2008 年，非洲科学家亚历山德拉·格莱姆（Alexandra Graham）成立了拉格雷化学公司。这是一家制药公司，位于加纳首都阿克拉城外，公司的目标是生产符合国际通行的良好生产规范的高品质药物。格莱姆是尼日利亚人，她和来自加纳的丈夫保罗·拉蒂（Paul Lartey）都是从事这项事业的理想人选。两人是在芝加哥的雅培公司工作时相识的，当时她是化学家和特别产品部门的经理，他也是化学家，担任公司传染病药物发现部的主任。最初，他们都认为印度的仿制药产业是在低成本条件下生产高品质药物的理想模式。那正是优素福·哈米耶德博士在西普拉为世界定下的模式。

于是格莱姆前往印度，去了解这个国家是怎样取得如此成就的。但在印度的见闻并没有给她鼓舞，反而令她震惊。格莱姆参观了一处极为破旧的生产场地，它其实是一座住宅，"里面有几间狭小的卧室，充当生产场地"。这处场地根本没有预防交叉污染所需的品质管控措施。格莱姆回忆说："里面没有空调，也没有通风系统，到处都是灰尘。"离开时，她看到保安正在包装药物，它们将会被发往尼日利亚和肯尼亚。这些药甚至在印度都没有销售许可。

格莱姆下定决心要以另一种方式经营自己的公司，但这是一个巨大的挑战。加纳没有可靠的电力，连让电灯保持发光都很困难，更不用说用灵敏的设备运行复杂的化学反应了。然而更大的挑战来自国外的竞争。印度等国家的医药代表"积极地进入这个国家"，推销廉价药物，并"提供各种奖励和贿赂"，格莱姆表示，她的公司只能挣扎求生。腐败的加纳经销商甚至和那些国外药企谈判，要他们出售有效成分较少的药物，使药价更加便宜。

为寻求帮助，格莱姆找到了一位受人尊敬的同行，他是一家印度大型药企的 CEO 和董事长。但他的建议同样使人烦恼。他建议格莱姆成立一家"好工厂"，专门生产"模范产品"，另外再成立一家符合"当地标准"的工厂。格莱姆明白了：高品质低成本的理念只是个神话。外面那些公司一边吹嘘自家的工厂"通过美国药监局视察"或者"得到世卫组织认证"，一边兴高采烈地向非洲出售便宜的次等产品。格莱姆发现自己陷入一个困境：她可以坚持只以高标准生产药物，却无法保证向她供应有效成分的公司会遵守同样的标准。

格莱姆的标准很昂贵，她拒绝将利润置于品质之上，这种态度也不讨投资人喜欢，他们纷纷开始卖掉股份。到 2016 年，格莱姆终于关闭公司，阿克拉郊外的生产厂也"长满了杂草"，她说。如果非洲、印度不做强有力的监管改革，她想不出有什么法子可以遏止不达标的药物生产出来。"目前这个环境，对于品质没有奖励。"她说，"如果照规矩办事，你都活不下去。"

其实在好几年前，公共卫生专家就开始揭露双轨制生产的问题了。2003年，国际救援人员兼药剂师让－米歇尔·科德龙（Jean-Michel Caudron）决定访问几家国际仿制药公司，参观他们的生产过程。进入那些生产场地"相当容易"，他说，"我当时为无国界医生组织和联合国儿童基金会工作，我们从他们那里购买了许多药物……所以他们很欢迎我去参观。"科德龙被当成了潜在的顾客，他和同事被特别批准进入印度和其他地方的生产场地，在那里他见证了分级别制药。"我在一家著名印度药企听见几位经理说，他们为通过美国药监局和欧洲国家的认证深感自豪，接着又明确表示，他们为缺乏监管的国家生产的是不同品质的药物。"科德龙回忆道。他问一位经理，为什么公司会为不同的市场制定不同的标准？那个经理回答："哦，你说非洲和亚洲的那些市场？因为他们不要求安全凭证。"

在四年多的时间里，科德龙和同事总共记录了180处场地的双轨制生产，之后在《欧洲热带医学与国际卫生杂志》（*European Journal of Tropical Medicine and International Health*）上发表了一篇里程碑式的论文 [8]。文中描述了制药业的一种令人担忧的普遍做法，那就是在监管较松的市场降低品质，这实际上创造了"针对富人是一个标准，针对穷人是另一个标准"的局面。

随着全世界的研究者们针对双轨制生产展开斗争，越来越多的人把这个现象和另一场全球灾难联系起来：耐药性，即细菌和其他传染源演化出了对抗用来治疗它们的药物的能力。这也正是彼得·贝克惧怕的那个"嘀嗒作响的定时炸弹"。2014 年，英国政府委托科学家开展了一个雄心勃勃的项目 [9]，要他们确定耐药性的危害，并提出可行的对策。这个项目产生了一系列报告，其中，第一篇报告估计，如果按目前的趋势发展，到 2050 年，每年将有 1000 万人会因为耐药性感染死亡。英国前首相大卫·卡梅伦表示："如果我们再不行动，就会迎来一个难以想象的未来，到那时抗生素将失去效力，而我们也将跌回医学的黑暗时代。"

最终，项目产生了九份主要报告，它们大多将耐药性归咎于与之相关的三个因素：一是发展中国家在制药过程中的污染，药物大量进入河流湖泊；二是抗生素在牲畜中的滥用；三是对药物的错误使用，即患者没有严格遵照医嘱服药。不过有一份报告还指出了第四个因素：不达标的仿制药使发展中国家的大量人口无法得到充分医治。在发展中国家，品质低下的仿制药和耐药性都已是常见问题，在那些国家工作的研究者也越来越关注两者的联系。

低品质药物在低收入国家尤其猖獗，它们有的是犯罪集团生产的假药片，有的是二流药企生产的不达标仿制药。其中假药看起来和真药相同，但其中完全不含有效成分。和它们相比，不达标药物一般包含有效成分，但含量不够，或者配方不够好，因此无法产生应有的功效。虽然大部分的政治愤慨和媒体关注都集中在假药上，但现在有专家主张，不达标药物才是对公众健康更大的威胁。这些药物往往不包含足量的有效成分，无法有效地治疗患者。但它们包含的有效成分又足以杀死弱小的微生物，并留下那些强大的。这些存活的微生物继续繁殖，创造出新一代的病原体，它们甚至能够抵挡那些妥善生产、效力充分的药物。

2011 年，泰国和柬埔寨边境暴发耐药性疟疾疫情期间，美国公共卫生专家克里斯托弗·雷蒙德（Christopher Raymond）指出不达标的药物就是其中一个元凶 [10]。雷蒙德曾是美国药典驻印度尼西亚的工作组组长，他表示，用只含微量有效成分的药物治疗患者，就如同"用汽油灭火"。因为身处东南亚的有利位置，雷蒙德得以在使用大量不达标药物的地区和耐药性的"高发区"之间看到清晰的相关性。

保罗·牛顿（Paul Newton）是一位在东南亚工作的英国疟疾专家，他对不达标的抗疟疾药物和新兴耐药性之间的关联已经观察了将近 20 年。2016年，他与人合写了一篇社论 [11]，解释了包含"亚致死"抗疟疾成分的药物，会为那些能抵御弱剂量药物的病菌创造"生存优势"。不过他也提醒，这个关联虽然符合逻辑、可能性很大，但还没有得到强有力的科学证据支撑。

2017 年，随着间接证据越积越多，非营利组织美国药典成立了一个名为"品质研究所"的新中心，由它出资研究药物品质和耐药性之间的关系。2018 年年底，这笔资助结出了成果。波士顿大学的穆罕默德·扎曼（Muhammad Zaman）博士与人合作发表了一项研究成果，首次将不达标药物和抗菌药的耐药性联系起来 [12]。在实验室中，扎曼研究了一种常用的抗生素利福平（rifampicin）。如果生产不当，它就会在降解过程中产生一种名为"醌式利福平"（rifampicin quinone）的杂质。当扎曼将细菌放入这种杂质，细菌就会发生变异，变得能够抵御利福平和其他类似药物了。扎曼希望他的实验室研究有助于说服政策制定者，让他们相信不达标药物是构成全球耐药性威胁的一根"独立的支柱"，它或许和依从性① 差以及处方误用同等严重。

伊丽莎白·皮萨尼（Elizabeth Pisani）是一位流行病学家，曾在印度尼西亚研究药物品质问题，她在 2015 年的一份报告 [13]《微生物耐药性：药物品质和它的关系》中写道，效力不足的药物正在低收入国家酝酿一场耐药性危机，它很快就会发展到令富裕国家也无法忽视的地步："实际上，病原体是没有国界观念的。"

当一种病原体演化出抵御所有已知疗法的能力时，世界上每一个患者就都成了潜在的受害者。2016 年 8 月，内华达州的一名七旬妇女从印度度完长假返回家乡 [14]，她在印度摔坏了股骨。感染从她的大腿骨出发，很快蔓延到臀部。妇女住进了里诺市的一家医院，医生立即对她做了多重耐药菌的检查。接着疾控中心确认她感染了耐碳青霉烯类肠杆菌（CRE），疾控中心的前主任托马斯·弗里登（Thomas Frieden）在一次新闻发布会上将之描述为一种目前还无法治愈的"噩梦细菌"[15]。

在内华达，医生无力挽救这名妇女。他们更关心的是如何避免其他患者落入同样的命运。医院立即建立隔离病房，使感染无法传播，护理那名妇女的医务人员也戴上了口罩和手套，穿上了隔离衣。不到一个月后，这名妇女就去世了。

当初在圣雄甘地的修行所里萌芽的印度自立运动，已经演变成了一场药物救援行动，目的是挽救全世界最不幸的患者。随着哈米耶德博士的革命轰轰烈烈地进行，仿制药公司被赋予了在全球消除不平等、让富人和穷人获得同等治疗机会的理想。然而，萨库尔第一次在兰伯西的电子表单上记载的内

① 指病人按医生规定进行治疗，遵照医嘱的行为。

容，还有贝克在印度各地的生产工厂里看到的景象，却并不是那个理想的实现。它们是对那个理想的彻底颠覆和利用：给最贫穷的患者生产最劣等的药物，对我们所有人产生了生死攸关的影响。

在加纳，技术创新者布莱特·西蒙斯用两句话总结了严峻的现实："凡是药物都有毒性。只有在最严格的条件下生产，它们才会对人有益。"只有生产过程中时刻都有数据记录的药物，我们才能相信它具有恰当的效力。但是在监管不足的全球市场，谁又能保证药物都能达到这个标准呢？在非洲，只有十分之一的国家拥有有效的监管机构[16]，五分之二缺乏能够例行检测药物品质的实验室。

因为这些不足，帕特里克·卢克莱医生来到了加纳的首都，开始在那里训练一代"非洲的彼得·贝克"。在阿克拉，他运营着药物进步与培训中心（以下简称 CePAT），这是美国药典的一个驻外机构，成立于 2013 年。该中心位于一条没有铺面的土路，入口处有一道长长的金属门，从外面看平平无奇。可是到了里面，却能看到另一派神奇的景象：这里的门锁由指纹识别器控制，一间设备先进的微生物实验室里摆满价格昂贵的高效液相色谱仪，一间稳定室里有几台专门的冰箱，用来检测药物的降解速度。

这家中心运营着非洲大陆唯一一个培训药物监管者的专门项目，它还有一间资质完整的实验室能检测药物品质。凭借这些资源，卢克莱希望能提升非洲全境的药物品质。但他表示，只靠一个国家提高监管水平，作用微乎其微，"如果邻国都很差劲的话"。

卢克莱是一位训练有素的科学家，他气质威严，但态度和蔼，特别适合加纳的这项工作。卢克莱成长于塞拉利昂的一个贫穷村庄。他的父亲是那里的村长，生育了 25 个子女。卢克莱小时候就着煤油灯读书，睡在棕榈叶铺的床上。凭着优秀的学习成绩和过人的勇气，他考上了首都弗里敦的一所学校，后来还到密歇根州立大学念了研究生。他毕业后先后在美国的辉瑞和惠氏公司工作，然后去了美国药典。童年的经历使他对非洲的种种障碍有着不可磨灭的印象。

2016 年 3 月，几十个年轻的监管者来到 CePAT 参加一个培训班，他们分别为非洲各国的政府服务，包括莫桑比克、斯威士兰、卢旺达、赞比亚和利比里亚。他们用两周时间学习了如何审查制药公司提交的卷宗，并像一位教官所说的那样，对药企的主张做批判性思考，而不是敷衍地浏览一张检查清单。培训班的结业典礼很庄重，这是为了向这些监管者强调他们的工作非常关键，是抵御劣质药物的第一道防线。卢克莱的同事敦促这些年轻人"像活水一样进入非洲"，进入这个"终极检测实验室"。

接着卢克莱走到台上，他穿着一身正式场合的礼服、一件长束腰外衣、一条飘逸的裤子，头戴一顶绣花帽。"你们是每个国家的战士。"他对毕业生们说道，"你们已经有了弹药，有了装备，你们的任务就是与那些想要杀死我们人民的人战斗。"他嘱咐他们在必要时对抗腐败或政治干预，他强调他们的工作是"高尚"和"道德"的。但最重要的是，他强调，当一份卷宗摆在他们面前，他们要扪心自问："我是只在方框里打打钩，还是要做一个真正的审查员？"

第七部

清　算

第二十七章　苍蝇太多，数不过来

2013 年 6 月
印度新德里

美国政府与兰伯西达成和解一个月之后，美国药监局与印度监管机构的关系就破裂了。美国药监局需要一名公共卫生大使领导它的印度办公室，他们找到了一个印度裔美国人。此人态度和蔼，举止优雅，一头稀疏的银发，在公共卫生方面资质优异。他叫阿尔塔夫·拉尔（Altaf Lal），曾在新德里当了六年的美国卫生专员。

美国药监局以一家卫生机构能够做到的最大排场把他推了出来。官方网站上刊登了拉尔的一篇博客[1]，他在其中勾勒了三个目标：与印度监管机构密切合作从而建立互信关系，开展"及时全面的视察"，并且帮助印度的"行业和监管者理解维护每一件产品的品质、安全和功效的必要性"。拉尔还在文中写道："最近有同事将我在美国药监局的职责比作攀登珠穆朗玛峰。但其实，我喜欢远足和爬普通的山。因此我把这项新的任命……当成一次冒险。"

美国药监局派拉尔去领导印度办公室时，他似乎也是最合适的人选：他明白美国政府的要求，也理解印度的情况。他小时候在克什米尔长大，父亲是中央政府的一位高级会计。他后来成了一名科学家，拥有化学博士学位。在美国国立卫生研究院完成博士后研究后，他受疾控中心聘用，研究疟疾病菌。他在疾控中心待了14年，然后去新德里为美国卫生与公众服务部工作。

在美国药监局，拉尔的一项关键职责就是促进美印两国的相互信赖，它背后的理念是美国和印度政府可以合作以提高产品安全。这个理念看起来非常自然：美国是印度制药业最大的客户，印度则是美国最大的供货商之一。两国之间当然希望合作。但是在印度，彼得·贝克却感觉自己是在基本上不讲法治的国度中的孤独警察。印度监管者的行事方式不像同行，对于他的发现，他们反倒常常表现出冷漠，甚至赤裸裸的敌意。

在兰伯西溃败之后，拉尔实际上成了美国药监局在印度的重启按钮。他去印度，一方面是去和印度的监管者建立同志情谊，另一方面也是去向印度公司说明：他们必须严格遵守良好生产规范。

拉尔一开始的工作就包括为印度公司安排一系列学习班，教导他们如何遵循美国药监局的标准。当他专心解决问题时，他也在印度政府和业界培植了自己的人脉。一个高级制药主管向他总结了美国药监局迄今在印度的工作表现："你们这些人都是从天国来的吧。"美国药监局似乎并不清楚地面上在发生什么。但是拉尔很快意识到，他手上有一件能转变局面的工具：彼得·贝克。

2013 年 7 月，也就是拉尔来到印度一个月后，贝克出发去沃克哈特在奥兰加巴德的另一家工厂视察，工厂位于奇卡特哈纳地区。这家工厂生产的是公司销量最大的产品——β 受体阻滞剂 Toprol XL 的一种仿制版。Toprol XL 是治疗心脏病和高血压的基本药物。沃克哈特的版本叫"琥珀酸美托洛尔"，占据了美国大约三分之一的市场。虽然美国药监局还没有确认这种药物出了问题，但美国的患者已经感受到了 [2]。广播节目《人民药房》里充斥着关于这种仿制药的投诉信。这一次，沃克哈特公司在美国药监局的调查员上门之前，只得到了提前三天的通知。

七个月之前，克利夫兰诊所的心内科医生哈利·利弗直接向美国药监局药物评估和研究中心的主任珍妮特·伍德科克博士写了一封详细的信件 [3] 表达担忧，信中特别指出了沃克哈特公司的琥珀酸美托洛尔配方。他写道，每次他的患者服用这种药物，他就无法再控制他们的胸痛、心率或是血压状况。一旦给他们换回品牌药，他们的症状就会大大减轻。"虽然我没有数据来支持我的担忧，但我对这种疾病积累了相当的经验，也接诊了大量患者。"他写道，"我完全可以确定，这里面存在临床上显著的差异。"

信发出不到两天，利弗就收到了来自美国药监局药物品质办公室的详细回复[4]，对方许诺对美托洛尔产品的品牌版和仿制版开展对比研究。至少从通信上看，美国药监局表现得像一部运行顺畅的机器。利弗等候研究结果时，他不知道美国药监局在印度的一名调查员彼得·贝克早就赶在了一众美国药监局官员之前，在沃克哈特的药物里发现了毛病。

7月24日，贝克在奥兰加巴德机场降落，准备前往沃克哈特在奇卡特哈纳的工厂。他坐进一辆出租车后，一个奇怪的男人猛地拉开车门钻了进来，他端详了一会儿贝克的脸，然后问他要去哪里、去哪家工厂视察，最后趁着车子等红灯的工夫下了车。贝克推断自己被公司监视了。他是沃克哈特最糟糕的噩梦，而且这种感觉是相互的。一想到要和那里的高管再次交锋，他心中就充满恐惧。他知道，无论自己发现怎样的证据，对方要么做出粗鲁的回应，要么表现得完全不了解实际情况。

另两名美国药监局调查员迪佩什·沙阿（Dipesh Shah）和阿图尔·阿格拉沃尔已经提前两天到了。[5] 他们一点都没有耽搁，立即从工厂的品质控制实验室开始视察。在那里，阿格拉沃尔浏览了每一部高效液相色谱仪的审计痕迹。他坐了几个小时，最后发现在 10 部仪器中，标有"注射剂试检"的文件夹都从硬盘中被删除了，时间就在贝克上次 3 月视察沃克哈特之后。公司在销毁其非正式预检的证据。

当阿格拉沃尔在计算机硬盘中筛查时，他发现了记录每一部仪器的文件夹都贴了"默认2013年5月"的标签[6]。打开文件夹，他发现数百次注射剂试检记录，这清楚地证明了预检药物的操作还在继续。看来沃克哈特变狡猾了。上回在瓦鲁吉视察时，美国药监局的调查员很容易就将预检和正式检测对应起来，因为它们有着相同的批号。但这一次，沃克哈特在预检中去除了一切可识别的数字，想以此隐藏这个联系。

阿格拉沃尔没有退缩。在一周的时间里，通过将两组检测放在一起比较，他将隐秘检测与正式检测对应起来。但是由于沃克哈特一直在试图掩盖这个联系，调查员希望在公司里找一个承认他们做过预检的人，好让沃克哈特无法否认这个联系。

每天晚上，三位调查员都要在阿格拉沃尔下榻的酒店房间里碰面，讨论用什么方法把职位较低的化学家和工厂干部孤立出来，鼓励他们承认两组数据之间有关联，而且这是公司操纵检测结果的一种手段。终于，阿格拉沃尔单独找到了一名干部，仔细盘问了他。那个男人哀求他说[7]："先生，请体谅体谅我说的话。如果我承认开展了试检（"预检"的另一种说法），我会丢掉工作的。"

经过令人筋疲力尽的八天，几位调查员得到了两个人的部分坦白，外加揭示工厂有着可怕的生产条件的更多证据。他们发现了几间没有排水管的厕所，地板上积着尿液。一位经理争辩说，小便器上面的布告说了正在维修。但调查员指出那里根本没有布告，并警告他不要说谎。在别处，他们看见一名工人在给药物样品称重，却没有记录结果。那名工人告诉他们，结果他都记住了，等以后有时间了再记。

这显然是一家失控的工厂，方便和节约成本就是它的管理原则。三位调查员写了90页长的报告。视察期间，沃克哈特的总经理（也是董事长的儿子），宣布他要去一趟瑞士。几位调查员怀疑他要把公司的资金提出来，赶在美国药监局公布结果、公司股价暴跌之前把钱藏进一个瑞士银行账户。几个月后，印度证券交易委员会对沃克哈特的大量股份开展了调查，这些股份是美国药监局披露在瓦鲁吉的执法行动之前出售的。最终，在美国药监局对公司出具了警告函并实施进口限制之后 [8]，公司的股票失去了 70% 的市值。

视察结束时，那位总经理从瑞士回来了。一次他从阿格拉沃尔旁边擦身而过，随即愤怒地问他："你觉得我们有品质问题？"阿格拉沃尔回答："这是明摆着的。"

还有两件事使视察团对这次沃克哈特的经历感到震惊。视察期间，阿格拉沃尔病了。几位调查员怀疑是公司把自来水混进了他的食物。几位经理在注射剂试检被发现后反应异常，贝克也对此感到担忧。他们联合起来否认的态度使他愤怒，因为其他公司被抓到把柄之后都会坦率承认罪行。三位调查员后来从一个印度政府官员那里得知，当他们一夜接着一夜地在阿格拉沃尔的酒店房间里会面，商讨如何立案时，沃克哈特的干部们一直在外面监听。他们早在房间里装好窃听器了。

拉尔熟悉工作之后，发现除了设法和印度监管者商讨共同的监管目标之外，还有一个更大的问题：他负责监督的这个视察体系已经完全腐化，几乎不起什么作用了。视察前的通知不仅鼓励了印度企业猖狂作假，还腐化了美国药监局的视察人员。因为只有很少的员工在印度工作，美国药监局的大多数视察项目还是要从美国派遣员工。本来调查员出差的酒店花费不能超过美国政府允许的每日开销额度，但在去印度出差时，酒店标准会突然提高，而且调查员绝对不会看到账单。有的调查员还会带上配偶或者伴侣，他们到印度购物旅行，费用都由被视察的公司补贴。旅行项目包括打高尔夫球、按摩、参观泰姬陵，这些都是拉尔所说的"监管旅游"。他指出，这个监管体系或者说监管体系的缺乏，使得调查员"被迷惑，被收买"。

拉尔还审查了印度公司和像迈克·伽维尼这样的美国药监局调查员之间过于亲密的关系。拉尔的调查员曾看见伽维尼待在会议室里，请工厂的干部把文件给他送去，这个做法使他获得了"会议室视察员"的名号。他的这种做法让公司有了伪造文档的机会。还有调查员听到他在视察前后，用手机公然与工厂干部通话。他还会把视察报告交给公司审核，然后才正式提交给上级。伽维尼声称，通过与公司共享情报，他取得了和"秘密行动"的调查员一样的成就。

伽维尼曾在几年时间里独自去海得拉巴视察。在那里，他批准了大约85%他进去过的工厂，这些工厂以前从来没有向美国出口过产品。随着他给这些工厂大开绿灯，当地的生产部门也壮大起来。现在他的同事回到当地，并在那些工厂里发现了欺诈行为，他们开始怀疑伽维尼根本没有做过视察。2011年6月，兰伯西内部的一名举报人给美国药监局的一名官员发电子邮件，声称伽维尼多年前拿过兰伯西的好处，最近的一名调查员也拿过，这样他们就将不利的发现压到了最低；伽维尼否认了这一指控。那名举报人还建议："你们派调查员到印度时，应该给每处生产场地至少派两个人，最好是不同背景、不同民族的。"团体视察确实有预防腐败的作用，因为对方很难同时贿赂或者收编所有人。有一个明显的例子，在一家工厂里，三名美国药监局调查员都被献上了一枚金币，他们都拒绝了。但是在美国药监局总部，有部分官员听说那个举报人的指控时，却坚持要求不要在内部继续转发他的邮件。

一名美国药监局的发言人后来坚称："所有针对美国药监局人员不当行为的指控都得到了调查。"

调查员前往的一些工厂坐落在偏远的城镇，处于公司的势力范围，当地的宾馆既是接待委员会，又是监视机构。宾馆的员工提前就知道调查员的身份，也往往熟悉他们来访的目的。调查员的日程安排很快会在联系密切的生产行业内部传开，各家公司的高管们偷偷在WhatsApp的一个聊天群里互通消息。有一次，拉尔接到了阿格拉沃尔的一个电话，也就是那个在视察沃克哈特的奇卡特哈纳工厂时生病的负责监督消费者安全的官员。阿格拉沃尔问他："宾馆想知道，视察员下一步会去哪里？"拉尔回答："宾馆没有必要知道美国政府的官员下一步会去哪里。"

为了清理这潭污泥，拉尔想到了一个早该实施的方案，并把它提交给了美国药监局总部的官员们：他建议废除提前几个月通知的做法以及企业安排的旅行计划，并且未来对印度的一切视察，都只提前很短的时间通知企业，或者根本就不通知。这个建议的目的是解决国内视察和国外视察之间最显著的差异：国内视察总是突击进行的，而国外视察却要提前几周，甚至几个月通知对方，只有少数情况例外。

2013 年 12 月，美国药监局批准了拉尔的提议，拉尔随即启动了后来称为"印度试点"的项目。他吩咐阿格拉沃尔负责美国药监局调查员的所有联络工作。这意味着被视察的公司将无法知道什么人将在什么时候跨进他们的大门。拉尔甚至嘱咐阿格拉沃尔，关于要派谁去哪里，连他本人都不要告诉，这样他就算想干预也没法干预了。阿格拉沃尔更进了一步。他在安排调查员的行程时联络的是美国大使馆而不是美国药监局的印度办公室，这样就能绕开办公室的员工了。即便只是提前几天通知对方，他依然会将视察的时间提前，让公司来不及准备。这个由拉尔构想、由阿格拉沃尔实施的印度试点项目，将使美国药监局看到印度工厂内部最真实的景象。在世界上的任何地方都没有与之类似的项目。印度将成为除美国之外唯一一个美国药监局调查员会不打招呼就上门调查的国家。

2014 年 1 月 2 日周四，美国药监局印度办公室只提前几天通知兰伯西的干部，说调查员将在下周一重新视察公司在托安萨的工厂，之前就是在这家工厂生产的数百万片立普妥仿制版药片中发现玻璃碎片的。那次事故已经成为美国消费者集体诉讼的对象，但公司始终没有彻底解释清楚原因。阿格拉沃尔希望调查员能获得工厂内部的真实情况。在没有知会公司的情况下，他决定将视察提前到周日早晨。他还在美国药监局正式的出差体系之外预订了飞机票。调查员在周日早晨不打招呼就来工厂视察，这是印度的药企高管们计划不到，甚至料想不到的情况。

周日清晨[9]，美国药监局调查员彼得·贝克和迪佩什·沙阿站在巨大的托安萨工厂外面，向安检处的保安出示了证件。从外面看，工厂显得安静而空旷，这正是贝克所希望的。

两人迅速来到品控实验室，希望他们的行动至少有一段时间不会被发现。在实验室里，他们震惊地看到一片繁忙的情形。几十名工人正俯身处理文件，倒填它们的日期，准备迎接明天调查员的到来。在一张办公桌上，贝克发现一本笔记本，上面列出了工人们需要在他到来之前伪造的文件。实验室内的每块平面上都贴了即时贴，指明哪些日期需要修改。工人们在给一沓沓只完成了一部分的表格倒填日期，包括员工培训表、实验室分析表和清洗记录，这些表格本来都该在同一时间填写。

当贝克和沙阿仔细观察周围的动静时，那些分析员并没有在意他们，以为两人只是公司请来的顾问。然而当公司高层来到现场，并传出消息说两人来自美国药监局时，工人们开始疯狂地将文件塞进办公桌的抽屉里。这次突击视察，使贝克和沙阿目击了在其他情况下绝对无法目击的场面：几个药瓶随便塞在抽屉里面；一间样品准备室的窗户被外面的垃圾堆顶住了关不严实，导致室内飞满了苍蝇——贝克在最终报告中写道，那里面"苍蝇太多，数不过来"。这次视察的结果是一封警告函和对托安萨工厂的禁令。

从理论上说，美国的监管者是否提前宣布视察工作并不影响视察结果。制药企业本就应该始终遵守良好生产规范。一家运营情况良好的工厂应该持续处于可以接受监管的状态。合规一事是没有时间限制的。正如拉尔所说："监管是不能商量的事。你不能把一月挑出来作为良好生产规范月。"

但是在印度，美国药监局新启动的临时通知或不予通知的项目却暴露了广泛的违规行为，这些行为之前一直被掩盖了。通过突击视察，几位调查员发现了一整套已经存在多年的作假体系：这套体系的目的不是生产完美的药物，而是制造完美的结果。只要事先得到消息，再配以低成本劳力，工厂就能将任何东西包装成任何结果。就像美国药监局的一名调查员所说："给他们一个周末，他们连一幢楼都造得出来。"

几位调查员曾在一处无菌生产点内发现有大批鸟儿出没，在另一处发现有一条蛇盘踞在实验设备旁边。在一家工厂视察时，贝克直接来到微生物实验室，看到无菌环境检测的文书已经备妥：微生物限度检测、细菌内毒素检测，全部样品的检测结果都无懈可击。问题是那些样品并不存在。他们什么都不用检测。整间实验室都是假的。没过多久，调查员就发现另一家工厂也伪造了所有证明工厂无菌的数据，一名美国药监局官员后来表示，这是一个"令人震惊"的发现[10]。

在阿格拉沃尔的指导下，几位调查员标记了一家又一家公司的违规行为，结果有了 483 项发现和多封警告函。不久之后，41 家印度工厂生产的药物被禁止进入美国市场[11]。愤怒的情绪在这个紧密联系的行业中滋长，美国大使馆的官员也加紧了对美国药监局在印度境内活动的审查。一位美国国务院官员训斥阿格拉沃尔，说他的调查员"做派就像牛仔"。在一个层面上，这样的冲突是有理由的：美国国务院的职责是增加美国在印度的经济利益，而美国药监局调查员的使命是保证美国消费者的安全。现在，美、印两国政府的不满笼罩在拉尔的调查员头上。

印度的药物生产商本来就擅长让本国的监管者乖乖听话，于是面对美国药监局时，他们发起了反击。他们不仅派代表公开诋毁美国药监局新的视察方案，声称这个方案体现了对印度的偏见，还在暗中跟他们较劲。虽然他们不再收到关于视察时间和调查员身份的预先通知，他们还是设法查出了谁会在什么时候来。这些公司监视机场和酒店，努力抢在调查员之前到达工厂。当他们得知调查员在垃圾箱里翻找记录的做法之后，他们又把所有的垃圾都运出了工厂。

像大多数战斗一样，这场战斗也越打越激烈。贝克和一些同事开始在工厂堆放垃圾的地方展开搜索。这常常需要他们翻墙跳进大号垃圾箱里。在一只垃圾箱里，调查员发现了几摞患者寄来的投诉信，公司没有回复就把它们扔了。在调查期间，拉尔挡住了来自美国药监局总部越来越强烈的质疑，还有美国大使馆对他们放宽调查的要求——当时印度大选在即，大使馆不希望产生任何关于印度政府的负面报道。拉尔的回复很坚定："视察就是视察。我不会改变视察的风格。"

这些突击视察显然标志着一个新时代的来临——美国药监局各位调查员面对重重阻力，挡在他们前方的不仅有强有力的印度仿制药高管、常被视为企业保护伞的印度监管机构，还有来自美国药监局自身的阻力。

在新德里的科特拉路上，有一栋被稀疏灌木包围的破旧建筑。印度的最高药物监管者贾南德拉·纳特·辛格（Gyanendra Nath Singh）博士负责的中央药品标准控制组织（Central Drugs Standard Control Organization，缩写CDSCO）就在这里。走进建筑物，来到前台，"接待"（RECEPTION）标志的一个 E 垂了下来，有人在上面贴了透明胶带，但也没能固定住它。二楼是国际协作办公室，在办公期间也常挂着一把挂锁。

中央药品标准控制组织就是印度的药监局，其总部的破落气氛似乎反映了几十年来它所遭受的指控：外面一直在说中央药品标准控制组织没有保护印度消费者不受劣质药物的伤害，反而保护了印度的药企免受监管。过去 40 年里，国内报道一直在严厉指责印度的监管者[12] 工作无能、人手不足和腐败，并呼吁对中央药品标准控制组织做全面改革。对于印度市场上充斥的劣质药物，这些报道指出，原因就是中央药品标准控制组织麻痹懒政、人员严重不足，而且还丢失文件。

对于辛格的这个机构，最常见的指控是他手下的官员和制药商勾结，和本该保持中立的医学专家串通。有些药物在全世界都遭到禁止，唯独中央药品标准控制组织批准它们向印度的消费者出售，他们依据的是全国各地的专家寄来的评估报告，而那些评估的措辞居然一模一样，显然都是制药公司自己起草的。一位著名的印度医药记者写道："监管者和行业之间的联结如此紧密，没人能够打破。"

2015年1月，辛格罕见地同意接受一名美国记者的采访。在他的外间办公室里，接待员保存着一本纸质的访客记录，上面全是印度顶级药企的CEO留下的潦草签名。进入小小的内间办公室，辛格表现得礼貌而有活力，只是在被质疑的时候显得不太高兴。在接受采访的半个小时里，他谈到了"与同行携手合作"，并保证中央药品标准控制组织在保护患者的事业中"永远不会妥协"。他还宣布他的机构和他监管的药企之间没有什么"联结"。紧接着，他又声明制药企业完全不必惧怕中央药品标准控制组织的监管者，"因为我们总会给他们改进的机会"。至于那些举报人，他说他们的情报大多时候都是"假的"。

在这次采访大约一年之前，他还接受了印度报纸《商业标准报》的采访。那一次他更加直白，表示就算在工厂里发现苍蝇、在药片里找到毛发，也不足以成为关闭印度生产工厂的理由。他坦言："如果在视察那些向印度市场供货的工厂时也要遵循美国标准，那我们几乎要关闭所有的工厂了。"[13]

几十年来，美国药监局的官员一直在与外国政府艰苦谈判，以期达成所谓的"互相认可"的协议，也就是美国监管者在决定哪些工厂可以批准时，可以与外国监管机构合作，或者依赖那些机构的判断。但是即便在和监管标准同样严格的发达国家合作时，官员之间仍会就那些国家的标准是否与美国相符发生争执。在美国药监局内部，一派主张，美国药监局可以让值得信赖的外国监管机构代替它视察。但另一派却激烈反对互相认可协议，理由是美国的标准高于任何其他国家 [14]。

由于无法在全世界执行自己的规范，也无法就别国的监管者是否和自身一样优秀达成一致，美国药监局将它的外交战略改成了"互相依赖"。在这个战略下，来自不同国家的监管者可以就卫生和安全问题展开讨论，但是不能采用彼此的视察结果。可是，就连这样的互相依赖协议，美国药监局和印度方面似乎都无法达成。当拉尔到美国药监局工作时，印度和美国的监管者已经就最基本的互相依赖协议谈判了三年。这个过程极度紧张，以至于美国药监局的官员驳回了自己属下提出的在印度开展突击视察的请求——他们说这样做会破坏谈判大局。

但这个时刻还是来了。在拉尔参与的监督之下，美印两国之间签署了《意向声明》[15]，这份四页长的文件规定了美国和印度之间将会分享情报、互相协作并让对方的监管人员参与视察工作。文件还附了一份免责声明，说这"不产生任何权利或义务"。2014 年 2 月，美国药监局局长玛格丽特·汉堡（Margaret Hamburg）博士到印度出差 10 天，并在新德里参加了声明的签署仪式。

这次出访体现了印度作为美国最大药品进口国之一的重要地位。然而这场事先安排的外交秀并不能掩盖对于监管标准的争执。在一场私人会谈上，美国药监局的新闻官悄悄表达了对座位安排失误的苦恼：局长汉堡居然坐到了一个兰伯西高管和一个沃克哈特的高管中间。那个兰伯西高管趁机向汉堡游说 [16]。他说兰伯西需要花钱才能解决品质问题，而汉堡如果能取消对一些产品的进口限制，公司就有钱了。汉堡礼貌地拒绝了他的请求。

不管双方拍多少照片，都无法掩盖汉堡这次访印面临的巨大风险，也无法掩盖美国标准和印度标准之间的鸿沟。在访问的结束活动上，G. N. 辛格公然回击 [17]："我们不承认美国的做法和视察活动，也不受它的束缚。美国药监局可以监管它自己的国家，但它不能来监管印度的生产方式和出货方式。"但他的说法并不准确。只要印度企业还想向美国出口药物，他们就必须遵守美国的规则，并在违规时接受美国的制裁。这次访问之后，应汉堡的要求，拉尔起草了一份关于重新为美国药监局海外办公室培植人员的提案。他设想了一支"专业、训练有素、具有资质"的队伍，他们要能在海外服务多年，并锻炼成执行紧急任务的"首选"团队。

这份草案将会弥补美国药监局那些供血不足的海外部门，改变海外人员缺乏清晰的"职业发展和晋升机会"的现状。之前，那些服务海外的员工返回美国药监局总部后常常没有职位保障，有的还要面临降职。而现在拉尔提出了更好的培训、收入和职业前景，这将使美国药监局的待遇接近美国国务院，也会培养出更多像彼得·贝克这样的精英调查员。这是一个在美国药监局看来一定会接受的提案。

贝克的惊人发现在美国药监局内部渐渐传开，引起了复杂的反应。2014年3月，拉尔和阿格拉沃尔提名贝克为美国药监局的年度最佳调查者，贝克也确实拿到了这个奖。一名官员将贝克和他的同事称为拉尔的"海豹突击队"。美国药监局中最热心的几位公共卫生倡导者也称赞贝克"行为高尚""无人能及"。但是也有美国药监局官员担心，贝克的方法不可持续，也无法复制：局里不可能要求每位调查员都往垃圾箱里跳。

对于贝克发现的这种复杂反应不仅仅是一场方法论上的分歧。他的发现要求美国药监局惩罚违规企业，并限制其产品出口。这就将美国药监局推入一个艰难的境地。它原本希望批准更多仿制药申请，改善药品短缺的局面，并将这些成绩展示给国会。而限制药企和他们的药物只会产生相反的效果。当贝克的几份报告交到美国药监局总部时，它们立刻进入了一个混沌的审议过程，这个过程为政治考量和内幕交易所笼罩，目的就是帮药企摆脱最严厉的制裁。

例如 2012 年 10 月，贝克在印度霍斯佩拉医疗保健公司位于金奈市的一家工厂里发现了严重的无菌生产失误，美国药监局的国际药物品质部随即建议对公司出具警告函，并限制美国进口其产品。然而局里的高层却推翻了这个决议，撤回了"进口警示"，并决定给公司发一封私人或者"不具名"的信件，好躲过公众的监督。愤怒中，国际药物品质部部长卡梅罗·罗萨写信给药物评估和研究中心合规办公室的副主任说："我们这里每个人都会遵命行事，但不幸的是，有些同事非常生气，因为整个合规审查的过程都被破坏了。"他还补充说，他们部门的有些同事"正打算去别处寻找工作机会，因为局里的决定已经不再以科学、政策和法规为依据，只受政治驱动了"。

贝克和同事揭露的违规行为越多，美国药监局官员们的干预就越严重。拉尔也在四面树敌。在美国药监局的印度办公室里，他认为一群政策分析师和一些调查员的工作缺乏成果。如果算上薪水和各种生活开销，他们每个人每年要花掉美国纳税人近50万美元。但在拉尔看来，有几个分析师在推进公共卫生的事业上毫无作为，白白浪费了经费。他发现美国药监局在海得拉巴的一家分支机构花了近30万美元用于订购家具，这笔采购费用得到了马里兰州官员的批准，但其实那家分支机构根本没有开张的计划。此外，办公室的员工经常会全体外出开会，而所谓开会就是带薪休假。当拉尔要求美国药监局印度办公室的一些员工提高产出时，他们反而向就业机会均等委员会（Equal Employment Opportunity Commission，缩写EEOC）提起申诉，说拉尔歧视他们。

还有迈克·伽维尼这个人。他虽然深受大部分印度药企高管的欢迎，却遭到了自己同事的厌恶。他们不断在他视察过、批准过的工厂里发现各种违规行为。而对于拉尔领导的这场改革，他的态度也只是嘲讽。他认为拉尔手下的调查员不公正地把印度的药企当成了罪犯，比如孤立、审问那些不善沟通的底层工人以及不打招呼就在周日上门视察。他后来表示："调查员不能以神自居。"他还补充说，要确认欺诈，他们就必须"查看3000张色谱图，但除了彼得·贝克，谁有精力做到这一步"。对于事实真相，伽维尼有自己的看法，他认为那和制药公司的操守无关。"是美国药监局的人在觊觎奖赏。"

他说，他们这么严厉都是为了提升自己的事业，但这么做效果很差。照他的说法，兰伯西是"备受尊敬的企业"，但美国药监局"赶走了里面的好人，也因此毁了公司"。

2013 年 12 月，当局里准备将伽维尼调回美国时，拉尔给美国药监局刑事调查办公室发了一封密信，其中详细叙述了他长期以来对伽维尼的担忧。拉尔宣称，伽维尼身为调查员，却和制药企业高管举行闭门会议，他在正式公布视察报告之前就把草案交给那些高管过目，只凭对方的改进承诺就对那些药企从轻发落。拉尔还指出，有传言说伽维尼收了对方的礼物，虽然这个说法缺乏证据。

拉尔说，那些印度公司显然在信息公开之前就得到了风声。他敦促局里在对他的行为做出审查之前，不要将伽维尼调到能接触"查看相关材料"的新职位上。对于这些指控，伽维尼后来告诉一名记者，说他从来没有"接受过任何金钱或报酬以为一家公司开脱"，还说他要是拿过，"现在早发财了"。

据拉尔所知，伽维尼没有接受审查。然而在 2014 年 4 月底，拉尔自己却接到命令要他返回美国，阿图尔·阿格拉沃尔也受命不再管理美国药监局印度办公室的日常运营。到 6 月时，拉尔被停职。

听到两人被撤职的消息，拉尔手下的一些调查员都感到震惊，他们也被召到了新德里，接受美国大使馆人力资源部关于办公室紧张关系的问询。他们认为发生的一切是一场"政变"，幕后的策划者是办公室里不想有作为的同事和强大的仿制药游说团体。他们觉得自己本来差一点就能永久改变印度的制药业了，但现在拉尔一走，这个进程就要停止了。

流言传开了，原来是拉尔受到了美国药监局内部事务办公室的怀疑，他们对他展开了一系列调查，包括他从印度汇款到美国的行为，这些款项和他在印度拥有的产业有关，而拉尔辩解说，他接受现在的职位时，已经就此事向美国药监局和美国大使馆做过交代。拉尔激烈否认自己有过不当行为，他还宣称自己之所以被停职，是因为他揭露了美国药监局印度办公室的无能和不检点。后来他和美国药监局的争议终于解决了，他也恢复了原来的职位。2015 年，他从美国药监局退休。

在驱逐拉尔的暗斗中，有一件事显得很清楚：他的离开会阻碍为美国消费者争取公共卫生和药物安全的事业。拉尔也因为自己的亲身经历而深感担忧："我在美国见过那些服药患者的脸，对于我，他们不仅仅是数字而已。"

彼得·贝克还留在印度，但他的头顶也笼罩着一片乌云。他受到过一些威胁，但他担心的不仅是自己的生命安全，还有一件更大的事情：他所要保护的每一个美国消费者的安全。

和那些印度高管的斗争使他身心俱疲：那些都是好斗又麻木的人，他们故意生产劣质药物，还企图用伪造的记录掩盖证据。还有那些被他当场抓住把柄的工厂经理，就算把证据摆到他们面前，他们也能矢口否认。这些人故意危害患者的生命，对此没有一丝悔意，在贝克看来这就是十足的邪恶。

贝克在印度视察的大多数工厂生产的都是成品药剂——患者可以直接服用的成品胶囊、药丸和药片。这些工厂许多都是无菌的，也就是说，它们要在完全无菌的条件下生产。每一个药瓶都代表一个患者的生命。在一次又一次视察中，他，也只有他，挡在了美国公众和那些销往美国可能威胁生命的药物之间。他一刻也不能松懈。

当他还在新德里时，身体就已经出现了一些症状。他感到头昏焦虑，还感到晕眩。他到大使馆的精神科求诊，医生诊断他患了创伤后应激障碍。长达 20 个月的心灵搏斗毕竟造成了伤害。

第二十八章 立场问题

2014 年 9 月 17 日
印度新德里

　　就算迪内希·萨库尔拿着他挣到的举报赏金退休，从此享受天伦之乐，也没有人可以怪罪他。但是在美国政府与兰伯西达成和解一年多后，萨库尔又来到印度卫生和家庭福利部 348-A 室那个破旧的外间办公室里，耐心等待着。三个月以来，他通过打电话、发电子邮件，甚至寄挂号信的方式，试图与这个国家的卫生部长哈什·瓦尔登（Harsh Vardhan）博士会面。在这些努力失败之后，他又找到了苏娜尔的叔叔，恰蒂斯加尔邦的首席部长，请他帮忙安排会面。终于，会面的日子到了。但是萨库尔在外面等待的时间从半小时变成了一个小时，又变成了两个小时，瓦尔登却始终在里面处理其他事务。

　　虽然吵着要和瓦尔登见面，但其实萨库尔并没有一个明确的计划。他只相信一件事：他九年前第一次联系美国药监局时开启的这项运动，到今天还不算完成。在兰伯西工作的人没有一个受到检控。主导欺诈的那些高管分散到了业内的其他公司工作。萨库尔针对兰伯西的指控迫使美国药监局更加仔细地审查了印度的制药企业。但是被美国药监局所揭露的那些广泛而蓄意的劣质药物生产行为，却仍在延续，并没有受到多少约束。

　　在萨库尔看来，他自然应该发挥一些作用，帮助印度自我纠正。对于印度药企的那些投机取巧的危险分子，他几乎比任何人都了解。他对可能的解决方案思考了很久。他希望自己能派上用场。他不是名人，却也获得了骂名——不仅因为他这个举报人靠做好事发了财，还因为他仍活着，而在印度，举报人的下场往往是横死。但也不是每个人都把他看作积极的变革者。在兰伯西和解之后，药企的各位游说者曾经在记者面前中伤他 [1]，说他"反对国家"，还暗示他的做法体现了"外国势力"整垮印度公司的企图。萨库尔猜测，这些责难使他更难被排上瓦尔登的会面日程。

当萨库尔终于被领进瓦尔登的办公室时，这位部长的冷淡表露无遗。瓦尔登留意着电视机，收看克什米尔暴发洪水的新闻，而他的秘书在替他安排出差事宜。又经过一阵等待，瓦尔登要萨库尔把要说的话写成文字给他，然后短暂的会面就结束了。不到一个月后，萨库尔就写出一封语气尖锐的三页长信给瓦尔登 [2]。他在开头就说："我真的感谢您抽出那五分钟，一边和您的秘书讨论日程，一边分神听我说话。"他接着表示，虽然受到了国外监管者的制裁，但印度的制药企业并没有改正他们的做法和态度，甚至还摆出一副目中无人的姿态，这也受到了印度的监管机构——中央药品标准控制组织的纵容，而瓦尔登本人也曾公开说过这个机构是"既得利益者钩心斗角的地方" [3]。

萨库尔提醒道，如果再不摆正心态，"这个一度繁荣的产业终将没落，印度人民也将失去成千上万个高薪工作"。他主张，印度首先要承认一些药物存在品质问题——这也是他的导师拉金·库马尔多年前向兰伯西高管提出的建议：坦白交代。为了做到这一点，萨库尔说他能帮上忙："作为一个印度出身、热衷公共卫生事业并希望看到印度制药业兴旺发达的人，我来到您的办公室毛遂自荐，我将用我的服务、知识、经验和奉献精神帮您解决这个问题。"

他始终没有收到回信。

萨库尔在印度的官僚体制中上下求索，试图找到一个有兴趣改革制药业的人。然而迎接他的只有沉默、冷淡和赤裸裸的敌意。一再有人对他说，因为他是美国公民，所以他的行为会被看成反印度的，是西方丑化印度制药业的阴谋。

即使有最理想的外部条件，要在印度解决任何问题也是一项令人望而却步的任务。萨库尔已经走进一片无人涉足的禁区，这种处境许多举报人都很熟悉。再没有一家公司愿意雇他。制药公司把他视作敌人。政府也想让他滚蛋。他已经成了一个职业上的流亡者。从本质上说，他也成了一个没有国家的人。他是归化的美国公民，也是印度的海外公民，持终身有效的印度签证。他觉得自己同时属于两个国家，又不属于任何一个国家。他往来于新德里的苏娜尔和孩子身边以及坦帕的那间家庭公寓，不是因为他必须奔波，更多是出于习惯。每次做长途旅行时，他都会对自己到底属于哪边更加迷惑——除了和其他举报人在一起的时候。

兰伯西和解案五个月后，在华盛顿哥伦比亚特区的君悦酒店，萨库尔身穿黑色西装，系一条灰色丝质领带，站在数百人面前接受了纳税人反诈骗教育基金会颁发的年度举报人奖。2007 年时，也正是这个基金会帮他联系到律师。他在颁奖典礼上讲述了榜样在公共生活中的重要作用，并举了拉金·库马尔在兰伯西的工作，还有黛比·罗伯逊在美国药监局的斗争作为例子。

几周前，在一场同样由纳税人反诈骗教育基金会组织的活动上，萨库尔在一个他可以称为自己人的团体里获得了宾至如归的感觉。纳税人反诈骗教育基金会有史以来第一次邀请所有它曾帮助过的举报人到佛罗里达礁岛群共度周末。赴约的大概有 18 人。其中有些人默默无闻，还有一些大名鼎鼎，比如金融侦探哈利·马科波罗斯（Harry Markopolos），当年就是他首先向美国证券交易委员会举报了伯尼·麦道夫（Bernie Madoff）的庞氏骗局。这场活动的主持人之一是曾在葛兰素史克公司担任品质保证经理的谢里尔·埃卡德（Cheryl Eckard）。她当年揭露葛兰素史克在波多黎各的一家工厂违反无菌生产规定，并因此获得了 9600 万美元的奖励，这是有史以来对举报人的最高赏赐。

纳税人反诈骗教育基金会的代理执行董事帕特里克·伯恩斯（Patrick Burns）曾对这个举报人聚会的活动表示担忧，他后来说道："这些都不是容易相处的人。"不过这些人都具有一个共同的特质。就像他所说的那样："他们都选择了正直，也都为此付出了代价。"在这个周末，各位举报人一起钓鱼，一起吃饭，他们还参观了作家海明威生活和工作过的那栋房子。那里现在生活着几十只著名的六趾猫，让这些自身也常常不太合群的举报人参观这些多趾畸形动物，似乎是一个合适的安排。

经过这个周末，萨库尔感觉自己的郁闷情绪一扫而空。他很快和谢里尔·埃卡德成为朋友，后者也向伯恩斯欣喜地宣布："这些都是自己人。"就像伯恩斯后来分析的那样："举报人就像关在堪萨斯州路边动物园里的北极熊。他们知道这个世界上肯定还有别的北极熊，但他们从来没有见到过。"

2014年10月，萨库尔一家搬到了古尔冈的世界水疗中心西小区，住进了一处更大更豪华的住宅。苏娜尔希望那将是一个充满欢乐的地方，能修复她这个破碎的家庭。她对新房的内部装修极为讲究：充足的光线，带有图案的窗饰，暗色的木质家具，还有儿童房里的巧妙构思——莫哈薇的房间是公主主题的，伊斯汗的房间装饰着恒星和行星。楼下是一间下沉式起居室，几扇玻璃门通向一方围着篱笆的后院。每天早晨，萨库尔一家都在一个开放的家庭区域一起喝咖啡。萨库尔在地下室里安装了一套家庭影院系统，他可以在里面观看美国电影。影院的旁边就是他的家庭办公室，他在墙上挂了镶在镜框里的文章和照片，以纪念他作为举报人的工作。

在搬进新家之际，苏娜尔和萨库尔就发生了口角。她觉得孤单，觉得自己的努力没有得到应有的欣赏。他却在这方舒适的新天地里感到焦躁不安。他当初为何要插手兰伯西丑闻的问题在他们的婚姻中挥之不去。"兰伯西雇了2万人。"苏娜尔质问，"为什么偏要你来出头，让我和孩子们这样提心吊胆？"她到这时仍敏锐地感到自己在这场婚姻中缺乏主动权，当初结婚的决定也是如此，因为他们的婚姻是由父母包办的。

萨库尔的回答始终不变："如果不那样做，我晚上就睡不着觉。"

孩子们使他的内心变得柔软，但他仍时不时要从他们身边抽离，退回自己的办公室，在里面撰写关于药物品质的博客文章，并接听记者打来的电话，他和那些记者倒是渐渐培养起了感情。

他和那些在他的新家进进出出的工人吵架，抱怨这个国家无处不在的低下标准，他一度害怕自己的办公设备可能受损，因为工人的电工做得太马虎。当他努力向工人们解释应该如何正确安装那些设备时，苏娜尔对一个访客说道："他想把事情做对，在印度的美国人就是这样。"这些年来，支撑萨库尔的正是美国式的理念：严格的标准，还有对公平正义的承诺。他曾经每次离家都要在外面待几个月，其间用 FaceTime 和家里交流，见证孩子的成长，这样做只因为他相信美国的体制能够揭露真相、保护患者。在某种程度上，这也实现了。但现在，当他环顾这个失而复得的祖国，周围的低下标准仍然使他揪心。他担忧的不仅是自家的电路问题，还有这个国家的低标准对于赤贫阶层格外严重的打击。他说："你在出门不到一英里远的地方，就能看到穷人的生存何等艰难。"在他家里劳动的工人每天要骑车几英里来上班。如果需要药物，他们就得花一天的薪水去购买。一想到这些药物品质低劣，而且几乎不受监管，他的内心就充满了愤怒。

当他环顾这座富人才能享用的堡垒，心里并没有感到多少满足。他反而觉得烦恼，并且不由自主地被眼前的一场战斗所吸引。正如他对一位熟人所说："我感到身上有一份责任，一定要为公共卫生事业做一点事。我处在这个位置，已经知道了许多事情，如果还要说这不是我的问题，那就是逃避责任了。"

在萨库尔致力于改变仿制药行业的过程中，一群意料之外的同志聚集到了他的身边。其中一位是克利夫兰诊所的心内科医生哈利·利弗博士。国家公共广播电台《人民药房》节目的主持人乔·格莱登也成了他的盟友，还有在华盛顿保守智库"美国企业研究所"研究卫生政策的经济学家罗杰·贝特（Roger Bate）。除了这几位之外，还有加拿大的律师兼生物学家阿米尔·阿塔兰（Amir Attaran），他一直在研究国际法在规范不达标药物方面的不足。

不久之后，《临床脂质学杂志》（*Journal of Clinical Lipidology*）上发表的一篇论文就吸引了他们的注意 [4]。从 2011 年至 2013 年，论文的作者之一、哈佛大学的科学家普雷斯顿·梅森（Preston Mason）收集了 36 份立普妥仿制版样品，它们来自 15 个国家，分别由 20 多家仿制药公司生产。在检测每份样品的化学成分之后，梅森被自己的发现震惊了：在 36 份样品中，有 33 份含有足以使药物失效的杂质。即便是由同一家企业生产但销往不同国家的样品，其杂质含量也大相径庭——这证明有些仿制药公司在为同一种产品生产不同的版本，其中高品质的药物供应给西方，劣质的那些则供应给低收入国家。

又过了不久，梅森也加入了萨库尔和他那几位新同事的行列。他们最初只是一群志同道合的专业人士，彼此通过电子邮件联系，但很快他们就变成了一个正式的宣传组织，取名"安全药物联盟"。他们努力提醒公众：美国最合算的公共卫生交易，也就是从海外购买的低价药物，已经因为生产上的疏忽和管理混乱而受到了危险的破坏。

安全药物联盟举办小组讨论，撰写社论，协助记者，甚至用整整几天的时间会见了美国国会工作人员。他们组织的国会简报有的听者甚众，有的无人问津。联盟的各个成员分别用几年时间拼凑出了这幅复杂的拼图。一有机会，萨库尔就会指出印度监管机构的无能和腐败离我们不远，它们直接影响着美国药物的品质。如果没有一个正常运作的当地监管机构与之合作，美国药监局就难以遏止印度企业蓄意制造劣质药物。

联盟的活动在媒体上只有零星报道，甚至招来了美国药监局的防卫性抨击 [5]。他们的主张是美国最便宜的药物已经受到了污染，这在美国公众的怒火集中于不断升高的药价的当口，注定不会受到欢迎。

萨库尔没有放弃。他联系了几个为世界上最穷困的患者大量购买药物的组织，包括克林顿基金会、全球基金会、盖茨基金会和无国界医生组织。这些组织都很关注药物成本和全世界人民获得药物的途径，但是在萨库尔看来，他们在采购中并没有将药物品质放在首位。萨库尔要求与他们会谈。大多数组织没有回应。只有全球基金会的一个运营干部回复了他，于是萨库尔自己出钱从新德里飞到日内瓦去和他见面。在日内瓦，他敦促全球基金会在采购合同中添加条文，规定药物必须达到一定的品质。这次会面无果而终。

2015 年 1 月 26 日，印度在新德里举办了一年一度的国庆日游行，这是一次铺张的活动，目的是向全世界展示这个国家的成熟和军事实力。展示中，导弹和坦克熠熠生辉，舞者翩翩起舞，军官们骑着装饰着花环的骆驼，队伍绵延几英里。但这次游行的主旨不是军事，而是商贸。它的核心是一辆彩车，上面雄踞着一头由数千个齿轮组成的金属狮子。彩车上挂着"印度生产"的标语，体现了纳伦德拉·莫迪（Narendra Modi）总理将印度塑造成下一个世界工厂和制造中心的努力。这句标语部分是为了展示给观赏游行的一位嘉宾看的，他就是美国当时的总统巴拉克·奥巴马。

这头狮子标志着莫迪六个月前在德里红堡的城墙上发起的一场运动的高潮，这场运动名为"零缺陷，零影响"[6]，它旨在使印度商品的品质成为民族的自豪。莫迪当时在红堡上说："我们应该做到生产出来的商品毫无缺陷，出口的产品永远不会被退货。"而"零影响"指的是生产活动不能对环境产生负面影响。然而，就在这头"印度生产"的雄狮在国庆日游行登场的三天前，莫迪的零缺陷运动遭受了沉重一击。欧洲的最高药物监管机构欧洲药品管理局建议在欧洲市场暂停销售700种由不同厂家生产的药物[7]，这些药物有一点共性：证明它们生物等效性的数据，全都来自一家名叫"GVK生物科技"（以下简称GVK）的印度公司。这是一家委托研究机构，被制药厂商雇来检测他们的药物对患者的效果。

2012年5月，GVK的一名前员工[8]给包括美国药监局在内的五家视察机构写信，宣称公司经常操纵患者的验血数据，由此使药物呈现生物等效性。这个指控非常详细而且惊人，并且涉及世界上销售的大量药物。六周之后，来自美国药监局等四家监管机构的调查员访问了公司位于海得拉巴的临床药理学部门。其中一个是开拓型的法国调查员奥利维耶·勒布雷，八年前正是他首先在兰伯西委托的研究机构维姆塔实验室查出了欺诈行径。他的发现当时就引起了库马尔博士的怀疑，后者最终启动了对兰伯西案的调查。

勒布雷在视察GVK时就怀疑有欺诈行为，但是无法证明。在接下来的两年里，当他和其他法国监管者详细检查GVK提交的申请数据时，他们发现在九项研究中，监测患者心律的心电图居然完全相同，因而推断可能是伪造的。在2014年的一份爆炸性报告中，勒布雷公布了他的发现[9]。虽然GVK的干部们否认这一指控，欧洲的监管者们仍与勒布雷站在一边，并得出一个显而易见的结论：因为GVK蓄意篡改了部分数据，所以它的所有数据都是不可信任的。

随着丑闻升级失控，印度政府没有将怒气指向GVK，而是指向了举报人孔杜鲁·纳拉雅纳·雷迪（Konduru Narayana Reddy），并最终指向了欧盟。当欧洲的监管者们宣布让这700种药物退市的决定时，这位举报人已经被关进监狱，因为GVK控告他窃取、篡改和伪造数据，背叛公司和威胁公司员工。

这位举报人雷迪没有迪内希·萨库尔的沉着和心智训练。出狱之后，他给全世界的几十个调查者、政治家和记者发去了漫长而不着边际的邮件，宣称这次监禁摧毁了他的事业、家庭和生计。他没有找到一条受到保护的举报途径，一部分原因是印度根本没有这样的途径。他说的也未必不是事实。

事情越闹越大，到后来印度政府干脆指责欧洲的监管机构怀有不可告人的动机。印度的最高药物监管者 G. N. 辛格对一家印度报纸说，这件事"背后有更大的阴谋"[10]，他宣称是那些制药巨头策划了 GVK 事件，故意中伤印度的仿制药生产商。但是这一次，这种老套的指责说不通了：被欧盟决议伤害的不仅有印度的公司，还有 GVK 在全世界的客户，这些客户的产品都被从市场下架了。尽管如此，印度政府还是取消了即将和欧盟进行的关于一份新自由贸易协定的谈判，并宣告在和 GVK 有关的药物解禁之前，谈判不会重启。莫迪总理甚至在私下游说德国总理默克尔，要她取消禁令。

这场冲突爆发时，萨库尔和他的那班同事始终密切关注着事态的发展。格莱登在发给群组的电子邮件里说："大家准备好了！我说一个惊人的消息。"[11] 但萨库尔对此一点也不感到意外。印度监管者的工作不是核查制药企业，而是做他们的禁卫军。更加无甚惊奇的是，GVK 公司的董事长 D. S. 布拉尔曾在 1999 年至 2003 年担任兰伯西的总经理和 CEO，那正是兰伯西发展得最热火朝天的时候。他曾经主持博卡拉顿的公司会议，就是在那场会议上，兰伯西的一众高管在明知自家的 Sotret 有缺陷的情况下，仍决定将这种危险的药物销往美国市场。然而经过一场场风波，布拉尔这个印度产业巨头却始终毫发无伤。他继续在世界各地的公司董事会中任职，从华尔街的投资公司 KKR 集团（Kohlberg Kravis Roberts），到日本汽车企业铃木在印度的子公司。

后来，GVK 公司的 CEO 曼尼·坎弟普迪（Manni Kantipudi）遗憾地表示勒布雷的结论有失公允，但他也没有直接否认，只说"不同的审计员之间有不同的意见"。2016 年年中，GVK 关闭了勒布雷发现证据的两间实验室，一声不响地退出了生物等效性检测行业。

与此同时，美国药监局禁止了近 40 家印度药厂向美国出口药物，印度的药物监管者们则继续为这个行业辩护。

既然在印度政府没有几个盟友，萨库尔开始自己研究这个国家充满漏洞的监管体系。支配这个体系的是一部 70 年前制定的法律，它将药物审批和生产的监管权划分给了一个中央部门和 36 个邦及地区监管机构，其中每一个都有不同的执法方式。萨库尔认为结论显而易见：只有制定一部新法，或是对现有法律做彻底改革，才有解决问题的可能。几十年来，议会中的常务委员会和专家报告敦促同样的改革，但一次也没有得到重视。

萨库尔咨询了新结识的伙伴，也评估了手头的资源，他渐渐相信，改革印度的监管体制或许不仅是改革印度制药业的最佳途径，也是改善世界药物供应的最好方法。如果印度能彻底修订其监管标准并付诸实践，那么世界上每一个购买印度药物的人都会受益。既然在印度政府内部找不到志同道合的伙伴，他只有走上一条通向目标的新道路：起诉印度。

国庆日游行三天之后，位于古尔冈的萨库尔一家正忙碌地准备一场筹划已久的乔迁派对。电工和花匠来来去去。宴会承办人和花店送来货物。苏娜尔的几个密友在房子中流连，一边就穿什么服装和吃什么食物出主意，一边排练一种专门为这个场合编的舞蹈。

苏娜尔把这场派对看作对社区发出的信号：在长久缺席之后，萨库尔一家又回来了。她邀请了一大群世界水疗中心小区的居民，其中有许多都在古尔冈的跨国企业担任顶层高管。苏娜尔的兴致越来越高，而萨库尔的心却沉了下去。这不仅仅是因为他一向鄙视派对之类的事情，还因为他觉得，周围的人民都在受苦，他们却躲在幸运的泡泡里庆祝，这实在不合时宜。不过，萨库尔还是穿上了一件干净的白色束腰外衣和一条相称的裤子，这一身叫作"夏尔瓦卡密兹"。苏娜尔穿的是一袭青绿色的丝绸莎丽，戴着一条镶金边的红色围巾。宴会承办人准备了丰盛的酒食。花园的阶梯上装饰着丝质靠垫，一支小型乐队在花园的一头调试乐器。

宾客开始进场。女士们身穿点缀着亮片和珠宝的裙子，还有拷花丝绒的束腰外衣，头发都打理得一丝不苟。一名摄影师在她们中间穿来穿去。随着宴会的进行，苏娜尔和她的朋友围成一圈翩翩起舞，这时一个引人注目的女人穿过人群走了过来。只见她神情泰然，一头黑发，红色的双唇，穿着一袭无可挑剔的白色莎丽，莎丽绲着金边。那正是艾卜哈·潘特，曾在兰伯西担任负责法规事务的副总裁。萨库尔和往常一样，在得知苏娜尔邀请了她之后并没有抱怨。毕竟她也是邻居，和其他人一样是这个社区的一分子。然而萨库尔的情报使她差点遭到起诉。现在她做了这座雅致住宅的宾客，而购置这座住宅的钱，正是萨库尔举报她参与管理的那家公司的奖金。尽管如此，两人还是友善地闲聊起来。当萨库尔领着几位客人参观家里时，她也欣然加入了。

在那间地下办公室里，萨库尔静静地看着潘特端详墙上的东西：注册舞弊检查师协会在 2014 年因为他"牺牲小我，追索真相"颁给他的奖章，《诈骗》杂志在"对抗诈骗文化"标题下用他的照片制作的封面，镶了边框的乔·A.卡拉威公民勇气奖的奖状，还有一张和解达成之后贝亚托事务所的律师们喜气洋洋地围绕在他身边的照片，照片的边缘有所有律师的签名。潘特默默地看着这些。楼上的派对延续到夜里，萨库尔告别宾客，退回他的地下室里。

潘特继续留在起居室，一边喝着葡萄酒和一位客人闲聊，一边回想着仿制药行业的变化。她说起美国药监局规章中的一点重要变化：现在，谁在美国药监局的停车场里排第一、第二、第三位已经不重要了。任何公司，只要在某个日期之前提交申请，无论申请书上的图章是什么时间，都可以被视作"首先申请者"，并分享新药上市的利润。这使得竞争的火爆程度降低了许多，没有人再去美国药监局门外扎营，或者在豪华汽车里过夜了。潘特评论道："真没劲，乐趣都没了。"

2015 年一整年，萨库尔都将他的一腔积怨化为针对政府和失效的监管体系的诉讼。他雇用了一支律师团队，他们根据印度的"信息权利"法，向政府机构提交了远超过 100 份信息问询。这是个笨办法，但萨库尔相信，这才是收集无可辩驳的证据的最佳方法，从而证明印度的监管者们没有保护好印度公民。他们查询到的证据揭露了一个腐败而陈旧的监管体系，印度的 36 个邦和地区使用的都是截然不同的标准和原则。危险或者功效甚微的药物莫名其妙地获得批准。与具有争议性的决策有关的文件不翼而飞。即使外国监管者在印度的工厂中发现了危险的情况，印度政府也要么无视这些发现，要么抨击监管者，而不是对情况发起调查。

2016 年 1 月，萨库尔的律师准备好了。他们起草了两份长长的请愿书[12]，指出印度四分五裂的药物监管体系不仅无效，而且违反宪法。他们以公益诉讼的名义，将请愿书提交到了印度最高法院。公益诉讼是一种法律机制，它允许公民在和社会公益有关的事务上直接向最高法院请愿。接下来，最高法院就必须决定是否召开听证会了。

本地的新闻节目和报纸开始报道这次诉讼，苏娜尔恳求萨库尔别再继续了，还指责他"做事情只想自己，一点都不考虑对我们的影响"。

萨库尔试着为自己辩解："这件事总得有人去做。"

就连萨库尔的儿子伊斯汗也不认同他的做法，这个已经十几岁的少年质问他："您为什么非要这么做呢？您在外面吸引了许多不必要的关注。"

萨库尔不仅没有退缩，而且在准备这场诉讼的过程中，他的精力和自信似乎也恢复了。他的怨气减少了。朋友们注意到他看起来更加放松，休息得也更好了。那段日子他常常会想起祖母传授给他的《薄伽梵歌》(*Bhagavad*

Gita）中的教诲，那是古代印度教的经典文本，提倡无私的行为。祖母曾在夜间给他和兄弟姐妹们读这本书，她特别指出，恐惧、兴奋、焦虑和快乐这些情绪虽然都是生活的一部分，却都是短暂的。对于要采取什么行动，一个人的责任或义务是更好的指引。

2016 年 3 月 10 日，一个周四的早晨，萨库尔在他位于佛罗里达州坦帕市的公寓醒来，他这次来美国是为了参加几个无法改期的会议。他泡好咖啡，打开通向露台的门，外面是墨西哥湾一览无余的海景。他很喜欢看飞鸟俯冲向水面。有几次清晨时分，他还瞥见过几条海豚。那天晚上，他看着共和党总统候选人的初选辩论睡着了，转播的地点就在附近的迈阿密。

当周四的夜幕在美国降临时，新德里正迎来周五的早晨。这一天将会决定萨库尔能否在印度做出哪怕最微小的改变。他的律师们将在几位最高法官面前发言，请他们批准对迪内希·S. 萨库尔诉印度联邦一案举行听证会。这时，印度的最高药物监管者 G. N. 辛格公开抨击了萨库尔 [13]，他的机构也是这次诉讼的被告之一。他对英国路透社说："我们欢迎举报人，对他们也很尊重，但他们的意图必须是真诚的、爱国的……对这个人我无话可说。"虽然形势不利，萨库尔还是怀着一线希望。

周五早晨，在新德里，精力充沛的知识产权律师普拉桑特·雷迪（Prashant Reddy）走上了印度最高法院门口的陡峭阶梯，还有几名律师陪伴在他左右。萨库尔这次已是不遗余力。除了雷迪，他的团队还包括印度最有成就的宪法律师之一、资历深厚的拉朱·拉马钱德兰（Raju Ramachandran）。他的律师团队只有很短的时间可以说服最高法院的两位法官对萨库尔的诉讼召开听证会。

一号法庭里挤满了人。印度的每一家大报都派了记者来见证萨库尔是否会胜利。当律师团队开始陈述，两名身着黑袍的法官眼神锐利地盯着他们。

"一位外国公民不远万里来挑战印度的法规，你的立场是什么？"主审法官问道。

所谓"立场",指的是萨库尔提起诉讼的权利,实质就是在问他是哪里的人。这个问题律师们已有准备。拉马钱德兰指出,印度宪法并未对提起公益诉讼者的国籍做出限制。而且他们的委托人还在印度交税,因此有资格享受司法援助。

一名法官接着问道,这次诉讼是不是一种宣传手段,他说:"就在你们提出学术争议的时候,还有人在监狱里受苦。我们手头很忙的。"

拉马钱德兰抗议道:"您的说法非常无情。"他解释说这个请愿的内容非常重要,生死攸关。然而不到 15 分钟,庭审就结束了。两名法官拒绝召开听证会。

普拉桑特·雷迪打电话给萨库尔。坦帕时间半夜 2 点,萨库尔接起电话。雷迪报告了这个沉重的消息:法官驳回了他们的诉讼。萨库尔在黑暗中起身。他泡了杯咖啡,坐到了电脑前。他开始打出一篇激情洋溢的博客文章,解释他为何要发起这场诉讼。他形容印度的监管体系是一场"巨大的失败",根本没有维护这个国家和全世界最脆弱人民的公共卫生。对于印度的监管者和生产者常常使用的借口,他也予以了猛烈抨击。

> 不巧的是,到现在还没有人能够指出,印度的法律中到底哪条说过下列行为是可以接受的:欺骗,销毁不合格的检测结果,重复检测直到得出满意的结果,故意在市场上推出不达标产品……如果说印度制药业中规模最大也最受尊敬的公司都这样做,那我们对于中小型企业的作风还有什么信心呢?这个问题,难道就没有人操心吗?

在喝下四杯咖啡之后,他把这些文字发布出去,并加上了标题 [14]:"为世界人民改善药物品质的真诚尝试"。然后他打电话给苏娜尔,希望能得到一些安慰。但苏娜尔只是很高兴一切都结束了,还提醒他说:"我告诉过你不要这样的嘛。"萨库尔没说什么。他后来听说,印度制药业的主要游说团体印度制药联盟欢天喜地。

　　黑暗一连笼罩了他几个月。两年的辛苦，近 25 万美元的诉讼开销，结果竟全是徒劳。他再也无法向妻子解释这项崇高的事业，也常常不知道怎么向自己交代。他的努力敌不过那些反对改革、墨守成规的力量。家庭一度是他情感的港湾，现在却也似乎渐渐疏远。按照常理，他或许应该感到一些懊悔：对于当初接受兰伯西的工作，对于被迫选择正确的道路，对于成为一个举报人，也对于为了坚持斗争弄得家庭支离破碎。但是他的伤心中从来没有包含悔恨。他曾对一个熟人说过："对于一件我知道是真实、正确、正义的事，我为什么要后悔呢？"日子一天天过去，他又回想起祖母的教诲：尽管不能完全掌控结果，也要尽力履行他认定的责任。这意味着他不得不接受最高法院的决议，并专心考虑下一步该做什么。

　　不到两周之后，他就给卫生和家庭福利部的联合秘书 K. L. 夏尔马（K. L. Sharma）发了一封电子邮件，介绍了自己的情况，实际上也是重新开始申诉："关于您的材料我虽然读得不多 [15]，但我认为在公共卫生的问题上，您是一位能够明辨是非的人，今天写这封信，是希望能预约在您德里的办公室里进行一次面谈。"

尾声

2017 年 10 月，一桩国际丑闻吸引了彼得·贝克的注意。

日本的钢材企业神户制钢所被发现伪造数据 [1]。公司虚报了一些产品的抗拉强度，这意味着公司生产的铝、铜和钢不能像他们自己宣传的那样负荷重物。一时间，警报响彻世界。那些用神户制钢所的材料建造的桥梁、铁路、汽车和飞机都真的安全吗？

公众的关注度使贝克惊讶。每一天，他都会进入世界各地的制药厂，揭露虚假数据。他的视察报告是公开的。他的发现使众人对美国药物的安全和功效感到痛心，更不用说世界其他地方的药物了。然而他的发现似乎并没有进入公众的视野。也许人们更容易理解 50 万吨桥梁坍塌造成的后果。那么一种药物不能发挥应有的功效，这个后果就不严重吗？包含没有得到检测和公布的有害杂质或有害成分的药物就不可怕吗？胶囊本该在几小时内缓慢释放，现在却一下子把成分都释放出来，或者遇热就会过快降解，这就不可怕吗？在贝克、萨库尔和其他尝试发出警报的人看来，劣质药物就相当于会坍塌的桥梁。唯一的不同在于，这种坍塌是在人体内部悄然发生的，但后果同样关乎生死。

那些曾经用几年时间调查仿制药产业的利弊，及其对患者潜在危险的人士，都采用了一种不完美的策略来保护自身的健康：那就是尽量不使用那些他们怀疑已经失效的药物。在一次行业会议上，美国药监局国际药物品质部部长卡梅罗·罗萨告诉听众，他有一次因为热水器爆炸受伤进了医院。他拒绝使用各个厂家生产的仿制药，因为这些厂家都在接受美国药监局的数据伪造调查。"我这个人喜欢祈祷。"他对听众说，"但是某个批次的药是好药，不该成为我们祈祷的内容。"

一名参观过印度工厂的美国药监局调查员坦言："每次我填写一张处方，都会仔细考虑。"他认为劣质药物对于那些患慢性疾病、需要"天天服药"的人风险最大。"很可能其中某一片药受到了污染，谁也不希望把杂质吃进身体里。"他说。

萨库尔的律师安德鲁·贝亚托说，在参与兰伯西案之前，"我一次都没看过药品包装或者那该死的标签"。但他在代理萨库尔之后改变了态度。"从2007年开始，我们家就定了一条规矩，不管多花多少钱，都要避免用海外生产的仿制药。"黛比·罗伯逊也得出同样的结论，她回忆说："参与调查兰伯西案后，我家里人就不吃印度仿制药了。"在国会，调查员大卫·尼尔森向七位进入过兰伯西工厂的调查员询问过他们是否愿意使用兰伯西的药物，他回忆说："他们都回答了不愿意。"

在经历了沃克哈特的那次非同寻常的视察之后，贝克也断绝了一切海外生产的低价仿制药。他对一位同事说："如果大家知道真相，就没人会用这些药了。"2015年离开印度之后，他在手臂内侧文了一个新的文身，那是一个连笔写成的单词，总结了他想强调的一个自我要求：诚信。

虽然大部分民众还被蒙在鼓里，但这场围绕药物品质及其不良后果的战斗仍在继续。在印度，萨库尔和苏娜尔夫妇再也没有从兰伯西案对他们婚姻造成的紧张气氛中恢复过来。2016 年夏天，他们分居并开始痛苦的离婚诉讼。但是在另一方天地，萨库尔却似乎找到了自己的声音。他写下越来越尖锐的博客帖子和评论文章，批评印度国内的沉默、自私和腐败，他说正是这些纵容了劣质药的猖獗。

2018 年 2 月，在网络出版物《电报》（*The Wire*）的一篇专栏文章中[2]，萨库尔再次写到了关于兰伯西丑闻的一些自私和虚假的陈述，发表这些陈述的有兰伯西的前任 CEO 马尔文德·辛格、兰伯西的董事会以及"坐在书斋里空想"的公共卫生专家，他们都公开宣称，兰伯西的错误仅仅是记录上的一点失误罢了。萨库尔还把矛头指向了印度的那些最高监管者，批评他们在美国药监局揭露兰伯西罪行之后没有制裁这家公司。他写道，监管者给公司开了一张"无罪清单"，由此充当了"兰伯西诈骗的保护伞"。

同一个月，印度的最高药物监管官员 G. N. 辛格被免职[3]，一同被免职的还有他的副手和其他几名中层官员，因为有人举报他们的任期已经超过了法律所允许的五年。

今天，兰伯西公司已经不复存在[4]。2014 年 4 月，第一三共急于摆脱这个烂摊子，于是将名誉扫地的兰伯西贱卖[5]给了印度仿制药公司太阳药业。当时正好有另一名兰伯西的举报人向第一三共举报了兰伯西的另外两家工厂——德瓦斯和托安萨——持续进行着精心设计的欺骗行为。那名举报人称，两家工厂正将高品质原料更换成低品质的廉价原料，并将这次更换记录在另一套记事簿中。他还声称公司用木炭使黄色药片变白，以此隐瞒一些药物中杂质过量的事实。公司将劣质原料藏在天花板吊顶处，并将证据扔进一条河里。举报人还说，在兰伯西购买原料的工厂内有麻雀筑巢和猴子出没。

今天，太阳药业旗下的莫哈里工厂已经通过美国药监局的视察，开始向美国市场出口药物了，但德瓦斯、帕奥恩塔萨希布和托安萨三家工厂仍然受到制裁，据太阳药业的一名发言人说，公司正在"评估这三家工厂将来是否向美国市场供货"。

与此同时，第一三共在新加坡对兰伯西前 CEO 马尔文德·辛格的起诉中获胜 [6]。值得一提的是，兰伯西的前任律师杰伊·德希穆克，连同几名外部律师，都联合起来指证了马尔文德。他们详细描述了他和他的同伙为了向第一三共的执行总裁采孟隐瞒《报告》而采取的手段。2016 年 4 月，新加坡的国际仲裁法庭裁定辛格兄弟向第一三共支付 5.5 亿美元的法律赔偿，这个数字的计算依据是这家受骗的日本公司因为那份被隐瞒的《报告》而为兰伯西的股票多出的那部分钱。

辛格兄弟发起了反击。他们对新加坡法庭的裁决规模提出质疑，但最终还是败诉了。2018 年，他们的律师又向印度最高法院提起诉讼，主张新加坡的裁决无法在印度实施，这次同样败诉。这次裁决使辛格兄弟放弃了另一家家族企业——福尔蒂斯保健连锁医院的管理职位，因为他们还被指控从这家上市公司将 7800 万美元 [7] 挪到个人的家庭账户。他们还面临着纽约的一家私人股权公司的类似指控 [8]，该公司在诉讼中称，他们"系统性地掠夺"了其上市金融公司 Religare 控股公司的一个部门，以偿还他们近 16 亿美元的个人债务。马尔文德否认他对福尔蒂斯医院"有任何资金管理不当或者职位滥用"的行为，并表示任何跨公司的存款都是集体决策的结果。

到 2018 年 9 月，辛格两兄弟之间的战争公开爆发了。施文德在印度的国家公司法法庭对他哥哥提起控诉，说他的欺诈罪和管理不当使家族产业陷入一个"难以为继的债务陷阱"[9]。但是几天后，施文德又撤回控诉，声称这么做是因为他母亲要求两个儿子用调解代替诉讼 [10]。但是这次停火没有持续多久。不到一年，马尔文德又公开谴责弟弟施文德对他进行人身伤害，而施文德声称这个指控是"假的"，是个"谎言"。

一些参与过这场针对仿制药品质的艰苦斗争的人从逆境中走向了成功。在兰伯西案和解之后，安德鲁·贝亚托成了律所的合伙人，现在他的律所已经更名为"斯坦因 / 米歇尔 / 贝亚托 / 米斯纳律师事务所"了。黛比·罗伯逊从美国药监局退休之后为贝亚托的事务所做过一段时间的调查员，再后来就永久退休了。

其他人也找到了新的岗位。2018 年 9 月，被马尔文德·辛格赶出兰伯西的公司律师杰伊·德希穆克到卡索维茨 / 本森 / 托雷斯律师事务所做了合伙人，从事与专利法有关的案子。阿尔塔夫·拉尔，曾经的美国药监局印度办公室改革派主任，成了太阳药业（也就是收购兰伯西的那家公司）的全球健康和创新高级顾问。在这个位子上，他管理着公司的热带病项目，包括开发药物抵御耐药性疟疾。

到 2015 年，何塞·埃尔南德斯、道格·坎贝尔和迈克·伽维尼已经全部从美国药监局退休。几人分别成立了咨询公司，指导企业如何遵守美国药监局的规章。埃尔南德斯喜欢说，彼得·贝克和企业对他的畏惧在帮自己赚大钱。

美国药监局官员托马斯·科斯格罗夫曾在 2017 年降低了对迈兰公司摩根敦工厂的负面评级，使迈兰躲过了一封警告函，他在那之后不久就离开美国药监局，去了华盛顿哥伦比亚特区的一家律师事务所为制药公司担任代理。

2017 年 10 月，迈兰实验室的总裁拉吉夫·马立克面临着一项新的严厉指控 [11]。47 个州的总检察长联合宣布了一份民事诉讼状，并提交给了联邦法庭，其中指控 18 家仿制药公司互相串通，抬高各自药物的价格。这份诉讼状是一场长达几年的调查的结果，它指控两家竞争公司的高管联手抬高价格：他们分别是印度艾姆科药业的 CEO 和迈兰的拉吉夫·马立克。迈兰急忙发布了一则声明为马立克辩护："迈兰对我司总裁拉吉夫·马立克的操守深信不疑，对他完全支持。"它宣称将捍卫这一主张。

与此同时，美国药监局继续在迈兰的工厂中寻找问题。2018 年 3 月，美国药监局重新向迈兰位于西弗吉尼亚州摩根敦的工厂派遣了八名调查员，开展了一次为期 25 天的视察。这次视察由举报人的指控促成，视察期间发现了严重的清洁失当，使美国药监局开始担心产品受到了污染以及药物之间可能有交叉

污染 [12]。

就在美国药监局权衡要不要发有可能中止摩根敦工厂新药申请的警告函时，迈兰在幕后紧急活动，试图开一道后门直通美国药监局的高层官员。2018 年 6 月，迈兰的区域品质合规主任一个电话打到了一个美国药监局部门主管的私人手机上，要求和他私下见面喝一杯咖啡，并解释说，他这样做是奉了迈兰总裁拉吉夫·马立克的命令。那个美国药监局官员严正拒绝了这个请求，并将这次对话记录在一封电子邮件中，发给了同事："我明确表示他联系我并提出这种请求是不合适的。我不会和行业内的人私下会面，特别是在审核期间。"

大约六周之后，拉吉夫·马立克亲自尝试联系这位谨慎的官员，这一次他要求和对方正式会面。但这一切都不管用。2018 年 11 月，美国药监局对迈兰公司的摩根敦工厂发出警告函，指出了清洁失当、药品之间交叉污染的风险尚未消除，以及未能充分调查异常的检测结果等问题。这是对公司及其旗舰工厂的严厉斥责，而两者原本都是业界的楷模。迈兰对警告函做了回复 [13]，表示公司已经"对摩根敦的设施启动了全面的重组和补救计划"，并许诺消除美国药监局的担忧。

这个计划是马立克在 8 月的那封要求和美国药监局官员会面的电子邮件中阐述的，其中包括将摩根敦工厂的"剂量和产量削减为 2018 年之前的一半以下"。他没有提到公司是否会将生产活动转移到美国之外，那样将在工厂的运营和美国药监局的检查之间拉开距离。

在克利夫兰诊所，当哈利·利弗停止给患者开美国药监局批准的仿制药，而改用品牌药时，他的直觉一再应验——而美国药监局还在继续为仿制药辩护。2014 年 3 月，利弗将他对 β 受体阻滞剂的仿制版的担忧报告给美国药监局。15 个月之后，一名高级官员联系了他，并表示在一次广泛的"跨学科调查"[14] 之后，他们已经确认这些仿制药和品牌药是生物等效的。美国药监局的这个结论，部分是通过审查公司最初提交上来的申请数据得出的

（它显然没有考虑公司的数据是否作了假）。

但是不到一个月之后，沃克哈特和雷迪博士实验室就先后从市场上召回了他们的琥珀酸美托洛尔 [15]，并承认这些产品和品牌药并非生物等效。利弗原来一直是对的。

2018 年 6 月，一名妇女来到克利夫兰诊所的急诊室，症状是胸痛和呼吸急促。她名叫克里斯蒂·乔丹（Kristy Jordan），35 岁，三年前曾接受一次成功的心脏移植手术，此后每天服用免疫抑制剂普乐可复来预防器官排异反应。但是六个月前，一家 CVS 药房却把她的处方改成了雷迪博士实验室的仿制药他克莫司。在服药的这段时间里，她感觉身体状况不断恶化。在克利夫兰诊所的急诊室里，检测显示存在器官排异反应，血液中的他克莫司含量也低于预期，这意味着雷迪博士的药物没有充分发挥功效。医生们帮她稳定了病情。

这一次，利弗和同事兰道尔·斯塔林准备对事情一查到底。看了患者的验血结果，他们回收了她正在服用的他克莫司胶囊，并寄到马萨诸塞州的一家实验室去化验。与此同时，乔丹依然感觉疲软乏力，再也没有完全恢复健康。2018 年 9 月，她因为心脏病发作去世。斯塔林表示，是不是雷迪博士生产的他克莫司及药物副作用造成了她的死亡，现在已经无法知道。但他指出，现在患者如果在出院后重新入院，医院都要向医保局缴纳一笔罚款。"如果我们知道，我们预防患者再次入院的努力受到了劣质药物的阻挠，那将是一个重大发现。"他写道。2019 年 2 月，那家马萨诸塞州实验室有了初步发现：和品牌药相比，雷迪博士的他克莫司在释放有效成分时过于迅速。检测仍在继续。

美国药监局调查员接受的培训已经属于上一个时代，那时所有的数据都还印在纸上。几十年来，美国药监局始终没有认真地反思或者修订过自己的培训项目。正如一位美国药监局的顾问所说："他们还在用 1990 年的脑筋思考今天的事。"

美国药监局派到国外的调查员大多不识当地文字。他们读不懂生产记录。美国药监局也不给他们配译者。译者都由被视察的公司提供，而他们往往都是公司的销售人员。绝大多数时候，美国药监局的调查员们会直接让工厂通过，评一个"无行动指示"了事，因为他们也没有能力得出其他结论。

这些调查员连街道标识都读不懂，常被对方玩弄于股掌之间。制药公司把他们领到假冒的"展示"工厂，厂里看上去事事合规，但其实公司根本不在那里生产。有时几家公司会整合资源，共同投资一家"展示"工厂，并在不同的时间将不同的美国药监局调查员带去视察，他们每一个都认为自己在视察一家不同的工厂。

贝克视察时往往是一个人。但是当美国或其他国家的调查员与他并肩工作时，他们也会变成敏锐的侦探。他们会追踪生产场地外的车胎痕迹，以判断公司将产品运往哪里。他们在破旧的工厂外面透过窗户拍摄照片，记下里面盒子上的标签，以此验证这确实是公司生产药物的工厂。随着贝克和外国调查员展开合作，他的名声开始传遍世界。在国际研讨会上，从巴西药监局到欧洲药品管理局，各国的监管机构都邀请他去培训调查员。

在贝克看来，只有相当数量的调查员明确知道调查的方向和内容时，才能真正保护消费者，并永远改变制药行业。2015 年 12 月，在和美国药监局代理局长一个小时的会面中，贝克提出了一个培训美国药监局调查员发现数据作假的项目。

在马里兰州银泉市的美国药监局总部，贝克的建议撞上了一个快要散架的体系。如果调查员查得太仔细，如果审批员对申请审得太严格，如果局里不批准足量的药物，整个体系就会崩溃。

这时，彼得·贝克那刀锋般严格的视察已经让药物停止进口了，由此造成的药物匮乏正在全国蔓延。他的发现给海外运营的仿制药公司打上了一个问号，也放慢了药物批准的过程。这反过来威胁到了美国药监局的经费[16]，因为美国药监局得到的拨款，部分取决于它能批准多少药物申请。贝克提出的培训建议将使调查员的视察更严格，从而发现更多违规行为，这可能会造成更多的干扰。为此，局里的一些人开始掉转矛头，对准了彼得·贝克本人。

对外，美国药监局仍表现得像在打击伪造数据的单位。比如药物评估和研究中心的合规主任托马斯·科斯格罗夫就告诉一家行业内刊的记者，美国药监局打算"让那些隐瞒事实的制药公司越来越不好过"[17]。他说对这些公司将有额外的处罚。在外界看来，美国药监局似乎已经对数据欺诈展开了全球性的打击。

然而，贝克看到的却是美国药监局不顾明确的执法权和法律的明文规定，选择削弱视察力度、淡化调查员的发现。从 2012 年到 2018 年，美国药监局在印度调低了 112 次视察的级别，使最后的评估显得不那么严重。对于一家又一家公司，"官方行动指示"被改成了"自主行动指示"，迈兰、西普拉、阿拉宾度（Aurobindo）、雷迪博士、太阳药业和格伦马克都受益于此。这类调低级别的做法其实让调查员的现场判断失效，远在马里兰的那些官员的判断则取而代之[18]。科斯格罗夫和其他官员还取消了进口限制。他们选择用所谓的"不具名信函"和一些公司秘密沟通，而不是公开发出谴责。政治考量似乎引导了美国药监局的执法行动。正如前合规官员道格·坎贝尔所指出的："他们想削弱药物评估和研究中心的合规审查权，因为他们希望多批准些申请，而合规审查只会打乱他们的计划。"

现在药物短缺已经成了一场博弈，美国药监局被耍得团团转。就算是实施诈骗的企业，照样可以通过生产短缺药物来维持净利润。无论生产方式是否可疑，这些产品都不会受到限制并且成为稳定的业务收入来源，即使企业被发现生产不安全的药物。贝克对一名同事指出："那些公司生产了不达标产品也不用担心后果，因为现在已经是赢家通吃的局面了，而输家就是患者。"

贝克在 2018 年 3 月被调到智利的圣地亚哥，做了该国的办公室主任。但是局里再也不派他去视察工厂了，这也是他在一年后辞职的原因之一。

2018 年 7 月，一场安全危机撼动了全球药物供应链，似乎也证明了贝克的观点。欧洲监管机构宣布了一个令人担心的发现：在降血压药物代文（Diovan）的仿制版缬沙坦（valsartan）的一种广泛使用的有效成分中，发现了一种名为"NDMA"的致癌毒物（曾用于液体火箭燃料）。在美国，有十几家使用这种成分的药厂召回了产品，同样召回产品的还有全世界的几十家药厂。生产商辩解说，为了增加药物产量，它在 2012 年修改了生产流程，而那次修改是得到监管机构批准的。总之，那次修改的目的是使利润最大化。这也意味着，有的患者摄入毒素已有六年之久。

美国药监局努力安抚消费者：就算天天接触毒物，患癌症的风险也是极低的，然而就在这时，这种成分又被检出了第二种致癌杂质。虽然现在看来，这场缬沙坦灾难令美国药监局猝不及防，但事情本来不该是这样的。在之前的 2017 年 5 月，就有一名美国药监局调查员在工厂里发现了证据，它表明该公司未对其药物中可能存在的杂质开展调查，这些杂质表现为检测结果中的异常峰值。那名调查员将工厂评定为"官方行动指示"，但美国药监局将级别下调成了"自主行动指示"。总之，他们放了公司一马——其结果就是不到一年之后这场席卷全球的品质丑闻。

到 2017 年，贝克得到了有限的批准，能偶尔为同事举办学习班了。然而当他在教导同事如何侦查数据诈骗时，美国药监局已经采取了最重要的措施来破坏可能揭露诈骗的视察。

在阿尔塔夫·拉尔启动那个视察前临时通知或不予通知的试点项目之后，美国药监局开出最严重评级"官方行动指示"的频率增长了至少 50%。照这样看，美国药监局似乎应该顺理成章地推广这个模式，将不予通知的视察定为统一的标准。然而局里的官员却做出了另一个决定。

2016 年 11 月 3 日早晨，美国药监局驻印度的高层官员和一群人开了一个会议，与会者包括印度的高层药物监管者、印度制药业的主要游说者，还有三名印度仿制药公司的高管，他们分别来自卡迪拉和雷迪博士，两家公司的设施都受到过美国药监局的严厉调查。会议持续了一个小时，由马修·托马斯（Mathew Thomas）博士主持，他刚刚从阿尔塔夫·拉尔手中接过管理美国药监局印度办公室的工作。

一众人讨论了合作和能力建设，还规划了美国药监局将要举办的良好生产规范培训班。印度制药联盟的秘书长迪利普·沙阿表明，印度制药企业会尽力解决品质问题，并且他的联盟会向整个行业颁布行动指南，强调数据可靠性的重要意义。接下来，马修·托马斯就对集聚一堂的人们说出了他们等候多时的话：试点结束了。从现在开始，对于一切常规视察，美国药监局都会提前通知印度企业了 [19]。

致谢

本书的写作是一段漫长的旅程，我在途中得到了许多人的帮助。

2009 年，《自我》杂志刊登了我的第一篇关于仿制药的文章，我有幸遇到萨拉·奥斯丁（Sara Austin）当我的编辑，她现在是《真实简单》（*Real Simple*）杂志的执行编辑。2013 年 5 月，我在《财富》杂志上发表了关于兰伯西的文章《肮脏的药物》（*Dirty Medicine*），那也是本书的起点，当时的编辑是尼克·瓦切弗（Nick Varchaver），他杰出的技能、判断和敬业精神使我的文章获益匪浅，尼克现在是 ProPublica 网站的高级编辑。

2014 年，我开始撰写本书，需要全世界的记者的帮助。在这一点上我很感谢大卫·卡普兰（David Kaplan），大卫是全球深度报道网（Global Investigative Journalism Network，缩写 GIJN）的执行主任，是他为我联系了印度、加纳和其他国家的优秀记者。全球深度报道网召开的研讨会让我认识了一群来自全世界的勇敢和优秀的记者，在我撰写本书的过程中，他们始终给予我启发和帮助。我要感谢故事调查协会的马克·李·亨特（Mark

Lee Hunter），是他在我遇到瓶颈时给我建议，使我学会了如何将多年的报道和山一般的信息转化成一个真实的故事。

国际调查记者同盟（International Consortium of Investigative Journalists，缩写 ICIJ）的副会长玛丽亚·沃克·格瓦拉（Marina Walker Guevara）慷慨地允许我参考巴拿马文件与天堂文件中的境外银行记录，而埃米莉亚·迪亚兹·斯特拉克（Emilia Diaz Struck）耐心地指导了我如何查阅这些文件。新闻自由基金会的新闻编辑室数字安全主任哈罗·霍姆斯（Harlo Holmes）及数字安全培训师奥利维亚·马丁（Olivia Martin）在数字文件加密、风险评估以及与信源的安全沟通方面提供了宝贵的指引。

在报道中，一个名为"FDAzilla"的数据库对我帮助很大，这个数据库收录了美国药监局在世界各地实施的每一次视察，并提供了重要的辅助数据。当时我因开销增长而预算紧张，数据库的创建者托尼·陈（Tony Chen）和 CEO 迈克尔·德·拉·托雷（Michael de la Torre）允许我继续使用数据库，甚至为我提供了定制数据。还有其他外部组织也给予了我宝贵的帮助，比如 STATS.org 网站的负责人瑞贝卡·戈尔丁（Rebecca Goldin）博士就帮我把统计学概念翻译成了浅白的英语。索伦森律师事务所的彼得·索伦森（Peter Sorenson）和施托特尔律师事务所的丹尼尔·J. 施托特尔（Daniel J. Stotter）很擅长办理政府部门拖延批准《信息自由法》保护申请的诉讼案，他们帮助我从美国药监局得到了记录。

我还要感谢许多在一路上招待我或者在我的报道之旅中提供当地知识的人士，他们是索菲·伯纳姆（Sophy Burnham）、凯西·斯里达（Kathy Sreedhar）、薇薇安·瓦尔特（Vivienne Walt）、安东·哈伯（Anton Harber）和任吉姆·德伊（Rimjhim Dey）。

我要谢谢若干机构的慷慨支持使我完成了这次报道。谢谢卡内基基金会将我选为 2015 年的安德鲁·卡内基研究员并提供了可观的资助。谢谢阿尔弗雷德·P. 斯隆基金会通过其"科学、技术和经济的公众理解"项目向我拨了一笔资金。我尤其要感谢斯隆基金会的副会长和项目主任多伦·韦伯（Doron Weber），谢谢他对我这个项目的信心。纽约市立大学克雷格·纽马克新闻学院的麦格劳商业新闻中心向我颁发了一份麦格劳商业新闻奖学金。麦格劳中心的执行主任珍妮·萨辛（Jane Sasseen）花了许多时间给我建议。我还获得了颁给调查性报道的乔治·波尔克奖，那同样是不可或缺的支持。

有几位非常优秀的记者也参与了本书的写作，阿里尔·布莱谢尔（Ariel Bleicher）凭着优雅的文笔和敏锐的报道技巧，为本书做了一年的研究助理。在印度，赛义德·纳扎卡特（Syed Nazakat）帮助我认识了印度商业网络和政府官员体系的复杂世界。肯特·门萨（Kent Mensah）在加纳帮了我的忙。多丽丝·伯克（Doris Burke）和安德鲁·戈德堡（Andrew Goldberg）替我钻研了法律和金融记录。还有索尼·萨尔兹曼（Sony Salzman），这位擅长数据分析的科学记者在我身边工作了三年，如果没有他的才华和勤奋，本书就不会冲过终点线。凯尔西·库达克（Kelsey Kudak）凭着高超的技术核查了书中提到的事实。剩下的一切错误都是我的责任。

我还要感谢几位顶尖的编辑。希拉里·雷德蒙（Hilary Redmon）目前在企鹅兰登出版社工作，当年她在为哈珀·柯林斯出版社的 Ecco 分社工作时签下了本书，并在早期提出了关键指导。多米尼加·阿利奥托（Domenica Alioto）是一位叙事性纪实作品编辑大师，是他帮忙锻造了本书的结构。我很感谢 Ecco 的艾玛·贾纳斯基（Emma Janaskie），她熟练地编辑了本书，并且推动了它的出版。另外要感谢由下面各位组成的优秀团队：丹尼尔·哈尔彭（Daniel Halpern）、米里亚姆·帕克（Miriam Parker）、加布里埃拉·杜布（Gabriella Doob）、梅根·迪恩斯（Meghan Deans）、凯特琳·马尔鲁尼－雷斯基（Caitlin Mulrooney-Lyski）和瑞秋·迈耶斯（Rachel Meyers）。我尤其要感谢哈珀·柯林斯出版社的威廉·S. 亚当斯（William S. Adams），谢谢他出色的法律评论和不懈的耐心。

本书的出版离不开我的经纪人和朋友蒂娜·本内特（Tina Bennett）无尽的智慧、鼓励和远见。即便在我最困难的时候，她的支持也从来没有动摇过。

我还要感谢我的一众朋友、同事和家人，他们的研读、忠告和第一流的编辑评论使这本书在各方面都有了改善，他们是尼克·瓦切弗（Nick Varchaver）、詹妮弗·冈纳曼（Jennifer Gonnerman）、我的兄弟马修·多尔顿（Matthew Dalton）、菲利普·弗里德曼（Philip Friedman，本书的书名也是他想的）、索尼·萨尔兹曼（Sony Salzman）、我母亲埃莉诺·富克斯以及我父亲迈克尔·O.芬克尔斯坦，他们都在写作早期就跟我分享了洞见。

马里亚姆·莫希特（Maryam Mohit）和埃里克·布拉克福德（Erik Blachford）帮助我解读了财务记录。布赖恩·克里斯蒂（Bryan Christy）的编辑建议很有先见之明。莫林·N. 麦克莱恩（Maureen N. McLane）允许我借鉴了她无与伦比的写作技巧。我的继母薇薇安·伯杰（Vivian Berger）给予了我纠纷解决方面的专业建议。

谢谢我的朋友和家人，她们是林迪·弗里德曼（Lindy Friedman）、特蕾西·斯特劳斯（Tracy Straus）和我的姐姐克莱尔·芬克尔斯坦（Claire Finkelstein），谢谢她们在我写作过程中给予的不懈支持。每天和茱莉亚·福里森（Julia Freedson）的谈话一直支撑着我。还有我的知心好友凯伦·阿韦诺索（Karen Avenoso，1967—1998），她活在本书的每一页中。

我深爱的两个孩子阿梅莉亚（Amelia）和伊索贝尔（Isobel）保证了我在写作本书时没有脱离和世界的联系。在这样一个似乎望不到头的项目里，她们给予了我耐心和支持。（她们还建议我接着写几本给孩子看的书。）我的丈夫肯·利文森（Ken Levenson）提供了全方位的帮助。他在每一步都给予我鼓励，在我外出报道的漫长时间里照顾家庭，在棘手的报道和写作问题上提供了明智的建议，并阅读了多个版本的草稿。

最后还要特别感谢我的多位线人，他们因为关心制药业的诚信和患者的福利，才将情报托付于我。其中许多人都花了几小时，甚至几年的时间耐心地回答我的问题，并帮助我理解那些复杂的过程。没有他们就不会有这本书。

Accutane/Sotret: 一种治疗痤疮的药物。美国药监局于 1982 年批准了罗氏的品牌药 Accutane。2002 年，美国药监局又批准了一种名为 "Sotret" 的仿制版，由兰伯西实验室生产。这种药的有效成分是异维甲酸。

不达标药物: 一种不符合美国药监局或其他监管机构制定的晶质标准的药物。

Coreg/ 卡维地洛: 一种用于治疗高血压和心力衰竭的药物。美国药监局于 1997 年批准了葛兰素史克公司生产的品牌药 Coreg。后来的仿制药都以药物中的有效成分 "卡维地洛" 命名。

Demadex/ 托拉塞米: 一种用于治疗充血性心力衰竭患者的液体潴留症状的药物。美国药监局于 1993 年批准了罗氏公司的品牌药 Demadex。仿制药则以药物的有效成分 "托拉塞米" 命名。

仿制药: 为了在人体内和品牌药起到相似作用而生产的药物，一般在原来的品牌药专利过期之后开始销售。美国药监局规定，仿制药要想获得生物等效性批准，就必须和品牌药具有相同的 "剂型、安全性、效力、用药途径、品质、性能特点和适应症"。

呋塞米: 一种用于治疗充血性心力衰竭患者的液体潴留症状的药物。其品牌版 Lasix 于 20

世纪 60 年代首次得到使用批准。

辅料：一种药物中的非有效成分，可以包含染色剂、防腐剂和填充料。

肝素：一种预防血液凝结的抗凝药。

高效液相色谱：一种用来将一种药物样品中的成分分离并且量化的常见技术。制药厂用高效液相色谱仪来检测一种药物中的杂质。

官方行动指示：美国药监局调查员在视察之后用来给一家设施评级的三种标签之一。官方行动指示意味着调查员发现了明显违反现行良好生产规范的现象，并建议设施立即采取纠正措施，不然将面临进一步的监管行动。

加巴喷丁：一种治疗癫痫的药物，根据其有效成分"加巴喷丁"命名。品牌药版本为Neurontin，由辉瑞公司生产，1993 年获批。

简化新药申请：仿制药公司编写并向美国药监提交的一种申请，目的是请求美国药监局批准一种仿制药。简化新药申请在行业术语中被称为"封套"。

进口警示令：美国药监局向其前线工作人员发布的一种公告，要他们在港口阻止那些被判定为不安全的产品入境。进口警示令可以针对某个类型的产品，或某个生产厂家的产品。

警告函：这是美国药监局发出的一种官方消息，它警告一家公司其生产场地已违反美国药监局的规章，公司必须立即纠正警告函中详细描述的错误，不然就会面临额外的执法行为。

美国药典：一个独立的非营利性组织，为处方药的生产建立并协调全球标准。

美国药监局：美国食品药品管理局。美国药监局是一家联邦机构，负责监管美国的食品、药品及医疗设备的安全和品质。

美国药监局调查员：接受过专门培训、负责视察生产场地的美国药监局员工。有时调查员还被称作"巡视员"或者"消费者安全官员"。

品牌药：一种由某家制药公司发现并且开发的药物，一般受到专利保护。品牌药的生产者有时被称作"创新企业"。

普拉固／普伐他汀：一种用于降低胆固醇的药物。美国药监局于 1991 年批准了百时美施贵宝公司研制的普拉固。仿制药根据其有效成分普伐他汀钠命名。

普乐可复 / 他克莫司： 一种抑制免疫系统、防止做过移植手术的患者产生器官排异反应的药物。美国药监局于 1994 年批准了安斯泰来公司研制的品牌药普乐可复。仿制药根据其有效成分他克莫司命名。

曲线下面积： 图形中反映着随着时间的推移，一种药物在患者血液中的总浓度变化的区域。

色谱图： 一种通常由高效液相色谱仪制作的图表，显示了将一种药物样品的成分分离之后的结果。

申请诚信政策： 美国药监局怀疑某家企业的申请中存在欺诈时实施的一种制裁。一旦实施申请诚信政策，美国药监局就会中止审核企业的申请，直到企业能证明其数据的准确性。

生物等效性： 美国药监局为了确定一种仿制药在人体内的作用是否与品牌药近似设立的一个标准。根据美国药监局的统计学公式，一种仿制药在血液中的浓度不能低于品牌药的 80% 或不能高于品牌药的 125%，采用 90% 置信区间。

483 表格： 当一名美国药监局调查员在视察一处生产场地时发现有违背现行良好生产规范的迹象时，他就会将这些发现记录在一张名为"483"的表格中。

Toprol XL/ 琥珀酸美托洛尔缓释剂： 一种长时间作用的 β 受体阻滞剂，用于治疗胸痛和高血压。美国药监局于 1992 年批准了阿斯利康研制的品牌药 Toprol XL。后来的仿制版根据其有效成分琥珀酸美托洛尔命名。

Wellbutrin XL/Budeprion XL： 一种用于治疗抑郁症的长效药物。美国药监局于 1985 年首先批准了葛兰素史克公司研制的品牌药 Wellbutrin XL，后来又批准了梯瓦公司的仿制药 Budeprion XL。药物的有效成分为盐酸安非他酮。

无行动指示： 美国药监局调查员在视察之后用来给一家设施评级的三种标签之一。无行动指示意味着调查员没有发现违反现行良好生产规范的现象，设施也不必采取纠正措施。

现行良好生产规范： 概述见于《联邦法规汇编》第 21 篇，其内容阐明了美国药监局对于生产设施的运营要求。

药物评估和研究中心： 美国药监局的一个分支，负责品牌药和仿制药的监管，具体工作是审核新药申请，并在药物获批后监督其安全性。

有效药物成分： 一种药物中的生物学活性成分。在成品药中，这种成分是最重要也往往是最昂贵的。

原料药： 生产有效药物成分或成品药时的主要成分。

自我评估报告： 兰伯西实验室于 2004 年内部编辑的一份机密文件，其中详细列举了公司内广泛的数据欺诈行为。

自主行动指示： 这是美国药监局调查员在视察之后用来给一家设施评级的三种标签之一。自主行动指示意味着调查员发现了一些违反现行良好生产规范的现象，并建议设施自行改正。

总统防治艾滋病紧急救援计划： 由小布什总统于 2003 年发起。这项今天仍在实施的计划资助购买低成本仿制药，并将它们分发给非洲及别处的艾滋病患者。

注释

序

[1] FDA, Establishment Inspection Report, Wockhardt Ltd., Aurangabad, India, March 18–22, 2013. 彼得·贝克和所有美国药监局调查员参与视察的完整清单可以到以下的网站查找：https://fdazilla.com/。

[2] 与进口药物增长及海外药厂有关的数字来自 Pew Charitable Trust, Pew Health Group, "After Heparin: Protecting Consumers from the Risks of Substandard and Counterfeit Drugs," July 12, 2011, 22。

[3] Ketaki Gokhale, "Urine Spills Staining Image of Wockhardt's Generic Drugs," *Bloomberg*, September 27, 2013.

[4] FDA, Form 483, Inspectional Observations, Wockhardt Ltd., Aurangabad, India, March 18–22, 2013; FDA, Establishment Inspection Report, Wockhardt Ltd., Aurangabad, India, March 18–22, 2013; FDA, Warning Letter (WL: 320–13–21), July 18, 2013；相关新闻报道包括 Pallavi Ail, "USFDA Says Team Threatened during Wockhardt Inspection," *Financial Express,* May 28, 2014。

[5] FDA, Establishment Inspection Report,13–18.

[6] Reuters, May 23, 2013. Accessed December 14, 2018. https://in.reuters.com/article/wockhardt-fda-revenue-loss/wockhardt-hit-by-fda-import-alert-on-drug-plant-idINDEE94M09320130523.

[7] 我曾多次发电子邮件、打电话给沃克哈特公司请求置评，但并未得到回复。不过在 FDA 发出进口警示令后，沃克哈特的 CEO 哈比尔·科拉基瓦拉（Habil Khorakiwala）曾于 2013 年 5 月 24 日召开了一次紧急电话会议。在会上他试图让投资者放心，说公司正在努力达到美国药监局的要求，并计划雇一个美国顾问来"使这处生产场地在一个月、最多两个月后符合规范"。在被一名投资者逼问时，科拉基瓦拉表示美国药监局之所以会在瓦鲁吉工厂发现如此多的过失，是

因为那家工厂生产的大多数产品都计划运往美国以外的市场。美国药监局正巧视察了这家工厂，但它本来就不是为了满足严格的美国标准而建立的。见 Habil Khorakiwala, "Wockhardt Conference Call to Discuss U.S. FDA Report on Waluj Facility," May 24, 2013, http://www.wockhardt.com/pdfs/Wockhardt-Investor-Call-USFDA-Import-Alert-version-final.pdf (accessed December 3, 2018)。

第一章　眼光长远的男人

[1] 这段对于园区的描述来自 2015 年 11 月的一次报道。

[2] 关于兰伯西及其美国业务发展的详细情况可以在这里查找: Bhupesh Bhandari, *The Ranbaxy Story: The Rise of an Indian Multinational* (Delhi: Penguin Books India, 2005); *Legends Are Forever: The Story of Ranbaxy* (Ranbaxy Global Corporate Communications, 2015); P. Indu, *Ranbaxy's Globalization Strategies and Its Foray into the U.S.* (ICMR Center for Management Research, 2005)。

[3] 截至 2001 年，美国药监局已经批准了兰伯西的 17 项药物申请，名单见: *Orange Book: Approved Drug Products with Therapeutic Equivalence Evaluations* (Rockville, MD: U.S. Department of Health and Human Services, Food and Drug Administration, Center for Drug Evaluation and Research, Office of Pharmaceutical Science, Office of Generic Drugs)。

[4] Ann M. Thayer, "30 Years of Generics," *Chemical and Engineering News*, September 29, 2014.

[5] P. T. Vasudevan and D. S. Thakur, "Soluble and Immobilized Catalase," *Applied Biochemistry and Biotechnology*, 49, no. 3 (1994): 173–189, doi: 10.1007/bf02783056.

第二章　药海淘金

[1] U.S. Department of Health and Human Services, Food and Drug Administration, "Abbreviated New Drug Application (ANDA)," updated May 17, 2018, https://www.fda.gov/Drugs/DevelopmentApprovalProcess/HowDrugsareDevelopedandApproved/ApprovalApplications/AbbreviatedNewDrugApplicationANDAGenerics/default.htm (accessed January 10, 2018).

[2] John Simons, "The $10 Billion Pill," *Fortune*, January 20, 2003; Katherine Eban, "The War over Lipitor," *Fortune*, May 6, 2011.

[3] Keith Webber, FDA CDER, letter to Scott D. Tomsky, Ranbaxy, November 30, 2011.

[4] Abha Pant, Ranbaxy Laboratories Ltd., letter to Office of Generic Drugs, August 19, 2002, vi.

[5] U.S. Food and Drug Administration, Center for Drug Evaluation and Research, *Approval Package for Application Number: ANDA 076477Orig1s000*, November 30, 2011, https://www.accessdata.fda.gov/drugsatfda_docs/anda/2011/076477Orig1s00 0.pdf (accessed May 24, 2018).

[6] 这段对于辉瑞公司灵厄斯基迪工厂的描写来自 2014 年 8 月的一次报道。

[7] 对于辉瑞和兰伯西之间的诉讼记录见: Pfizer Inc. et al. v. Ranbaxy Laboratories Ltd., et al. (U.S. District Court for the District of Delaware, August 2, 2006), Pacer Case Locator Case 06–1179, https://ecf.ded.uscourts.gov/cgi–bin/HistDocQry.pl?363128528119674–L_1_0–1 (accessed May 23, 2018)。

[8] Aaron Smith, "Investors Biting Nails over Lipitor," *CNN Money* , August 2, 2005.

[9] Nora Ephron, "Oh Haddad, Poor Haddad," *New York*, November 25, 1968.

[10] Ronald Reagan, "Remarks on Signing the Drug Price Competition and Patent Term Restoration Act of 1984," September 24, 1984, Reagan Library, https://www.reaganlibrary.gov/research/speeches/92484b.

[11] 这句归在塞费名下的引文来自 Herbert Burkholz, *The FDA Follies* (New York: Basic Books, 1994), 26。在此书的一个尾注中, Burkholz 表示这句话是大卫·W. 尼尔森私下告诉他的, 后者曾是众议院能源和商务委员会卜属的监管和调查委员会的首席调查员。

[12] 关于莫达非尼的竞争以及美国药监局停车场外的等候的描述见 lawsuit Federal Trade Commission v. Cephalon, Inc., Civil Action No. 2:08–cv–2141–MSG (U.S. District Court for the Eastern District of Pennsylvania, August 12, 2009), www.ftc.gov, https://www.ftc.gov/sites/default/files/documents/cases/2009/08/090812cephaloncmpt.pdf (accessed June 15, 2018)。

[13] U.S. Department of Health and Human Services, Food and Drug Administration, Center for Drug Evaluation and Research, Office of Generic Drugs, "Guidance for Industry: 180–Day Exclusivity When Multiple ANDAs Are Submitted on the Same Day," July 2003, 4.

[14] *Legends Are Forever*, 54.

[15] 有几份文件共同重现了这个场景。在对兰伯西的调查中, 拉吉夫·马立克向美国

药监局的刑事调查员描述了博卡拉顿的一系列事件。调查员们详细记载了他在 2010 年 2 月 26 日的陈述,见 Rajiv Malik, "Memorandum of Interview," Food and Drug Administration, Office of Criminal Investigations, February 26, 2010。兰伯西的干部们将他们的 Sotret 测试结果总结成了一份四页的文件,标题为 "Sotret-Investigation Report"。

[16] Jennifer Frey, "A Double Dose of Heartache," *Washington Post,* January 10, 2001.Frey 在文中记录了密歇根州民主党众议员 Bart Stupak 之子 BJ 自杀的始末。

第三章 富人的贫民窟

[1] 这段描述的根据是哈里亚纳邦人口普查行动专署(Directorate of Census Operations)在 2011 年公布的普查数据(2017 年 12 月 20 日查阅)以及多篇新闻文章,包括 Vidhi Doshi, "Gurgaon: What Life Is Like in the Indian City Built by Private Companies," *Guardian,* July 4, 2016。

[2] 关于古尔冈、梅劳里 – 古尔冈路、兰伯西实验室和迪内希·萨库尔在古尔冈一期的第一个家,部分观察来自我在 2015 年 1 月的一次报道之旅。

[3] Shalu Yadav, "India's Millennium City Gurgaon a 'Slum for the Rich'?" *BBC Hindi,* August 17, 2012.

[4] "Cover Story: India's Best Managed Company," *Business Today*, March 13, 2005.

[5] Celia W. Dugger, "Whatever Happened to Bill Clinton? He's Playing India," *New York Times,* April 5, 2001.

[6] *Legends Are Forever,* 46.

[7] 见 Shankar Vedantam 和 Terence Chea, "Drug Firm Plays Defense in Anthrax Scare," *Washington Post,* October 20, 2001。

[8] Manu Joseph, "Indian Cipro Copies Don't Pay Off," *Wired*, November 8, 2001.

[9] Biman Mukherji, "No AIDS Progress without Affordable Medicine, Clinton Says in India," *Agence France-Presse*, November 21, 2003.

[10] Randeep Ramesh, "Benign Buccaneer: Interview Brian Tempest, Chief Executive Designate of Ranbaxy," *Guardian,* March 27, 2004.

[11] Rohit Deshpande, Sandra J. Sucher, and Laura Winig, "Cipla 2011," Case Study N9-511-050, Harvard Business School, May 3, 2011.

[12] "Indian Officials Red-Faced after Clinton's Taj Mahal Bus Breaks Down," *Agence France Presse*, November 23, 2003.

第四章 品质的语言

[1] The CFR Title 21 covering food and drugs can be found on the FDA website, https://www.accessdata.fda.gov/scripts/cdrh/cfdocs/cfcfr/cfrsearch.cfm (accessed June 15, 2018).

[2] 这个场景是根据采访和二手资料重建的。我曾依据《信息自由法》向美国药监局申请这次视察的原始文档，但美国药监局告诉我，所有关于埃尔南德斯这次视察的文档，包括美国药监局 483 表格在内，都在 2005 年的卡特里娜飓风中被摧毁了。

[3] 我依据《信息自由法》申请了企业检查报告以及之后与这次视察有关的 483 表格，它们表明美国药监局遵照其文件保留计划，清除了关于 1994 年谢尔曼制药公司那次视察的记录。于是我凭借采访和二手资料重建了这些场景。谢尔曼制药还出现在了一份违反美国药监局申请诚信政策的公司名单上，见 U.S. Food and Drug Administration, "Application Integrity Policy—Application Integrity Policy List," updated October 7, 2011, https://www.fda.gov/ICECI/EnforcementActions/ApplicationIntegrityPolicy/ucm134453.htm (accessed June 19, 2018)。

[4] Garnet E. Peck, "Historical Perspective," *Food Drug Cosmetic Journal*, August 1979.

[5] "Ibn Sina's *Canon of Medicine*: 11th Century Rules for Assessing the Effects of Drugs," *Journal of the Royal Society of Medicine* 102, no. 2 (2009): 78–80, https://www.ncbi.nlm.nih.gov/pmc/articles/PMC2642865/ (accessed December 28, 2017).

[6] Peter Cartwright, *Consumer Protection and the Criminal Law: Law, Theory, and Policy in the U.K.* (Cambridge: Cambridge University Press, 2001), 152, http://assets.cambridge.org/97805215/90808/frontmatter/9780521590808_frontmatter.pdf (accessed December 28, 2017).

[7] Lembit Rägo and Budiono Santoso, "Drug Regulation: History, Present and Future," in *Drug Benefits and Risks: International Textbook of Clinical Pharmacology*, 2nd ed., rev., edited by C. J. von Boxtel, B. Santoso, and I. R. Edwards (Amsterdam: IOS Press and Uppsala Monitoring Centre, 2008), 65–77, http://www.who.int/medicines/technical_briefing/tbs/Drug_Regulation_History_Present_Future.pdf (accessed December 28, 2017).

[8] The Authority of the Medical Societies and Colleges, *Pharmacopoeia of the United States*

of America (Boston: Wells and Lilly, for Charles Ewer, 1820). 另见 Jeremy A. Greene, *Generic: The Unbranding of Modern Medicine* (Baltimore: Johns Hopkins University Press, 2014), 27.

[9] Friedrich Christian Accum, *A Treatise on Adulterations of Food, and Culinary Poisons. Exhibiting the Fraudulent Sophistications of Bread, Beer, Wine, Spiritous Liquors, Tea, Coffee, Cream, Confectionery, Vinegar, Mustard, Pepper, Cheese, Olive Oil, Pickles, and Other Articles Employed in Domestic Economy. And Methods of Detecting Them* (London: printed by J. Mallett, sold by Longman, Hurst, Rees, Orme, and Brown, 1820), https://trove.nla.gov.au/work/19480247?selectedversion=NBD4018878 (accessed December 28, 2017).

[10] Dale A. Stirling, "Harvey W. Wiley," *Toxicological Sciences* 67, no. 2 (June 1, 2002): 157–158, https://academic.oup.com/toxsci/article/67/2/157/1635211 (accessed December 28, 2017).

[11] National Endowment for the Humanities, Chronicling America, "The Washington Times, December 14, 1902, Page 14, Image 14," https://chroniclingamerica.loc.gov/lccn/sn84026749/1902–12–14/ed–1/seq–14/ (accessed December 28, 2017).

[12] U.S. Food and Drug Administration, Center for Biologics Evaluation and Research, Office of Communication, Training, and Manufacturers Assistance, "The St. Louis Tragedy and Enactment of the 1902 Biologics Control Act," Commemorating 100 Years of Biologics Regulation.

[13] Paul A. Offit, *The Cutter Incident: How America's First Polio Vaccine Led to the Growing Vaccine Crisis* (New Haven, CT: Yale University Press, 2007), 58.

[14] Samuel Hopkins Adams, "The Great American Fraud," *Collier's Weekly*, October 7, 1905, https://books.google.com/books?id=fd_S2Van52EC&printsec=frontcover&source=gbs_ge_summary_r&cad=0#v=onepage&q&f=false (accessed December 28, 2017).

[15] U.S. Food and Drug Administration, Center for Biologics Evaluation and Research, "The American Chamber of Horrors," Histories of Product Regulation.

[16] Garol Ballentine, "Sulfanilamide Disaster" , FDA Consumer, June 1981.

[17] John P. Swann, "The 1941 Sulfathiazole disaster and the Birth of Good Manufacturing Practices," *PDA Journal of Pharmaceutical Science and Technology* 53, no. 3 (May/June 1999): 148–153, https://www.ncbi.nlm.nih.gov/pubmed/10754705 (accessed December 28, 2017).

[18] Dale E. Cooper, "Adequate Controls for New Drugs," *Pharmacy in History* 44, no. 1 (2002); John P. Swann, "The 1941 Sulfathiazole Disaster and the Birth of Good Manufacturing Practices," *Pharmacy in History* 40, no. 1 (1999).

[19] Linda Bren, "Frances Oldham Kelsey: FDA Medical Reviewer Leaves Her Mark on History," U.S. Food and Drug Administration, *FDA Consumer* (March/April 2001), http://web.archive. org/web/20061020043712/http:/www.fda.gov/fdac/features/2001/201_kelsey.html (accessed December 28, 2017).

[20] Cornelius D. Crowley, "Current Good Manufacturing Practices," *Food and Drug Law Journal* (March 1996).

[21] Cooper, "Adequate Controls for New Drugs."

[22] 一份总配方的拷贝文件以及每个生产步骤的资料: *Federal Register* (June 20, 1963): 6385–6387。

[23] Seymore B. Jeffries, "Current Good Manufacturing Practices Compliance—A Review of the Problems and an Approach to Their Management," *Food and Drug Law Journal* (December 1968).

[24] Pew Charitable Trust, Pew Health Group, "After Heparin: Protecting Consumers from the Risks of Substandard and Counterfeit Drugs," July 12, 2011.

[25] 对于我的书面提问，美国药监局表示："美国药监局之所以提前通知视察有许多原因，比如要确保被视察单位的相关人员能在视察时到场。"

第五章　警灯亮起

[1] Christopher King, "Management Development Report: Dinesh Thakur," Kelly & King, August 3, 2004.

[2] World Health Organization, "Inspection Report," Vimta Labs, Hyderabad, India, July 26–27, 2004.

第六章　自由战士

[1] 许多关于 K. A. 哈米耶德博士的生平都引自其自传 K. A. Hamied, *A Life to Remember* (Bombay: Lalvani Publishing House, 1972)。

[2] K. A. Hamied, "Oral History Reminisces of India's History Freedom Struggle from 1913 Onwards," interview by Uma Shanker, Centre of South Asian Studies, January 13, 1970.

[3] Peter Church, *Added Value: 30 of India's Top Business Leaders Share Their Inspirational Life Stories* (New Delhi: Roli Books Pvt., 2010), 85.

[4] Hamied, *A Life to Remember,* 111.

[5] 同上，240。

[6] Y. K. Hamied, "Indian Pharma Industry: Decades of Struggle and Achievement," address on the occasion of Dr. A. V. Rama Rao's seventieth birthday, Hyderabad, April 2, 2005.

[7] Deshpande, Sucher, and Winig, "Cipla 2011," 2.

[8] 同上。

[9] 巴伊·莫汉·辛格的生平以及兰伯西的早年历史引自 Bhandari, *The Ranbaxy Story*; and *Legends Are Forever*。

[10] Bhandari, *The Ranbaxy Story,* 29.

[11] 同上。

[12] 同上，40。

[13] 同上，47。

[14] 同上，51。

[15] *Legends Are Forever,* 52.

[16] 同上，45。

[17] Margalit Fox, "Agnes Varis, 81, Founder of Drug Company," *New York Times,* August 3, 2011.

[18] Bhandari, *The Ranbaxy Story,* 90.

[19] 想了解更多辛格家族的恩怨，见上书 90—107 页。另见 Shyamal Majudal, "The Ranbaxy Clash," in Majudal, *Business Battles: Family Feuds That Changed Indian Industry* (New Delhi: Business Standard Books, 2014)。

[20] Bhandari, *The Ranbaxy Story,* 111.

[21] 见 Majudal, "The Ranbaxy Clash"。

[22] Bhandari, *The Ranbaxy Story,* 143–151.

第七章 每天一美元

[1] Donald G. McNeil Jr., "Selling Cheap 'Generic' Drugs, India's Copycats Irk Industry," *New York Times,* December 1, 2000.

[2] 关于优素福·哈米耶德博士抗击艾滋病传染的描述有很多，其中一些很有帮助，如 Michael Specter, "India's Plague: Are Cheap Drugs Really the Answer to AIDS?" *The New Yorker*, December 17, 2001; *Fire in the Blood: Medicine, Monopoly, Malice*, documentary film directed by Dylan Mohan Gray, 2013。

[3] Deshpande, Sucher, and Winig, "Cipla 2011," exhibit 1, AIDS timelines.

[4] Bob Drogin, "Bombay: Epicenter of Disaster," *Los Angeles Times*, November 26, 1992.

[5] Mark Schoofs, "The Agony of Africa," *Village Voice*, November/December 1999, http://www.pulitzer.org/winners/mark-schoofs (accessed May 25, 2018). 另见 UNAIDS Joint United Nations Programme on HIV/AIDS, "AIDS Epidemic Update: December 1998," December 1998, http://data.unaids.org/publications/irc-pub06/epiupdate98_en.pdf (accessed December 8, 2018)。

[6] Neil Darbyshire, "Land Where Only Coffin Makers Thrive," *Telegraph*, June 24, 2002.

[7] Joint United Nations Programme on HIV/AIDS (UNAIDS), *AIDS in Africa: Three Scenarios to 2025*, January 2005, http://www.unaids.org/sites/default/files/media_asset/jc1058-aidsinafrica_en_1.pdf (accessed December 8, 2018).

[8] Peter Church, *Added Value: 30 of India's Top Business Leaders Share Their Inspirational Life Stories* (New Delhi: Roli Books Pvt., 2010), 92.

[9] Helene Cooper, Rachel Zimmerman, and Laurie McGinley, "AIDS Epidemic Puts Drug Firms in a Vise: Treatment vs. Profits," *Wall Street Journal*, March 2, 2001, https://www.wsj.com/articles/SB983487988418159849 (accessed May 25, 2018); 另见 Deshpande, Sucher, and Winig, "Cipla 2011," 5.

[10] Y. K. Hamied, speech at the Round Table Conference, European Commission, Brussels, September 28, 2000. This scene is also recounted in Specter, "India's Plague."

[11] McNeil, "Selling Cheap 'Generic' Drugs, India's Copycats Irk Industry."

[12] R. Bendick et al., "The 26 January 2001 'Republic Day' Earthquake, India," *Seismological Research Letters* 72, no. 3 (May/June 2001): 328–335, doi:10.1785/gssrl.72.3.328 (accessed June 15, 2018).

[13] David Remnick, "The Wanderer: Bill Clinton's Quest to Save the World, Reclaim His Legacy—and Elect His Wife," *The New Yorker*, September 18, 2006.

[14] Donald G. McNeil Jr., "Indian Company Offers to Supply AIDS Drugs at Low Cost in

Africa," *New York Times*, February 7, 2001.

[15] Cooper, Zimmerman, and McGinley, "AIDS Epidemic Puts Drug Firms in a Vise."

[16] Neelam Raj, "Cipla: Patients before Patents," in *The Politics of the Pharmaceutical Industry and Access to Medicines,* edited by Hans Löfgren (New York: Routledge/Social Science Press, 2018).

[17] Deshpande, Sucher, and Winig, "Cipla 2011," 6.

[18] Adele Baleta, "Drug Firms Take South Africa's Government to Court," *The Lancet* 357, no. 9258 (March 10, 2001), doi:10.1016/S0140–6736(00)04158–1(accessed June 15, 2018).

[19] Celia W. Dugger, "Clinton Makes Up for Lost Time in Battling AIDS," *New York Times*, August 29, 2006, https://www.nytimes.com/2006/08/29/health/29clinton.html (accessed June 15, 2018).

[20] Ethan B. Kapstein and   Joshua W. Busby, *AIDS Drugs for All: Social Movements and Market Transformations* (Cambridge: Cambridge University Press, 2013), 138.

[21] John W. Dietrich, "The Politics of PEPFAR: The President's Emergency Plan for AIDS Relief," *Ethics and International Affairs* 21, no. 3 (Fall 2007): 277–293.

[22] Senators John McCain, Russell D. Feingold, Ted Kennedy, Lincoln Chafee, Olympia Snowe, and Dick Durbin, letter to the Honorable George W. Bush, March 26, 2004.

[23] "Appendix VI: Generic HIV/AIDS Formulations Made Eligible for Purchase by PEPFAR Programs under the HHS/FDA Expedited Review Process, through December 10, 2006," United States President's Emergency Plan for AIDS Relief, 2006, https://www.pepfar.gov/press/82131.htm (accessed June 21, 2018); *The Power of Partnerships: The United States President's Emergency Plan for AIDS Relief: Third Annual Report to Congress on PEPFAR,* 2007, https://www.pepfar.gov/documents/organization/81019.pdf (accessed June 19, 2018).

第八章　用聪明的方法做事

[1] 根据备忘录，马立克和他的兰伯西团队被维也纳的仿制药公司山德士聘用，在那里工作了两年。

[2] Rajiv Malik, "Memorandum of Interview," Food and Drug Administration, Office of Criminal Investigations, February 26, 2010. 其中写道："他表示参加完博卡拉顿会议

之后，在去印度的飞机上起草了辞职信。马立克在 2003 年 6 月 1 日提交了辞呈，但之后又留职了大约两个月。"

[3] 拉古纳特·阿南特·马舍尔卡博士是印度科学和工业研究理事会的会长，他在一篇影响很大的文章中概括了这个甘地式的革新理念，见 R. A. Mashelkar and C. K. Prahalad, "Innovation's Holy Grail," *Harvard Business Review* (July/August 2010), https://hbr.org/2010/07/innovations-holy-grail (accessed January 10, 2018)。

[4] 印度的一些仿制药厂商曾表示他们可以做出更好的药物，但是受法规所限，只能将产品做得和品牌药相似。在西普拉，优素福·哈米耶德博士就表示他虽然有世界上最好的化学家，但"我必须做得和原版一样差劲"。

[5] 对迈兰早期历史的描述参考了 John T. Seaman and John T. Landry, *Mylan: 50 Years of Unconventional Success: Making Quality Medicine Affordable and Accessible* (Canonsburg, PA: Mylan, 2011)。

[6] 同上，65。

[7] 同上，114。

[8] Carolyn Y. Johnson, "FDA Shames Drug Companies Suspected of Abusive Tactics to Slow Competition," *Washington Post*, May 18, 2018, http://www.highbeam.com/doc/1P4-2040528829.html?refid=easy_hf (accessed November 12, 2018).

[9] Sam H. Haidar, Barbara Davit, Mei-Ling Chen, Dale Conner, Laiming Lee, Qian H. Li, Robert Lionberger, Fairouz Makhlouf, Devvrat Patel, Donald J. Schuirmann, and Lawrence X. Yu, "Bioequivalence Approaches for Highly Variable Drugs and Drug Products," *Pharmaceutical Research* 25, no. 1 (2007): 237–241, doi:10.1007/s11095-007-9434-x. 想了解美国药监局生物等效性标准的更多详情，参见 "Preface," in *Orange Book*; Lynda S. Welage, Duane M. Kirking, Frank J. Ascione, and Caroline A. Gaither, "Understanding the Scientific Issues Embedded in the Generic Drug Approval Process," *Journal of the American Pharmaceutical Association* 41, no. 6 (2001): 856–867, doi:10.1016/s1086-5802(16)31327-4。

[10] 美国药监局在 1992 年 7 月发布了一份指南，概括了生物等效性的几个核心概念，见 "Statistical Procedures for Bioequivalence Studies Using a Standard Two Treatment Cross-over Design" (Washington, DC: FDA, Center for Drug Evaluation and Research, 1992)。这份指南建议用统计学分析仿制药的药物代谢动力学参数，包

括曲线下面积和血药峰浓度。它提出以90％置信区间计算均值比，并要求这个置信区间落在80％到125％的生物等效性范围之内。美国药监局认为用这个方法就可以算出"平均生物等效性"。然而关于生物等效性的争论并没有随着1992年的指南而平息，见Robert Schall's "Bioequivalence: Tried and Tested"（*Cardiovascular Journal of Africa* 21, no. 2 [April 2010]: 69–70），因为当美国药监局发布这份指南时，生物统计学家沙龙·安德森（Sharon Anderson）和沃特·豪克（Walter W. Hauk）又提出了一个新问题，即被认定为"生物等效"的药物对不同的病人是否会起到同样的疗效，这关系到病人能否从一种药物改用另外一种。这个被称为"个体生物等效性"（individual bioequivalence）的概念又掀起了一轮新的研究与辩论。不过，这个新概念中所包含的担忧究竟是否合理，仍然有人怀疑。根据沙尔（Schall）和其他批评者的说法，美国药监局在2003年的指南中并未收入这个概念，只是重述了1992年对于平均生物等效性的定义，见 "Guidance for Industry: Bioavailability and Bioequivalence Studies for Orally Administered Drug Products: General Considerations" (Washington DC: FDA, Center for Drug Evaluation and Research, March 2003)。

[11] Natasha Singer, "J&J Unit Recalls Epilepsy Drug," *New York Times*, April 14, 2011, https://prescriptions.blogs.nytimes.com/2011/04/14/j–j–unit–recalls–epilepsy–drug/ (accessed July 16,2018).

[12] Seaman and Landry, *Mylan*, 121.

第九章　萨库尔的任务

[1] 迪内希·萨库尔和阿伦·库马尔交谈的细节引自萨库尔离开兰伯西一年之后开始起草的一份文件。当我2013年5月找到阿伦·库马尔时，他否认曾向萨库尔透露过消息，并声称他只和公司说过。他还声称管理层之前并不知晓违规行为，因此还开展了一次调查。我再次试图联系他时，他没有回复。萨库尔对于阿伦·库马尔在他的调查中透露信息并与他一同起草报告的说法，在拉金·库马尔博士接受美国药监局刑事调查员的一次问话中得到证实："拉金·库马尔问公司的法规事务主任阿伦·库马尔，除了抗逆转录病毒之外，兰伯西的其他产品是否也有漏洞，阿伦毫不犹豫地回答了'是'。拉金还曾吩咐阿伦和萨库尔就兰伯西抗逆转录病毒产品的问题开展一次风险评估并做一个总结。"见 Rajinder

Kumar, "Food and Drug Administration Office of Criminal Investigations, Memorandum of Interview," April 10, 2007。

[2] "Ex-Bristol-Myers Execs Plead Not Guilty," Associated Press, June 22, 2005. 在 2010 年 4 月的一项法庭判决限制了一名专家证人陈述证词之后，检方撤销了对两人的刑事指控。2012 年，两人与美国证券交易委员会达成和解，案子就此结束。见 Richard Vanderford, "Ex-Bristol Myers Exec Settles SEC Profit Inflation Suit," *Law 360*, April 2, 2012。

[3] 迪内希·萨库尔准备的这份 10 页长的表单后来被称为 "Ranbaxy issues portfolio"。

[4] 这个由迪内希·萨库尔制作、由拉金·库马尔在 2004 年 10 月 14 日向董事会的一个小组委员会展示的演示文稿，后来被兰伯西的高管们称作《自我评估报告》，简称《报告》。2009 年 11 月 17 日，当检察官向兰伯西的律师们展示一批和美国政府诉兰伯西案有关的演示文稿时，这份报告也在其中。拉金·库马尔博士还向美国药监局的刑事调查员们描述过那个会议室中的情景，见 Rajinder Kumar, "Food and Drug Administration Office of Criminal Investigations, Memorandum of Interview," April 10, 2007。

[5] 拉金·库马尔在访谈备忘录中写道："坦皮斯特吩咐所有拥有这个文件副本的人将它销毁。他还吩咐将用于制作这个文件的电脑销毁。"

第十章　对全世界隐瞒

[1] Ramesh Adige, "Clinton Library Dedication," *Ranbaxy World: A Bi-Annual External Newsletter of Ranbaxy* (August 2005): 9. 捐赠金额来自克林顿基金会网站，上面列出了金额的范围，见 https://www.clintonfoundation.org/contributors。

[2] *Ranbaxy World*, 2, 18.

[3] Amberish K. Diwanji (deputy managing editor), "The Rediff Interview/Malvinder Singh, President, Ranbaxy," *Rediff*, November 25, 2004, http://www.rediff.com/money/2004/nov/25inter.htm (accessed May 29, 2018).

[4] Food and Drug Administration, "Drug Manufacturing Inspections Program (Foreign CGMP Pilot Protocol)," compliance program circular, October 1, 2006.

[5] Raksha Kumar, "Planned 'Pharma City' to Pump Out Cheap Indian Drugs Is Making Indian Villagers Sick with Anger," *South China Morning Post*, February 17, 2018, https://

www.scmp.com/week-asia/business/article/2133347/planned-pharma-city-pump-out-cheap--indian-drugs-making-villagers (accessed September 21, 2018).

[6] U.S. Government Accountability Office, "Food and Drug Administration: Improvements Needed in the Foreign Drug Inspection Program," GAO/HEHS–98–21 (Washington, DC: GAO, March 17, 1988).

[7] FDA, "Establishment Inspection Report," Ranbaxy Laboratories Ltd., Paonta Sahib, India, December 17–21, 2004.

[8] Stein Mitchell & Muse LLP, "Unregistered Use of 4℃ Refrigerators to Conceal Drug Defects," February 21, 2011. 这份报告是迪内希·萨库尔的律师们在兰伯西案期间为他准备的，其中写道："2004年，工厂购入了一台1800升的热实验室牌稳定性检测冰箱，型号为PSCWICO1，购买时间为2004年2月，它在2004年5月1日安装，在2004年5月5日开始运行。"

第十一章　世界地图

[1] Rajinder Kumar, "Food and Drug Administration Office of Criminal Investigations, Memorandum of Interview," April 10, 2007. 在对库马尔博士的这次访谈中，美国药监局的几名调查员写道："坦皮斯特告诉库马尔，巴布海亚威胁要把兰伯西诈骗行为的信息公之于众，结果他得到了超过100万美元的补偿。"

[2] V. K. Raghunathan, "Indian Engineer Killed for Exposing Graft," *Straits Times,* December 12, 2003.

[3] "Malvinder Singh," "PEPFAR & ARVs," email to Randall Tobias, Mark Dybul, and Adriaan J. Van Zyl, August 15, 2005.

[4] "Malvinder Singh," "Fwd: Pepfar & ARVs," email to Gary Buehler, Jane Axelrad, David Horowitz, Joseph Famulare, Steven Galson, Warren Rumble, and Robert West, August 17, 2005.

[5] "Malvinder Singh," "Re: Fwd: PEPFAR & ARVs," email to FDA commissioner Lester Crawford, August 29, 2005.

[6] "Malvinder Singh," "RE: PEPFAR & ARVs," email to Edwin Rivera-Martinez, September 9, 2005.

[7] U.S. Department of Health and Human Services, Food and Drug Administration, Branch

Chief, Investigations and Preapproval Compliance Branch, HFD-322, "Request for 'For Cause' Investigation FACTS #678634," memorandum sent to Director, Division of Field Investigations, HFC-130, October 7, 2005.

第十二章 制药界的法老

[1] 对于马尔文德·莫汉·辛格的童年及其家族历史的描述来自 Bhandari, *The Ranbaxy Story*。

[2] 关于马尔文德·莫汉·辛格的管理风格、生活方式和个人品位的描述来自印度媒体上刊登的关于他和他兄弟的多篇文章，包括："The Rediff Interview/ Malvinder Singh, President, Ranbaxy"；Archna Shukla, "Ranbaxy Revs Up," *Business Today*, September 10, 2006, http://archives.digitaltoday.in/businesstoday/20060910/ cover1.html (accessed June 8, 2018); Moinak Mitra and Bhanu Pande, "Ranbaxy's Singhs Ready to Build Empire," *Economic Times*, April 17, 2009, https://economictimes. indiatimes.com/magazines/corporate-dossier/ranbaxys-singhs-ready-to-build-empire/ articleshow/4412356.cms (accessed June 8, 2018)。

[3] Joe Mathew, "Newsmaker: Malvinder Mohan Singh: Pharaoh of Pharma," *Business Standard*, January 12, 2007, https://www.business-standard.com/article/beyond-business/ newsmaker-malvinder-mohan-singh-107011201042_1.html (accessed June 6, 2018).

[4] Naazneen Karmali, "India's 40 Richest," *Forbes*, December 10, 2004, http://www. forbes.com/2004/12/08/04indialand.html#629040502bae (accessed June 15, 2018); Naazneen Karmali, "India's 40 Richest," *Forbes*, December 15, 2005, https://www.forbes. com/2005/12/15/india-richest-40_05india_land.html#5fa54b954faf (accessed June 15, 2018).

[5] Katherine Eban, "Dirty Medicine," *Fortune*, May 15,2013.

[6] Archna Shukla, "Cars the Super Rich Drive," *Business Today*, October 22, 2006.

[7] John Manuel, "Singhing the Same Tune," *Exchange* (Summer 2001): 34-35.

[8] 在帕奥恩塔萨希布工厂的完整视察清单见网站：https://fdazilla.com/。

[9] FDA, "Establishment Inspection Report," Ranbaxy Laboratories Ltd., Paonta Sahib, Simour District, India, February 20-25, 2006.

[10] "Re: Ranbaxy's Responses to Food and Drug Administration (FDA) Warning Letter of June

15, 2006." Alok Ghosh, Vice President, Global Quality, to Mr. Nicholas Buhay, Acting Director, Division of Manufacturing and Product Quality, August 29, 2006.

[11] Nicholas Buhay, Acting Director, Division of Manufacturing and Product Quality, CDER, FDA, U.S. Department of Health and Human Services, "Warning Letter" to Ramesh Parekh, Vice President, Manufacturing, Ranbaxy Laboratories Ltd., June 1, 2006,4.

[12] FDA, "Establishment Inspection Report," Ranbaxy Laboratories Ltd., Dewas, India, February 27–March 2, 2006.

[13] 同上，21。

第十三章　从阴影中现身

[1] "Malvinder Singh," "Re: Information Meeting," email to Debbie Robertson, September 19, 2006.

[2] 这个场景部分是借助兰伯西和美国药监局在 2006 年 11 月 29 日的会议纪要重建的。

[3] U.S. Department of Health and Human Services, FDA, Karen Takahashi, Consumer Safety Officer, HFD–325, "Request for 'For Cause' Assignment FACTS #792363, Firm: Ranbaxy Laboratories, Ltd., Paonta Sahib, Himachal Pradesh, India FEI: 3002807978," to Rebecca Hackett, Branch Chief, HFC–130, January 16, 2007.

[4] FDA, "Establishment Inspection Report," Ranbaxy Laboratories Ltd., Paonta Sahib, India, January 26– February 1, 2007.

第十四章　"不要交给美国药监局"

[1] Patricia Van Arnum, "Ranbaxy Comments on Merck KGaA Generics Rumors, Confirms Federal Raid in NJ," *PharmTech,* February 15, 2007, http://www.pharmtech.com/ranbaxy-comments–merck–kgaa–generics–rumors–confirms–federal–raid–nj (accessed September 21, 2018).

[2] Ranbaxy, "Sotret—Investigation Report"（四页长的内部文件）。

[3] Cynthia Cooper, *Extraordinary Circumstances: The Journey of a Corporate Whistleblower* (Hoboken, NJ: Wiley,2009), 281.

[4] Saundra Torry, "Lewinsky Legal Team Brings Credibility," *Washington Post,* June 4, 1998.

[5] Henry Scammell, *Giantkillers: The Team and the Law That Help Whistle–Blowers Recover America's Stolen Billions* (New York: Atlantic Monthly Press, 2004), 36.

[6] Eric Wuestewald, "Timeline: The Long, Expensive History of Defense Rip-offs," *Mother Jones,* December 18, 2013, https://www.motherjones.com/politics/2013/12/defense-military-waste-cost-timeline/(accessed September 21, 2018).

第十五章 "问题有多严重？"

[1] 美国药监局的媒体关系办公室针对是否会定期审查年度报告的书面提问做出这样的回答："对报告会做适当审查。"

[2] Pew Charitable Trust, "After Heparin: Protecting Consumers from the Risks of Substandard and Counterfeit Drugs," July 12, 2011.

[3] 由于兰伯西未能处理调查员在 2008 年 2 月 12 日的 483 表格中提出的全部事项，美国药监局七个月后发了一封警告函宣称："在贵司改正所有错误且获美国药监局确认已遵守现行良好生产规范之前，本办公室将不再批准任何将贵司列为成品和有效成分生产单位的新申请或补充申请。"见 Richard L. Friedman, Division of Manufacturing and Product Quality, Office of Compliance, Center for Drug Evaluation and Research, Silver Spring, MD, to Mr. Malvinder Singh, "Warning Letter 320-08-03," September 16, 2008。

[4] Jean C. Horton, Acting Director, Office of Acquisition and Assistance, USAID, "Re: Show Cause," letter to Venkat Krishnan, Vice President and Regional Director, Ranbaxy Laboratories Inc., December 12, 2007.

[5] FDA, "Establishment Inspection Report," Ranbaxy Laboratories Ltd., Paonta Sahib, Himachal Pradesh State, India, March 3-7, 2008.

[6] 同上，44。

[7] Dr. T. G. Chandrashekhar, "Re: Ranbaxy's Responses to Food and Drug Administration (FDA) Form 483 Observations of Batamandi during Inspection Conducted March 3-7, 2008," letter to John M. Dietrick, May 1, 2008.

第十六章 钻石和红宝石

[1] Archna Shukla, "Like Father Like Son," *Business Today,* August 13, 2006.

[2] "Corporate Profile—Finding a Cure for Ranbaxy's Ills," *AsiaMoney,* March 1, 2006.

[3] Vidya Krishnan, "Private Practice: How Naresh Trehan Became One of India's Most Influential Doctor-Businessmen," *The Caravan—A Journal of Politics and Culture,*

February 1, 2015.

[4] Daiichi Sankyo, "Ranbaxy to Bring in Daiichi Sankyo as Majority Partner; Strategic Combination Creates Innovator and Generic Pharma Powerhouse," news release, June 11, 2008, https://www.daiichisankyo.com/media_investors/media_relations/press_releases/detail/005635.html (accessed June 15, 2018).

[5] Eiichiro Shimoda, "Daiichi Sankyo Targets Generics," *Nikkei Weekly*, June 16, 2008.

[6] 在一份书面声明中，马尔文德·辛格断然否认了他曾经欺骗第一三共的说法："我们对提供给第一三共的信息没有任何歪曲或隐瞒，因为美国药监局及司法部对我们的调查都会公开信息，我们也都特地告知了第一三共。"他还反过来指责这家日本公司没有把兰伯西管理好："第一三共在取得兰伯西的控制权之前已经开展了历时 10 个月的尽责调查，现在三年多过去了，他们再要提起任何欺诈 / 隐瞒的指控都是错误的，是马后炮，目的就是为兰伯西（现在已经为第一三共所控制）因为召回阿托伐他汀（立普妥的仿制版）遭受的损失寻找开脱的理由。这批药物之所以被召回是因为在其中发现了碎玻璃而无法再安全服用了，而它们的生产都是在第一三共的监督下进行的。（有趣的是，阿托伐他汀的召回发生在 2012 年 11 月，而第一三共也正好在这段时间提交了仲裁诉讼。）"

[7] Eban, "Dirty Medicine."

[8] United States of America v. Ranbaxy Inc., and Parexel Consulting, Motion to Enforce Subpoenas and Points and Authorities (U.S. District Court for the District of Maryland, Southern Division, July 3, 2008).

[9] 美国药监局在一本名为《橙皮书》的书中列出了它批准的所有药物产品，根据此书，在 2005 年 8 月到 2008 年 8 月间，美国药监局共批准了兰伯西提交的 27 项简化新药申请，其中包含了 11 种药物的不同剂型。

第十七章 "你怎么就不明白"

[1] United States of America v. Ranbaxy Inc., and Parexel Consulting, Motion to Enforce Subpoenas and Points and Authorities (U.S. District Court for the District of Maryland, Southern Division, July 3, 2008).

[2] Eban, "Dirty Medicine."

[3] "FDA Issues Warning Letters to Ranbaxy Laboratories Ltd., and an Import Alert for Drugs

from Two Ranbaxy Plants in India," *FDA News,* news release, September 16,2008.

[4] FTS—HHS FDA, "Transcript of Media Briefing on Ranbaxy Labs," news release, September 17, 2008.

[5] 在一份书面声明中，德博拉·奥托对她的言论在美国药监局内部激起愤怒的说法做出了回应："局里并没有人告诉我他们认为我的言论误导或损害了美国药监局对兰伯西建立的案子。要是他们这么认为的话，肯定会慎重考虑之后再说出来的。"

[6] Saundra Young, "FDA Says India Plant Falsified Generic Drug Data," CNN, February 25, 2009, http://edition.cnn.com/2009/HEALTH/02/25/fda.india.generic.drugs/index.html (accessed June 11, 2018).

[7] 在一名发言人提供的一份书面声明中，拉维什·萨姆塔尼表示："虽然我不能讨论任何受律师—客户守秘特权保护的事项，但我可以告诉你，我和第一三共共享所有材料时，都是在这种特权的保护下进行的。我在代表第一三共控制的兰伯西公司解决与美国药监局和司法部的诉讼之后，就选择离职，并在 2014 年成立了一家新公司，之后也始终和采孟博士保持着良好的关系。"

第十八章　国会觉醒了

[1] "Guilty Plea in Drug Case," *New York Times,* May 26, 1989, https://www.nytimes.com/1989/05/26/business/guilty—plea—in—drug—case.html (accessed May 21, 2018).

[2] Milt Freudenheim, "Exposing the FDA," *New York Times,* September 10, 1989.

[3] Edmund L. Andrews, "A Scandal Raises Serious Questions at the FDA," *New York Times,* August 13, 1989.

[4] Malcolm Gladwell and Paul Valentine, "FDA Battles for Authority amid Generic—Drug Scandal," *Washington Post,* August 16, 1989, https://www.washingtonpost.com/archive/politics/1989/08/16/fda—battles—for—authority—amid—generic—drug—scandal/54ef2d8b—4a9d—45b0—851a—4446d139137e/?noredirect=on&utm_term=.33b423bb01c7 (accessed July 31, 2018).

[5] William C. Cray and C. Joseph Stetler, *Patients in Peril? The Stunning Generic Drug Scandal* (n.p., 1991), 113.

[6] 见 Cray and Stetler, *Patients in Peril?*。

[7] Seaman and Landry, *Mylan,* 62.

[8] "Founder of Generic Drug Firm Fined, Gets Jail Term in Bribery," *Los Angeles Times*, September 15, 1989, http://articles.latimes.com/1989-09-15/news/mn-183_1_generic-drug (accessed May 21, 2018).

[9] 公诉人的法网最终捕获了马尔文·塞费，美国药监局仿制药办公室主任。他虽然对待调查员态度和善，开诚布公，却也有着《华盛顿邮报》所谓的"午餐问题"——他经常喜欢和业界高管吃吃午饭，高管们在席间向他游说，饭后支付账单。他在近 10 年之前就曾因为这个习惯受过训诫。丑闻最严重时，他还曾签署一份保证书，宣称他已经不和高管们吃午餐了，但其实他并未停止。1990 年，塞费因两项伪证罪名成立，被判在一座得克萨斯州监狱服刑 10 个月。在监狱里，管理人员给他发了不合脚的鞋子。塞费患有糖尿病，足部容易感染。当监狱当局把他送进医院时，他的一条腿已经不得不截去膝部以下的部位了。见 Phil McCombs, "The Bungled Punishment of Prisoner Seife," *Washington Post*, April 3, 1992。

[10] Joe Graedon and Teresa Graedon, "Generic Drugs Still a Good Buy," *Buffalo News*, September 13, 1989, http://buffalonews.com/1989/09/13/generic-drugs-still-a-good-buy/ (accessed May 21, 2018).

[11] 描写美国药监局和国会之间紧张关系的场景都是根据国会听证会的记录重建的，包括 Janet Woodcock and Deborah Autor, "The Heparin Disaster: Chinese Counterfeits and American Failures," testimony before a hearing of U.S. House of Representatives Committee on Energy and Commerce, Subcommittee on Oversight and Investigations, April 29, 2008; William Hubbard, "FDA's Foreign Drug Inspection Program: Weaknesses Place Americans at Risk," testimony before hearing of U.S. House of Representatives Committee on Energy and Commerce, Subcommittee on Oversight and Investigations, April 22, 2008。

[12] Beth Miller, "Drama in the Dialysis Unit," *Outlook* (Office of Medical Public Affairs, Washington University in St. Louis) (Spring 2009), https://core.ac.uk/download/pdf/70380372.pdf (accessed May 28, 2018).

[13] Amanda Gardner, "Researchers Identify Contaminant in Tainted Heparin," *Washington Post*, April 23, 2008.

[14] FDA, "Postmarket Drug Safety Information for Patients and Providers—Information on Heparin," last updated November 1, 2018, https://www.fda.gov/Drugs/DrugSafety/PostmarketDrugSafetyInformationforPatientsandProviders/default.htm.

[15] Suketu Mehta, *Maximum City: Bombay Lost and Found* (New York: Random House, 2004), 192.

第十九章　寻找未知变量

[1] Richard Knox, "As Imports Increase, a Tense Dependence on China," NPR, *Morning Edition*, May 25, 2007.

[2] Bernard J. Gersh et al., "2011 ACCF/AHA Guideline for the Diagnosis and Treatment of Hypertrophic Cardiomyopathy," *Circulation* 124 (December 8, 2011): e783–831, http://circ.ahajournals.org/content/124/24/e783 (accessed May 29, 2018).

[3] 2013 年，也就是凯伦·威默灵停止服用格伦马克生产的普伐他汀之后的那一年里，格伦马克召回了三个种类、多个批次的药物，其中包括 246 528 瓶普伐他汀，此前曾有消费者投诉这种药物散发出强烈的鱼腥气味。格伦马克的一位发言人表示公司不能对威默灵的投诉发表评论，因为她的情况从未直接上报给公司："患者安全是我们最关注的问题，我们对于所有不良反应事件报告或产品品质投诉都会认真处理。"见 "Glenmark Recalls Three Drugs from U.S. Market," *Economic Times*, May 23, 2013。

[4] 2013 年，病人们在 MedsChat.com 和 ConsumerAffairs 两个网站上发表了对于 Zydus 各种药物的投诉。

[5] Sarah Turner, "AstraZeneca to Launch Generic of Its Own Heart Drug," *MarketWatch*, November 22,2006, https://www.marketwatch.com/story/astrazeneca–to–launch–generic–version–of–its–own–heart–drug (accessed May 29, 2018).

[6] Tom Lamb, "Sandoz Metoprolol Succinate ER Tablets Recall Has Been Done Rather Quietly," *Drug Injury Watch*, December 5, 2008, http://www.drug–injury.com/druginjurycom/2008/12/generic–drug–recall–metoprolol–er–tablets–by–sandoz––recall–metoprolol–er–tablets–by–sandozwwwipcrxcompharmacy–industry–n.html (accessed May 29, 2018).

[7] 克利夫兰诊所的那位药剂师不是唯一一个质疑为何 Ethex 会获准销售一种不遵守美国药典的药物的人。独立药物检测机构消费者实验室同样对这种药物及其说明书做了调查，并且发布了一份报告，见 "Drug Investigation: Toprol XL vs. Generic Metoprolol Succinate Extended–Release (ER) Tablets," product review, ConsumerLab.com, December

31, 2008, http://coyo.ga/www.consumerlab.com/reviews/Toprol_vs_Generic_Metoprolol/ Toprol/ (accessed May 29, 2018)。

[8] Tom Lamb, "January 2009: ETHEX Corp. Issues Voluntary Recall of All Pills Due to Suspected Manufacturing Problems," *Drug Injury Watch*, February 2, 2009,http:// www.drug-injury.com/druginjurycom/2009/02/ethex-corporation-issues-nationwide-voluntary-recall-of-products-press-release-includes-list-of-all-generic-drugs-by-ethex.html (accessed May 29, 2018).

[9] Federal Bureau of Investigation, "Ethex Corporation, a Subsidiary of KV Pharmaceutical, Pleads Guilty to Two Felonies and Agrees to Pay United States \$27,568,921 for Fine, Restitution, and Forfeiture," news release, March 2, 2010, https://archives.fbi.gov/archives/ stlouis/press-releases/2010/sl030210.htm (accessed December 10, 2018).

[10] 在一份书面声明中，雷迪博士实验室声称其他克莫司是安全有效的，并且是根据和品牌药相同的美国药监局标准生产出来的。公司表示，自从药物在 2010 年上市以来，公司已经为美国市场生产了超过 5.69 亿枚胶囊，只收到了 20 例无效投诉，且大部分投诉出现在药物上市的前两年内。公司表示："在上市周期开始时收到无效投诉是正常现象，因为患者群体还没有适应仿制药替代原研药的过程。"

[11] 根据美国药监局的医学观察数据库，这份来自洛马林达的报告存档时间为 2013 年 10 月 28 日，归在"效力存疑"类别下。

[12] Rita R. Alloway, Alexander A. Vinks, Tsuyoshi Fukuda, Tomoyuki Mizuno, Eileen C. King, Yuanshu Zou, Wenlei Jiang, E. Steve Woodle, Simon Tremblay, Jelena Klawitter, Jost Klawitter, and Uwe Christians, "Bioequivalence between Innovator and Generic Tacrolimus in Liver and Kidney Transplant Recipients: A Randomized, Crossover Clinical Trial," *PLOS Medicine*, November 14, 2017, doi:10.1371/journal.pmed.1002428.

第二十章　一次考验耐力的检测

[1] 在一份回答了若干问题的书面声明中，一名司法部官员语焉不详地表示："司法部不赞成这些对其工作人员的未曾公开的指控。这些指控是虚假的，不可能以任何方式影响调查的结果。"

第二十一章　一口黑暗的深井

[1] 格莱登夫妇多年来对于仿制药的看法，还有消费者对于某些药物的评论和投诉，

都可以在夫妇俩的网站上找到：http://www.peoplespharmacy.com/。

[2] Joe Graedon and Terry Graedon, "Are Generic Equivalents as Good as Brand Name Drugs?" part 2 of 3, *King Features Syndicate*, May 18, 1998.

[3] Joe Graedon and Teresa Graedon, "The Generic Drug Quandary: Questions about Quality," in *Best Choices from the People's Pharmacy: What You Need to Know before Your Next Visit to the Doctor or Drugstore* (New York: Rodale, 2006), 22.

[4] *Statistical Procedures for Bioequivalence Studies Using a Standard Two-Treatment Crossover Design* (Washington, DC: FDA, CDER, 1992).

[5] 在 Toprol XL 和 Wellbutrin XL 双双被仿制之后，格莱登夫妇就发现病人的投诉增加了，其中许多都可以在他们的网站上找到：http://www.peoplespharmacy.com/。

[6] Anna Edney, "Teva Pulls Version of Wellbutrin XL on Effectiveness," Bloomberg, October 4, 2012.

[7] "Generic Bupropion Is Not Always the Same as Brand-Name Wellbutrin," ConsumerLab. com, October 12, 2007, updated October 17, 2013, https://www.consumerlab.com/reviews/Wellbutrin_vs_Generic_Bupropion/Wellbutrin/ (accessed May 29, 2018).

[8] Larry Mantle, producer, "Generic Drug Safety," KPCC, *AirTalk*, December 19, 2007.

[9] FDA, Division of Drug Information (DDI), "Drug Information Update—Review of Therapeutic Equivalence Generic Bupropion XL 300 Mg and Wellbutrin XL 300 Mg," news release, April 16, 2008.

[10] 虽然梯瓦销售了仿制版的 Budeprion，但这种药物的生产和开发都是益邦制药做的，也是益邦在 2003 年的申请中向美国药监局提交了生物等效性数据。在药物被召回之后，梯瓦控告益邦歪曲了药物的生物等效性。这些事件见如下报道：Roger Bate et al., "Generics Substitution, Bioequivalence Standards, and International Oversight: Complex Issues Facing the FDA," *Trends in Pharmacological Science* 37, no. 3 (December 2015), doi:10.1016/j.tips.2015.11.005; and Dan Packel, "Impax Must Pay for GSK Wellbutrin Settlement, Teva Says," *Law360*, August 31, 2017, https://www.law360.com/articles/959538/impax-must-pay-for-gsk-wellbutrin-settlement-teva-says (accessed May 29, 2018)。

[11] Andy Georgiades, "Teva Aims to Quell Concerns with Generic Wellbutrin Trial," *Wall Street Journal* (Toronto), December 2, 2009.

[12] 美国药监局在 2012 年公布其发现之后，梯瓦也发布了一则声明："在收到美国食品药品监管局的通知后，梯瓦立刻停止发售益邦生产的 300 毫克的 Budeprion XL。此次美国药监局指南的更新影响了对产品的生物等效性评估，但是并没有体现任何安全问题。梯瓦首要考虑的是我们的患者，并将始终为患者提供品质药物。"我在写作本书时反复要求梯瓦评论此事，梯瓦概未回应。

[13] Pat Wechsler, *Bloomsberg News*, "Teva Hires Gary Buehler Away from FDA," *SFGate*, February 9, 2012, https://www.sfgate.com/business/article/Teva-hires-Gary-Buehler-away-from-FDA-3170563.php (accessed June 10, 2018).

[14] 卡拉·斯塔弗的投诉虽然提交给了美国药监局，却始终没有抵达雷迪博士实验室。雷迪声明："从 2011 年至今，雷迪博士实验室并未收到任何关于这种产品的剂型中包含昆虫的通知或投诉。"本书中对于不良反应事件的描述来自美国药监局的药物品质报告系统（DQRS）（MedWatch 报告）数据库。卡拉·斯塔弗的投诉在 DQRS 数据库中的编号为 1603903。每年，美国药监局都会收到病人、看护人员和一般大众发来的数百万份此类报告，见 Lichy Han, Robert Ball, Carol A. Pamer, Russ B. Altman, and Scott Proestel, "Development of an Automated Assessment Tool for MedWatch Reports in the FDA Adverse Event Reporting System," *Journal of the American Medical Informatics Association* 24, no. 5 (September 1, 2017): 913–920,doi:10.1093/jamia/ocx022。

第二十二章 价值 6 亿美元的封套

[1] "U.S. Sen. Harkin and Others Urge FDA to Avoid Delays of Generic Drug Approvals," *Pharma Letter*, March 16, 2011, https://www.thepharmaletter.com/article/us-sen-harkin-and-others-urge-fda-to-avoid-delays-of-generic-drug-approvals (accessed December 11, 2018).

[2] "Ranbaxy, Pfizer Sign Truce over Lipitor," *Economic Times*, June 19, 2008, https://economictimes.indiatimes.com/industry/healthcare/biotech/pharmaceuticals/ranbaxy-pfizer-sign-truce-over-lipitor/articleshow/3143801.cms (accessed December 11, 2018).

[3] Eban, "The War over Lipitor."

[4] Ashish Gupta, "The Pills That Saved Ranbaxy," *Fortune India*, August 5, 2012, https://www.fortuneindia.com/ideas/the-pills-that-saved-ranbaxy/100819 (accessed May 28,

2018).

[5] 对于兰伯西的阿托伐他汀申请中出现的反常以及兰伯西与美国药监局之间来往电函的描述都来自美国药监局药物评估和研究中心，*Approval Package for Application Number: ANDA 0764770rig1s000, Sponsor: Ranbaxy, Inc.*, November 30, 2011, https://www.accessdata.fda.gov/drugsatfda_docs/anda/2011/0764770rig1s000.pdf (accessed May 24, 2018)。

[6] FDA, "Establishment Inspection Report," Ranbaxy Laboratories, Gurgaon, India, April 27–May 12, 2009.

[7] FDA, Center for Drug Evaluation and Research, "Enforcement Activities by FDA—Regulatory Action against Ranbaxy," updated May 15, 2017,https://www.fda.gov/Drugs/GuidanceComplianceRegulatoryInformation/EnforcementActivitiesbyFDA/ucm118411.htm (accessed May 28, 2018).

[8] "District Court Dismisses Mylan's Complaint against FDA Concerning Generic Lipitor," *Orange Book Blog*, May 2, 2011, http://www.orangebookblog.com/2011/05/district-court-dismisses-mylans-complaint-against-fda-concerning-generic-lipitor.html (accessed May 28, 2018); Mylan Pharms. v. FDA and Ranbaxy Labs, 789 F.Supp.2d 1, Civil Action No. 11–566 (JEB) (U.S. District Court for the District of Columbia, 2011).

[9] Eban, "The War over Lipitor."

[10] Director, Office of Compliance, "Proposal to Review Ranbaxy's Atorvastatin ANDA," memo to Director, Center for Drug Evaluation and Research, Food and Drug Administration, May 11, 2011.

[11] 起初，美国药监局还尽力做到对每家工厂每两年视察一次。但是到 2012 年情况变了，那一年通过了一部名为《美国药监局安全和创新法》（The FDA Safety and Innovation Act，缩写 FDASIA）的法律，它在法条中编入了一个基于风险的模型，以此估算视察工厂的频率。见 Jerry Chapman, "How FDA And MHRA Decide Which Drug Facilities To Inspect—And How Often," Pharmaceutical Online, July 13, 2018, https://www.pharmaceuticalonline.com /doc/how-fda-and-mhra-decide-which-drug-facilities-to-inspect-and-how-often-0001 (accessed February 7, 2019)。

[12] FDA, "Establishment Inspection Report," Ranbaxy Laboratories, Toansa, India, November 21–25, 2011.

[13] "FDA Confirms Nod for Ranbaxy's Generic Lipitor," *Reuters,* December 01, 2011, https://www.reuters.com/article/us-ranbaxy/fda-confirms-nod-for-ranbaxys-generic-lipitor-idUSTRE7B007L20111201 (accessed June 11, 2018).

[14] Vikas Dandekar, "Ranbaxy Launches AG Version of Caduet as CEO Likens Lipitor Deal with Teva to an Insurance Policy," *The Pink Sheet,* December 6, 2011.

[15] Ashish Gupta, "The Pills That Saved Ranbaxy," *Fortune India,* August 5, 2012.

[16] "Ranbaxy Halts Generic Lipitor Production after Recall: FDA," *Reuters,* November 29, 2012, https://www.reuters.com/article/us-ranbaxy-lipitor-idUSBRE8AS1C620121129 (accessed May 24, 2018).

第二十三章　电灯开关

[1] FDA, Form 483, Inspectional Observations, Ranbaxy, Toansa, India, December 7–14, 2012.

[2] 同上，2—3。

[3] 据网站 FDAzilla 的数据，美国药监局调查员穆拉里达拉·伽维尼 2001 年至 2011 年间在印度开展了 90 次工厂视察。对这些记录的分析显示，在其中的至少 41 次视察中，美国药监局事先都从未参观过工厂，必须临时对是否批准该工厂向美国市场出口药品进行评估。伽维尼批准了这 41 家工厂中的 35 家，批准率近 85%。

[4] FDA, "Establishment Inspection Report," RPG Life Sciences Ltd., Ankleshwar, India, November 20–24, 2012.

[5] FDA, "Form 483: Inspectional Observations," Fresenius Kabi Oncology Ltd.,Nadia, India, January 14–18, 2013.

[6] 同上，1。

[7] FDA, "Form 483: Inspectional Observations," Wockhardt Ltd., Aurangabad, India, March 18–22, 2013.

[8] FDA, Establishment Inspection Report, Wockhardt Ltd., Waluj, Aurangabad, March 18–22, 2013, 7. The threats the FDA team received at that inspection were documented in Pallavi Ail, "USFDA Says Team Threatened during Wockhardt Inspection," *Financial Express* (Mumbai), May 28, 2014.

第二十四章　我们是冠军

[1] Ranbaxy Laboratories, "Ranbaxy Laboratories Sets Aside $500 Million to Settle U.S.

Probe, Signs Consent Decree with FDA," news release, December 21, 2011.

[2] Conversation with Andrew Beato, January 3, 2013, notes taken by Dinesh Thakur.

[3] United States of America v. Ranbaxy USA, Inc., Ranbaxy Pharmaceuticals, Inc., Ranbaxy Laboratories, Inc., Ranbaxy,Inc., Ohm Laboratories, Inc., Ranbaxy Laboratories Ltd., filed by Dinesh S. Thakur, Settlement Agreement (U.S. District Court for the District of Maryland, Southern Division, May 10, 2013), PACER Case Locator Case 1:07–cv–00962–JFM.

[4] Eban, "Dirty Medicine."

[5] Daiichi Sankyo, Media Relations, "Ranbaxy Announces Improved Business Standards and Quality Assurance Initiatives," news release, May 22, 2013. https://www.daiichisankyo. com/media_investors/media_relations/press_releases/detail/005976.html (accessed December 16, 2018).

第二十五章 崩溃的文件

[1] Katie Thomas, "Mylan Buys Drug Maker of Generic Injectables," *New York Times*, February 27, 2013.

[2] Gardiner Harris, "Deal in Place for Inspecting Foreign Drugs," *New York Times*, August 13, 2011.

[3] FDA, "Form 483: Inspectional Observations," Mylan Laboratories Ltd., Bangalore, India, June 17–27, 2013.

[4] 同上。

[5] 同上，3。

[6] Michael Smedley, Acting Director, Office of Manufacturing and Product Quality, CDER, Office of Compliance, FDA, "Warning Letter" to Venkat Iyer, CEO, Agila Specialties Private Ltd., September 9, 2013, 2.

[7] 在 2011 年至 2017 年间，迈兰向美国证券交易委员会提交的委托书表明，这家公司向全球监管者提交的申请数量已经超出了它自己定下的目标。例如，公司在 2012 年的全球申请目标是 140 件，实际提交了 171 件，见 U.S. Securities and Exchange Commission, proxy statement, Mylan Inc., April 12, 2013, 26。再举一例，2017 年，公司的申请目标是 135 件，实际提交了 184 件，见 U.S. Securities and

Exchange Commission, proxy statement, Mylan N.V., May 30, 2018, 46。根据委托书，公司在全球提交监管申请的目标数字占拉吉夫·马立克年度激励薪酬的四分之一，而年度激励薪酬又占他总薪酬的三分之一。

[8] Alex Nixon, "Firestorm Grows over Price Hikes on EpiPen," *Pittsburgh Tribune Review*, August 25, 2016.

[9] 布雷施 2007 年的薪酬数字来自 U.S. Securities and Exchange Commission, proxy statement, Mylan Inc., April 5, 2010, 26。她 2015 年的薪酬数字来自 U.S. Securities and Exchange Commission, proxy statement, Mylan N.V., May 30, 2018, 53。布雷施和马立克 2014 年的薪酬见 U.S. Securities and Exchange Commission, proxy statement, Mylan N.V., May 23, 2017, 62。肾上腺素笔提供公司年收入 10% 这一数字来自 U.S. Congress, Full House Committee on Oversight and Government Reform, "Reviewing the Rising Price of EpiPens: Testimony of Heather Bresch, CEO of Mylan," 114th Cong., 2nd sess., September 21, 2016, https://oversight.house.gov/hearing/reviewing–rising–price–epipens–2/, 54。

[10] Andrew Buncombe, "Mylan CEO's Salary Soared by 671% as Firm Hiked EpiPen Prices," *Independent*, August 26, 2016.

[11] Dan Mangan, "Mylan CEO Bresch: 'No One's More Frustrated than Me' about EpiPen Price Furor," CNBC, *Squawk Box*, August 25, 2016.

[12] 2017 年 8 月 17 日，Mylan Inc. 和 Mylan Specialty LLP 同意对一项《虚假申报法》诉讼达成和解，并以故意将肾上腺素笔错误归类为仿制药而非品牌药的罪名，向美国司法部支付 4.65 亿美元的罚款，他们由此避免了支付金额更大的医疗补助退款。见 U.S. Department of Justice, Office of Public Affairs, "Mylan Agrees to Pay $465 Million to Resolve False Claims Act Liability for Underpaying EpiPen Rebates," news release, August 17, 2017。

[13] Patricia Sabatini and Len Boselovic, "MBA Mystery in Morgantown: Questions Raised over How WVU Granted Mylan Executive Her Degree," *Pittsburgh Post–Gazette*, December 21, 2007.

[14] Tracy Staton, "Think EpiPen Is Mylan's First Scandal? Here's a Timeline of Jet Use, an Unearned MBA, and More," *FiercePharma*, September 2, 2016, https://www.fiercepharma. com/pharma/think–epipen–mylan–s–first–scandal–here–s–a–timeline–jet–use–resume–

fakery-and-more (accessed June 13, 2018).

[15] U.S. Congress, Full House Committee on Oversight and Government Reform, "Reviewing the Rising Price of EpiPens: Testimony of Heather Bresch, CEO of Mylan," 114th Cong., 2nd sess., September 21, 2016, https://oversight.house.gov/hearing/reviewing-rising-price-epipens-2/ (accessed June 19, 2018).

[16] FDA, "Form 483: Inspectional Observations," Mylan Laboratories Ltd., Sinnar, Nashik District, Maharastra, India, September 5–14, 2016.

[17] 同上，7。

[18] FDA, "Form 483: Inspectional Observations," Mylan Pharmaceuticals Inc., Morgantown, West Virginia, November 7–18, 2016.

[19] FDA, "Warning Letter 320-17-32" (re: Mylan Laboratories Ltd., Nashik, FDF), letter to Rajiv Malik, President, Mylan Pharmaceuticals Inc., April 3, 2017.

第二十六章　终极检测实验室

[1] Jason W. Nickerson, Amir Attaran, Brian D. Westerberg, Sharon Curtis, Sean Overton, and Paul Mayer, "Fatal Bacterial Meningitis Possibly Associated with Substandard Ceftriaxone—Uganda, 2013," *Morbidity and Mortality Weekly Report* 64, nos. 50–51 (January 1, 2016), 1375–1377, doi:10.15585/mmwr.mm6450a2.

[2] Chris Obore, "Time Bomb: The Inside Story of Mulago Hospital's Troubles," *Daily Monitor*, January 20, 2013, http://www.monitor.co.ug/News/National/Time-bomb-The-inside-story-of-Mulago-hospital-s-troubles/688334-1669688-akvcb7/index.html (accessed June 3, 2018).

[3] 关于世界各地药物品质差异的描述来自几项科学研究，包括：Roger Bate, Ginger Zhe Jin, Aparna Mathur, and Amir Attaran, "Poor Quality Drugs and Global Trade: A Pilot Study," Working Paper 20469 (Cambridge, MA: National Bureau for Economic Research, September 2014), doi:10.3386/w20469; and Richard Preston Mason, Robert F. Jacob, and Seth A. Gerard, "Atorvastatin Generics Obtained from Multiple Sources Worldwide Contain a Methylated Impurity That Reduces Their HMG–CoA Reductase Inhibitory Effects," *Journal of Clinical Lipidology* 7, no. 3 (2013): 287, doi:10.1016/j.jacl.2013.03.096。

[4] Nickerson et al., "Fatal Bacterial Meningitis Possibly Associated with Substandard

Ceftriaxone—Uganda, 2013."

[5] Anita Nair, Stefanie Strauch, Jackson Lauwo, Richard W. O. Jähnke, and Jennifer Dressman, "Are Counterfeit or Substandard Anti–infective Products the Cause of Treatment Failure in Papua New Guinea?" *Journal of Pharmaceutical Sciences* 100, no. 11 (June 30, 2011): 5059–5068, doi:10.1002/jps.22691.

[6] Elizabeth Pisani, "Losing the War on Bugs," *Prospect* (February 2016).

[7] Eric Karikari–Boateng and Kwasi Poku Boateng, *Post–Market Quality Surveillance Project: Maternal Healthcare Products (Oxytocin and Ergometrine) on the Ghanaian Market*, Ghana Food and Drugs Authority, Promoting the Quality of Medicines Program, USAID, February 2013.

[8] J.M. Caudron, N. Ford, M. Henkens, C. Macé, R. Kiddle–Monroe, and J. Pinel, "Substandard Medicines in Resource–Poor Settings: A Problem That Can No Longer Be Ignored," *European Journal of Tropical Medicine and International Health* 13, no. 8 (August 13, 2008): 1062–1072, doi:10.1111/j.1365–3156.2008.02106.x.

[9] Jim O'Neill, "Antimicrobial Resistance: Tackling a Crisis for the Health and Wealth of Nations," *Review on Antimicrobial Resistance* (December 2014), https://amr–review.org/sites/default/files/AMR%20Review%20Paper%20–%20Tackling%20a%20crisis%20for%20the%20health%20and%20wealth%20of%20nations_1.pdf (accessed June 3, 2018).

[10] Ian Williams, "The Race to Contain Drug–Resistant Malaria," *NBCNews.com*, January 22, 2011, http://worldblog.nbcnews.com/_news/2011/01/22/5825008–the–race–to–contain–drug–resistant–malaria (accessed June 3, 2018).

[11] Paul N. Newton, Céline Caillet, and Philippe J. Guerin, "A Link between Poor Quality Antimalarials and Malaria Drug Resistance?" *Expert Review of Anti–infective Therapy* 14, no. 6 (May 23, 2016): 531–533, doi:10.1080/14787210.2016.1187560.

[12] Muhammad Zaman and Zohar B. Weinstein, "Evolution of Rifampicin Resistance Due to Substandard Drugs in E. Coli and M. Smegmatis," forthcoming in *Antimicrobial Agents and Chemotherapy*, posted online November 5, 2018.

[13] Elizabeth Pisani, "Antimicrobial Resistance and Medicine Quality," *AMR Review* (November 2015), https://amr–review.org/sites/default/files/ElizabethPisaniMedicinesQualitypaper.pdf (accessed November 30, 2018).

[14] Lei Chen, "Notes from the Field: Pan–Resistant New Delhi Metallo–Beta–Lactamase–Producing Klebsiella Pneumoniae—Washoe County, Nevada, 2016," *Morbidity and Mortality Weekly Report* 66, no. 1 (January 13, 2017): 33, https://www.cdc.gov/mmwr/volumes/66/wr/mm6601a7.htm?s_cid=mm6601a7_w (accessed June 3, 2018).

[15] Sabrina Tavernise, "Infection Raises Specter of Superbugs Resistant to All Antibiotics," *New York Times,* May 27, 2016.

[16] Margareth Ndomondo–Sigonda, Jacqueline Miot, Shan Naidoo, Alexander Dodoo, and Eliangiringa Kaale, "Medicines Regulation in Africa: Current State and Opportunities," *Pharmaceutical Medicine* 31 (November 3, 2017): 383–397,doi:10.1007/s40290–017–0210–x.

第二十七章　苍蝇太多，数不过来

[1] Altaf Ahmed Lal, "FDA in India: Going Global, Coming Home," *FDA Voice*, September 24, 2013.

[2] 在彼得·贝克视察沃克哈特之后的一年里，这家公司开展了一系列药物召回行动。见 Eric Palmer, "Wockhardt Again Recalls Generic of AstraZeneca Drug after It Fails Testing," *FiercePharma* (blog), September 2, 2014。

[3] Dr. Harry M. Lever to Dr. Janet Woodcock, Director, Center for Drug Evaluation and Research, FDA, December 12, 2012.

[4] Lawrence Yu, "FW: Metoprolol Response," email to Harry Lever, MD, December 19, 2012.

[5] FDA, "Establishment Inspection Report," Wockhardt Ltd., Aurangabad, Maharashtra, India, July 22–31, 2013.

[6] 同上，14。

[7] 同上，21。

[8] 沃克哈特在美国药监局于 2013 年 7 月视察其奇卡特哈纳工厂并发出进口警示令之后发布了一则声明。公司保证说它已经"采取几项措施处理美国药监局提出的意见，并将尽快全力解决这个问题"。见 "Wockhardt's Chikalthana Plant Hit by USFDA Import Restrictions," *Economic Times.* November 27, 2013, https://economictimes.indiatimes.com/industry/healthcare/biotech/pharmaceuticals/wockhardts–chikalthana–

plant–hit–by–usfda–import–restrictions/articleshow/26466331.cms (accessed December 8, 2018)。

[9] FDA, "Establishment Inspection Report," Ranbaxy Laboratories Ltd., Toansa, Punjab, India, January 5–11, 2014.

[10] 美国药监局官员托马斯·科斯格罗夫在一次业内会议上称这个发现"令人震惊"，见"International Pharmaceutical Quality: Inside the Global Regulatory Dialogue.: Lecture, 2015, https://www.ipqpubs.com/wp–content/uploads/2015/06/Cosgrove–box.pdf (accessed February 10, 2019)。

[11] Barbara W. Unger, "Does an FDA Import Alert Automatically Equate to an Impending FDA Warning Letter?" *FDAzilla.com* (blog), April 30, 2016, https://blog.fdazilla. com/2016/04/does–an–fda–import–alert–automatically–equate–to–an–impending–fda–warning–letter/ (accessed December 7, 2018).

[12] 多年来，印度的药物专家已经在多份报告中严厉批评印度药物监管的现状，最近的几份报告包括: Government of India, Ministry of Health and Family Welfare, *Report of the Expert Committee on a Comprehensive Examination of Drug Regulatory Issues Including the Problem of Spurious Drugs*, November 2003; Rajya Sabha, Parliament of India, *Fifty–Ninth Report on the Functioning of the Central Drug Standard Control Organisation (CDSCO)*, May 2012; *Report of the Prof. Ranjit Roy Chaudhury Expert Committee to Formulate Policy and Guidelines for Approval of New Drugs, Clinical Trials, and Banning of Drugs*, July 2013。

[13] Sushmi Dey, "If I Follow U.S. Standards, I Will Have to Shut Almost All Drug Facilities: G. N. Singh Interview with Drug Controller General of India," *Business Standard*, January 30, 2014, https://www.business–standard.com/article/economy–policy/if–i–follow–us–standards–i–will–have–to–shut–almost–all–drug–facilities–g–n–singh–114013000034_1.html (accessed June 18, 2018).

[14] 美国药监局内部关于相互认可的争论都记录在美国药监局历史办公室（FDA History Office）口述历史项目的员工访谈之中。想了解更多细节，见下面的口述历史记录: Walter M. Batts, "History of the Food and Drug Administration," interviewed December 13 and 20, 2011; Stephanie Gray, "History of the Food and Drug Administration," interviewed April 11, 2000; Linda Horton, "History of the Food and Drug

Administration," interviewed December 28, 2001; Gerald "Jerry" E. Vince, "History of the Food and Drug Administration," interviewed December 2, 1998; and Andrew Von Eschenbach, "History of the U.S. Food and Drug Administration," interviewed September 15, 2013。

[15] 2014 年 2 月 10 日，美国药监局局长玛格丽特·汉堡博士与印度卫生和家庭福利部长克沙夫·德斯拉居（Keshav Desiraju）在印度新德里签署了 "Statement of Intent between the Food and Drug Administration of the United States of America and the Ministry of Health and Family Welfare of the Republic of India on Cooperation in the Field of Medical Products"。

[16] Gardiner Harris, "Medicines Made in India Set Off Safety Worries," *New York Times*, February 14, 2014, https://www.nytimes.com/2014/02/15/world/asia/medicines–made–in–india–set–off–safety–worries.html (accessed June 18, 2018).

[17] Sumeet Chatterjee and Zeba Siddiqui, "UPDATE 1—U.S. Regulator on India Visit Calls for Greater Drug Safety Collaboration," *Reuters*, February 18, 2014, https://www.reuters.com/article/fda–hamburg–india/update–1–u–s–regulator–on–india–visit–calls–for–greater–drug–safety–collaboration–idUSL3N0LN38W20140218 (accessed June 18, 2018).

第二十八章　立场问题

[1] "Some Brands of Nationalism Can Be Injurious to Your Health!" *Governance Now*, March 8, 2016, https://www.governancenow.com/news/regular–story/some–brands–nationalism–can–be–injurious–your–health (accessed December 16, 2018).

[2] Dinesh S. Thakur, Executive Chairman, Medassure, to Honorable Dr. Harsh Vardhan, Minister of Health and Family Welfare, Government of India, October 19, 2013.

[3] Pritha Chatterjee, "MCI Corrupt, Clinical Trials Body a Snake Pit: Harsh Vardhan," *Indian Express,* July 18, 2014.

[4] Richard Preston Mason, Robert F. Jacob, and Seth A. Gerard, "Atorvastatin Generics Obtained from Multiple Sources Worldwide Contain a Methylated Impurity That Reduces Their HMG–CoA Reductase Inhibitory Effects," *Journal of Clinical Lipidology* 7, no. 3 (2013).

[5] 普雷斯顿·梅森博士关于低劣仿制立普妥的发现刊登在 2013 年 5 月及 6 月号的《临床脂质学杂志》上，这时距离兰伯西因为碎玻璃召回其仿制立普妥只有六个

月的时间。美国药监局对梅森的研究做出了敌对式的反应。接受彭博社一名记者的采访时，美国药监局药物评估和研究中心主任珍妮特·伍德科克宣称梅森团队没有使用恰当的检测方法，从而污染了他们自己的样本。后来，伍德科克还在一篇与曼索尔·可汗（Mansoor A. Khan）合写的论文中再次抨击了梅森的发现，见 "FDA Analysis of Atorvastatin Products Refutes Report of Methyl Ester Impurities," *Therapeutic Innovation and Regulatory Science* 48, no. 5 (May 27, 2014): 554–556, doi:10.1177/2168479014536567。但实际上，梅森对所有样本都使用了美国药典规定的检测方法，而其中只有部分样本出现了伍德科克宣称可以证明检测方法不当的甲基化杂质。支持这个论述的文件包括：Mason et al., "Atorvastatin Generics Obtained from Multiple Sources Worldwide Contain a Methylated Impurity That Reduces Their HMG–CoA Reductase Inhibitory Effects," 287; Anna Edney, "Disputing Study, U.S. FDA Says Generics from Abroad Safe," *Bloomberg*, March 25, 2014, http://www.bloomberg.com/news/articles/2014–03–25/disputing–study–u–s–fda–says–generics–from–abroad–safe (accessed July 13, 2018)。

[6] Vishwa Mohan, "PM's Slogan: Zero Defect, Zero Effect," *Times of India*, August 16, 2014.

[7] B. V. Mahalakshmi, "EU Bans 700 Generic Drugs for Manipulation of Trials by GVK," *Financial Express*, July 26, 2015.

[8] 2012 年 5 月 6 日，举报人孔杜鲁·纳拉雅纳·雷迪用假名"人民安全"给法国、英国、美国、奥地利的药物监管机构以及世界卫生组织写了一封电子邮件，主题是"Regulatory Violations and Misconduct of Bioequivalence and Bioavailability Studies for the Past 5 Years by Head–Bio Analytical (V. Chandra Sekhar), GVK Biosciences Private Limited, CRO (India Based–Hyderabad)"。

[9] ANSM (French Agency on Medicinal Products), Trials and Vigilance Inspection Department, "Final Inspection Report: Investigation of the Clinical Part of Bioequivalence Trials, with a Specific Focus on Electrocardiograms, May 19–23, 2014, GVK Biosciences," July 2, 2014.

[10] Vidya Krishnan, "A Love Story That Cost GVK Its International Reputation," *The Hindu*, October 9, 2015.

[11] Joe Graedon, "Hold onto Your Hats . . . This Is Incredible!," email to Harry Lever, Erin Fox, Roger Bate, Preston Mason, and Dinesh Thakur, August 12, 2015.

[12] Dinesh S. Thakur v. Union of India; Central Drug Standards Control Organisation, Drugs Consultative Committee, Comptroller and Auditor General of India (January 24, 2016); Dinesh S. Thakur v. Union of India (January 28, 2016).

[13] Zeba Siddiqui, "Pharma Crusader Dinesh Thakur Takes India's Drug Regulators to Court," *Reuters,* March 7, 2016, https://www.reuters.com/article/india−pharma−whistleblower/pharma−crusader−takes−indias−drug−regulators−to−court−idUSKCN0W90C8 (accessed June 20, 2018).

[14] Dinesh Thakur, "A Sincere Attempt to Improve the Quality of Medicine for People around the World," *Dinesh Thakur* (blog), March 11, 2016, http://dineshthakur.com/?s=A sincere attempt to improve the quality of medicine for people around the world&x=0&y=0 (accessed June 20, 2018).

[15] Dinesh Thakur, "FDC Ban," email to K. L. Sharma, March 23, 2016.

尾声

[1] Jonathan Soble and Neal E. Boudette, "Kobe Steel's Falsified Data Is Another Blow to Japan's Reputation," *New York Times,* October 10, 2017, https://www.nytimes.com/2017/10/10/business/kobe−steel−japan.html (accessed June 9, 2018).

[2] Dinesh Thakur, "Lessons from Ranbaxy: Suffocating Silence Prevented Us from Questioning the Rot in the System," *The Wire,* February 19, 2018, https://thewire.in/business/ranbaxy−suffocating−silence−prevented−us−questioning−rot−system (accessed June 9, 2018).

[3] Zachary Brennan, "India's Drug Regulator Sees Top−Level Shakeup," *Regulatory Affairs Professionals Society,* February 21, 2018, https://www.raps.org/news−and−articles/news−articles/2018/2/india's−drug−regulator−sees−top−level−shakeup (accessed June 9, 2018).

[4] 虽然兰伯西实验室在 2015 年 3 月 25 日被太阳药业买下后已经不复存在，但此后太阳药业仍继续将兰伯西的仿制药出售到欢迎它们的市场。下列资料描述了这些事件：Sun Pharma, "Sun Pharma Announces Closure of Merger Deal with Ranbaxy," news release, March 25, 2015, https://www.sunpharma.com/sites/default/files/docs/Press%20Release%20−%20Closure%20of%20Sun%20Pharma%20&%20Ranbaxy%20merger.pdf;Malvika Joshi and C. H. Unnikrishnan, "Sun Pharma to Retain Ranbaxy Brand

Wherever It's Strong," *LiveMint,* April 10, 2014, https://www.livemint.com/Companies/ rSdzvCSLvJesbEaSzgawVJ/Sun–Pharma–to–retain–Ranbaxy–brand–wherever–its– strong.html (accessed July 27, 2018); "Ranbaxy's Journey as a Company to End after Merger with Sun," *Hindu BusinessLine,* April 20, 2014, https://www.thehindubusinessline. com/companies/ranbaxys–journey–as–a–company–to–end–after–merger–with–sun/ article20756422.ece# (accessed July 27, 2018); Sun Pharmaceutical Industries Ltd., "Annual Report of Subsidiary Companies," 2017–2018, http://www.sunpharma.com/ investors/annual–report–of–subsidiary–companies (accessed July 27, 2018)。

[5] Chang–Ran Kim and Zeba Siddequi, "India's Sun Pharma to Buy Struggling Ranbaxy for $3.2 Billion," *Reuters,* April 7, 2014, https://www.reuters.com/article/us–daiichi–sankyo– ranbaxy–sunpharma/indias–sun–pharma–to–buy–struggling–ranbaxy–for–3–2–billion– as–daiichi–sankyo–retreats–idUSBREA3600L20140407 (accessed June 9, 2018).

[6] Prabha Raghavan, "Delhi High Court Upholds Daiichi's Rs 3,500–Crore Arbitral Award against Singh Brothers," *Economic Times,* February 2, 2018, https://economictimes. indiatimes.com/industry/healthcare/biotech/pharmaceuticals/delhi–high–court–upholds– daiichis–rs–3500–crore–arbitral–award–against–singh–brothers/articleshow/62723186. cms (accessed June 9, 2018).

[7] Ari Altstedter, George Smith Alexander, and P. R. Sanjai, "Indian Tycoons Took $78 Million Out of Hospital Firm Fortis," *Bloomberg,* February 9, 2018.

[8] Ari Altstedter, "Billionaire Singh Brothers Accused by New York Investor of Siphoning Cash," *Bloomberg,* January 28, 2018, https://www.bloomberg.com/news/ articles/2018–01–28/billionaire–singh–brothers–accused–in–lawsuit–of–siphoning– money (accessed June 9, 2018).

[9] Arun Kumar, "Fortis Founder Shivinder Singh Drags Elder Brother Malvinder Singh to NCLT," *Economic Times,* September 5, 2018.

[10] ET Bureau, "Malvinder Singh and Shivinder Singh Ready for Mediation," *Economic Times,* September 15, 2018.

[11] Generic Pharmaceuticals Pricing Antitrust Litigation, Plaintiff States' (Proposed) Consolidated Amended Complaint (Eastern District of Pennsylvania, October 21, 2017).

[12] FDA, Establishment Inspection Report, Mylan Laboratories Ltd., Morgantown, West

Virginia, March 19–April 12, 2018.

[13] Mylan N.V., "Mylan Statement in Response to FDA Warning Letter Relating to Morgantown Plant," news release, November 20, 2018.

[14] Dr. John Peters, Director, Division of Clinical Review, Office of Generic Drugs, FDA, to Dr. Harry Lever, Medical Director, Hypertrophic Cardiomyopathy Clinic, March 31, 2014.

[15] Zeba Siddiqui, "Dr Reddy's Recalls over 13,000 Bottles of Hypertension Drug—FDA," *Reuters*, July 19, 2014.

[16] 1992 年通过的《处方药使用者收费法》（Prescription Drug User Fee Act, 缩写 PDUFA）允许美国药监局向提交新药申请的公司收费。后续的几部法律扩展了所谓的"使用者收费"体系，将仿制药行业和医疗设备行业也纳入其中。几项相加，目前使用者收费在美国药监局的年度预算中占到了约40%。对这个体系不乏批评的声音。有人指出靠使用者收费获得收入可能会削弱美国药监局做出公正的监管决定的能力。而美国药监局的一名发言人表示，处方药使用者收费有助于美国药监局对药物申请开展"及时评估"。见 J. Carroll, "PDUFA Faces Rough Reauthorization," *Biotechnology Healthcare* (July 2007); see also Tara O'Neill Hayes and Anna Catalanotto, "Primer: FDA User Fees," *American Action Forum*, August 22, 2017.

[17] Michael Mezher, "FDA Official Highlights Foreign Supply Chain Challenges," *Regulatory Affairs Professionals Society*, May 5, 2017, https://www.raps.org/regulatory-focus™/news-articles/2017/5/fda-official-highlights-foreign-supply-chain-challenges (accessed June 9, 2018).

[18] 在一份书面声明中，美国药监局的一名发言人对此做了解释："美国药监局可以修改对某家工厂合规情况的评估，也确实修改过。在调查员收集初步数据并送到美国药监局监管事务办公室及药物评估中心审查之后，额外的信息也可以纳入参考。我们常常遇到这样的情况：一家公司在视察当时未能提供文件，却能在视察之后补足文件，由此加深评估者对于公司的理解。另外，一家公司的合作意愿以及发现问题之后改正的意愿，也可能改变评估的结果。"

[19] Mathew Thomas, Dean Rugnetta, Solomon Yimam, Daniel Roberts, and Shiva Prasad, "Office of International Programs, U.S. FDA India Office (INO) Meeting Minutes," proceedings of FDA, IPA, CDSCO meeting, India International Centre, New Delhi, November 3, 2016. 在美国药监局内部，官员们在 2015 年 7 月就突然中止了印度视

察前临时通知或不予通知的试点项目，但是直到 16 个月之后他们才知会了印度公司。2018 年，当一名记者询问美国药监局为何中止这个项目时，美国药监局的一名发言人在一份书面声明中回复如下："在对试点开展评估之后，我们决定中止试点。"